KLAUS H. WIGGINGHAUS

Die Rechtsstellung des enteigneten Grundeigentümers

Schriften zum Öffentlichen Recht

Band 348

Die Rechtsstellung des enteigneten Grundeigentümers

Von

Dr. Klaus H. Wigginghaus

DUNCKER & HUMBLOT / BERLIN

Gedruckt 1978 bei Buchdruckerei Richard Schröter, Berlin 61
Printed in Germany

ISBN 3 428 04213 1

Meiner Frau

Vorwort

Die vorliegende Arbeit wurde im Studienjahr 1976/77 von der Fakultät für Rechtswissenschaft der Universität Bielefeld als Dissertation angenommen. Das Manuskript wurde im März 1976 abgeschlossen. Nach diesem Zeitpunkt erschienene Abhandlungen konnten nur noch vereinzelt berücksichtigt werden.

Herrn Professor Dr. Willi Blümel danke ich insbesondere für die kritische, jedoch stets faire Begleitung der Arbeit. Dank sage ich auch Herrn Professor Dr. Jochen Abr. Frowein für das mir entgegengebrachte Verständnis in allen Phasen der Entstehung dieser Arbeit sowie für die vielfältig empfangenen Anregungen.

Bielefeld, im April 1978

K. H. W.

Inhaltsverzeichnis

Teil A

Problemstellung und Methode der Untersuchung

1. Die Problemstellung 17
   1.1 Die Rückerwerbsentscheidung des Bundesverfassungsgerichtes .. 17
   1.2 Die enteignungrechtliche Güterbeschaffung in rechtswissenschaftlicher und rechtspolitischer Sicht 20
   1.3 Die Bedeutung der Einbeziehung von Enteignungsmaßnahmen in Planungsvorhaben 22
   1.4 Das Untersuchungsziel 23
2. Der Gang der Untersuchung 24

Teil B

Verfassungsrechtliche Grundlegung eines Rückerwerbsrechtes

3. Die Systematik und Bedeutung gesetzlicher Rückerwerbsrechte 26
   3.1 Die Systematik gesetzlicher Rückerwerbsrechte 27
   3.2 Die Bedeutung gesetzlicher Regeln für die Herleitung eines allgemeinen Rückerwerbsrechtes 34
      3.2.1 Begründung eines eigenständigen Rückerwerbsrechtes aufgrund der gesetzlichen Regelungen 36
         3.2.1.1 Erfordernis und Problematik einer Lückenfeststellung 37
         3.2.1.2 Unzulänglichkeiten einer rechtssatz- oder rechtsgrundsatzmäßigen Konkretisierung 38
      3.2.2 Zur Möglichkeit eines allgemeinen Rückerwerbsrechtes neben den gesetzlichen Regeln 41
4. Grundstrukturen der Eigentumsgarantie und Rückerwerbsrecht 42
   4.1 Die Entschädigung als Realisierung einer Wertgarantie 43
   4.2 Die Zuordnung der Elemente des Art. 14 GG 47
      4.2.1 Die Substanz- und Rechtsträgergarantie 47
      4.2.2 Bedeutung und Vorrang der Substanzgarantie 51

5. Die Bedeutung des Gemeinwohlerfordernisses nach Art. 14 Abs. 3 S. 1 GG für das Rückerwerbsrecht 57

5.1 Inhaltliche Klärung und strukturelle Besonderheiten des verfassungsrechtlichen Gemeinwohlerfordernisses 58

5.1.1 Der Begriff 58

5.1.2 Die Besonderheit der Finalitätsbestimmung als Legitimationsgrundlage für den Eingriffsakt 59

5.2 Gemeinwohlbestimmung innerhalb eines Zweckprogrammes 62

5.2.1 Die sachliche und zeitliche Konkretisierung 62

5.2.2 Zweckprogramm und Gesetzesvorbehalt 65

5.3 Die Bedeutung des Allgemeinwohlerfordernisses über den Eingriffsakt hinaus 65

5.3.1 Die Besonderheit zweckprogrammierter Belastungen 66

5.3.2 Die ordnungsbehördliche Generalklausel 67

5.3.3 Die Sachstruktur der Gemeinwohlklausel und ihre rechtliche Bedeutung 69

6. Der Inhalt von durch Enteignung erwerbbaren Rechten 74

6.1 Die Lösungsversuche der älteren Lehre 74

6.2 Zweckbindung und positive Verpflichtung als Folge der Enteignungsmaßnahme 76

6.2.1 Der instrumentale Charakter der Enteignung 77

6.2.2 Die Bindungskraft planungsimmanenter Faktoren 79

6.2.2.1 Der Grundsatz der Variabilität 79

6.2.2.2 Die planungsimmanente Betroffenheit als Bindungsfaktor 81

6.2.3 Zur Modifizierung der Planungsflexibilität durch die Eigentumsgarantie 84

6.3 Immanente Beschränkungen der im Enteignungsverfahren erworbenen Rechte 88

7. Die Einschränkung der zeitlichen Geltungskraft von Enteignungsakten 90

7.1 Die Befristung als Ausgleich von Unsicherheitsfaktoren bei zukunftsgerichteten, insbesondere planerischen Entscheidungen 91

7.1.1 Der legislatorische Befund 91

7.1.2 Möglichkeit und Faktoren einer Befristung 93

7.1.3 Befristung und Variabilität zukunftsgerichteter Entscheidungen 96

7.1.4 Individualrechtliche Aspekte einer Einschränkung der zeitlichen Geltungskraft 98

7.1.4.1 Die Befristung 98

7.1.4.2 Die funktionale Bedeutung von Übernahmerechten 101

7.2 Die zeitliche Geltungskraft von Enteignungsakten 103

7.2.1 Funktion und Erfordernis einer Einschränkung 103

7.2.2 Die technische Ausgestaltung der Einschränkung der zeitlichen Geltungskraft ... 108

7.2.3 Auswirkungen der Interdependenz von Planungsentscheidung und Enteignungsmaßnahme auf die zeitliche Geltungskraft ... 109

7.2.4 Die Durchführungsbezogenheit der Verwendungsfrist ... 112

7.2.5 Die Verlängerung der enteignungsrechtlichen Verwendungsfrist ... 113

7.2.5.1 Die Zulässigkeitsvoraussetzungen ... 114

7.2.5.2 Verfahrensrechliche Fragen einer Verlängerung der Verwendungsfrist ... 117

8. Das Rückerwerbsrecht als grundrechlicher Wiederherstellungsanspruch nach Art. 14 GG ... 119

8.1 Die anspruchsbegründende Funktion von Art. 14 GG ... 119

8.2 Grundprinzipien von Ausgestaltung und Begrenzung des Rückerwerbsrechtes ... 122

Teil C

Die dogmatische Konturierung des Rückerwerbsrechtes

9. Das Rückerwerbsrecht als Problem isolierter Folgenbeseitigung im Bereich öffentlich-rechtlicher Ausgleichsverhältnisse ... 125

9.1 Erstattungsrechtliche Ansatzpunkte ... 126

9.2 Folgenbeseitigungsrechtliche Ansatzpunkte ... 130

9.3 Die Sperrwirkung des enteignenden Staatsaktes ... 133

10. Das Rückerwerbsrecht als Rechtmäßigkeitsproblem des Enteignungsvorganges ... 134

10.1 Die maßgebliche Sach- und Rechtslage für die Beurteilung des Enteignungsaktes ... 135

10.2 Die rechtliche Erfassung des durch den Enteignungsakt bewirkten Zustandes ... 138

10.3 Die Bedeutung der Eigentumsgarantie nach Verlust der Rechtsstellung ... 140

11. Die Bestandskraft als inhaltsbestimmender Faktor des Rückerwerbsrechtes ... 143

11.1 Die zeitliche Grenze der Bestandskraft von Verwaltungsentscheidungen ... 144

11.2 Die Begrenzung der Bestandskraft enteignender Verwaltungsakte ... 146

11.3 Verfahren zur Überwindung der Bestandskraft 149

11.3.1 Die verfahrensrechtliche Stellung des enteigneten Grundeigentümers 150

11.3.2 Die Feststellung des maßgeblichen Zeitpunktes 152

12. Die Beseitigung der enteignungsrechtlichen Rechtsfolgen 153

12.1 Zur Beseitigungsmöglichkeit des Enteignungsaktes als einer Prognoseelemente enthaltenden Entscheidung 153

12.2 Die Beseitigung der privatrechtsgestaltenden Wirkungen des Enteignungsaktes 156

12.3 Gesetzesvorbehalt und Widerruf des Enteignungsaktes 159

12.4 Die verwaltungsrechtlichen Zulässigkeitsvoraussetzungen 161

12.4.1 Die unterbliebene Realisierung als Widerrufsgrund 162

12.4.2 Die Auswirkungen des Vertrauensschutzgrundsatzes 163

12.5 Die Rückrechtsbegründung 164

13. Der Ausschluß des Rückerwerbsrechtes 165

13.1 Die Entschädigung in Land 167

13.2 Die Veränderung des Eigentumssubstrates 167

13.3 Der Wandel der Gemeinwohlkonzeption 169

13.3.1 Die Änderung der Planungskonzeption vor Ausführung des Enteignungsunternehmens 170

13.3.2 Die Beendigung der Gemeinwohlfunktion des Enteignungsunternehmens 172

13.4 Die Rechtsnachfolge der am Enteignungsverfahren beteiligten Personen 175

13.4.1 Die Rechtsnachfolge auf seiten des ursprünglichen Eigentümers 175

13.4.2 Die Rechtsnachfolge auf seiten des aus der Enteignung Begünstigten 175

14. Die Abwicklung des Rückerwerbsrechtes 177

14.1 Der Eigentumsschutz als maßgeblicher Grundsatz 178

14.2 Zur Problematik rückerwerbsrechtlicher Restitutions- und Entschädigungspflichten 180

14.3 Wertveränderungen des Rückerwerbssubstrates 185

14.3.1 Wertveränderungen aufgrund von Verschiebungen des Wertgefüges 185

14.3.2 Aufwendungsbedingte Werterhöhungen unter besonderer Berücksichtigung von § 103 S. 3 BBauG und § 52 StBFG 187

14.4 Zur Rückabwicklung von Folgeentschädigungen 191

15. Das Rückerwerbsrecht bei besonderen Formen hoheitlicher Güterbeschaffung ... 192
15.1 Die vertragliche Überlassung von Rechten zur Durchführung des Gemeinwohlmittlers ... 193
15.1.1 Der Enteignungsvertrag ... 193
15.1.2 Der privatrechtliche Überlassungsvertrag ... 194
15.2 Das gesetzliche Vorkaufsrecht ... 194
15.2.1 Zur herkömmlichen Einordnung der Ausübung des Vorkaufsrechtes ... 196
15.2.2 Die Effektuierung von Art. 14 GG für erwerbsrechtliche Rechtsstellungen ... 200
15.2.3 Folgerungen für ein Rückerwerbsrecht des Dritterwerbers 204

Teil D

Schlußbetrachtung

16. Zusammenfassende Thesen ... 209

Literaturverzeichnis 212

Abkürzungsverzeichnis

a. A.	= anderer Ansicht
Abschn.	= Abschnitt
AcP	= Archiv für die zivilistische Praxis (zit. nach Band/Jahrgang und Seite)
AllgPrBergG	= Allgemeines Berggesetz für die Preußischen Staaten v. 24. 6. 1865 (GS. S. 705)
ALR	= Allgemeines Landrecht für die Preußischen Staaten v. 5. 2. 1794 (Ausgabe z. B. v. *Hattenhauer*, Frankfurt 1970)
Amtl.	= amtlich(e)
Anm.	= Anmerkung
AöR	= Archiv des öffentlichen Rechts (zit. nach Band/Jahrgang und Seite)
BayEnteigG	= Bayerisches Enteignungsgesetz v. 11. 11. 1974 (GVBl. S. 610, ber. S. 814)
BayObLG	= Bayerisches Oberstes Landesgericht
BayÖdlandG	= Bayerisches Ödlandgesetz v. 6. 3. 1923 (GVBl. S. 83)
BayVBl.	= Bayerische Verwaltungsblätter (n. F. seit 1955)
BayZAG	= Gesetz v. 17. 11. 1837, die Zwangsabtretung betreffend (Zwangsabtretungsgesetz) (GVBl. 1837, S. 109)
BB	= Der Betriebsberater (Zeitschrift, seit 1946)
BBauG	= Bundesbaugesetz v. 23. 6. 1960 (BGBl. I S. 341)
Beschl.	= Beschluß
BFStrG	= Bundesfernstraßengesetz v. 6. 8. 1953 (BGBl. I S. 903) i. d. F. v. 1. 10. 1974 (BGBl. I S. 2413)
BGBl.	= Bundesgesetzblatt
BGHZ	= Entscheidungen des Bundesgerichtshofes in Zivilsachen (zit. nach Bd. u. Seite)
BLG	= Bundesleistungsgesetz i. d. F. v. 27. 9. 61 (SaBl. 556)
BRDs.	= Bundesratsdrucksache
BTDs.	= Bundestagsdrucksache
Der Staat	= Zeitschrift für Staatslehre ,öffentliches Recht und Verfassungsgeschichte, seit 1962 (zit. nach Band/Jahrgang und Seite)
DöV	= Die öffentliche Verwaltung (Zeitschrift, seit 1947)
DVBl.	= Deutsches Verwaltungsblatt (Zeitschrift, seit 1950)
E	= Entscheidung, zitiert nach der amtlichen Sammlung des jeweiligen Gerichts
EBBergG	= Referentenentwurf eines Bundesberggesetzes v. 1. 12. 1970
EinlALR	= Einleitung zum ALR
EnergG	= Energiewirtschaftsgesetz v. 13. 12. 1935 (BGBl. III 752-1)

EnteigG	=	Enteignungsgesetz Hessen: 4. 4. 1973 (GVBl. S. 107) Berlin: 14. 7. 64 (GVBl. S. 737) Rheinland-Pfalz: 22. 4. 66 (GVBl. S. 103) Niedersachsen: 12. 11. 1973 (GVBl. 441)
EPlaR	=	Entscheidungen zum Planungsrecht, Hrsg.: Institut für Städtebau, Wohnungswirtschaft und Bausparwesen, Schriftleitung: *Bonath*, Losebl., Bonn 1967 ff.
EStHG	=	Entwurf eines Staatshaftungsgesetzes, Reform des Staatshaftungsrechts. Kommissionsbericht, hrsg. v. Bundesjustizminister und Bundesinnenminister, Bonn 1973
ET	=	Energiewirtschaftliche Tagesfragen. Zeitschrift
Ev.	=	evangelisch
EVerwVerfG 1963	=	Musterentwurf eines Verwaltungsverfahrensgesetzes mit Begründung v. 1963, 2. Aufl. mit Anhang ‚Münchener Fassung‘, Köln 1968
EVerwVerfG 1973	=	Entwurf eines Verwaltungsverfahrensgesetzes mit Begründung: BTDs. VII/910
FischersZ	=	Fischers Zeitschrift für Verwaltungsrecht
FN	=	Fußnote
Festg.	=	Festgabe
Fschr.	=	Festschrift
Gdschr.	=	Gedächtnisschrift
GG	=	Grundgesetz für die Bundesrepublik Deutschland (BGBl. III Nr. 100-1)
GVBl.	=	Gesetz- und Verordnungsblatt
Hamburger Grundeigentum	=	Hamburger Grundeigentum. Zeitschrift
HansOLG	=	Hanseatisches Oberlandesgericht
i. d. F.	=	in der Fassung
i. e. S.	=	im engeren Sinn
i. S. d. (e.)	=	im Sinn des (eines)
i. w. S.	=	im weiteren Sinne
JuS	=	Juristische Schulung. Zeitschrift
JW	=	Juristische Wochenschrift. Zeitschrift (von 1872 - 1939)
JZ	=	Juristenzeitung. Zeitschrift
KB		Kommissionsbericht
LBG	=	Landbeschaffungsgesetz v. 23. 2. 1957 (BGBl. III Nr. 54 - 3)
Losebl.	=	Loseblattsammlung
LPlGNW.	=	(nordrhein-westfälisches) Landesplanungsgesetz v. 1962 i. d. F. v. 1. 8. 1972 (SaBl. 821)
LS	=	Leitsatz
LStrGNW.	=	Straßengesetz des Landes Nordrhein-Westfalen v. 28. 11. 1961 (SaBl. 1391)
m. w. Nachw.	=	mit weiteren Nachweisen
Nachw.	=	Nachweise
n. F.	=	neue Folge
NJW	=	Neue Juristische Wochenschrift. Zeitschrift
OVG	=	Oberverwaltungsgericht
PrEnteigG	=	(preußisches) Gesetz über die Enteignung von Grundeigentum v. 11. 6. 1874 (PrGS S. 211)

PVG	=	(preußisches) Polizeiverwaltungsgesetz v. 1. 6. 1931 (PrGS S. 77)
Rdnr.	=	Randnummer
Städtebaubericht	=	Städtebaubericht der Bundesregierung v. 1. 12. 1970 BTDs. VI/1497
shLVerwG	=	Algemeines Verwaltungsgesetz für das Land Schleswig-Holstein (Landesverwaltungsgesetz) v. 18. 4. 1967
SJZ	=	Schweizerische Juristenzeitung
StBauFG	=	Gesetz über städtebauliche Sanierungs- und Entwicklungsmaßnahmen in den Gemeinden (Städtebauförderungsgesetz) v. 27. 7. 1971 (BGBl. III 213 - 13)
StrG	=	Straßengesetz Saarland: 17. 12. 1964 (Amtsbl. 1965 S. 117) Hessen: 9. 10. 1962 (GVBl. I S. 437)
U.	=	Urteil
VerwArch	=	Verwaltungsarchiv. Zeitschrift (zit. nach Band/Jahrgang u. Seite)
VerwRspr	=	Verwaltungsrechtsprechung (zit. nach Band u. Seite)
VG	=	Verwaltungsgericht
VGH	=	Verwaltungsgerichtshof
Vorgänge	=	Vorgänge. Zeitschrift
VSSR	=	Vierteljahresschrift für Sozialrecht. Zeitschrift
VVDStRL	=	Veröffentlichungen der Vereinigung der Deutschen Staatsrechtslehrer (zit. nach Band/Jahrgang u. Seite)
VwGO	=	Verwaltungsgerichtsordnung v. 21. 1. 1960 (BGBl. III 201 - 4)
WKSchG	=	Gesetz über den Kündigungsschutz für Mietverhältnisse über Wohnraum v. 25. 11. 1971 (BGBl. I S. 1839)
WM	=	Wertpapiermitteilungen. Zeitschrift
WRV	=	Verfassung des Deutschen Reiches v. 11. 8. 1919 (Weimarer Reichsverfassung) (RGBl. 1383)
ZgStW	=	Zeitschrift für die gesamte Staatswissenschaft
ZPO	=	Zivilprozeßordnung v. 1877 i. d. F. v. 14. 9. 1950 (SaBl. 306)
ZschwR	=	Zeitschrift für schweizerisches Recht

TEIL A

Problemstellung und Methode der Untersuchung

1. Die Problemstellung

Stellt man die Frage nach der Rechtsstellung des enteigneten Grundeigentümers, so erscheint eine Antwort darauf relativ einfach: Der betroffene Grundeigentümer erleidet zugunsten des Gemeinwohls einen unter der Voraussetzung des Art. 14 Abs. 3 S. 1 GG rechtmäßigen Eingriff in seine Rechtssphäre, für den er nach Art. 14 Abs. 3 S. 3 GG eine Entschädigung erhält. Damit ist dieser Lebenssachverhalt an sich zunächst verfassungsrechtlich abschließend geregelt. Von der Eigentumsgarantie des Art. 14 GG her gesehen kann damit der Anschein entstehen, als ob diese sich gleichsam „erledigt" hat, wenn etwa die Enteignungsmaßnahme zu einem Eigentumsverlust des Betroffenen geführt hat[1]. Schwierigkeiten können dann allenfalls noch bei der inhaltlichen Bestimmung des Gemeinwohlerfordernisses und der Angemessenheit der Entschädigung auftreten. Eine solche Einschätzung erweist sich jedoch als fragwürdig, wenn man die Entwicklung der Eigentumsgarantie in ihrer Ausformung durch das Grundgesetz berücksichtigt und außerdem die Struktur des Eingriffsaktes sowie dessen Einbindung in Planungsvorhaben in die Überlegungen einbezieht.

1.1 Die Rückerwerbsentscheidung des Bundesverfassungsgerichtes

Die damit angeschnittenen Probleme vereinigen sich brennpunktartig in der mit dem Enteignungsfall auftretenden Fragestellung, ob und unter welchen Voraussetzungen die Eigentumsgarantie für den Betroffenen ein Recht beinhaltet, die Wiederherstellung des vor der Enteignungsmaßnahme bestehenden Zustandes zu verlangen[2]. Im Gegensatz zu zahlreichen Stimmen in Literatur[3] und Rechtsprechung[4] hat das Bundesverfassungs-

---

[1] Vgl. zu den möglichen Enteignungswirkungen vorerst etwa *Wolff / Bachof*, Verwaltungsrecht I § 62 III b S. 545 f.

[2] Unberücksichtigt bleiben zunächst die Versuche, die Wiederherstellung der eigentumsrechtlichen Ausgangslage mittels zivilrechtlicher und verwaltungsrechtlicher Institute herbeizuführen; vgl. dazu unten Abschn. C-9.

[3] Vgl. *Haman / Lenz*, Art. 14 Anm. B 12; *Maunz* in: Maunz / Dürig / Herzog, Grundgesetz Art. 14 Rdnr. 92; *Wolff*, Verwaltungsrecht III (3. Aufl.) § 158 III a 5; *Schrödter*, § 102 Rdnr. 1; *Brüggelmann / Pohl*, § 102 Anm. II. 1.; *Kimminich*, Bonner Kommentar (Zweitbearbeitung) Art. 14 Rdnr. 131; *Stengel*,

gericht in seiner Entscheidung vom 12. November 1974 dies für den Fall bejaht, daß der Zweck der Enteignung nicht verwirklicht wird[5].

Der dem Verfassungsbeschwerdeverfahren zugrundeliegende Sachverhalt zeigt in großer Deutlichkeit, daß mit dem Vollzug der Enteignung das Postulat nach einem effektiven Eigentumsschutz noch nicht erledigt ist[6]. Bereits vor dem Zweiten Weltkrieg war eine Umgehungsstraße geplant worden, die auch über das Grundstück des Beschwerdeführers führen sollte. Die für das Vorhaben maßgebliche Linienführung wurde bereits am 8. Februar 1939 förmlich festgestellt. Nach mehr als 10 Jahren, am 22. Mai 1950, wurde das Grundeigentum des Betroffenen gegen Entschädigung zugunsten der Stadt entzogen. Nachdem bis Dezember 1961 nicht mit dem Bau begonnen worden war, beantragte der Betroffene die „Rückenteignung" der Grundstücke, um so wieder in seine ursprüngliche Rechtsstellung zu gelangen. Da das für diesen Fall maßgebliche Enteignungsgesetz einen solchen Anspruch nicht einräumte[7], lehnte die Enteignungsbehörde das Verlangen ab.

Auch das Bundesverwaltungsgericht hatte im Gegensatz zum Bundesverfassungsgericht in seinem dem Verfassungsbeschwerdeverfahren zugrundeliegenden Revisionsurteil einen Anspruch auf Rückgewähr verneint[8]. Seiner Auffassung nach sei ein solches Recht zwar in der Eigentumsgewährleistung angelegt, jedoch nicht in vollziehbarer Art und Weise[9]. Auch durch einen Rückgriff auf bestehende Regeln sei im Wege der Analogie ein solcher Grundsatz nicht zu gewinnen, da die Gesetze in vielfältiger Weise divergierten[10]. Überdies könne der Rückgewährsanspruch nur mittels einer Enteignung im technischen Sinn durchgesetzt werden[11]. Das Gericht erkennt auch der Unanfechtbarkeit des Enteignungsaktes eine Sperrwirkung zu, wonach die Erkenntnis, daß der Ein-

---

S. 48 f.; s. auch *Scheuner*, Grundlagen S. 162: Rückerwerbsrecht als rechts-
S. 48 f.; s. auch *Scheuner*, Grundlagen S. 162: Rückerwerbsrecht als rechtpolitische Forderung. Aus der älteren Literatur: *Schelcher*, S. 174 und *Meyer-Branecke*, AöR 11 (1926), 230 (266), die beide auf den abschließenden Ausgleich durch die Entschädigung abstellen; ähnlich *O. Mayer*, Verwaltungsrecht II S. 37.

[4] Vgl. vorerst nur die nachstehend erörterte Entscheidung des BVerwG; weitere Angaben bei *Brüggemann*, S. 45 ff. und *Kunze*, S. 28 ff.

[5] E 38, 175 ff., Leitsatz.

[6] Vgl. zum Sachverhalt die ausführliche Darstellung in der Revisionsentscheidung des BVerwG; E 28, 184 (184 f.).

[7] Anwendung fand hier das in Nordrhein-Westfalen noch geltende PrEnteigG v. 1874 (PrGS S. 211); zur Gesetzeslage insgesamt nachstehend Abschn. B-3.1.

[8] U. v. 8. 11. 1967 E 28, 184 ff.

[9] S. 190.

[10] S. 187; zu den Einzelheiten vgl. unten in Abschn. B-3.2.

[11] S. 188 ff.

griff zur Unzeit oder ohne Deckung durch das Gemeinwohl erfolgt sei, keine Wiederaufnahme eines abgeschlossenen Falles rechtfertige[12].

Bemerkenswert an der Entscheidung des Bundesverfassungsgerichtes, das einen solchen Anspruch bejaht, ist zunächst, daß sich das Gericht nicht ausdrücklich den vom Bundesverwaltungsgericht aufgezeigten methodischen Schwierigkeiten stellt, es vielmehr ohne weiteres auf die Eigentumsgarantie des Art. 14 GG selbst zugreift[13]. Im Ergebnis mag dies unschädlich sein. Auf der anderen Seite gilt es aber auch im Bereich der Ausgestaltung des Eigentumsrechtes, die Gestaltungsfreiheit des Gesetzgebers zu beachten[14]. Das Gericht greift hier auf bestehende Regeln nur in ihrer Funktion als Bestätigung des in Art. 14 Abs. 1 S. 1 GG gefundenen Grundsatzes zurück[15]. Danach entfaltet die Eigentumsgarantie auch über den eigentlichen Eingriffsakt hinaus eine eigenständige Bedeutung. Das Gericht gibt indessen keine substantielle Begründung dafür, warum nach einem abgeschlossenen Eingriff ein Grundrecht seinem materiellen Gehalt nach wieder zum Zuge kommt, obschon sich die Rechtsträgerschaft vollständig geändert hat[18]. Ungeklärt bleibt weiter die aus dem Folgenbeseitigungsrecht bereits bekannte Fragestellung[17], warum und unter welchen näheren Voraussetzungen sich ein Abwehrrecht in einen Wiederherstellungsanspruch wandelt. Versteht man die Bestandskraft als rechtsstaatliches Gebot[16] und damit auch als Gerechtigkeitspostulat[19], so wäre insoweit eine weitergehende Auseinandersetzung mit dem Bundesverwaltungsgericht angebracht gewesen, um die materiell-rechtlichen Grenzen der Bestandskraft aufzuzeigen.

Im Ergebnis verneint das Gericht die Frage, ob das Rückerwerbsrecht nur mittels echter Enteignung durchgesetzt werden könne[20]. Die sich daraus ergebenden Folgerungen hinsichtlich des Gesetzesvorbehaltes sind nur begrenzt verallgemeinerungsfähig, da sie allein auf die in diesem Verfahren zu beurteilende Enteignung zugunsten der öffentlichen Hand zugeschnitten sind. Der große Kreis der aus der Enteignung möglicherweise begünstigten Privaten bleibt so außerhalb des Ansatzes. Gerade dann, wenn der Gesetzesvorbehalt den Bürger schüt-

---

[12] S. 189 unter Hinweis auf § 79 Abs. 2 BVerfGG.

[13] E 38, 175 (179).

[14] Zur Kritik der Entscheidung bes. *v. Mutius*, VerwArch 66 (1975), 283 (289 f.).

[15] S. 182 f.

[16] So jedenfalls in dem zur Entscheidung anstehenden Fall des Vollrechtsentzuges.

[17] Vgl. dazu unten Abschn. B-8.1.

[18] Zur Bedeutung für das Rückerwerbsrecht s. unten Abschn. C-11.

[19] s. dazu auch BVerfG U. v. 18. 12. 1953 E 3, 225 (233) sowie U. v. 17. 1. 1953 E 2, 380 (403).

[20] S. 183 f.

zen soll[21], wird es erforderlich, die maßgeblichen Grenzen aufzuzeigen, wenn der Enteignungszweck nicht erreicht wird.

Im letzten Teil seiner Entscheidung wendet sich das Bundesverfassungsgericht den Modalitäten des Rückgewährrechtes aus Art. 14 Abs. 1 S. 1 GG zu[22]. Im Gegensatz zum Bundesverwaltungsgericht versagt es ein Rückgewährsrecht nicht, weil Art. 14 Abs. 1 S. 1 GG keine Anhaltspunkte für eine nähere Ausformung des Anspruches enthält. Hinsichtlich Entstehungszeitpunkt des Anspruches, der Frist zur Ausübung des Rechtes und der Auswirkung von Veränderungen des Eigentumssubstrates verweist es vielmehr auf bestehende gesetzliche Regelungen[23]. Mit diesen Orientierungshilfen kann einem Gericht indessen nur wenig gedient sein, wenn eine Reihe höchst unterschiedlicher Normen zur Auswahl steht[24], wobei möglicherweise mehrere verfassungsrechtlichen Anforderungen genügen können. Problematisch erscheint der Hinweis auf solche Fristen, die in die der Enteignung zugrundeliegenden planerischen Entscheidungen eingegangen sind[25]. Hier hätte es nahegelegen, deren Funktion zu analysieren. Nur dann läßt sich eine „Orientierung" daran überhaupt praktisch durchführen.

1.2 Die enteignungsrechtliche Güterbeschaffung in rechtswissenschaftlicher und rechtspolitischer Sicht

Die vorstehend angeführte Entscheidung des Bundesverfassungsgerichtes, die zu einer Erweiterung der Eigentumsgarantie über den eigentlichen Eingriffsakt hinaus führt, muß insoweit überraschen, als die Enteignung als Güterbeschaffungsvorgang[26] über eine lange und gefestigte Tradition verfügt, gehört doch die Sicherung der Eigentumsfreiheit zu den klassischen verfassungspolitischen Postulaten der Rechtsstaatlichkeit[27]. Diese Tradition zeigt sich etwa daran, daß aus dem 19. Jahrhundert stammende Enteignungsgesetze teilweise erst in jüngster Zeit durch neue Gesetze abgelöst worden sind[28]. Auf der anderen Seite ist aber

[21] S. 183; vgl. auch hier unten Abschn. C-12.3.

[22] S. 185 ff. sub III., bes. S. 187 a. E.

[23] S. 186.

[24] Vgl. unten Abschn. B-3.1.

[25] S. 185 ff.

[26] Hiermit soll nicht gesagt werden, daß die Güterbeschaffung die einzige Form der Eigentumsentziehung ist. Zu den einzelnen Formen vgl. etwa *v. Mangoldt / Klein*, Art. 14 Anm. VI S. 434 ff. sowie Anm. VII S. 439 ff.; *Huber*, Wirtschaftsverwaltungsrecht II S. 24 sowie *Ipsen*, VVDStRL 10 (1952) S. 85 ff.

[27] Dazu *Scheuner* in: 100 Jahre Deutsches Rechtsleben S. 229 (259 f.); zur Einbuße des juristischen Gehaltes durch den Ausbau der rechtsstaatlichen Ordnung *Imboden*, SJZ 1949, 269 (298).

[28] Vgl. unten Abschn. B-3.1 mit Anm. 23.

auch zu Recht die historische Belastung der Enteignungsgesetze hervorgehoben worden[29]. Bedeutung und Ausgestaltung des enteignungsrechtlichen Güterbeschaffungsvorganges haben heute jedoch durch rechtspolitische Entwicklungstendenzen eine Änderung erfahren, indem in zunehmendem Maße die Frage nach den Einschränkungsmöglichkeiten gerade der Rechtsmacht des Eigentümers von Grund und Boden gestellt wird[30].

Gerade aus der Praxis werden Mängel des Verfahrens herausgestellt, die es dem betroffenen Grundeigentümer erlauben, „Obstruktion mit juristischen Mitteln“[31] zu betreiben. Von dieser Warte aus ist die Forderung durchaus verständlich, die Effizienz der enteignungsrechtlichen Güterbeschaffung zu erhöhen[32], um so eine ordnungsgemäße Erfüllung der staatlichen Aufgaben sicherzustellen. Dieses Ziel darf aber nicht dazu führen, die Rechtsstellung des Bürgers in unangemessener Weise zu verkürzen. Besonders die Tatsache, daß Grund und Boden nicht beliebig vermehrbar sind und Ausweichmöglichkeiten weiträumiger Planungen nicht bestehen, birgt die Gefahr in sich, gerade die Rechte dieser Eigentümergruppe verstärkt einzuschränken.

Die rechtspolitisch[33] und rechtswissenschaftlich[34] geführte Diskussion um den Umfang der Entschädigung wirkt sich auf das Enteignungsverfahren selbst nicht unmittelbar aus, da damit die Zulässigkeit der Enteignung angesprochen ist[35]. Wirtschaftlich ist dies indessen doch der Fall. Wird die Entschädigung minimalisiert, so hat der Betroffene ein erhöhtes Interesse an der Rückgängigmachung der Enteignungsmaßnahme. Nur dann ist für ihn sichergestellt, das Eigentum wieder im freien Austausch der Wirtschaftsgüter zu den am Markt erzielbaren Werten zu verwenden.

In einer solchen Situation, die sowohl durch traditionelle Verfahren geprägt ist, andererseits aber starken Reformbestrebungen ausgesetzt ist, erscheint es erforderlich, sich auch Klarheit über die Eigentümerbefugnisse nach Vollzug der Enteignung zu verschaffen.

---

[29] *Weyreuther*, DVBl. 1972, 93 (93).

[30] Vgl. nur *Bielenberg*, Gutachten, passim; Städtebaubericht der Bundesregierung 1970 — BTDs. VI/1497 — S. 40 ff.; Bericht der Kommission zur Bodenrechtsreform der SPD 1972 S. 17 ff.; *Scheuner*, DöV 1971, 505 (511).

[31] So die Formulierung bei *Ott*, Bodenrecht S. 144; s. auch *Krimphove*, ZRP 1972, 136 (136 f.).

[32] s. dazu auch den Bericht des Bundestagsausschusses für Raumordnung, Bauwesen und Städtebau v. 23. 2. 1976 — BTDs. 7/4793 — S. 16 und *Bauernfeind*, S. 58.

[33] s. Angaben vorstehend in Anm. 30.

[34] Vgl. nur *Opfermann*, passim.

[35] Vgl. Art. 14 Abs. 3 S. 1 GG.

1.3 Die Bedeutung der Einbeziehung von Enteignungsmaßnahmen in Planungsvorhaben

Die Reformbestrebungen lassen sich zu einem großen Teil auf die zunehmende planerische Tätigkeit des Staates zurückführen und den dadurch entstehenden Bedarf an Grund und Boden. Die Gefahren zeigen sich deutlich an dem der Rückerwerbsentscheidung des Bundesverfassungsgerichtes zugrundeliegenden Sachverhalt, in dem noch nach Jahr und Tag ein Planungsvorhaben realisiert werden soll[36]. Bei solchen Projekten kann es sich um Vorhaben innerhalb von Fachplanungen[37], Gesamtplanungen[38] oder auch Entwicklungsplanungen[39] handeln. Diese planerische Tätigkeit des Staates hat die Gestaltung zukünftiger Lebensverhältnisse zur Aufgabe. In dieser Funktion ist diese Erscheinungsform staatlichen Handelns nicht neu: Staatliches Handeln ist notwendig geplantes Handeln, denn Planungslosigkeit hat die Verfehlung der staatlichen Zwecke und Aufgaben zur Folge[40]. Neu ist jedoch die zunehmende Bedeutung des Planungswesens, was bereits an der Vielzahl unterschiedlichster Planungsverfahren deutlich wird[41]. Dieser Umstand hat bereits in der Vergangenheit durch die Besonderheiten dieser Handlungsform bedingte Probleme hervorgebracht, die auch heute noch nicht als durchweg gelöst angesehen werden können[42]. Das gilt auch für die sich aus der Verbindung von Planung und Enteignungsmaßnahmen ergebenden Fragen[43].

Weniger Beachtung wurde den Schwierigkeiten zuteil, die sich aus der Verbindung von Planungsentscheidung und Enteignungsmaßnahme im Durchführungsstadium ergeben. Ein beredtes Beispiel dafür ist der der Rückerwerbsentscheidung des Bundesverfassungsgerichtes zugrundeliegende Sachverhalt, in dem zwischen Planung, Enteignung und Rückgängigmachung der Enteignung jeweils mehr als 10 Jahre vergangen waren[44]. Bereits bei der Bewältigung enteignungsrechtlicher Einwendungen gegen Planungsentscheidungen wird deutlich[45], in welchem Maße der Einzelne gegen technische Anforderungen zu schützen ist[46], um einer

[36] s. dazu vorstehend Abschn. A-1.1.

[37] Vgl. dazu allg. *Blümel*, Planfeststellung II S. 168 ff. sowie *Hoppe*, Rechtsschutz Rdnr. 190 ff.

[38] Etwa der Bebauungsplan nach dem BBauG.

[39] Zu den normativen Anforderungen *Ossenbühl*, Gutachten, passim.

[40] *Forsthoff*, Verwaltungsrecht S. 303.

[41] Vgl. den Überblick über die Planungstechniken bei *Böhret*, S. 140 ff.

[42] Diese Feststellung gilt etwa für die Rechtsschutzproblematik; grundlegend *Blümel* in Fschr. f. Forsthoff I S. 133 ff.

[43] s. dazu noch *Hoppe* (Anm. 37), passim; zu den allgemeinen Gefahren der Planung s. auch *Imboden* in: VVDStRL 18 (1960), 113 (136, 138 f.).

[44] Zu den Einzelheiten der Entscheidung vgl. oben Abschn. A-1.1.

[45] Vgl. nur *Hoppe* (Anm. 37) Rdnr. 190 ff.

Antinomie von Planungsrecht und materiellem Recht entgegenzuwirken. So können im Durchführungsstadium, nachdem bereits eine Enteignungsmaßnahme durchgeführt worden ist, Fehler in der der Maßnahme zugrundeliegenden Entscheidung evident werden. Bedingt durch eine Änderung der Umwelt oder kraft autonomer Entscheidung des Planungsträgers kann eine Wandlung der planerischen Konzeption eintreten. Dann fragt es sich, ob sich derartige Störungen auch auf die bereits durchgeführte Enteignung auswirken. Bei der Antwort auf diese Frage gilt es, die Wirkungen der Eigengesetzlichkeiten der zukunftsgerichteten planerischen Zielsetzung im Hinblick auf die betroffenen Rechtspositionen rechtlich zu begrenzen. Dies ist auch deshalb geboten, weil sich Plan und Planung rechtlich profiliert haben und nicht ohne weiteres in das überkommene System der Staatsakte[47] und das daran ausgerichtete Rechtsschutzssystem eingeordnet werden können.

1.4 Das Untersuchungsziel

Auf der Grundlage der vorstehend dargelegten Problemstellung ergibt sich das Untersuchungsziel, die Rechtsstellung des enteigneten Grundeigentümers im Hinblick auf einen effektiven Grundrechtsschutz zu analysieren und grundrechtsstützende Lösungen aufzuzeigen. Die Untersuchung soll an der mit der Enteignung eintretenden rechtlichen Lage einsetzen: Das durch Art. 14 GG geschützte Eigentumsgrundrecht wird für ein in der Zukunft zu realisierendes, sich aus einer Planungs- bzw. funktional gleichartigen Entscheidung ergebendes Unternehmen durch Belastung oder sogar völligen Entzug tangiert[48]. Planerisch ist die Durchführungsphase angesprochen, da die Entscheidung bereits getroffen und der Entscheidungsfindungsprozeß selbst bereits abgeschlossen ist[49]. Gerade dieser spezifisch planerische Aspekt wird oft vernachlässigt, wenn die Rechtsstellung des Enteigneten untersucht wird[50].

Es soll untersucht werden, welche Möglichkeiten des Eigentumsschutzes in diesem Verfahrensabschnitt bestehen, wenn Störungen bei der in Aussicht genommenen Realisierung des Projektes auftreten. Das Kernproblem bildet die Frage, ob und unter welchen Voraussetzungen den betroffenen Grundeigentümern ein verfassungsrechtlich verbürgter An-

---

[46] Zur Rezeption technischer Regeln durch die Rechtsordnung vgl. *Breuer*, AöR 101 (1976), 46 ff.

[47] *Forsthoff* (Anm. 40) S. 303.

[48] Zu den Enteignungswirkungen vgl. Angabe oben in Anm. 1.

[49] Für die Frage der Partizipation an Verwaltungsentscheidungen mag diese Differenzierung nur mit Schwierigkeiten praktikabel sein. Entscheidend ist hier das bereits vorliegende Aktionsmodell.

[50] Vgl. nur *Kunze*, S. 60 ff., der die unterschiedlichen Planungsfehler nicht ausdifferenziert.

spruch auf Rückerwerb des entzogenen Rechtes bzw. auf Wiederherstellung seiner umfassenden Befugnisse bei Belastungen zuzuerkennen ist. Dabei ist einerseits zu berücksichtigen, daß die Eigengesetzlichkeiten der der Enteignungsmaßnahme zugrundeliegenden Planungsentscheidung nicht unberücksichtigt bleiben, da ansonsten die Effizienz dieses Instrumentes staatlicher Aufgabenerfüllung beeinträchtigt werden kann. Andererseits sind auch die Besonderheiten der Eigentumsgarantie in ihrer die Berücksichtigung dieser Eigenarten normativ begrenzenden Funktion aufzuzeigen.

Auch angesichts der Entscheidung des Bundesverfassungsgerichtes[51] und anderer, die Rechtsstellung des Enteigneten untersuchender Analysen[52] ist es erforderlich, das Rückerwerbsrecht in den notwendigen rechtssystematischen und rechtswissenschaftlichen Zusammenhang zu stellen, der oben[53] vorgezeichnet wurde. Nur auf dieser Grundlage ist es möglich, eine umfassende Klärung der Rechtsstellung des mit einer Enteignung belasteten Grundeigentümers zu erreichen und die Grundrechte als „Organisationsmaximen“[54] für die verfahrensrechtliche Ausgestaltung einzusetzen.

2. Der Gang der Untersuchung

Das methodische Vorgehen im Rahmen einer Untersuchung der Rechtsstellung des enteigneten Grundeigentümers muß maßgeblich durch eine Analyse der Elemente bestimmt sein, die die Enteignung selbst kennzeichnen, wenn es gilt, Möglichkeiten und Grenzen eines Rechtes auf Wiederherstellung des vor der Maßnahme bestehenden Rechtszustandes aufzuzeigen. Dieses Erfordernis folgt daraus, daß die Eigentumsgarantie mit der Enteignungsmöglichkeit zwar eine Entziehung des Eigentums[1] zuläßt, der Wortlaut des Grundrechtes jedoch keine unmittelbaren Aussagen über etwaige auf Rückgängigmachung dieser Rechtswirkungen gerichtete Befugnisse enthält. In Anbetracht der Entschädigungspflichtigkeit des Vorganges kann ein Rückerwerbsrecht des Betroffenen nur dann angenommen werden, wenn trotz der an den Betroffenen zu leistenden Entschädigung seine mit der Enteignung eintretende Rechtsstellung im Vergleich mit der vorher bestehenden als qualitativ minderwertig anzusehen ist[2]. Ein normatives Kriterium zur Bewertung

---

[51] Zur Problemanalyse der Entscheidung s. Abschn. A-1.1.

[52] Vgl. vorerst *Brüggemann*, passim, und *Stummer*, passim, jeweils unter anderen Schwerpunkten.

[53] Zur eigentumsrechtlichen Problematik s. vorstehend in Abschn. A-1.2, zur planerischen Seite vorstehend in Abschn. A-1.3.

[54] So die Formulierung bei *Rupp*, AöR 101 (1976), 161 ff.

[1] Art. 14 Abs. 3 S. 1 GG.

[2] Abschn. B-4.

dieses mit der Enteignung zunächst abgeschlossenen Zustandes kann das Gemeinwohlerfordernis nach Art. 14 Abs. 3 S. 1 GG darstellen, wenn es noch über den eigentlichen Eingriffsakt hinaus Bedeutung entfaltet[3].

Die regelmäßig stattfindende Einbindung der Enteignungsmaßnahme in einen Planungsvorgang[4] erfordert hingegen keine gesonderte Berücksichtigung. Die strukturellen Besonderheiten planerischer Entscheidungen[5] sind ständig in Beziehung zu setzen zur materiellen Grundrechtsgewährleistung des Art. 14 GG, da sie selbst nur instrumentalen Charakter haben.

In einem letzten Schritt sollen unter Rückgriff auf solche Rechtsinstitute, die eine Wiederherstellung ursprünglich bestehender Zustände ermöglichen, Wege zu einer dogmatischen Konturierung des Rückerwerbsrechtes aufgezeigt werden[6].

---

[3] Abschn. B-5.

[4] Vgl. oben Abschn. A-1.3.

[5] Zu den juristisch-methodischen Problemen einer Untersuchung planerischer Entscheidungen vgl. *Ossenbühl*, Gutachten S. B-53 f. und B-142 f.

[6] Teil C.

TEIL B

Verfassungsrechtliche Grundlegung eines Rückerwerbrechtes

Die vorstehend skizzierten Überlegungen zur Problemstellung haben dazu geführt, in einem ersten Schritt die verfassungsrechtlich maßgeblichen Grundelemente aufzuzeigen, die die Rechtsstellung des enteigneten Grundeigentümers kennzeichnen[1], da nur so eine systematische Einordnung des Rückerwerbsrechtes möglich und die Tragweite der Entscheidung des Bundesverfassungsgerichtes zum Rückerwerbsrecht[2] im Hinblick auf das Eigentumsgrundrecht erkennbar ist. Eine solche systematische Analyse der Rechtsstellung des enteigneten Grundeigentümers darf indessen nicht an den gesetzlichen Regeln vorbeigehen, die diese Rechtsposition durch Einräumung von Ansprüchen auf Wiederherstellung der ursprünglichen Rechtslage ausformen und es dem Betroffenen so ermöglichen, seine alte Rechtsstellung wieder herzustellen[3].

3. Die Systematik und Bedeutung gesetzlicher Rückerwerbsrechte

Insbesondere die Entscheidungen des Bundesverwaltungsgerichtes und Bundesverfassungsgerichtes zur Frage des Rückerwerbsrechtes bei unterbliebener Realisierung des sog. Enteignungsunternehmens zeigen die unterschiedliche Auffassung über die Bedeutung, die gesetzlichen Regeln auf der Grundlage einer verfassungsbezogenen Bewertung zukommen kann: Einerseits können sie als abschließende Normierung[1], andererseits als Bestätigung eines verfassungsrechtlichen Grundsatzes angesehen werden[2]. Weiterhin können sie auch einen eigenständigen Grundsatz begründen[3], der letztlich einen Rückgriff auf das notwendig „offene"

---

[1] Vgl. bereits oben Abschn. A-1.4.

[2] Vgl. Abschn. A-1.1.

[3] Vgl. bereits vorstehend Abschn. A-1.1 mit Anm. 8 sowie — zu den Einzelheiten — nachstehend Abschn. B-3.

[1] Vgl. bereits Angaben oben Abschn. A-1.1 Anm. 1; zur methodischen Frage *Engisch*, S. 148 f. sowie *Larenz*, Methodenlehre S. 366 zur Ausgrenzung durch ein Gegenprinzip.

[2] So das Bundesverfassungsgericht — Rückkerwerbsentscheidung — E 38, 175 (182 f.); vgl. auch vorstehend Abschn. A-1.1.

[3] Ähnlich etwa *Kunze*, S. 48, der von einem Grundsatz der Gesamtrechtsordnung spricht. Vgl. auch BVerwGE 28, 184 (190) sowie vorstehend Abschn. A-1.1.

Verfassungsrecht entbehrlich macht. Die Bedeutung derartiger gesetzlicher Regeln ist nur dann zu erfassen, wenn zunächst Klarheit über die Systematik dieser Normen besteht.

3.1 Die Systematik gesetzlicher Rückerwerbsrechte

Bereits die Aufnahme von Rückerwerbsregeln in eine Reihe vorkonstitutioneller Gesetze[4] zeigt die Bedeutung des mit dem hier verfolgten Untersuchungsziel abgesteckten Problemkreises. Auch unter Geltung des Grundgesetzes sind derartige Regeln in zunehmendem Maße in Enteignungsgesetze eingegangen[5]. Nur in Ausnahmefällen werden solche Ansprüche schlechthin ausgeschlossen[6]; häufiger sind indessen nur rudimentäre Ausgestaltungen dieses Teiles des enteignungsrechtlichen Güterbeschaffungsvorganges in den Gesetzen enthalten[7].

Das gemeinsame Merkmal aller Rückübertragungsregeln ist darin zu sehen, daß das Unternehmen, zu dessen Durchführung enteignet worden ist, nicht ausgeführt bzw. die enteignete Sache nicht dafür benötigt wurde[8]. Bemerkenswert an diesem gemeinsamen Tatbestandsmerkmal ist, daß der Ursache der unterbliebenen Ausführung des Objektes keine Bedeutung zugemessen wird. Damit kann die Sachlage zunächst einmal so sein, daß ein öffentliches Interesse i. S. d. Gemeinwohlerfordernisses nach Art. 14 Abs. 3 S. 1 GG für die Durchführung einer Enteignung zu keinem Zeitpunkt vorgelegen hat. Der Nichtausführung käme insoweit

---

[4] Rückerwerbsrechte waren etwa vorgesehen in Art. XII Abs. 4 Bayerisches Zwangsabtretungsgesetz (G. v. 17. 11. 1837, GVBl. S. 109), § 83 SächsEnteigG v. 11. 6. 1902 (GVBl. S. 153), § 59 BadEnteigG v. 24. 12. 1908 (GVBl. S. 703), Art. 61 HessEnteigG v. 26. 7. 1884 (RegBl. S. 175). Wiederkaufsrechte waren geregelt in Art. 8 Coburger Allgemeines Zwangsabtretungsgesetz v. 31. 8. 1855 (GS S. 275), Art. 6 Werra-Eisenbahngesetz v. 28. 3. 1855 (VBl. S. 175), Art. 7 Gothaer EisenbahnG v. 8. 4. 1857 (GS S. 757). Teilweise war neben dem Wiederkaufsrecht ein Vorkaufsrecht bei Teilenteignungen vorgesehen; vgl. §§ 16 ff. PrEisenbahngesetz v. 3. 11. 1838 (GS S. 505), § 141 PrBergG v. 24. 6. 1865 (GS S. 705), Art. 42 § 1 Oldenburgisches EnteigG v. 21. 4. 1897 (GVBl. 541). Andere Gesetze gewährten nur ein Vorkaufsrecht beschränkt auf den Fall der Teilenteignung; vgl. § 7 SächsEisenbahnG v. 3. 7. 1835 (GVBl. 371), § 49 AnhaltEnteigG v. 17. 4. 1875 (GS S. 123), § 31 Lübecker EnteigG v. 23. 3. 1870 (VBl. S. 175) sowie § 57 PrEnteigG v. 11. 6. 1874 (GS 221). Ein Rückerwerbsrecht war nicht vorgesehen im Württemberger ZwangsenteigG v. 20. 12. 1888 (RegBl. S. 446). Vgl. weiter auch die Angaben in BVerfGE 38, 175 (182) sowie bei *Brüggemann*, S. 17 ff. und *Kunze*, S. 14 ff.

[5] Vgl. nur § 51 BaulBeschG v. 1953 (BGBBl. I S. 720), § 43 BLG v. 19. 10. 1956 (BGBl. I S. 815), § 57 LandBeschG v. 1957 (BGBl. I S. 134) sowie § 102 BBauG v. 1960 (BGBl. I S. 341). s. auch die Angaben in BVerfGE 38, 175 (183) sowie bei *Brüggemann* und *Kunze* (Anm. 4). Zur Rechtslage nach den Landesenteignungsgesetzen s. Angaben in Anm. 23 nachstehend.

[6] § 22 Abs. 2 Nr. 4 KriegsfolgenG.

[7] So etwa im Fall des der Rückerwerbsentscheidung zugrundeliegenden § 57 PrEnteigG.

[8] Vgl. BVerfGE 38, 175 (182).

eine indizielle Wirkung in bezug auf ein von Anfang an nicht vorliegendes Rechtmäßigkeitserfordernis zu[9]. Dieselbe Rechtsfolge tritt aber auch dann ein, wenn die durch die Ausführung beabsichtigte Förderung des Gemeinwohls erst später entfällt und die Ausführung deshalb unterbleibt[10]. Schließlich kommt eine Rückgewähr auch dann in Betracht, wenn etwa die Ausführung kraft autonomer Entscheidung des Trägers des Projektes unterbleibt, obschon etwa die beabsichtigte, für das Gemeinwohl förderliche Wirkung des ins Auge gefaßten Projektes noch nicht entfallen ist. Deutlich in den Vordergrund gerückt wird hiermit allein das verfassungsrechtliche Gemeinwohlerfordernis und seine Bedeutung für die Rechtmäßigkeit des Eingriffs, wobei die Ursache der Divergenz zwischen dem vorgestellten und tatsächlich eingetretenen Verlauf in den Hintergrund tritt. Es wird zu untersuchen sein, inwieweit angesichts dieser offenen einfach-gesetzlichen Rechtslage unterschiedliche Regelungsmöglichkeiten im Rahmen der Eigentumsgarantie bestehen.

Hinsichtlich dieses Merkmales der unterbliebenen Realisierung lassen sich innerhalb der gesetzlichen Regeln wiederum unterschiedliche Ausgestaltungen feststellen. Einmal knüpft das Rückerwerbsrecht sowohl an die Aufgabe des Unternehmens an[11], als auch daran, daß das enteignete Grundstück innerhalb der bereits im Enteignungsbeschluß festzusetzenden Fristen[12] keine Verwendung für das Unternehmen findet[13]. Teilweise wird so auf den Realisierungsbeginn und die Vollendung bestimmter Stadien abgestellt[14], während eine solche Regelung in anderen Gesetzen wie etwa dem Bundesbaugesetz[15] nicht enthalten ist. Diese unterschiedliche Ausgestaltung beinhaltet durchaus sachliche Differenzen. Diese werden allerdings teilweise verdeckt, wenn die Verwendungsfrist i. S. d. Bundesbaugesetzes dahin ausgelegt wird, daß nur der Beginn des Vorhabens in diesen Zeitraum fallen muß[16], eine völlige Herstellung mithin nicht zu fordern ist. Es ist ohne weiteres ersichtlich, daß so die Bedeutung dieser Frist, soweit sie Schutzwirkungen zugunsten des betroffenen Eigentümers entfaltet, erheblich leidet. Gegen ein solches Ver-

---

[9] Hierzu BVerwGE 28, 184 (189).

[10] Vgl. auch die Stellungnahme der Bundesregierung im Verfassungsbeschwerdeverfahren E 38, 175 (178).

[11] Vgl. nur § 52 StBauFG.

[12] Zur Fristsetzung etwa § 87 Abs. 2 Nr. 3 BBauG und § 113 Abs. 2 Nr. 3 BBauG. Diese Vorschriften finden sich in ähnlicher Weise auch in den Landesenteignungsgesetzen; vgl. nachstehend Anm. 23. Zu den Einzelheiten unten Abschn. B-7.

[13] Vgl. nur § 102 Abs. 1 Nr. 1 BBauG.

[14] s. § 51 BaulBeschG und § 51 LBG; dazu auch *Schmidt*, DVBl. 1957, 157.

[15] Auf diese unterschiedlichen Anknüpfungspunkte geht das BVerfG in seiner Rückerwerbsentscheidung nicht ein.

[16] BGH U. v. 19. 12. 1966 EPlaR V BGH 12.66/S. 11 sowie *Schütz / Frohberg*, § 87 Anm. VII.

ständnis der Verwendungsfristen spricht auch die Systematik des Bundesbaugesetzes selbst. Dies ergibt sich daraus, daß § 114 Abs. 2 Nr. 1 BBauG eine Verlängerung der Verwendungsfrist nur dann gestattet, wenn der Enteignungszweck ohne Verschulden innerhalb der festgesetzten Frist nicht erfüllt werden kann. Mit dem Verschulden wird ein Umstand bedeutsam, der für die ursprüngliche Festlegung nicht erheblich war. Eine Enteignung läßt sich dann noch nicht rechtfertigen, wenn der Begünstigte nicht innerhalb kürzester Frist das Unternehmen realisiert. Insoweit ist für den ursprünglichen Enteignungsakt und die dort zu regelnde Zeitspanne das subjektive Vermögen des Begünstigten für die Rechtfertigung einer längeren Frist unbeachtlich[17]. Im übrigen spricht der Wortlaut des § 114 Abs. 1 BBauG[18] von der Verwirklichung des Enteignungszweckes[19]. Auch zeigt die Systematik anderer Gesetze, daß sehr wohl zwischen dem Beginn und der Ausführung des Unternehmens unterschieden wird[20].

Darüber hinaus ergeben sich weitere unterschiedliche Ausgestaltungen der Rückübereignungsregeln. Dies gilt zunächst einmal für die Form der Abwicklung eines solchen Anspruchs. Hier finden sich etwa Vorkaufsrechte[21], Wiederkaufsrechte[22] und Rückenteignungsverfahren[23]. Auf den ersten Blick scheint es sich ausschließlich um Regeln technischer Art zu handeln. Dies gilt um so mehr, wenn man sich die Zugehörigkeit der einzelnen Institute zum Bereich des öffentlichen und des privaten Rechtes vor Augen führt[24]. Dahinter verbergen sich indessen unterschiedliche Ausformungen der Rechtsstellung, die durch das Verhältnis und die Interdependenz von Gemeinwohlvorbehalt und dadurch ermöglichtem Eingriff in die Rechtsstellung des Eigentümers bestimmt sind. So ist nicht immer für die Entstehung des Rückerwerbsrechtes allein die Nichtausführung des Unternehmens ausschließliche Tatbestandsvoraussetzung.

---

[17] Vgl. nur *Schrödter*, § 87 Rdnr. 7.

[18] Vgl. noch § 113 Abs. 2 Nr. 3: Verwendung zu dem vorgesehenen Zweck.

[19] Zu den Einzelheiten einer durchführungsbezogenen Verwendungsfrist s. nachstehend Abschn. B-7.2.4.

[20] s. Angaben oben in Anm. 14.

[21] § 57 Abs. 2 PrEnteigG.

[22] § 10 RhPfStrG.

[23] Vgl. bereits § 51 BaulBeschG sowie § 102 BBauG. Das Rückenteignungsverfahren ist in die meisten Landesenteignungsgesetze übernommen worden; vgl. § 5 HambEnteigG v. 1963 (GVBl. 77), § 3 Berl EnteigG v. 1964 (GVBl. 737), § 4 BremEnteigG v. 1965 (GBl. 129), § 45 RhPfEnteigG v. 1966 (GVBl. 103), § 47 HessEnteigG v. 1973 (GVBl. 107), § 44 NdsEnteigG v. 1973 (GVBl. 441), Art. 16 BayEnteigG v. 1974 (GVBl. 610, ber. 814). In Schleswig-Holstein und Nordrhein-Westfalen gilt noch das bereits mehrfach erwähnte PrEnteigG v. 1874. Im Saarland und Baden-Wüttemberg ist die Rechtslage nach Landesteilen unterschiedlich. Teilweise ist dort ein Rückerwerbsrecht nicht vorhanden, vgl. Angaben oben in Anm. 4.

[24] Dazu auch BVerwGE 28, 184 (186).

Einige Gesetze sehen vor, daß noch weitere Umstände hinzutreten müssen, um den Eigentümer wieder in seine ursprüngliche Rechtsstellung einrücken zu lassen.

Dies gilt etwa für solche Gesetze, die dem von einer Enteignung betroffenen Grundeigentümer ein Vorkaufsrecht einräumen. Eine solche Regelung enthält z. B. das in Nordrhein-Westfalen noch geltende preußische Enteignungsgesetz in § 57 Abs. 2[25]. Danach kann der Enteignete sein Grundstück nicht dann schon zurückverlangen, wenn das Grundstück für das Unternehmen nicht mehr benötigt wird. Es ist vielmehr noch weiter erforderlich, daß der aus der Enteignung Begünstigte das Grundstück veräußern will. Damit ist die Bedeutung des verfassungsrechtlichen Gemeinwohlerfordernisses nach Art. 14 Abs. 3 S. 1 GG erheblich gemindert und gleichzeitig dem betroffenen Eigentümer nur eine relativ schwache Rechtsstellung nach Vollzug der Enteignung eingeräumt[26]. Ein weiterer Nachteil in bezug auf die Rechtsstellung des Betroffenen ergibt sich aus der Abwicklung des Rückerwerbsrechtes. Der Betroffene hat die Bedingungen, also auch den Kaufpreis, hinzunehmen, die zwischen dem Begünstigten und dem Dritten vereinbart worden sind[27]. Das bedeutet, daß u. U. auch über die ursprüngliche Entschädigungssumme hinausgehende Zahlungen von dem enteigneten Eigentümer zu leisten sind.

Die vorstehend aufgezeigten Nachteile entfallen dann, wenn — wie besonders in einer Reihe vorkonstitutioneller Gesetze vorgesehen — dem Betroffenen ein Wiederkaufsrecht eingeräumt wird[28]. Hier wird nicht an ein zusätzliches Merkmal, nämlich die Veräußerungsbereitschaft des Begünstigten, angeknüpft, sondern allein an die Nichtausführung des Projektes. Außerdem besteht nicht das Risiko einer im Vergleich mit der ursprünglichen Entschädigungssumme erhöhten Kaufpreisforderung, da regelmäßig die Entschädigung zugrundezulegen ist[29].

Durchweg anders gestalten dagegen neuere Gesetze die Rechtslage bei unterbliebener Durchführung des Unternehmens. Hier wird grundsätzlich nicht mehr auf Institute des Privatrechts zurückgegriffen[30]. Diese Entwicklung ist rechtshistorisch aus der Abkehr von der aus der Fis-

---

[25] Vgl. dazu auch *Schmidt-Aßmann* in: Ernst / Zinkhahn / Bielenberg, Bundesbaugesetz § 102 Rdnr. 3.

[26] So auch *Brüggemann*, S. 30.

[27] Vgl. auch *Palandt / Putzo*, § 305 Anm. 2.

[28] Vgl. auch Angaben oben in Anm. 4.

[29] Vgl. § 10 S. 2 RhPfStrG, der aber gleichzeitig eine angemessene Berücksichtigung von werterhöhenden Aufwendungen vorschreibt; s. auch *Becker*, Anm. zu § 10: entgegen dem Wortlaut sollen sich auch Wertminderungen auf den Kaufpreis auswirken.

[30] Soweit ersichtlich enthält nur noch § 10 RhPfStrG eine zivilrechtliche Regelung.

kus-Theorie herrührenden Vorstellung zu erklären, die die Enteignung im wesentlichen als Zwangskauf verstand[31]. Demgemäß wird heute vielfach das Rechtsinstitut der Rückenteignung[32] gewählt, wenn das enteignete Grundstück nicht fristgemäß[33] seiner Verwendung zugeführt wird. Eine besondere Bedeutung kommt in diesem Zusammenhang § 102 BBauG zu, der seinem materiellen Regelungsgehalt nach in zahlreiche Enteignungsgesetze übernommen worden ist[34]. Da diese Normen nur an die Nichtrealisierung des Enteignungsunternehmens anknüpfen, enthalten sie eine relativ starke, von der Veräußerungsbereitschaft des Begünstigten unabhängige Stellung des betroffenen Grundeigentümers[35].

Eine besonders interessante Regelung der Rechtsstellung des enteigneten Grundeigentümers ist im Entwurf eines Bundesberggesetzes (EBBergG)[36] ins Auge gefaßt worden. Diese Bestimmungen müssen als die gegenwärtig wohl umfassendsten verstanden werden, enthalten sie doch eine über die gesamte Dauer des Enteignungsunternehmens sich erstreckende Regelung der Bindung des enteigneten Objektes an das verfassungsrechtliche Gemeinwohlerfordernis. Einmal enthält der Entwurf einen Rückenteignungstatbestand, der bereits von § 102 BBauG her bekannt ist[37]. Eine entscheidende Erweiterung erfährt die Rechtsstellung des von einer Enteignung betroffenen Grundeigentümers dadurch, daß die durch den bergrechtlichen Grundabtretungsbeschluß bewirkten Rechtsänderungen auch dann rückgängig zu machen sind, wenn und soweit das Grundstück nach Realisierung des Enteignungsunternehmens nicht mehr benötigt wird[38]. Eine bedeutende Einschränkung erfährt diese Erweiterung jedoch dadurch, daß dieses Rückerwerbsrecht dann nicht eingreift, wenn das Eigentum entzogen ist[39]. Aus Gründen der Rechtssicherheit soll dann nach Durchführung des Unternehmens eine Rückgängigmachung der Maßnahme nicht mehr stattfinden[40]. Eine ähnliche Regelung findet sich in den Straßengesetzen, wenn dort bei der Einziehung einer Straße ein Rückerwerbsrecht des ehemaligen Eigentümers begrün-

---

[31] Zur Entwicklung *Laband*, AcP 52 (1869), 151 ff.

[32] Vgl. Angaben vorstehend in Anm. 23.

[33] Vgl. vorstehend mit Angaben in Anm. 12 ff.

[34] Vgl. Angaben oben in Anm. 23. Hervorzuheben ist das BerlEnteigG, das die Regelung durch Verweisung übernimmt.

[35] Zu den Einzelheiten der Rückabwicklung hier Abschn. C-14.3.

[36] Referentenentwurf v. 11. 2. 1970. Im Verlauf des Gesetzgebungsverfahrens ist eine dem BBauG vergleichbare Regelung aufgenommen worden; vgl. § 95 EBergG BRDs. 260/77.

[37] § 136 Abs. 1 S. 1 Nr. 1.

[38] § 136 Abs. 1 S. 1 Nr. 2.

[39] § 136 Abs. 1 S. 2 EBBergG; damit führt die Aufgabe nur bei nicht eigentumsentziehenden Enteignungen, also etwa bei Belastungen, zum Rückerwerb.

[40] Vgl. Begr. des Referentenentwurfes S. 210.

det wird[41]. Der Entwurf des Bundesberggesetzes gewährt allerdings dem ehemals Grundabtretungspflichtigen ein Vorkaufsrecht, wenn nach Durchführung des Unternehmens das Grundstück veräußert werden soll[42]. Dieses Vorkaufsrecht weist allerdings wieder die vorstehend bereits aufgeführten Nachteile im Hinblick auf die Entschädigungsabwicklung auf[43]. Hier ist u. a. eine Ausgleichsentschädigung des Rückerwerbsberechtigten vorgesehen, wenn Werterhöhungen vorliegen, die auf Maßnahmen zurückzuführen sind, die im Zusammenhang mit der Benutzung zum Grundabtretungszweck oder durch behördlich angeordnete Maßnahmen entstanden sind[44].

Auch das modernste, boden- und planungsrechtliche[45] Fragen regelnde Gesetz, das Städtebauförderungsgesetz[46], begründet ein Rückerwerbsrecht enteigneter Grundeigentümer. In § 52 dieses Gesetzes ist bestimmt, daß der frühere Eigentümer eines Grundstückes grundsätzlich einen gegen den jeweiligen Eigentümer gerichteten Anspruch auf Rückübertragung hat, wenn er das Eigentum zur Durchführung einer Sanierung verloren hat und in der Folgezeit die förmliche Festlegung des Sanierungsgebietes nach § 51 Abs. 2 StBfG aufgehoben wird. Entscheidend ist hier also nicht die unterbliebene fristgemäße Durchführung des Unternehmens, wie in § 102 BBauG, sondern die besonders qualifizierte Aufhebung der letztlich die Enteignung ermöglichenden Satzungen selbst[47]. Bemerkenswert ist, daß der Gesetzesentwurf der Bundesregierung eine solche Regelung zunächst nicht enthielt[48], diese vielmehr erst in der verlamentarischen Beratung eingefügt wurde[49]. Der vermögensrechtliche Ausgleich vollzieht sich nach § 52 Abs. 4. Der Rückübereignungspflichtige erhält als „Kaufpreis" den nach dem Zeitpunkt der Rechtsausübung maßgeblichen Verkehrswert. Diese Regelung fällt in doppelter Hinsicht auf: Einmal wird mit dem Begriff „Kaufpreis" ein zivilistisches Moment eingeführt[50]. Zum anderen weicht die Regelung inhaltlich von der des § 103 BBauG ab, da hier der Verkehrswert im Zeitpunkt der Rückgewähr als

---

[41] Vgl. nur § 12 Abs. 1 und 2 LStrGNW; zu den Einzelheiten unten Abschn. C-13.3.2.

[42] § 137.

[43] Vgl. oben mit Anm. 26.

[44] § 136 Abs. 5.

[45] Zum Zusammenhang von Planung und Enteignung s. bereits oben Abschn. A-1.3.

[46] Zum Eigentumsschutz im StBauFG vgl. vorerst *Tittel*, WiR 1974, 345 ff.

[47] Dazu allg. *Bielenberg*, Städtebauförderungsgesetz § 51 Anm. 17. Vgl. auch *Dieterich / Fahrenholtz*, S. 17; Absicht späterer Durchführung reicht nicht aus.

[48] Vgl. Entw. v. 12. 3. 1970 BTDs. VI/510.

[49] Zur Entwicklung s. auch *Heitzer / Oestreicher*, Bundesbaugesetz (Anhang StBauFG), § 52 Anm. a - b.

[50] *Dieterich / Fahrenholtz* (Anm. 47) halten deshalb den Zivilrechtsweg für gegeben.

Grundsatz für die Bemessung der Entschädigung maßgebend wird[51]. Damit gehen im Bereich des Städtebauförderungsgesetzes insbesondere Werterhöhungen, die das Grundstück zwischenzeitlich erfahren hat, zu Lasten des ehemaligen Eigentümers und jetzigen Rückerwerbsberechtigten[52]. Das hat zur Folge, daß im Einzelfall die Ausübung des Rückerwerbsrechtes für den Betroffenen unmöglich werden kann, wenn er nicht über die notwendigen finanziellen Mittel verfügt[53]. Es tritt damit eine Lage ein, die wirtschaftlich derjenigen bei Ausübung des Vorkaufsrechtes durch den ehemaligen Eigentümer gleicht. Deutlich wird daran, daß auch die Rückabwicklung der Entschädigung Bedeutung für die Reichweite der Rechtsstellung nach Vollzug der Enteignung hat[54].

Vorschriften, die ein Rückerwerbsrecht bei eigentumstangierenden Eingriffen vorsehen, sind jedoch selbst in neuere Gesetze nicht durchgehend aufgenommen worden[55]. Für den wichtigen Bereich des Vorkaufsrechtes ist erst nach Erlaß der Entscheidung des Bundesverfassungsgerichtes[56] mit der Novellierung des Bundesbaugesetzes[57] insoweit eine Regelung eingeführt worden[58]. Nach der ursprünglichen Fassung des Gesetzes war nur in § 25 Abs. 5 S. 3 die Gemeinde in bestimmten Fällen mit der Rückübertragungspflicht belastet, wenn es sich um ein Vorkaufsrecht für unbebaute Grundstücke handelte[59]. Anders dagegen war die Rechtslage nach § 28 BBauG für solche Erwerbsrechte, die vor Entstehung des gemeindlichen Vorkaufsrechtes begründet wurden[60]. In diesem Fall verwies das Gesetz allein auf die Entschädigungsregeln des Bundesbaugesetzes ohne die Rückübertragungsregeln in Bezug zu nehmen[61]. Entsprechende Probleme ergaben sich für das Städtebauförderungsgesetz, das in § 17 auf die §§ 24, 27 und 28 BBauG, nicht aber auf die Rückerwerbsregel des § 26 verweist[62].

Besonderheiten ergeben sich in den Fällen, in denen Gesetze zwar generell einen Enteignungstatbestand der Güterbeschaffung enthalten,

---

[51] s. dazu auch *Schmidt-Aßmann* (Anm. 25) § 103 Rdnr. 5.

[52] So ausdrücklich *Bielenberg* (Anm. 47) § 52 Rdnr. 5.

[53] Zu den Einzelheiten unten in Abschn. C-14.3.

[54] Vgl. zu den Einzelheiten unten Abschn. C-14.1.

[55] Vgl. dazu auch BVerwGE 28, 184 (186).

[56] s. oben Abschn. A-1.1.

[57] G. v. 18. 8. 1976 BGBl. I S. 2221.

[58] Vgl. vorerst § 26 Abs. 4 BBauG; zu den Einzelheiten unten Abschn. C-15.2.

[59] Vgl. nur *Schütz / Frohberg*, § 25 Anm. III.

[60] s. dazu *Schütz / Frohberg*, § 28 Anm. 2.

[61] So *Schütz / Frohberg*, § 28 Anm. 2; zweifelnd *Ernst / Zinkahn / Bielenberg*, § 28 Rdnr. 5; a. A. *Meyer / Stich / Tittel*, § 28 Rdnr. 1.

[62] Durch die nach der Novellierung des BBauG durchgeführte Neufassung des StBauFG ist insoweit keine Änderung eingetreten; vgl. BGBl. I S. 2219 ff.

doch selbst kein voll ausgebildetes Enteignungsinstrumentarium zur Verfügung stellen. Dies gilt praktisch für alle Fachplanungsgesetze, in denen auf die Enteignungsgesetze der Länder verwiesen wird[63]. Diese Besonderheiten haben zur Folge, daß etwa bei Enteignungsmaßnahmen im Zuge von Straßenbauvorhaben von Land zu Land unterschiedliche Rechtsfolgen eintreten können, wenn der Bau der Straße unterbleibt[64]. Problematisch erscheint, ob damit die Feststellung gerechtfertigt ist — jedenfalls in einer für die allgemeine Herleitung eines solchen Rechtes bedeutsamen Weise —, daß die Fachplanungsgesetze einen Rückerwerbstatbestand nicht vorsehen[65]. Dies ergibt sich daraus, daß nach der Systematik dieser Gesetze generell auf das Enteignungsrecht der Länder verwiesen wird und damit im Regelfall ein Bedürfnis für eine Normierung innerhalb der Fachplanungsgesetze nicht besteht[66].

Als Ergebnis läßt sich festhalten, daß die Enteignungsgesetze i. e. S. und auch Enteignungen ermöglichende Planungsgesetze eine reichhaltige Palette von Rückerwerbsregeln enthalten. Die inhaltliche Vielfalt dieser Normen ergibt sich nicht ausschließlich aus den technisch unterschiedlichen Ausgestaltungen. Diese beinhalten vielmehr auch sachlich in ihren Grundstrukturen innerlich differenzierte Regelungen. Hieraus wird deutlich, daß die Ausgestaltung der Rechtsfolgen, insbesondere die Rückabwicklung der Entschädigung, in engem Zusammenhang mit der tatbestandlichen Normierung zu sehen ist. Die gesetzlichen Regeln enthalten damit eine untereinander divergierende Ausgestaltung der Eigentumsgarantie. Gesetzestechnisch ist unter Abwendung von der historisch bedeutsamen Fiskustheorie eine entsprechende Hinwendung zu öffentlich-rechtlichen Regelungsformen erkennbar.

3.2 Die Bedeutung gesetzlicher Regeln für die Herleitung eines allgemeinen Rückerwerbsrechtes

Selbst in Anbetracht der Tatsache, daß das Bundesverfassungsgericht ein Recht auf Rückerwerb enteigneten Gutes direkt aus der Eigentumsgarantie des Art. 14 GG herleitet[67] und auch in dieser Untersuchung die Verfassungsrechtslage im Mittelpunkt stehen soll[68], kann nicht gesagt werden, daß die gesetzlich normierten Rückerwerbsregeln ohne jeg-

[63] Vgl. nur § 19 Abs. 5 BFStrG und § 42 Abs. 7 LStrGNW.

[64] So jedenfalls nach den einfachgesetzlichen Regeln; vgl. auch Angaben oben in Anm. 23.

[65] Anders aber § 10 RhPfStrG: Wiederkaufsrecht.

[66] s. jedoch auch BVerwGE 28, 184 (186), das offensichtlich von einer solchen Systematik ausgeht.

[67] Vgl. bereits oben in Abschn. A-1.1.

[68] s. Abschn. A-1.4.

liche Bedeutung sind[69]. Dieses Vorgehen des Bundesverfassungsgerichtes kann durch die Besonderheiten des verfassungsgerichtlichen Verfahrens erklärt werden, in dem ausschließlich die Verletzung von Grundrechten und diesen gleichgestellten Rechten gerügt werden kann[70]. Hätte es sich bei dem vom Bundesverfassungsgericht aufgefundenen Rechtssatz um einen mittels Analogie gewinnbaren einfach-gesetzlichen gehandelt[71], so wäre eine positive Entscheidung zugunsten des Beschwerdeführers zumindest zweifelhaft geworden[72].

Die vielfach in der Rückerwerbsentscheidung des Bundesverfassungsgerichtes gesehene Bedeutung einer Aktualisierung des Grundrechtsschutzes soll hier nicht durch einen Rückgriff auf einfach-gesetzliche Normen relativiert werden[73]. Eine systematische Untersuchung darf jedoch auf eine Analyse der Bedeutung gesetzlicher Regeln nicht verzichten, zumal sich etwa das Bundesverwaltungsgericht im Gegensatz zum Bundesverfassungsgericht aus methodischen Gründen daran gehindert sah, einen entsprechenden Rechtssatz anzuerkennen, da selbst bei einer auf neuere Gesetze beschränkten Analogie zu große inhaltliche Unterschiede bestünden und nicht in allen Gesetzen ein Rückerwerbsrecht enthalten sei[74]. Weiterhin ist zu bedenken, daß gerade im Bereich des im besonderen Maße Verfassungsrecht konkretisierenden öffentlichen Rechtes der Rechtsfortbildung auf der Grundlage bestehender Gesetze besondere Bedeutung zukommt. Auf diese Weise wird es erleichtert, bei der Konkretisierung offener Verfassungsnormen außerhalb der gesetzgeberischen Ausgestaltung die an sich bestehende Gestaltungsfreiheit des parlamentarischen Gesetzgebers zu beachten[75]. Auf der Grundlage bestehender Gesetze gewonnene Rechtssätze stellen damit einen Schutz der erforderlichen gesetzgeberischen Gestaltungsfreiheit dar. Dem Rechtsanwender muß deshalb der Rückgriff auf das Verfassungsrecht[76] solange versperrt sein, wie eine einfach-gesetzliche Regelung dem Verfassungsrecht genügt. Die Gestaltungsfreiheit ist erheblich gefährdet, wenn die Herleitung des Rückerwerbsrechtes von vornherein auf Art. 14 GG beschränkt wird[77]. Die hier vorgeschlagene Zurückhaltung ist so-

---

[69] Zur Judikatur des Bundesverfassungsgerichtes s. Abschn. A-1.1.

[70] Art. 93 Abs. 1 Nr. 4 a GG.

[71] Vgl. *Dahm*, S. 67: Gesetzesanalogie hat die Anwendung einer Rechtsnorm zum Gegenstand.

[72] Zur Prüfungskompetenz vgl. auch *Maunz / Sigloch* u. a., Bundesverfassungsgerichtsgesetz § 90 Rdnr. 7.

[73] Vgl. *Kimminich*, DöV 1975, 314 und — eher kritisch — *v. Mutius*, VerwArch 66 (1975), 283 ff.

[74] E 28, 184 (186).

[75] Dort setzt die Kritik bei *v. Mutius*, VerwArch 66 (1975), 283 ff. ein.

[76] Vgl. auch unten Abschn. B-8.1.

[77] Etwa bei *Kimminich*, DöV 1975, 314 (315).

lange unschädlich, wie Gerichte sich nicht scheuen, bei einer verfassungsrechtlich bedenklichen Rechtslage die dann erforderliche Konkretisierung der Verfassung mit der gebotenen Rücksichtnahme auf die gesetzgeberische Gestaltungsfreiheit auf sich zu nehmen[78].

3.2.1 Begründung eines eigenständigen Rückerwerbsrechtes aufgrund der gesetzlichen Regelungen

Eine überragende Bedeutung kommt diesen gesetzlichen Regeln dann zu, wenn sie ein eigenständiges Rückerwerbsrecht zu begründen vermögen[79]. Einmal kann eine Vielzahl von Einzelnormen konstitutiv einen Grundsatz schaffen, der als allgemeines Rechtsprinzip zu kennzeichnen ist (sog. Rechts- oder Gesamtanalogie[80]). Ein Rückgriff auf die ratio legis als das Allgemeine der Norm kann eine Gesetzesanalogie ermöglichen. Im letzteren Fall steht dann unmittelbar die Anwendung einer bestimmten Rechtsnorm fest, während ausschließlich als allgemeine Rechtssätze zu qualifizierende allgemeine Prinzipien noch weiter zu konkretisieren sind[81].

Auf der Grundlage der existierenden gesetzlichen Regeln ist zu unterscheiden zwischen den Gesetzen, die Rückerwerbsrechte nicht gewähren[82] und solchen, die eine wie auch immer geartete Regelung[83] enthalten. Besonders im ersten Fall stellt sich die Frage nach der Lückenhaftigkeit des Gesetzes, wenn möglicherweise eine sog. Gebietslücke vorliegt, die einen innerlich zusammenhängenden Lebenssachverhalt ungeregelt läßt[84], nämlich die Rechtsstellung des enteigneten Grundeigentümers nach Vollzug der Enteignung. Aber auch dann, wenn Regelungen vorliegen, wird ein durch andere Gesetze konstitutiv geschaffener Grundsatz bedeutsam, sobald andere Normen in nicht zu rechtfertigender Weise hinter einem anderweitig festgelegten, weiterreichenden Standard zurückbleiben. Zur Verdeutlichung sei dies auf der Grundlage der bestehenden Regeln konkretisiert: Stellt etwa die Gewährung von Vorkaufsrechten[85] eine Lücke dar, weil nur der Veräußerungswille, nicht aber die schlichte Nichtausführung des Enteignungsunternehmens zum Rückerwerbsrecht führt? Liegt eine Unvollständigkeit des Gesetzes dann vor, wenn kein

---

[78] Im Grundsatz deshalb zutreffend der Ansatz des BVerwG; E 28, 184 (186).

[79] s. auch BVerfG, das von einem ‚Rechtsprinzip' spricht, ohne dies näher zu erläutern; E 38, 175 (182).

[80] Kritisch dazu *Canaris*, S. 98.

[81] Dazu *Canaris*, S. 99.

[82] Vgl. oben Anm. 6.

[83] Vgl. oben Anm. 4.

[84] Zur Gebietslücke *Canaris*, S. 187.

[85] Vgl. die Angaben vorstehend in Anm. 21.

Rückerwerbsrecht nach Beendigung der Funktionsbestimmung des tatsächlich durchgeführten Enteignungsunternehmens vorgesehen ist[86]?

3.2.1.1 Erfordernis und Problematik einer Lückenfeststellung

Die Schwierigkeit einer solchen Lückenfeststellung ist darin begründet, daß sie nicht mittels logischer Schlüsse dargetan werden kann, vielmehr eine wertende Betrachtung erfordert[87]. Die allgemeine Anerkennung dieses Satzes bringt sogleich die nächste Schwierigkeit hervor: Unerläßlich wird die Festlegung des Bezugssystems des wertenden Erkennens, das ohne eine solche Offenlegung zu einem unwissschaftlichen Dezisionismus führen muß. Bezugssystem kann zunächst das in Rede stehende Gesetz sein. In einem solchen Fall genügen die auf Regelung bestimmter Sachverhalte gerichteten Normen nicht der Intention des Gesetzgebers (sog. immanente Teleologie[88]). Es wird indessen eine Erweiterung des Bezugssystems auf andere rechtliche Normen angestrebt[89], da die Rechtsfortbildung der Idee der Gerechtigkeit entsprechen muß, diese aber nur mittels einer umfassenden Betrachtung erkannt werden kann. Gerade im Bereich des öffentlichen Rechts, und dies wird an der hier verfolgten Fragestellung deutlich, kommt der Verfassung selbst eine große Bedeutung zu, da sie die letztlich entscheidenden Wertmaßstäbe setzt. Das erlaubt indessen noch nicht den die Gestaltungsfreiheit des Gesetzgebers gefährdenden unmittelbaren Zugriff auf die Verfassung, soweit gesetzgeberische Entscheidungen vorliegen, die Regelungen und Ausgestaltungen des in Rede stehenden Sachverhaltes zum Inhalt haben[90].

Eine Schwierigkeit der Lückenfeststellung innerhalb des rückerwerbsrechtlichen Regelungskomplexes liegt schon darin begründet, daß die Reichweite der gesetzlichen Rückerwerbsregeln bis hin zum Rückerwerb nach Beendigung des Unternehmens die Annahme einer Gebietslücke[91] in zahlreichen Gesetzen nahelegt und damit der Feststellungsvorgang selbst sehr komplex sein muß. Ohne die damit verbundenen methodologischen Schwierigkeiten auszuloten, wird dennoch vielfach eine Lücke angenommen[92], was angesichts der verfassungsrechtlichen Anbindung der Enteignung an das Gemeinwohl und der zahlreichen, eine Rückgewähr einräumenden Regelungen auch naheliegen mag[93]. Auf der anderen

---

[86] Vgl. vorstehend mit Angaben in Anm. 41.

[87] *Esser*, Vorverständnis S. 65 ff.

[88] Vgl. *Canaris*, S. 98; *Bierling*, S. 383.

[89] Zur Einbeziehung der Verfassung *Göldner*, S. 67 ff.; vgl. aber auch *Ipsen*, Richterrecht S. 178 ff.; s. auch *Engisch*, S. 42 ff.

[90] s. bereits vorstehend Einl. Abschn. B-3.2.

[91] s. bereits vorstehend mit Anm. 84.

[92] Vgl. nur *Stummer*, S. 47 sowie *Brüggemann*, S. 64.

[93] So auch BVerwGE 28, 184 (188).

Seite übersehen diese Untersuchungen, daß sie die bestehenden Regeln nicht nur zur Lückenfüllung selbst, sondern bereits zur Lückenfeststellung funktional einsetzen[94]. Dieser grundsätzlich nicht zu beanstandende Vorgang setzt allerdings mindestens eine hinreichende Konkretheit des hier angeblich zum Ausdruck kommenden *eigenständigen* Rechtsgrundsatzes voraus, der die Lücke selbst begründen soll.

Bei allen gesetzlichen Regeln erscheint weiterhin problematisch, inwieweit darin etwa eine abschließende, die Rechtsstellung des Enteigneten erschöpfend regelnde Ausgestaltung liegen soll[95]. Deutlich wird dies etwa an § 57 Abs. 1 PrEnteigG, der den Wiederkauf ausdrücklich ausschließt[96]. Hier kann sich jedoch der vorkonstitutionelle Charakter des Gesetzes auswirken, der zu einer nachträglichen Entstehung von Lükken wegen Veränderung der Verfassungsrechtslage führen kann. Dementsprechend können auch rechtssatzmäßige Erweiterungen der Rechtsstellung des Enteigneten solche vorkonstitutionellen Einschränkungen außer Kraft setzen[97]. Verfassungsrechtlich wäre diese Lücke dann unbeachtlich, wenn eine rechtssatzmäßige Ausfüllung möglich wäre[98].

Zusammenfassend läßt sich festhalten, daß es ausschlaggebend auf die Möglichkeit der Konkretisierung eines Rechtsgrundsatzes bzw. Rechtssatzes auch zur inhaltlichen Lückenfeststellung ankommt. Nur dann kann den gesetzlichen Regeln ein eigenständiger, nämlich durch sie begründeter Rückerwerbsanspruch entnommen werden. Daneben erscheint die Frage, ob und in welchem Umfang Gesetze existieren, die eine solche Regelung nicht vorsehen, von untergeordneter Bedeutung[99].

3.2.1.2 Unzulänglichkeiten einer rechtssatz- oder rechtsgrundsatzmäßigen Konkretisierung

Es ist somit zu ermitteln, ob überhaupt auf der Grundlage der bestehenden Normen ein allgemein gültiger Rechtssatz gefunden werden kann, der die Rechtsstellung des betroffenen Grundeigentümers nach Vollzug der Enteignung regelt. Da die Rechtsfortbildung nur dann möglich ist, wenn Gesetze lückenhaft sind, so muß umgekehrt die Rechtsfortbildung selbst als Ergebnis einen Rechtssatz hervorbringen können.

Die Rechtsnormstruktur verlangt für den Rechtssatz stets eine hinreichende Bestimmtheit und Konkretheit besonders der Rechtsfolge[100].

---

[94] So besonders deutlich bei *Stummer*, S. 47.

[95] Zur methodischen Bedeutung s. noch *Engisch*, S. 137 f.

[96] § 57 Abs. 1 PrEnteigG; dazu *Eger*, Enteignungsrecht I § 57 Anm. 346.

[97] Das BVerfG behandelt die Frage des Einflusses von Art. 14 GG auf § 57 PrEnteigG nicht; vgl. E 38, 175 ff.; s. dazu aber *v. Mutius*, VerwArch 66 (1975), 283 (289).

[98] Ebenso *Lerche*, S. 168.

[99] Vgl. o. Angaben in Anm. 23 zur Rechtslage in den Bundesländern.

Dieses für geschriebene Rechtssätze allgemein anerkannte Prinzip[101], das dort über den rechtsstaatlichen Grundsatz der Normenklarheit verfassungsrechtlich abgesichert ist[102], muß auch für im Weg der Analogie auffindbare Rechtssätze verlangt werden. Verzichtete man auf diese Erfordernis, so handelte es sich methodisch nicht mehr um die entsprechende Anwendung eines durch Gesetzgebung legitimierten Rechtssatzes[103]. Keine Besonderheiten ergeben sich hinsichtlich des Konkretheitsgebotes, wenn eine Vielzahl von gesetzlichen Bestimmungen zur Verfügung steht, obschon das dann zu praktizierende methodische Vorgehen einer Gesamtanalogie z. T. auf kritische Bedenken gestoßen ist[104]. In einem solchen Verfahren sind allerdings Schwierigkeiten bei der Auswahl der konkreten Tatbestandsausformung und der Rechtsfolgen angelegt[105]. Im Extremfall ist nicht auszuschließen, daß eine Differenzierung unmöglich wird, will man den Rahmen einer Rechtsfortbildung auf der Grundlage bestehender Gesetze nicht sprengen.

In dem hier zu erörternden Zusammenhang erscheint es zunächst problematisch, ob überhaupt ein bestimmter Tatbestand ermittelt werden kann, der seinerseits konkrete Rechtsfolgen hervorzubringen vermag. Eine solche Feststellung erscheint unmöglich, wenn man auch die vorkonstitutionellen Gesetze in die Überlegungen einbezieht. Erinnert sei etwa an die Sperrwirkung des Vorkaufsrechtes, das den Rückerwerbsfall an den Veräußerungswillen des ehemals aus der Enteignung Begünstigten anknüpft[106]. Aber auch nachkonstitutionelle Gesetze geben keine Antwort darauf, ob etwa der von einer Enteignung betroffene frühere Eigentümer nur dann die Möglichkeit erhalten soll, wieder in seine Rechtsstellung einzurücken, wenn das Unternehmen nicht zur Ausführung gelangt ist, oder aber auch dann, wenn die Funktionsbestimmung nach Durchführung des Unternehmens wieder aufgehoben worden ist[107].

Kommt es nicht zur vollständigen Ausführung, so läßt sich ebenfalls aufgrund der bestehenden Regeln kein Tatbestand in genügend klarer Form erkennen. In den gesetzlich geregelten Fällen knüpft das Rückerwerbsrecht sowohl an die Aufgabe des Unternehmens an, als auch daran, daß das enteignete Grundstück innerhalb bestimmter Fristen kei-

---

[100] Zur Rechtsnormstruktur *Larenz*, Methodenlehre S. 235 ff.

[101] Zur Rspr. des BVerfG vgl. die Nachweise bei *Leibholz / Rinck*, Art. 20 Rdnr. 28 a) ff.

[102] Vgl. noch *Denninger*, S. 124 und 194.

[103] s. nachstehend S. 28 f. sowie — allg. — *Wolff / Bachof*, Verwaltungsrecht I § 25 I b S. 122.

[104] Vgl. *Canaris*, S. 98.

[105] Hierzu allg. *Engisch*, S. 147.

[106] Vgl. oben Abschn. B-3.1 mit Anm. 25 - 27.

[107] Vgl. vorstehende Ausführungen mit Anm. 38 und 41.

ne entsprechende Verwendung gefunden hat. Ebenso läßt sich nicht eindeutig klären, ob bereits eine teilweise Realisierung des Unternehmens den Rückerwerbsfall ausschließt.

Lassen sich so schon die Tatbestandsmerkmale nicht hinreichend konkretisieren, so gilt dies erst recht für die Rechtsfolgen. Aus dem imperativen Charakter von Pflichten und damit korrespondierenden Rechten folgt, daß gerade in diesem Punkt genaue Festlegungen möglich sein müssen[108]. Bei Einbeziehung auch der vorkonstitutionellen Gesetze ist dies sicherlich nicht möglich. Hier ergeben sich erhebliche Unterschiede. Diese Unterschiede betreffen, wie oben bereits dargelegt wurde[109], auch nicht lediglich die förmliche Ausgestaltung des Rückerwerbsrechtes. So bestehen zwischen der Regelung des Bundesbaugesetzes[110] und gesetzlich eingeräumten Vorkaufsrechten inhaltliche Unterschiede. Dasselbe gilt bei einer Beschränkung auf neuere Gesetze, wobei hier offenbleiben soll, ob eine solche isolierte Betrachtung angesichts unterschiedlicher Ausgestaltung im Rahmen der Rechtsfortbildung überhaupt zulässig ist[111]. Unabhängig von diesen methodischen Schwierigkeiten wird hier die unterschiedliche Regelung der Rückabwicklung der Entschädigung bedeutsam, die als integrierender Bestandteil der Enteignung selbst auch für den Rückerwerb als actus contrarius großes Gewicht erlangt. Jede Unterschiedlichkeit in diesem Punkt[112] muß als erhebliche Divergenz gewertet werden[113], der gegenüber die Lückenhaftigkeit in einzelnen Gesetzen[114] an Bedeutung verliert.

Die vorstehend aufgezeigte Uneinheitlichkeit der gesetzlichen Regeln, führt im Ergebnis dazu, daß nicht nur eine rechtssatzmäßige Konkretisierung, sondern auch eine allgemeine rechtsgrundsatzmäßige Festlegung i. S. e. allgemeinen *Gesetzes*gedankens zu verneinen ist[115]. Soll ein Rechtsgrundsatz anhand von Gesetzen begründet werden, so setzt dies eine hinreichende inhaltliche Übereinstimmung der vorhandenen Normen voraus, die nicht feststellbar ist. Unausgesprochen liegt diese Annahme auch den Versuchen zugrunde, Rückerwerbsregeln mit Hilfe der gesetzlichen Rückerwerbsregeln als allgemeines, durch diese Normen begrün-

---

[108] s. auch *Engisch*, S. 20 ff.

[109] Zu den Einzelheiten Abschn. B-3.1.

[110] Entsprechendes gilt durchgehend für die Landesenteignungsgesetze; vgl. oben in Anm. 23.

[111] Bedenken ergeben sich aus der mangelnden rechtlich zwingenden Ausgrenzbarkeit der einzelnen Normen für die Rechtsfortbildung.

[112] Zur Entschädigung vgl. nachstehend Abschn. B-4.

[113] Zu den Einzelheiten Abschn. C-14.

[114] s. dazu auch BVerwGE 28, 184 (186).

[115] In diesem Sinn *Knoll*, S. 125; *Schiedermair* in: Fschr. f. G. Küchenhoff S. 663; *Wolff*, Verwaltungsrecht III § 158 II a 5; BayObLG U. v. 5. 7. 1973 BayVBl. 1973, 488 (489); sowie bereits BGH U. v. 7. 1. 1955 NJW 1955, 420.

detes Prinzip herauszustellen[116]. Dieses Prinzip hat dann einen derart allgemeinen Charakter, der es nur als Wiederholung grundrechtlicher Elemente des Eigentumsschutzes erscheinen läßt, ohne jedoch eigenständig und konstitutiv durch die gesetzlichen Normen begründet zu sein. Der Nachteil eines derartigen Grundsatzes liegt einmal darin, daß mit seiner Hilfe keine konkrete Auswahl unter den zur Verfügung stehenden Einzelausprägungen gefunden werden kann und zum andern der eigentliche verfassungsrechtliche Ansatz unberücksichtigt bleibt[117].

3.2.2 Zur Möglichkeit eines allgemeinen Rückerwerbsrechtes neben den gesetzlichen Regeln

In Anbetracht der Feststellung, daß den gesetzlichen Regeln keine konstitutive Begründung eines allgemeinen Rückerwerbsrechtes zu entnehmen ist, stellt sich für den weiteren Fortgang dieser Untersuchung die Frage, ob damit nicht bereits die Entwicklung eines solchen Rechtes ausgeschlossen ist. Das wäre sicher dann der Fall, wenn diese gesetzlichen Regeln abschließenden Charakter hätten. Eine solche Feststellung kann jedoch aufgrund der Gesetzeslage allein nicht getroffen werden, da sie den Gehalt der grundrechtlichen Eigentumsgewährleistung unberücksichtigt ließe[118].

Wird nunmehr die Fragestellung über diesen spezialgesetzlichen Rahmen hinausgeführt, so eröffnet sich damit die Möglichkeit, die Eigentumsgarantie selbst für das Rückerwerbsrecht zu entfalten und andere, von gesetzlichen Rückerwerbsrechten zu unterscheidende Institute heranzuziehen[119]. Die wesentliche Ausprägung erhält das Rückerwerbsrecht dann nicht von den gesetzlichen Regeln, sondern von der Eigentumsgarantie und deren Ausstrahlung auf andere Rechtsinstitute, die eine ‚Dogmatisierung'[120] des offenen Verfassungsrechtes leisten können.

Auf der anderen Seite ist unter Hinweis auf die gesetzgeberische Gestaltungsfreiheit[121] zu Recht gefragt worden, ob den gesetzlichen Regeln damit jede Bedeutung abgesprochen werden muß[122]. Für die Gesetzesanwendung muß diese Frage auch bei rudimentärer Ausgestaltung des Regelungskomplexes eindeutig verneint werden. Der Richter hat zu prüfen, ob die gesetzliche Regeln vor der Verfassung bestehen kann. Inner-

---

[116] Vgl. nur *Brüggemann*, S. 109.

[117] So durchgehend *Stummer*, S. 47, *Brüggemann*, S. 17 ff. und *Kunze*, 14 ff.

[118] Zur Erweiterung des Bezugssystems s. bereits vorstehend mit Anm. 89.

[119] Vgl. bereits BVerwGE 28, 184 (188) — Rückerwerbsentscheidung —.

[120] Zum Vorgang der ‚Dogmatisierung' vgl. *Canaris*, S. 161 ff.; zur Anwendungsproblematik etwa *Wallerath*, DöV 1972, 221 (222).

[121] Zur Ausgestaltung der Freiheitsrechte *J. Ipsen*, S. 182.

[122] Vgl. auch *v. Mutius*, VerwArch 66 (1975), 283 (288 ff.) sowie *Schiedermair*, in: Fschr. f. G. Küchenhoff S. 663.

halb einer systematischen Untersuchung dagegen ist es nicht erforderlich, den an sich denkbaren Weg einer Einzeluntersuchung aller existenten Normen einzuschlagen, wenn man sich das Ziel setzt, die wesentlichen Elemente aufzuzeigen, die die Rechtsstellung des enteigneten Grundeigentümers kennzeichnen. Die gesetzlichen Regeln haben insoweit zunächst nur die Funktion, die Regelungsbedürftigkeit einzelner Teilkomplexe aufzuzeigen. Sie machen deutlich, daß bei der Rückerwerbsregelung zwischen dem Grundsatz selbst, seiner Reichweite und der technischen Ausgestaltung zu unterscheiden ist, die Einzelaspekte selbst jedoch wiederum vielfach miteinander verknüpft sind.

4. Grundstrukturen der Eigentumsgarantie und Rückerwerbsrecht

Sowohl die Entscheidung des Bundesverfassungsgerichtes[1] als auch der legislatorische Befund[2] machen es erforderlich, die für das Rückerwerbsrecht maßgeblichen Strukturelemente der grundrechtlichen Eigentumsgewährleistung aufzuzeigen. Im Hinblick auf die gesetzlichen Regeln kann nur ein Rückgriff auf diese Elemente die Grenzen gesetzlicher Gestaltungsfreiheit deutlich machen. Auch nach der Entscheidung des Bundesverfassungsgerichtes ist eine derartige Analyse erforderlich, um dem Rückerwerbsrecht in systematisch klarer Weise einen Standort innerhalb der Eigentumsgarantie des Art. 14 GG zuzuweisen, da der Wortlaut der Grundgesetzbestimmung keine Angaben darüber enthält und die Bejahung eines solchen Rechtes sogar als unzulässige Rechtsfortbildung angesehen worden ist[3].

Da das Rückerwerbsrecht an eine vollzogene Enteignung anknüpft, wird im wesentlichen eine Bewertung der in diesem Moment eintretenden Rechtslage in bezug auf die Elemente der Garantie bedeutsam. Diese Situation ist zunächst — und daran ist hier anzuknüpfen[4] — dadurch gekennzeichnet, daß ein Entzug bzw. eine Belastung[5] des Eigentums stattfindet und dem so Betroffenen gleichzeitig nach Art. 14 Abs. 3 Satz 2 GG ein Entschädigungsanspruch zusteht. Für das Rückerwerbsrecht und dessen Ausgestaltung ist von zentraler Bedeutung, ob sich in diesem Moment zugunsten des Betroffenen ein in Art. 14 GG enthaltener Wertanspruch realisiert, der den Verlust des Eigentumssubstrates nicht als echte Einbuße, sondern nur als qualitativ gleichwertige Umgestaltung

---

[1] Vgl. oben Abschn. A-1.1.

[2] Vgl. oben Abschn. B-3; zu den gesetzlichen Regeln als Ausdruck des jeweiligen historisch geprägten Eigentumsverständnisses *Laband*, AcP 52 (1869), 151 (168).

[3] So die Rückerwerbsentscheidung des BVerwG; vgl. E 28, 184 (190).

[4] s. bereits oben Abschn. A-1.4.

[5] Zu den Enteignungsformen s. Nachw. in Abschn. A-1.1 mit Anm. 26.

erscheinen läßt. Die verfassungskräftige Gewährleistung eines Rückerwerbsrechtes kann nur angenommen werden, wenn sich die ursprünglich vorhandene personale Beziehung zu dem Substrat trotz geleisteter Entschädigung durchzusetzen vermag.

4.1 Die Entschädigung als Realisierung einer Wertgarantie

Bereits *Lorenz von Stein* stellte im Hinblick auf die Entschädigung fest, daß sie auf der Unterscheidung von Gut und Wert beruhe, die nur durch die Begriffe der Nationalökonomie möglich sei[6]. Das bedeutet, daß nicht wie in primitiven Wirtschaftsordnungen das bloße ungestörte Haben und eigene Nutzen einer Sache von Bedeutung ist, sondern auch die Verkehrsfähigkeit eines Gutes unter einem bestimmten Wert. Entscheidend dafür ist die Taxierung des Gutes nach seinem Geldwert[7]. *Lorenz von Stein* fährt dann fort: ‚Sie (die Entschädigung[8]) beruht auf dem Grundsatz, daß das Eigenthum das Recht auf beide Elemente zugleich enthält, und daß daher die Aufhebung des einen dieser Elemente sehr wohl möglich ist, ohne das Recht auf das andere zu beschränken[9].‘ Auch in neuerer Zeit finden sich Stimmen, die von einer Wertgarantie als Teil der Eigentumsgewährleistung sprechen und diese — insbesondere unter Hinweis auf die Enteignungsentschädigung[10] — als verfassungsrechtlich gewährleistet ansehen[11]. Als Ausdruck einer Wertgarantie läßt sich die Entschädigungspflicht aber nur dann verstehen, wenn sie mindestens den Wert des Substrates im Zeitpunkt der Enteignung[12] darstellt und ausschließlich objektbezogen wäre. Beides aber muß nach dem heutigen Entwicklungsstand von Rechtsprechung, Gesetzgebung und Lehre als überwunden gelten.

Es ist hier nicht der Ort, um die Gesamtdiskussion der mit der Verkehrswertentschädigung zusammenhängenden Frage aufzurollen. Festzustellen ist indessen, daß die im Rahmen der Verkehrswertentschädi-

---

[6] Verwaltungslehre S. 75.

[7] s. dazu auch *Herzog* in: Ev. Staatslexikon Sp. 382.

[8] Einschub des Verfassers.

[9] S. 76; vgl. dazu auch *Forsthoff*, Verwaltungsrecht S. 334 f. sowie *Opfermann*, S. 173.

[10] Dieser Zusammenhang wird besonders herausgestellt von *Badura*, Eigentum S. T - 16; *Haas*, S. 35 f.; *Riegel*, BayVBl. 1974, 403 (406); *Stein* in: Fschr. f. Müller S. 524; s. auch BVerfG — Deichordnungsentscheidung — E 24, 367 (397, aber auch S. 405).

[11] Vgl. außer den Angaben in Anm. 10 *M. Wolff*, in: Fschr. f. Kahl S. 13 zu Art. 153 WRV; *Giacometti*, S. 510; *Müller*, Eigentumsgarantie S. 30; *v. Heynitz*, DVBl. 1975, 474 (477); *Papier*, VSSR 1973, 37; *ders.*, AöR 98 (1973), 528 (534) sowie *Wipfelder* in: Fschr. f. Küchenhoff Bd. II S. 755, der die Entschädigung als Rückgabe des Wertes in anderer Form bezeichnet.

[12] Zur Beziehung der Entschädigung auf einen früheren Zeitpunkt bei Vorwirkungen von Enteignungsmaßnahmen s. *Ziegler*, DVBl. 1973, 93 ff.

gung vom Bundesgerichtshof vertretene Wiederbeschaffungslehre[13] für die Praxis mindestens mit der Entscheidung des Bundesverfassungsgerichtes im Hamburger Deichordnungsurteil[14] überwunden sein müßte. Das Bundesverfassungsgericht hat festgestellt, daß die Entschädigung durchaus unter diesem Betrag liegen kann[15]. Diese Auffassung wird durch das Abwägungsgebot des Art. 14 Abs. 3 GG sicherlich nicht in Frage gestellt, sondern bestätigt[16]. Insbesondere *Opfermann* hat nachgewiesen, daß der Ansatzpunkt des Bundesverfassungsgerichtes zutreffend und eine Entschädigung unterhalb des Verkehrswertes zulässig ist[17]. Schließlich ist auch der BGH selbst auf diese Linie eingeschwenkt[18]. Die Entschädigung ist somit zwar immer noch substanzbezogen, sie findet ihre verfassungsrechtlich zulässige Grenze jedoch in dem Schutz der durch eigene Leistung erworbenen vermögenswerten Rechtspositionen[19] und begrenzt so den zu entschädigenden Wert. Damit erscheint heute die Entschädigungspflicht nicht mehr als eine den Verkehrswert konkret realisierende Verpflichtung. Das Interesse des Eigentümers mag in der Tat auf die Erhaltung des Tauschwertes gerichtet sein[20], damit allein kann jedoch nicht eine Wertgarantie im oben beschriebenen Sinne grundrechtlich abgesichert werden.

Im übrigen spricht auch die neuere Entwicklung des Enteignungsentschädigungsrechtes gegen eine ausschließlich objektive, substanzorientierte Deutung der Entschädigung[21]. Dies zeigt sich an der Entschädigung der

---

[13] Beschl. d. Gr. Sen. v. 10. 6. 1952 BGHZ 6, 270 (293) sowie U. v. 10. 6. 1954 BGHZ 13, 395 (397); zustimmend etwa *Maunz* in: Maunz / Dürig / Herzog, Grundgesetz Art. 14 Rdnr. 113.

[14] E 24, 367 ff. in LS 11 sowie auf S. 420 f.; aus der umfangreichen Literatur vgl. etwa — zustimmend —: *Schrödter*, § 95 Anm. 1; *Bielenberg*, DVBl. 1974, 113 (115). Einschränkend etwa *Rüfner* in: Fschr. f. Scheuner S. 511 (520, 524, 527 f.).

[15] Beiläufig ist diese Tendenz bereits im U. d. BVerfG v. 7. 8. 1962 E 14, 263 (284) angedeutet.

[16] Vgl. die Formulierung bei *Lücke*, VerwArch 67 (1976), 48 (57): Sozialpflichtigkeit der Entschädigung.

[17] *Opfermann*, S. 36 f., 45 ff. und passim.

[18] Vgl. U. v. 28. 9 1972 BGHZ 59, 250 (254) sowie U. v. 5. 4. 1973 WM 1973, 702 unter Hinweis auf die Deichordnungsentscheidung des BVerfG.

[19] Dazu *Opfermann*, S. 173.

[20] s. *Friauf*, JurA 1970, 298 (308).

[21] Vgl. aber auch EStHG (Referentenentwürfe) § 8 Abs. 1 mit Begründung S. 105: *„Das Wort Entschädigung hat im öffentlichen Recht einen besonderen Begriffsinhalt, der vom Enteignungsrecht her geprägt ist und den Ausgleich des Substanzverlustes bezweckt. Diese Auffassung muß nach dem gegenwärtigen Stand des Entschädigungsrechtes als zu eng angesehen werden. Gerade die Folgenentschädigung tendiert eher zu einem umfassenden Schadensersatzanspruch, wobei allerdings keine hypothetischen Weiterentwicklungen berücksichtigt werden.“* Zur Dogmengeschichte der Enteignungsentschädigung vgl. etwa *Schmidt-Aßmann* in: Fschr. f. W. Weber S. 589 ff.

sog. Folgekosten[22]. Die Besonderheit dieser Entschädigung besteht darin, daß sie nach Ausgleich solcher Nachteile strebt, die in der Person des Enteigneten ohne dingliche Wertbeziehung, jedoch zwangsnotwendig und unmittelbar aufgrund des hoheitlichen Eingriffs in das Eigentumsrecht entstanden sind[23]. Schon diese allgemeine Begriffsbestimmung macht deutlich, daß die Entschädigung insoweit über die eigentliche Bezugsgrenze „Eigentumssubstanz" hinausgeht. Für die Ermittlung des Substanzverlustes sind diese Faktoren ohne Bedeutung. Zweck der Regelung ist der Ausgleich persönlichkeitsbezogener, individueller Nachteile[24]. Die Aufgabe der Entschädigung wird damit aus dem Bereich der reinen Wertgleichheit herausgenommen und in Richtung auf Funktionen in Wirtschafts- und Erwerbsgeschehen erweitert[25], die der Eigentümer kraft autonomer Gestaltungsfreiheit bestimmt hat.

Während die Rechtsprechung des Reichsgerichtes die Berücksichtigung solcher individueller Nachteile noch über eine Ausdehnung der ausschließlich substanzbestimmten Entschädigungsregeln zu lösen versuchte[26], hat die Entschädigung von Folgekosten heute in zunehmendem Maße Eingang in die neuere Gesetzgebung gefunden[27]. Dieser legislativen Tätigkeit kommt insoweit Leitliniencharakter zu, was auch in der Entschädigungsrechtsprechung des Bundesgerichtshofes seinen Niederschlag findet, der die Ersatzfähigkeit solcher Nachteile nicht mehr in der Entschädigung für den Substanzverlust, sondern in einem eigenständigen personalen Element des Art. 14 GG sieht[28]. Aus diesem Grund stellt der Anspruch auf Entschädigung derartiger Nachteile auch nicht etwa einen ‚Nebenanspruch' oder ‚subsidiären' Anspruch dar, sondern ist Teil der nach Art. 14 Abs. 3 Satz 2 GG zu leistenden Entschädigung[29, 30].

---

22 Aus neuerer Zeit vgl. *Schmidt-Aßmann*, NJW 1974, 1265 ff.

23 Vgl. BGH U. v. 27. 4. 1964 LM Nr. 9 zu LandbeschG Bl. 5 sowie U. v. 6. 12. 1965 NJW 1966, 493 (495).

24 *Schütz / Frohberg*, § 96 Anm. I 2; vgl. auch *Gelzer*, Entschädigungsrecht Rdnr. 300 ff.

25 Dies wird zutreffend von *Dittus*, NJW 1965, 2179 (2183) herausgestellt.

26 U. v. 11. 3. 1904 GruchotZ 48, 1075 (1078) zum PrEnteigG. Kritisch gegenüber dieser Rechtsprechung etwa *Quecke / Bussmann*, S. 16 f. und *Eger*, Enteignungsrecht Bd. I S. 128; vgl. aber auch *Koffka*, § 8 Anm. 79. Zu Recht hebt *Knoll*, AöR 81 (1956), 157 (174) hervor, daß diese Rechtsprechung mit dem Wortlaut des substanzbezogenen § 8 Abs. 1 PrEnteigG nicht zu vereinbaren ist.

27 Vgl. besonders § 96 BBauG; bei den Landesenteignungsgesetzen s. etwa § 5 HbgEnteignungsgesetz v. 1963 (GVBl. 77), § 4 BerlEnteigG v. 1964 (GVBl. 737).

28 s. bes. U. v. 6. 12. 1965 des BGH (Anm. 23).

29 OLG Bamberg U. v. 10. 10. 1973 NJW 1974, 2002 (2002) m. w. Nachw.

30 Zur Deutung des Entschädigungsrechtes als Ausdruck des staatlichen Interesses an der Inanspruchnahme von Gütern vgl. *Schack*, Betriebsberater 1959, 1259 (1263).

Diese Art der Entschädigungsregelung kann unter Geltung von Art 14 GG nur als eine Hervorhebung der Bedeutung der Substanzgarantie verstanden werden, die ein Individuum schützen will[31]. Eine ausschließlich am objektiven Wert orientierte Bemessung der Entschädigung kann dem aber nicht gerecht werden. Betrachtet man Art. 14 GG in seinem entschädigungsrechtlichen Teil ausschließlich unter Substanzgesichtspunkten, so ließe sich fast von einer entschädigungsrechtlichen Unzulänglichkeit des verfassungsrechtlichen Rechtszustandes sprechen[32]. Die ein Individuum sichernde Schutzfunktion läßt sich auch als zutreffender Kern der oftmals angegriffenen Sonderopfertheorie verstehen[33]. Wird nur die eigentliche Substanz entschädigt, ohne daß die Bedeutung der Substanz für den Lebensbereich des Grundrechtsträgers berücksichtigt würde, bliebe dieser Bereich ungeschützt[34].

Die Entschädigung knüpft somit nur zum Teil an die Substanz des Eigentums an, wobei weiter nur in beschränktem Umfang der aktuelle Wert realisiert wird[35]. Diese Entwicklung kann nicht als Ausdruck einer schwankend gewordenen Eigentumsauffassung bewertet werden[36], da die Entschädigung nach wie vor an dem Objekt der Enteignungsmaßnahme ausgerichtet bleibt[37]. Durch die Einbeziehung individueller Momente in die Entschädigung wird vielmehr ein umfassenderer Schutz der vermögensmäßigen Freiheitssphäre erreicht, als es durch eine objektive, ausschließlich substanzbezogene Betrachtung möglich wäre. Wie die Entwicklung des Härteausgleichs[38], der eine darüber hinausgehende Entschädigung vorsieht[39], zeigt, kommt dem Sozialstaatsprinzip ein entschädigungsbegünstigender[40] und damit auch freiheitssichernder Impuls zu. Die Entschädigung läßt sich demnach nicht als Ausdruck einer Wertgarantie, sondern als ein besonderer Ausgleichsanspruch verste-

---

[31] Zum Individualisierungserfordernis nach dem Grundsatz der Erforderlichkeit vgl. *Lerche*, S. 176.

[32] Vgl. hierzu auch *Scheuner*, in: 100 Jahre Deutsches Rechtsleben S. 229 (257).

[33] Bereits durch einen Vergleich mit einem Dritten kann die besondere Lage des Betroffenen verdeutlicht werden; wie hier *Rittstieg*, S. 413.

[34] Vgl. auch *W. Weber* in: Die Grundrechte Bd. II S. 331 (390), der die Ausgleichsfunktion für den Eingriff in die *Privat*sphäre hervorhebt. Diese kann nur umfassend verstanden werden.

[35] Vgl. Nachw. vorstehend in Anm. 13 ff.

[36] s. bes. die Diskussion um die Abkehr von der Wiederbeschaffungslehre des BGH; dazu oben Anm. 14.

[37] Ein Zeichen dafür ist nicht zuletzt die Einheitlichkeit des Entschädigungsanspruches.

[38] Eine dem § 85 StBauFG ähnliche Regelung ist nunmehr auch in das BBauG übernommen worden; vgl. §§ 122 a und 122 b BBauG.

[39] Zur Funktion des Härteausgleiches *Bielenberg*, Städtebauförderungsgesetz § 85 Rdnr. 7 ff.

[40] *Schmidt-Aßmann*, NJW 1974, 1265 (1270 a. E.).

hen[41], besonders insofern als er in Art. 14 Abs. 3 GG eigenständige Konturen erfahren hat[42].

4.2 Die Zuordnung der Elemente des Art. 14 GG

Die Einordnung der Entschädigung als Ausgleichsanspruch in einer rechts- und sozialstaatlich geprägten Ausformung mag zunächst als eine Nivellierung der verfassungsrechtlich gewährleisteten Eigentumsfreiheit erscheinen, die dazu führt, ein Rückerwerbsrecht in weitem Umfang einzuschränken[43]. Es ist deshalb erforderlich, das Verhältnis der Substanzgarantie zu dem verfassungsrechtlich gewährleisteten Entschädigungserfordernis zu klären.

4.2.1 Die Substanz- und Rechtsträgergarantie

Die inhaltliche Konkretisierung der eigentumsrechtlichen Substanzgarantie hat an der verfassungsrechtlich vorgegebenen Funktion des Grundrechtes anzusetzen, die darauf gerichtet ist, persönliche Freiheit durch Sicherung des eigenen vermögensrechtlichen Bereiches zu gewährleisten[44]. Dementsprechend wird bereits entschädigungsrechtlich die Substanz des Eigentums als die gegenwärtige Summe aller wertbildenden Faktoren verstanden[45]. Auf diese Weise wird die funktional erforderliche Verbindung zwischen Eigentumsinhalt und Vermögenswert vollzogen. Der Markt bestimmt diese Faktoren mit Hilfe der Verwertungsmöglichkeiten des Eigentumssubstrates. Diese Möglichkeiten lassen sich einmal rein tatsächlich als die aus der Sache selbst sich ergebenden Nut-

---

[41] Ähnlich *Dürig*, in: Fschr. f. Apelt S. 51: Opferausgleich als rechtsstaatliches Gebot; s. auch *Bullinger*, Der Staat 1 (1962), 448 (453) sowie *Badura*, Eigentum S. T-29. Vgl. aber auch *Carl Schmitt*, Verfassungsrechtliche Aufsätze S. 110 (120), der in einer solchen Auffassung die Zerstörung des Eigentums im Wege der Besteuerung für gerechtfertigt sieht. Zur Entwicklung des Entschädigungsrechtes s. noch *Janssen*, S. 65, sowie *Stödter*, S. 78 ff.

[42] Vgl. noch *Dürig* (Anm. 41), S. 48: Ausgleichsanspruch mit konkret eigentumsgerichteter Ausprägung und Ausgestaltung. Zu den Grenzen des entschädigungsrechtlichen Abwägungsgebotes vgl. *Forsthoff*, DöV 1955, 193 (194).

[43] So etwa *v. Mutius*, VerwArch 66 (1975), 283 (289).

[44] Vgl. dazu BVerfG U. v. 18. 12. 1968 E 24, 367 (389); Beschl. v. 16. 3. 1971 E 30, 292 (334); Beschl. v. 7. 7. 1971 E 31, 229 (239); Beschl. v. 9. 6. 1975 E 40, 65 (84). Zur Kritik an dieser — seiner Meinung nach — einseitigen funktionalen Ausrichtung s. *Papier* in: VVDStRL 35 (1976), 55 (80). Die Bedeutung des Grundrechtes für die Wirtschaftsverfassung wird in neuerer Zeit etwa von *Friauf*, DöV 1976, 624 ff., *Püttner*, DöV 1976, 433 ff. und *Wenger*, DöV 1976, 437 ff. behandelt. Zum Zusammenhang von Art. 14 und 12 GG als Grundlagen einer individuellen ökonomischen Existenz *Denninger*, S. 137; zu der sich speziell aus der ‚Monetarisierung der Bedarfsdeckung' für die Grundrechte ergebenden Problemlage *Luhmann*, Grundrechte als Institution S. 108 ff.

[45] Zur Problematik der Bestimmung dieses gegenwärtigen Zustandes vgl. BGH U. v. 20. 12. 1970 NJW 1972, 243 (246) sowie U. v. 28. 1. 1974 NJW 1974, 637; zur Frage der rechtlichen Normierbarkeit *Schmidt-Aßmann*, NJW 1974, 1265 (1266).

zungsmöglichkeiten[46] oder aber als Summe der rechtlichen Befugnisse[47] verstehen. Von eigentlicher Bedeutung sind jedoch die rechtlichen Befugnisse[48], da der Bürger nur insoweit mit dem Schutz seiner Autonomie und Freiheit durch das Recht rechnen kann.

Diese rechtlichen Befugnisse umfassen sowohl Abwehr- als auch Herschaftsrechte[49]. Das Abwehrrecht hat indessen nur eine Hilfsfunktion gegenüber dem allgemeinen Herrschaftsrecht, indem es eine anderweitig getroffene Entscheidung, d. h. eine autonome Funktionsbestimmung stützt und in der Außenwelt absichert. Diese Rechtspositionen, die die Sachherrschaft in den Vordergrund stellen, kennzeichnen das Wesen des Eigentums nicht abschließend. Das Eigentumsrecht ist vielmehr ein gegen jedermann wirkendes Recht auf Achtung der eigenen Beziehungen zur Sache, es ist ein Verhältnis von Person zu Person in bezug auf eine Sache[50]. Die Sachbezogenheit der Rechtsposition ergibt aber die für das Enteignungsrecht wichtige Konsequenz, das Eigentumsrecht als Zuordnungsrecht anzuerkennen und das Zuordnungsverhältnis in den Schutz einzubeziehen[51].

Selbst bei einer nur als geringwertig veranschlagten Bedeutung der rein tatsächlichen Gebrauchsmöglichkeit[52] ändert dies nichts daran, daß eine Belastung auch insoweit als Enteignung zu qualifizieren sein kann[53].

---

[46] Vgl. *Pawlowski*, AcP 165 (1965), 395 (407 m. w. Nachw. in FN 52).

[47] Hier ist auf die Gefahren hinzuweisen, die sich ergeben, wenn gesagt wird, nur das gesetzlich ausgeformte Eigentum bilde den Gegenstand der Grundrechtsgarantie nach Art. 14 GG; vgl. etwa *Papier*, NJW 1974, 1797 (1799) und BVerfG Beschl. v. 17. 11. 1966 E 20, 351 (356). Diese These kann dazu führen, daß das Eigentum nicht in der der grundrechtlichen Garantie gebührenden Form geschützt wird, weil die einfachgesetzlichen Regeln in den Vordergrund gestellt werden; vgl. in diesem Sinn auch BVerfG v. 7. 8. 1962 E 14, 263 (268). Zu der damit im Zusammenhang stehenden Schwierigkeit der Erfassung des Rechtes am eingerichteten und ausgeübten Gewerbebetrieb s. *Badura*, AöR 98 (1973), 153 (156 und 160).

[48] s. *Schack*, NJW 1954, 77 (79); vgl. aber auch *Papier*, AöR 98 (1973), 528 (534), der dem Gesetzgeber hinsichtlich der Gebrauchsmöglichkeiten einen weiteren Dispositionsspielraum zuerkennt.

[49] Vgl. *Nell-Breuning* in: Heinrich / Kerber (Hrsg.), Materialien S. 79; zum Verhältnis von Abwehrrecht und Entschädigungsrecht *Papier*, NJW 1974, 1797 (1801).

[50] Vgl. *Hubmann*, S. 113.

[51] So zutreffend BVerfG U. v. 8. 7. 1976 (Conterganentscheidung) NJW 1976, 1783 (1786 sub I 6 a. E.). Vgl. zu diesem Merkmal des sachenrechtlichen Eigentumsbegriffes auch *Westermann*, § 2; damit soll selbstverständlich nicht einer Gleichsetzung des verfassungsrechtlichen Eigentumsbegriffes mit dem des BGB das Wort geredet werden (vgl. dazu die Darstellung bei *Wipfelder* in: Fschr. f. Küchenhoff Bd. II S. 752).

[52] So etwa *Friauf*, JurA 1970, 298 (308) im Verhältnis Gebrauchswert zu Tauschwert.

[53] Die große Bedeutung von enteignenden Belastungen zeigt sich bei der Durchführung des Baus von Energieversorgungsleitungen; zur Problematik

Sieht man die oben skizzierten Gesichtspunkte im Lichte der Enteignung, so ergibt sich folgende Situation: Für die sogenannte Vollenteignung bedeutet die Eigentumsgarantie als Substanzgarantie, daß der Bestand des Eigentums in der Hand des Eigentümers, d. h. die dort in vollem Umfange vorhandene Befugnis, die Funktion des Substrates in der Umwelt zu bestimmen[54] bzw. es in den vorgegebenen Befugnissen zu nutzen[55], verloren geht. Bei enteignungsrechtlichen Belastungen handelt es sich um eine Einschränkung der dem Betroffenen materiell-rechtlich zustehenden Befugnisse. Eine Erklärung der Eigentumsgarantie als Rechtsträgergarantie[56] erschöpft deshalb die Bedeutung nicht, da damit nur der vollständige Entzug der Rechtsposition angesprochen ist. Wenn hier demnach von Substanzgarantie gesprochen wird, so sind damit zwei Teilaspekte genannt, die beide enteignungsrechtlich relevant sind. Es handelt sich dabei einmal um die Bestandsgarantie i. e. S., die bei der Vollenteignung tangiert ist, und um die Nutzungsgarantie, die bereits bei Belastungen berührt sein kann[57].

Die Diskussion um die Reform des Bodenrechtes[58] und neuere Gesetze[59] könnten nun allerdings nahelegen, daß sich für das Substrat Grund und Boden hinsichtlich der Substanzgarantie Besonderheiten ergeben. Bereits in den frühen 50er Jahren hat *Ludwig Raiser* in einer Glosse die Möglichkeit für ein aus den Art. 14 und 15 GG herauszuarbeitendes Leitprinzip angedeutet, wonach es unterschiedliche, von dem jeweiligen Eigentumssubstrat abhängige Intensitätsgrade der Eigentumsgarantie geben soll[60]. Diese Leitlinie könnte etwa nach den unterschiedlichen Funktionen zu bestimmen sein, die der Gegenstand des Eigen-

---

dort vgl. *Joachim*, NJW 1969, 2175 ff.; *Matheis*, NJW 1963, 1804 ff. sowie *Leisner*, Grundeigentum und Versorgungsleitungen, passim.

[54] So ein primär substanzbezogener Ansatz.

[55] So eine im wesentlichen funktional ausgerichtete Betrachtungsweise. Dazu *Pawlowski*, AcP 165 (1965), 395 (410 m. zahlreichen w. Nachw.); s. weiter *Stein* in: Fschr. f. Müller S. 503. Das Eigentum ist nicht von vornherein logisch bestimmt; *Bielenberg*, DVBl. 1971, 441 (446). Zur Bindung der Eigentumsbefugnisse an Stände vgl. die historische Darstellung bei *Rittstieg*, S. 1 ff.; zur Verbindung von Grundeigentum und bürgerlicher Rechtsstellung s. *M. Weber*, S. 138.

[56] Vgl. etwa BVerfG U. v. 18. 12. 1968 (Hamburger Deichgesetz) E 24, 367 (400).

[57] Vgl. noch *Hamann*, Art. 14 Anm. B 1, 2, 7 sowie oben Anm. 27.

[58] Vgl. Analyse in den Vorschlägen der Kommission für Bodenreform der SPD S. 11 sowie *Flach / Maihofer / Scheel*, S. 71 ff. und Angaben unten in Anm. 65.

[59] Vgl. dazu die politische Darstellung der Bundesregierung im Städtebaubericht 1970 — BTDs. VI/1497, der die Grundlage des StBauFG bildet. Diese Auseinandersetzung setzte sich bei der Novellierung des BBauG — BGBl. I S. 2221 — fort; s. dazu den Ausschußbericht — BTDs. 7/4793 — mit den Alternativen der CDU (sub C) S. 2 f. und passim.

[60] AöR 78 (1952/53), 118 (119).

tumsrechtes, das Eigentumssubstrat, zu erfüllen hat[61] bzw. tatsächlich erfüllt[62]. Ein weiterer Umstand, dem im Rahmen des Bodenrechtes eine für die Intensität der Garantie relevante Bedeutung beigemessen wird, ist die Unvermehrbarkeit von Grund und Boden[63]. Beide Aspekte lassen die grundrechtlich gewährleistete Substanzgarantie nicht in einem anderen Lichte erscheinen. Eine funktionale Betrachtung des Bodeneigentums und daraus einheitlich abzuleitende rechtliche Konsequenzen stoßen unabhängig von den generell gegen ein funktionales Grundrechtsverständnis bestehenden Bedenken[64] auf Schwierigkeiten, da die Funktionen des Eigentums, also auch des Bodeneigentums[65], heterogen sind und deshalb nicht direkt auf die Grundrechtsgarantie und deren Intensität durchschlagen können[66]. Ähnliche Erwägungen gelten im Hinblick auf die Unvermehrbarkeit[67] von Grund und Boden. Eine systemgerechte, die rechtlich freie Ordnung der Wirtschaft anerkennende Regelung

---

[61] Vgl. dazu auch *Pernthaler* in: 100 Jahre Verfassungsgerichtsbarkeit S. 198 ff.; *Scheuner*, DöV 1971, 505 (511) sowie zur politischen Einordnung *Conradi*, Vorgänge 12 (1974), 45 (50).

[62] Zu der daraus abgeleiteten Forderung nach einem sog. Nutzungseigentum vgl. *Conradi*, Vorgänge 12 (1974), 45 (53) sowie — ablehnend — *Maunz*, DöV 1975, 1 (1 ff.).

[63] Zur Bedeutung dieses Befundes vgl. etwa BVerfG Beschl. v. 12. 1. 1967 E 21, 73 (83); s. aber auch *Wertenbruch*, S. 73, nach dem die Besonderheiten von Immobilien gegenüber sonstigen Sachen nicht existent sein sollen. Diese Aussage mag hinsichtlich einzelner Rechtsfolgen gelten. Unzutreffend erscheint sie hingegen insoweit, als der reale Lebenssachverhalt damit erfaßt werden soll.

[64] Die funktionale Grundrechtstheorie setzt die Grundrechte in eine unlösbare Beziehung zu ihrem Träger als Glied der staatlichen Gemeinschaft. Daraus folgt dann eine Gewährleistung aus Gründen des öffentlichen Wohles, was wiederum zu bestimmten inhaltlichen Anforderungen an die Ausübung dieser Rechte führt; vgl. dazu *Klein*, Grundrechte S. 27 ff. und *Krüger*, S. 542 sowie *Leisner*, DöV 1975, 71 (74); zur Stellung innerhalb der Grundrechtstheorie *Böckenförde*, NJW 1974, 1529 (1534 f.).

[65] Dieser Gesichtspunkt ist auch in der politischen Diskussion erkannt worden; vgl. *Conradi*, Vorgänge 12 (1974), 45 (52 m. w. Nachw.). Im übrigen werden teilweise funktionale Erwägungen dazu eingesetzt, das Grundrecht auf seinen freiheitlichen Gehalt zurückzuführen, wobei die Ausübung sozial unerwünschter und von staatlicher Kontrolle unabhängiger Macht verhindert werden soll; vgl. *Tautscher* in: Fschr. f. Wilburg S. 209 f.; zu unterschiedlichen Eigentumsarten s. noch *Badura*, Eigentum S. T-32 a. E.; zur Unbedenklichkeit der Nutzung bestimmter Güter als Kapitalsicherung vgl. BVerfG Beschl. v. 12. 1. 1967 E 21, 73 (85).

[66] Art. 15 GG mit den dort genannten Wirtschaftsgütern schränkt die Schutzintensität selbst nicht ein, obschon eine Überführung in die vorgesehenen Wirtschaftsformen keine besondere Gemeinwohlprüfung voraussetzt; zur einschränkenden Auslegung vgl. *Ramm*, JZ 1972, 137 (143). Zur Bedeutung für das Wirtschaftsgefüge s. *Maunz* in: Maunz / Dürig / Herzog, Grundgesetz Art. 15 Rdnr. 5. s. auch *Badura*, BayVBl. 1973, 1 (1), der davon ausgeht, daß die Auseinandersetzung mit Art. 14 GG stets mehr als Grundrechtsdogmatik beinhalte.

[67] Vgl. dazu noch *v. Heynitz*, DVBl. 1974, 474 (477).

kann allenfalls auf den Preis[68] der Sache einwirken, was etwa mit Hilfe des Planungswertausgleiches[69] versucht wird.

Insgesamt ergibt sich, daß hinsichtlich der Substanzgarantie als dem konkreten Innehaben und Nutzenkönnen keine unterschiedlichen Intensitätsgrade des grundrechtlichen Schutzes zwischen Grund und Boden einerseits und sonstigen Rechten andererseits anzuerkennen sind. Unterschiedlichen Funktionen und sozial unerwünschten Folgen kann vielmehr im Rahmen der Sozialpflichtigkeit[70] Rechnung getragen werden, wobei die notwendige flexible Funktionsgerechtigkeit gewahrt werden kann[71]. Diese funktionalen Gesichtspunkte können dann allerdings ein Hilfsmittel für die Konkretisierung des Eigentumsgrundrechtes durch Gesetzgeber und Richter sein[72].

4.2.2 Bedeutung und Vorrang der Substanzgarantie

Die Bedeutung einer substantiellen Eigentumsgarantie ist zunächst auf dem Boden der Entwicklung der Rechtsstaatlichkeit zu sehen. Die erste Phase — zeitlich etwa bis zum Ende der Weimarer Republik andauernd — ist durch formale Rechtsstaatsauffassungen gekennzeichnet, die das Schwergewicht dieses Elementes der Staatlichkeit auf die Gesetzmäßigkeit der Verwaltung und den Ausbau des Gerichtsschutzes legt. Obschon die Weimarer Reichsverfassung die individualrechtliche Stellung des Einzelnen durch die Anerkennung von Grundrechten stärkt[73], wird die Rechtsstaatlichkeit weitgehend als unpolitisches Formprinzip verstanden[74]. Die Erfahrungen unter dem nationalsozialistischen Regime brachten indessen eine Wende zu einem materiellen Verständnis der Rechtsstaatlichkeit[75]. Auf die Gefahren, die ihrerseits in einer Deutung der materiellen Komponente[76] als Ausdruck eines Gerechtigkeits-

---

[68] Zur Preisbildung auf dem Bodenmarkt *Bielenberg*, DVBl. 1971, 441 (443).

[69] Damit sollen staatlich bewirkte Erhöhungen aus dem Wert herausgelöst werden. Aus dem umfangreichen Schrifttum vgl. *v. Heynitz*, DVBl. 1974, 474 (477); *Söfker*, DVBl. 1975, 467 (468) sowie ausführlich zur Grundproblematik *Engelken*, DöV 1974, 685 ff.

[70] Art. 14 Abs. 2 S. 1 GG.

[71] In diesem Sinn auch *Ipsen* in: VVDStRL 10 (1952) S. 95 sowie *Maunz*, DöV 1975, 1 (4).

[72] Allg. zur praktisch besonders wichtigen Konkretisierung der Eigentumsverfassung durch den Richter vgl. *Sendler*, DöV 1971, 16 ff.

[73] s. *Scheuner* (Anm. 32) S. 246; zu einer abweichenden Bestimmung der historischen Epochen vgl. *Böckenförde* in: Fschr. f. A. Arndt, S. 54 ff. und 159.

[74] *Hesse* in: Rechtsstaatlichkeit und Sozialstaatlichkeit S. 557 f. sowie *Maunz*, Staatsrecht § 11 I S. 67.

[75] Dazu *Hesse* (Anm. 74) S. 558 sowie BVerfG Beschl. v. 31. 5. 1960 E 11, 150 (162 oben).

[76] Zur materiellen Rechtsstaatlichkeit als Teilaspekt dieser Zielbestimmung vgl. *Denninger*, S. 104.

staates[77] liegen, ist bereits von anderer Seite hingewiesen worden[78]. Die besonders von *Forsthoff* vehement vorgetragene Kritik[79] erscheint insoweit berechtigt, da es kaum möglich ist, aus dem Prinzip der Gerechtigkeit allgemein und für die Rechtsanwendung praktikable Richtsätze zu gewinnen. Der Primat der Gerechtigkeit i. S. e. materiellen Rechtsstaatsverständnisses ist indessen unter Berücksichtigung des Verfassungssystems und seines Inhaltes konkretisierbar und konkretisierungsbedürftig. Hinzuweisen ist besonders auf die Art. 1 Abs. 1 und 19 Abs. 2 GG, die bestimmte inhaltliche Festlegungen treffen und ein nur formales Verständnis der Rechtsstaatlichkeit ausschließen[80]. Der Primat des Rechtes i. S. e. materiellen Rechtsstaatlichkeit läßt sich mithin als eine Bindung nicht nur an das Recht als solches, sondern auch an bestimmte und bestimmende Inhalte des Rechtes verstehen[81]. Die Grundrechte bestimmen also maßgebend die materielle Rechtsstaatlichkeit unter der Geltung des Grundgesetzes[82].

Speziell im Hinblick auf die Eigentumsgarantie kann hier an die Entwicklung der Gewährleistung unter der Weimarer Reichsverfassung bis zur konkreten Ausprägung durch Art. 14 GG angeknüpft werden. Obschon ein Bedeutungswandel des Eigentums innerhalb der Wirtschafts- und Sozialordnung nicht zu verkennen ist[83], muß für die Rechtsordnung festgestellt werden, daß das Grundgesetz die Eigentumsgarantie in einem inneren Zusammenhang mit der persönlichen Freiheit sieht und die Rechtsposition dementsprechend als Grundrecht ausgestaltet hat[84]. Diese Position ist auch inhaltlich i. S. e. konkreten Gebrauchsmöglichkeit zu verstehen. Die Institutsgarantie dient insoweit der Absicherung dieses Rechtszustandes[85]. Bedeutsam ist zunächst der im Vergleich

---

[77] s. dazu noch die Darstellung bei *Maunz* in: Maunz / Dürig / Herzog, Grundgesetz Art. 20 Rdnr. 59.

[78] Vgl. *Denninger*, S. 109 m. w. Nachw.

[79] *Forsthoff* in: Rechtsstaatlichkeit und Sozialstaatlichkeit S. 175.

[80] *Scheuner* (Anm. 32) S. 250.

[81] *Hesse* (Anm. 74) S. 565; *Lorenz*, S. 6 ff.

[82] So z. B. noch *Maunz / Dürig* in: Maunz / Dürig / Herzog, Grundgesetz Art. 20 Rdnr. 71 sowie *Zippelius*, Staatslehre S. 171.

[83] Dieser Befund hat zu der Frage geführt, in welchem Umfang vermögenswerte öffentliche Leistungen, die funktional an die Stelle des Privateigentums getreten sind, dem Schutz des Art. 14 GG unterfallen; vgl. dazu *Dürig* in: Fschr. f. Apelt S. 13 (29 und passim); *Scheuner*, DöV 1971, 505 (511); zur rechtspolitischen Problematik vgl. die Beiträge in *Posser / Wassermann*, Freiheit in der sozialen Demokratie, Arbeitsgemeinschaft II: Soziale Sicherung als neue Form freiheitsverbürgenden Eigentums.

[84] Dies gilt trotz der nicht personal ausgerichteten Fassung des Art. 14 Abs. 1 GG; vgl. *Pernthaler* (Anm. 37), S. 198 sowie *Stein* in: Fschr. f. G. Müller S. 518.

[85] Zur Abhängigkeit der individualrechtlichen Rechtsstellung von dem jeweiligen grundrechtstheoretischen Ansatz s. *Böckenförde*, NJW 1974, 1529 (1534).

mit der Weimarer Reichsverfassung erweiterte Rechtsschutz[86], der sich in einer Erweiterung des materiellen Rechtsstatus auswirkt. Hier hat insbesondere das Bundesverfassungsgericht mit seiner Entscheidung zum Hamburger Deichordnungsgesetz[87] Maßstäbe gesetzt, die für die weitere Auslegung von Art. 14 GG und die Verankerung eines materiellen Rechtsstaatsverständnisses von großer Bedeutung sind. Die Entschädigung stellt sich danach als eine Aufnötigung einer Geldzahlung dar[88], die zudem nur in ungenügendem Maße geeignet ist, ungerechtfertigte Eingriffe in das Recht abzuwehren. Bereits danach kann heute nur von einem eindeutigen Vorrang der Substanz- und Rechtsträgergarantie gesprochen werden.

Das Bundesverfassungsgericht hat beginnend mit diesem Urteil in einer Reihe von Entscheidungen dem substantiellen Gehalt des Eigentumsgrundrechts Rechnung getragen, indem es einen effektiven, den Bestand des Eigentums sichernden Rechtsschutz als Element des Grundrechtes selbst angesehen hat[89]. Bei der verfassungsrechtlichen Überprüfung des Wohnraumkündigungsschutzgesetzes[90] stellte das Gericht fest, daß durch verschärfte Beweisanforderungen bei Mieterhöhungen[91] der über Art. 14 GG abgesicherte Grundrechtsinhalt faktisch verändert, aber auch der im Grundrecht selbst angelegte Rechtsschutz beeinträchtigt werde[92]. Eine ähnliche Argumentation, die den Eigentumsschutz verstärkt, findet sich im Beschluß vom 3. Juli 1973[93], wo die Anforderungen an die Gewährung des Armenrechtes in einem Prozeß um Enteignungsentschädigung als nicht mit dem Eigentumsgrundrecht im Einklang stehend angesehen werden[94]. Als vorläufig letztes Glied in dieser Kette ist schließlich die Rückerwerbsentscheidung zu nennen[95], in der sich das

---

[86] Vgl. nur Art. 19 Abs. 4 GG sowie nachstehend Anm. 97 und 98.

[87] E. 24, 367 ff.; das Gericht erklärte die Enteignung durch Gesetz für verfassungsrechtlich bedenklich, da nur ein eingeschränkter Rechtsschutz gegen Legislativakte möglich sei, dies aber im Widerspruch zu Art. 14 GG stehe. Wegen der Eilbedürftigkeit der Maßnahme wurde diese ausnahmsweise für zulässig erklärt.

[88] So der BGH U. v. 3. 3. 1958 BGHZ 27, 15 (25).

[89] So die zusammenfassende Wertung in einem Diskussionsbeitrag des Verfassungsrichters *Böhmer* in: Verhandlungen des 50. Deutschen Juristentages, Band II: Sitzungsberichte S. I-176 ff.

[90] G. v. 25. 11. 1971 — BGBl. I S. 1839 —. Es handelt sich um den Beschl. v. 23. 4. 1974 E 37, 132. Zum verfassungsrechtlichen Problemkreis des Gesetzes vgl. *Kimminich*, Gutachten 1973.

[91] Zu den zivilrechtlichen Schwierigkeiten vgl. die Angaben zu Nr. 2 der Rechtssprechungsübersicht in JuS 1974, 733 sowie *Fehl*, NJW 1974, 1939 ff.

[92] BVerfGE 37, 132 (S. 141 und 148).

[93] E 35, 348 ff.

[94] s. S. 361. Allein unter diesem Gesichtspunkt wird Art. 14 Abs. 3 S. 3 GG etwa auch von *Maunz* (Anm. 82) Art. 14 Rdnr. 141 gesehen; zur Doppelspurigkeit des Rechtsweges vgl. etwa *Lange*, BayVBl. 1973, 32 ff.

[95] s. dazu bereits oben Abschn. A-1.1.

Grundrecht in seinem substantiellen Gehalt trotz eines abgeschlossenen, durch die Bestandskraft der Entscheidung abgesicherten Eingriffes durchsetzt. Es mag im Einzelfall problematisch sein, ob hier nicht jeweils allein die Frage der inhaltlichen Ausformung der Eigentumsgarantie im Vordergrund steht[96] und die Effektivität des Rechtsschutzes jeweils nur inhaltliche Besonderheiten berücksichtigt, ohne jedoch konstitutive Bedeutung für den Rechtsschutz zu erlangen[97]. Diese Rechtsprechung zeigt jedoch zumindest sehr deutlich eine erhebliche Ausstrahlungswirkung der Grundrechte auf verfahrensrechtliche Fragen[98].

Auf der anderen Seite hat aber auch das Bundesverfassungsgericht dazu beigetragen, diesen Vorrang zu verdecken, wenn es in derselben Entscheidung zum Deichordnungsgesetz ausführt, die Eigentumsgarantie wandele sich bei zulässiger Enteignung in eine Wertgarantie[99]. Diese Feststellung legt an sich die Annahme nahe, daß damit eine verfassungsrechtlich gleichwertige Substitution eingetreten ist[100]. Mit besonderer Behutsamkeit ist weiterhin den Aspekten zu begegnen, die das Bundesverfassungsgericht in seiner Entscheidung zur Überprüfung der Errichtung einer Stiftung für Contergangeschädigte[101] herausgestellt hat. Das Gericht verneint dort eine Enteignung im wesentlichen mit der Begründung, daß der Wert eines Anspruchs trotz Umwandlung[102] erhalten

---

[96] Das gilt etwa für die Entscheidung zum WKSchG (vgl. oben mit Anm. 90 und 91). Dort stellt sich zunächst die Frage nach der verfassungskonformen Ausgestaltung der Eigentümerbefugnisse in einer freiheitlichen Wirtschaftsordnung, um die vorstehend erörterte Wertrealisierungsmöglichkeit ausnutzen zu können. Vgl. auch Beschl. v. 19. 6. 1969 BVerwGE 26, 215 (222) und *Richter*, S. 63 f.

[97] Mit der Entscheidung zum Hamburger Deichordnungsgesetz hat sich das BVerfG in Widerspruch zu seiner früher in der Erft-Verbands-Entscheidung vertretenen These gesetzt, wonach staatliche Handlungsformen nicht an einem effektiven Rechtsschutz der dadurch betroffenen Bürger ausgerichtet sein müssen (U. v. 29. 7. 1959 E 10, 89 [104 f.]); ebenso die Bewertung *Bettermanns*, AöR 96 (1971), 529 (535 f.). Die zurückhaltenden Aussagen lassen sich eher darauf zurückführen, daß das Gericht Art. 19 Abs. 4 nicht auf Gesetzgebungsakte anwenden will, die Verfassungsbeschwerde aber erst 1969 — BGBl. I S. 97 — in das Grundgesetz aufgenommen wurde; vgl. zu dieser Kritik auch *Pestalozza*, S. 43 ff. und 48 f. sowie *Lorenz*, S. 155 ff. und 278 mit FN 39. Zur Kritik des Enteignungsbegriffes *Dicke*, DöV 1969, 554 (577); aus der älteren Literatur *C. Schmitt*, JW 1929, 496; *Dürig*, JZ 1954, 4 (5 f.); *Schack*, NJW 1954, 577 (578).

[98] Damit realisiert das BVerfG die von *Rupp*, AöR 101 (1976), 161/87 als Organisationsmaxime gekennzeichnete Funktion der Grundrechte für gerichtliche Verfahren. Es bleibt abzuwarten, welche Besonderheiten sich im Hinblick auf die auch in Art. 19 Abs. 4 GG verankerte Effektivität des Rechtsschutzes ergeben; vgl. dazu BVerfG Beschl. v. 14. 10. 1975 NJW 1976, 141.

[99] E 24, 367 (399 f. und 405).

[100] Gleichwertig in einem doppelten Sinn: einmal i. S. e. nominal zu bestimmenden wirtschaftlichen Äquivalentes und weiter in einem unter der Voraussetzung des Art. 14 Abs. 3 S. 1 GG normativ gleichwertigen Zustandes.

[101] U. v. 8. 7. 1976 NJW 1976, 1783.

bleibt[103]. Bereits die Substitutionsthese *Carl Schmitts*[104] zeigt, daß mit der Erhaltung des Wertes an sich eine Enteignung noch nicht verneint werden kann, da diese Substitution notwendige Folge der Eigentumsgarantie ist. Die Gefahr, die in der Annahme einer Wertgarantie liegt, wird besonders deutlich an der in dieser Entscheidung geäußerten These, der Eingriff in das private Recht verwirkliche „das recht verstandene Eigeninteresse"[105] der Betroffenen. Hier hätte das Gericht der an anderer Stelle angesprochenen Problematik nachgehen müssen, inwieweit angesichts der Substanzgarantie eine Ersetzung der autonomen Regelungsbefugnis möglich ist[106]. Der Staat darf sich nicht zum Hüter des Interesses des Einzelnen machen; diesen autonomen Freiheitsraum wollen gerade die Grundrechte sichern[107]. Bei den vom Verfassungsgericht angestellten Erwägungen zum Wertschutz muß vielmehr die Besonderheit des schuldrechtlichen, auf Geld gerichteten Anspruchs beachtet werden. Geschieht dies nicht, so ergibt sich unabweislich die Konsequenz, daß bei allen inhaltliche Ausformungen des Eigentums enthaltenden gesetzlichen Regelungen Wertveränderungen nicht eintreten dürfen. Das aber ist nicht der Fall, solange nur eine mittelbare, an der Substanz ausgerichtete und daran zu messende Wertverschiebung gegeben ist. Insoweit lassen sich die Ausführungen des Bundesverfassungsgerichtes nicht verallgemeinern, da bei einer Geldforderung der konkrete, in der Forderung ausgedrückte Wert maßgeblich wird. Im Ergebnis wird so die Bedeutung der Substanzgarantie insgesamt nicht in Frage gestellt.

Ausgehend von der Enteignungsmöglichkeit und der damit verbundenen Entschädigungspflicht wird schließlich die These vertreten, das Grundgesetz enthalte nur eine bedingte Garantie des Eigentums[108]. Es erscheint bereits auf den ersten Blick fragwürdig, ob tatsächlich von der Bedingtheit der Garantie, also deren Abhängigkeit von einem in der Zukunft liegenden unbestimmten Ereignis[109], gesprochen werden kann. Zutreffend ist allenfalls, daß eine absolute, von wirtschaftlichen

---

[102] Mit Gesetz v. 17. 12. 1971 (BGBl. I S. 2018) waren Ansprüche geschädigter Kinder gegen den Arzneimittelhersteller Grünenthal, auf dessen Produkte die Mißbildungen zurückzuführen waren, durch Ansprüche gegen eine durch dieses Gesetz gegründete Stiftung abgelöst worden.

[103] NJW 1976 S. 1787 sub II 4.

[104] Verfassungsrechtliche Aufsätze S. 121; s. auch Angaben oben in Anm. 41.

[105] NJW 1976 S. 1787 r. Sp. oben.

[106] NJW 1976, S. 1786 l. Sp.

[107] Entscheidend muß hier das vom BVerfG herausgestellte Gebot sozialer Solidarität sein (S. 1787 sub 2), das zur Einschränkung autonomer Regelungsbefugnisse im Rahmen des Art. 14 Abs. 1 S. 2 GG führen kann.

[108] *Brinckmann*, Art. 14 Anm. I 1; *Müller*, S. 30; *Papier*, AöR 98 (1973), 528 (539).

[109] Vgl. zum Begriff der Bedingung nur *Palandt / Heinrichs*, Einf. v. §§ 158 Vorbem. 2.

und sozialen Wandlungen unabhängige Ausgestaltung des Eigentumsinhaltes nicht existiert[110]. Es wird hier vielmehr ein Problem angesprochen, daß auch im übrigen Grundrechtsbereich nicht unbekannt ist, wenn etwa belastend in bestimmte Rechte, z. B. die Freiheit der Berufsausübung, nach einem abgestimmten Raster eingegriffen wird[111]. Auch dort bestehen grundrechtliche Freiheiten nicht absolut in dem Sinn, daß sie einen Titel für jegliches, in das Belieben des Grundrechtsträgers gestelltes Verhalten gegenüber dem Staat und anderen Privaten abgeben[112]. Für das Eigentumsgrundrecht wirkt sich allein die Sachstruktur aus, die aus dem vermögenswerten Charakter des Grundrechtssubstrates folgt, während andere Grundrechte ihrer Struktur nach keinen derart engen Bezug zur Vermögenssphäre des Einzelnen haben. Daraus folgt allein, daß bei Eingriffen in diese zweite Gruppe grundrechtlicher Freiheiten eine finanzielle Kompensation nicht bzw. nur unter schwierigen Voraussetzungen durchführbar ist, da ein konkreter Maßstab fehlt[113]. Eine in der These von der Bedingtheit der Eigentumsgarantie angelegte Abschwächung des prinzipiellen Beeinträchtigungsverbotes bzw. die Annahme einer weitergehenden Gestaltungsfreiheit des Gesetzgebers stünde in einem eklatanten Widerspruch zur Bedeutung der Substanzgarantie[114]. Die in Art. 14 GG gewährleistete substantielle Eigentumsfreiheit unterscheidet sich insoweit nicht prinzipiell von anderen grundrechtlich gewährleisteten Freiheitsrechten.

Obschon die Entschädigung in bezug auf eine Wahrung der vermögensmäßigen Freiheit einen selbständigen Faktor darstellt, kann sie für ein materielles Rechtsstaatsverständnis mit einer substantiell ausgerichteten Eigentumsgarantie nur subsidiäre Bedeutung haben. Hierbei ist die personenhafte Beziehung des Grundrechtes nicht von allen ausschlaggebender Bedeutung, da ein Wertaustausch letztlich stattfindet und so eine Sicherung bewirkt. Entscheidend ist vielmehr die *Art* der Sicherung durch das Grundgesetz, das hier eine konkrete substantiell zu verstehende Ausgestaltung in den Vordergrund stellt. Von einem Wandel der

---

[110] Ein beredtes Beispiel dafür ist die Erweiterung des Eigentumsschutzes auf schuldrechtliche Positionen; vgl. *M. Wolff* in: Fschr. f. Kahl S. 13 sowie Angaben in Anm. 83 zum Eigentumsschutz öffentlich-rechtlicher Ansprüche.

[111] Zu den Einzelheiten vgl. nur *Maunz* in: Maunz / Dürig / Herzog, Grundgesetz Art. 12 Rdnr. 29 ff.

[112] Die äußerste Grenze wird hier durch Art. 19 Abs. 2 GG gezogen. Fraglich ist, ob eine Enteignungsbestimmung einen Einschränkungsvorbehalt i. S. d. Art. 19 Abs. 1 GG darstellt; vgl. BVerfGE 24, 367 (397).

[113] Auch innerhalb der Eigentumsgarantie kann die mangelnde Kompensierbarkeit zur Einschränkung der Eingriffsbefugnisse führen; vgl. *Kloepfer*, S. 49.

[114] Zum Verhältnis von Rechtsschutz und substantiellen Grundrechtspositionen s. auch *Renck*, JuS 1970, 113 (113) gegen *Redeker / von Oertzen*, 2. Aufl. § 113 Anm. 16. Zu der dort angesprochenen Frage des Rechtsschutzes s. auch *Maurer* in: Fschr. f. Kern S. 305 ff.

Eigentumsgarantie in eine Wertgarantie durch Enteignung kann nicht gesprochen werden. Das Eigentumsgrundrecht gewährt durchaus mehr als eine Zusage, den Besitzstand nur mit Maßgabe eines vom Gesetzgeber anzuordnenden Wertaustausches zu schützen[115], zumal die Entschädigungspflicht nur ein unvollkommenes Hindernis für Grundrechtseingriffe darstellt[116].

Hieraus folgt, daß die Entschädigung den Staat als Träger des Enteignungsrechtes nicht aus der in Art. 14 GG festgelegten Verantwortung entläßt, die Substanzgarantie auch in der Enteignung zu schützen und zu wahren. Deutlich festzuhalten ist damit, daß der enteignete Grundeigentümer trotz Entschädigung in eine Rechtsstellung gedrängt wird, die nach den in der Verfassung festgelegten normativen Kriterien auch bei weitestgehendem Vermögensausgleich von minderem Wert ist. Von daher kann die Entschädigung jedenfalls nicht prinzipiell einem Verlangen nach Rückgängigmachung der Enteignung entgegengehalten werden.

5. Die Bedeutung des Gemeinwohlerfordernisses nach Art. 14 Abs. 3 S. 1 GG für das Rückerwerbsrecht

Den vorstehend herausgearbeiteten Strukturmerkmalen der verfassungsrechtlichen Eigentumsgarantie, die einem substantiellen Eigentumsschutz entscheidenden Wert beimißt, muß auch die Ausgestaltung der Eingriffsvoraussetzungen entsprechen. Nach dem Wortlaut der Verfassung ist eine Enteignung nur zum Wohl der Allgemeinheit zulässig (Art. 14 Abs. 3 Satz 1 GG). Hinter diesem prägnanten und klaren Wortlaut der Verfassung verdecken sich indessen eine Reihe von Problemen, die teilweise bereits in dem facettenreichen Begriff des allgemeinen Wohls[1] angelegt sind und sich teilweise erst bei der Anwendung in der Verwaltungswirklichkeit ergeben. Gerade diese Anwendungsproblematik innerhalb der Verwaltungsentscheidung ist entscheidend für das mit dem Rückerwerbsrecht des Eigentümers angesprochene Stadium nach Durchführung der Enteignung. Bei der Schwere der Belastung, die in der Entschädigung nur einen unvollkommenen Ausgleich erfährt[2], ist die Klärung der Sachstruktur der Gemeinwohlklausel und deren Ausgestaltung für das Rückerwerbsrecht als funktionale Kehrseite der Enteignung von zentraler Bedeutung. Dies gilt auch dann, wenn man von einem Vorrang der eigentumsrechtlichen Substanzgarantie ausgeht. Dieser Vor-

[115] So aber auch *Haas*, S. 35 f.; anders BVerfGE 24, 367 (398): Die Rangfolge der grundrechtlichen Abwehransprüche steht nicht zur Disposition des Staates.

[116] So zutreffend das BVerfG in der Deichordnungsentscheidung E 24, 367 (401); a. A. offensichtlich *Gronefeld*, S. 41.

[1] Zur Typik vgl. *Häberle*, AöR 95 (1970), 86 ff.

[2] Zum Vorrang der Substanzgarantie vgl. oben Abschn. B-4.2.2.

rang zeigt zunächst nur das normative Gewicht der mit der Enteignung eintretenden Qualitätseinbuße, enthält aber keine Aussage über die Rückgängigmachung dieser Einbuße. Der Vorrang der Substanzgarantie ist insoweit zwar notwendige, aber noch nicht hinreichende Bedingung einer Rückgängigmachung der Enteignung. In dieser Frage kommt es in erster Linie auf eine genaue Analyse der Rechtmäßigkeitsvoraussetzungen der Enteignung und deren Bedeutung für das Stadium nach dem eigentlichen Vollzug an.

5.1 Inhaltliche Klärung und strukturelle Besonderheiten des verfassungsrechtlichen Gemeinwohlerfordernisses

5.1.1 Der Begriff

Bereits das Tatbestandsmerkmal „Wohl der Allgemeinheit" führt bei einer Konkretisierung zu erheblichen Schwierigkeiten. Dies zeigt sich etwa an der teilweise vertretenen These von der Unmöglichkeit einer allgemein gültigen Bestimmung[3] sowie an dem Streit um die Justitiabilität[4] und an der Einordnung als Ermessensentscheidung[5] bzw. als unbestimmter Rechtsbegriff[6]. Übereinstimmung besteht jedenfalls soweit, als das Enteignungsinstitut unter dem Wohl der Allgemeinheit nicht allein eine Bereicherung des Vermögens der aus der Enteignung begünstigten öffentlichen Hand versteht[7]. In der enteignungsrechtlichen Güterbeschaffung muß das Wohl der Allgemeinheit außerdem außerhalb des Rechtsentzuges selbst liegen, da nicht die Beseitigung einer mißbilligten Eigentumsstellung beabsichtigt ist[8].

Eine positive Definition findet sich in der Entscheidung des Badischen Staatsgerichtshofes vom 3. 7. 1950, in der allerdings auch nicht vollkommen auf eine negative Abgrenzung verzichtet wird. Dort heißt es u. a.: „Das Allgemeinwohl ist nicht wie jedes ‚öffentliche Interesse', das nach den Nützlichkeits- und Zweckmäßigkeitserwägungen staatlicher Stellen zur Wahrung staatlicher oder sonstiger öffentlicher Belange bestimmt wird, es hat nicht allein die öffentliche Wohlfahrt und die Macht des Staates zum Inhalt, sondern auch die Wahrung der Gerechtigkeit und

[3] *Brinckmann*, Art. 14 Anm. 5; s. auch *Huber*, ZschwR 1965, 39 ff.

[4] Vgl. *Brinckmann*, Art. 14 Anm. 5 a (verneinend) sowie *Ipsen* in VVDStRL 20 (1952), 74 (98), der diese Frage bejaht.

[5] So *Maunz* in Maunz / Dürig / Herzog, Grundgesetz Art. 14 Rdnr. 110 und BVerwG U. v. 29. 11. 1956 E 4, 185 (186).

[6] *Wolff / Bachof*, Verwaltungsrecht I § 62 IV a 1 S. 549.

[7] *Hallier*, S. 32; *Schelcher*, S. 221; *Schack*, Betriebsberater 1961, 74 (77); *v. Mangoldt / Klein*, Art. 14 Anm. VII 6 S. 445 jeweils m. w. Nachw.; BVerfG zuletzt im Beschl. v. 12. 11. 1974 E 38, 175 (180).

[8] Eine solche Zielrichtung liegt der strafrechtlichen Einziehung zugrunde; vgl. *Wolff / Bachof* (Anm. 5) § 62 IX g S. 555.

des inneren Friedens. Der schwerwiegende Eingriff der Enteignung ... ist daher zum Wohl der Allgemeinheit nur dann gerechtfertigt, wenn er einen unzweifelhaft erheblichen Nutzen für das gesamte Volk bringt ... Die Enteignung muß daher ein über die Bereicherung der öffentlichen Hand hinausgehendes, selbständiges Ziel verfolgen[9]." Bei aller Unterschiedlichkeit und Schwierigkeit der begrifflichen Klärung ist es gerade diese inhaltliche Zielgerichtetheit, die funktional die Enteignung nach Art. 14 Abs. 3 GG von anderen Eigentumsentziehungen unterscheidet[10]. Nur darauf soll in diesem Zusammenhang das Schwergewicht gelegt werden. Die Tatsache, daß es sich um einen von der allgemeinen Zweckbestimmtheit staatlichen Handelns zu unterscheidenden Umstand handelt[11], wird an sich bereits aus der gesonderten Anführung dieses Merkmals in Art. 14 GG deutlich[12]. Damit wird ein enger Zusammenhang mit den Staatszielbestimmungen, die allgemein das Verwaltungshandeln bestimmen, nicht in Abrede gestellt. Diese werden auch gerade in die Generalklausel des Art. 14 Abs. 3 Satz 1 GG Eingang finden und bei der Bestimmung dieses Merkmales Bedeutung erlangen.

Das Allgemeinwohlerfordernis läßt sich insgesamt als eine Ausformung des rechtsstaatlichen Grundsatzes der Verhältnismäßigkeit einordnen, nach dem ansonsten zulässige Maßnahmen dann zu unterbleiben haben, wenn die mit ihr verbundenen Nachteile insgesamt die Vorteile überwiegen[13]. Die Aufnahme in die Eigentumsgarantie konkretisiert diesen Grundsatz für einen bestimmten Anwendungsbereich[14].

5.1.2 Die Besonderheit der Finalitätsbestimmung als Legitimationsgrundlage für den Eingriffsakt

Die verfassungsrechtlich gebotene Ausgestaltung der die enteignungsrechtliche Güterbeschaffung kennzeichnenden Finalitätsregelung läßt sich nur dann zutreffend erkennen, wenn man sich deren Funktion vor Augen führt. Hier handelt es sich um die Legitimation einer den einzelnen belastenden staatlichen Maßnahme, die dem Vorbehalt des Gesetzes zu genügen hat[15]. Die Finalitätsbestimmung im Rahmen der ent-

---

[9] VerwRspr. 2, 411 (416).

[10] So die ganz h. M.; vgl. *v. Mangoldt / Klein,* Art. 14 Anm. VII 2 m. w. Nachw. sowie die oben in Anm. 7 genannten Autoren. Hier handelt es sich nicht — wie *Kimminich,* DöV 1975, 314 (315) meint — um eine Erkenntnis, die mit der Rückerwerbsentscheidung des BVerfG (oben Abschn. A-1.1) evident wurde.

[11] Dazu auch *Wolff / Bachof* (Anm. 5) § 2 bes. sub II. a).

[12] Vgl. auch § 87 BBauG, der von einem *Erfordernis* spricht.

[13] s. noch *Wolff / Bachof* (Anm. 5) § 30 II. b) 1. S. 179.

[14] In diesem Sinn etwa *Lerche,* S. 166 sowie *Hartwich,* S. 221.

[15] Dazu allg. *Maunz* (Anm. 4) Art. 20 Rdnr. 126 ff. m. w. Nachw.

eignungsrechtlichen Güterbeschaffung soll mithin nicht die Zurechnung eines bestimmten Erfolges wie etwa im Bereich des enteignungs- bzw. aufopferungsgleichen Eingriffs[16] oder einer konkret eingetretenen Handlungsfolge wie im Strafrecht[17] bewirken. Diese Frage nach der Zurechnung wirft im Enteignungsverfahren keinerlei Probleme auf[18].

Das verfassungsrechtlich vorgegebene Finalitätserfordernis impliziert eine in ihren Konsequenzen bisher nicht beachtete Besonderheit des Enteignungsrechtes. Diese Besonderheit liegt in der hoheitlichen Kompetenz, einen Eingriff aufgrund einer Prognose vornehmen zu können. Ein derartiges Prognoseelement ist dem Grund nach Bestandteil jeglichen finalen Handelns, das auf dem Wissen oder der Einschätzung[19] von Kausalbeziehungen beruht. Im Rahmen des Handlungsentschlusses wird die Erreichung des Zweckes als Prognose in der Zeit vorweggenommen[20]. Enteignungsrechtlich beinhaltet jedes Projekt, zu dessen Durchführung Enteignungsmaßnahmen stattfinden, eine zweifache Entscheidung: Einmal ist die Realisierbarkeit des Unternehmens und zum andern die dadurch dann ermöglichte Förderung des Allgemeinwohls zu beurteilen. Beides sind Umstände, die in der Zukunft, d. h. nach Abschluß der eigentlichen Entscheidung und der Enteignungsmaßnahme, eintreten sollen. Diese Möglichkeit einer Enteignung vor Durchführung des Unternehmens ist soweit ersichtlich noch nie in Frage gestellt worden. Gerade die Praxis geht dahin, durch die auf einer Prognose beruhende Enteignung eine rechtzeitige Bereitstellung der erforderlichen Sachgüter zu erreichen[21], was notwendig vor der Realisierungsphase geschehen muß. An diesem klassischen Bereich staatlichen Handelns wird deutlich, daß die Verwaltung nie ausschließlich mit der Gegenwart befaßt war[22].

---

[16] Vgl. zu den Einzelheiten etwa *Gronefeld,* durchgehend.

[17] Grundlegend *Welzel,* S. 33 ff.; zur entsprechenden Frage im öffentlichen Recht s. noch *Luhmann,* Entschädigung S. 30 f.

[18] Problematisch dagegen die Einordnung der Zurechnung der dem Begünstigten eingeräumten Rechtsstellung; vgl. unten in Abschn. C-12.3 zur Charakterisierung als ‚Beliehener'.

[19] Das Merkmal der Einschätzung führt letztlich zur Problematik der Überprüfbarkeit; zum Streitstand s. *Ossenbühl,* DVBl. 1974, 309 (313) einerseits und *Blümel,* DVBl. 1975, 695 (699) andererseits; vgl. auch hier Abschn. C-10.

[20] Zum Prognosebegriff s. auch *Hoppe,* DVBl. 1974, 641 (644 ff.).

[21] Vgl. dazu BGH U. v. 19. 12. 1966 EPlaR V BGH 12.66 S. 14 ff. Eine vorläufige Inanspruchnahme von Grundstücken bis zum Beginn der Bauarbeiten wurde vom BGH zwar erörtert, jedoch im Endergebnis abgelehnt, da ohnehin eine Vollenteignung zu erwarten gewesen war und die Allgemeinheit mit zusätzlichen Kosten für eine Nutzungsentschädigung belastet werden müßte. Auch die vorläufige Besitzeinweisung beinhaltet ein prognostisches Element (vgl. etwa § 42 Abs. 5 LStrG NW), wenn etwa der Beginn der Arbeiten in Bezug genommen wird. Außerdem wird dadurch auch eine endgültige Inanspruchnahme nur vorbereitet, nicht aber ausgeschlossen.

[22] Vgl. dazu auch *Bachof,* Stichwort ‚Verwaltung' in Ev. Staatslexikon.

Untersucht man die Enteignungsgesetze der Länder, so läßt sich feststellen, daß teilweise im Wege der einfachgesetzlichen Regelung eine inhaltliche Konkretisierung des Gemeinwohlgebotes durch eine Enumeration der Enteignungsunternehmen[23] oder durch die Verleihung für ein bestimmtes Objekt[24] angestrebt wird. Jedoch gebietet auch das Enumerationsprinzip eine Prüfung im Einzelfall[25]. Enteignungssystematisch läßt sich somit feststellen, daß das Gemeinwohl über ein bestimmtes Objekt, in der enteignungsrechtlichen Terminologie gesprochen durch das „Enteignungsunternehmen“[26] vermittelt wird. Das Enteignungsunternehmen läßt sich demnach in bezug auf das verfassungsrechtliche Ziel, das Allgemeinwohl zu fördern, als Allgemeinwohlmittler und ungeschriebenes Tatbestandsmerkmal einer rechtmäßigen enteignungsrechtlichen Güterbeschaffung verstehen. Der Eigentumsentzug bzw. die Belastung zugunsten des aus der Enteignung Begünstigten ist mithin ein Mittel zu dem Zweck, das Unternehmen auszuführen und damit das Gemeinwohl zu fördern[27]. Verfassungsrechtlich ist allein die Förderung des Gemeinwohls entscheidend, nicht aber der ins Auge gefaßte Mittler, das Enteignungsunternehmen[28]. Daraus folgt auch, daß es auch die Art des Unternehmens und seine rechtliche Organisation nicht entscheidend ankommen kann[29]. Weiter ergibt sich, daß bei einer Änderung der Verwaltungskonzeption trotz Errichtung des Unternehmens die Förderung des Gemeinwohles selbst unterbleiben kann[30].

Es ist deshalb erforderlich, die beiden denkbaren Bezugspunkte des enteignungsrechtlichen Finalitätserfordernisses, das Gemeinwohl einerseits sowie das Enteignungsunternehmen andererseits, in ihrer unterschiedlichen verfassungsrechtlichen Bedeutung zu sehen. Diesem Unterschied wird oft nicht hinreichend Rechnung getragen[31]. Gemeinsam ist beiden Zielsetzungen, daß innerhalb der jeweiligen Finalitätsbestimmung eine Prognose erforderlich ist.

---

[23] s. dazu Art. I BayZAG; das BayEG v. 1974 dagegen verzichtet auf die Enumeration, behält jedoch die Nennung von Regelfällen bei (vgl. Art. 1 Abs. 1). Damit ist jedenfalls die Möglichkeit eröffnet, das Enteignungsrecht Veränderungen anzupassen.

[24] Vgl. § 1 PrEnteigG.

[25] *Seufert*, Art. I ZAG Rdnr. 41 ff.

[26] s. bereits *Koffka*, Enteignungsrecht § 1 Rdnr. 5 ff.; *Seufert*, Art. I ZAG Rdnr. 40 ff.; *Meyer / Thiel / Frohberg*, § 1 Anm. 3 ff.

[27] Vgl. auch BVerfG (Anm. 7) S. 180 oben.

[28] Vgl. auch vorstehend Abschn. B-5.1.1.

[29] s. *Kutscher*, S. 36 f.; *Rittstieg*, S. 420; vgl. aber auch *Bullinger*, Der Staat 1962 (1), 448 ff.

[30] Vgl. unten Abschn. C-13.3.

[31] Dies gilt etwa für die Untersuchung *Brüggemanns*, S. 3 ff. und passim, wo von einem normativ und sachlich gleich strukturierten Zweck ausgegangen wird.

5.2 Gemeinwohlbestimmung innerhalb eines Zweckprogrammes

Bei unserer Untersuchung haben wir davon auszugehen, daß im Regelfall die Enteignung durch Verwaltungsakt vollzogen wird[32] und nach der Rechtsprechung des Bundesverfassungsgerichts auch vollzogen werden soll[33]. Die enteignende Tätigkeit des Staates ist somit im allgemeinen dem Verwaltungsbereich zuzuordnen. In der Praxis bedeutet dies wiederum, daß Enteignungsmaßnahmen im Rahmen von planerischen Vorhaben stattfinden. Durch die Einbindung der Enteignungsmaßnahmen in Planungsvorhaben ist sie in ihrer Zielbezogenheit auch Ausdruck und Folge des Bedeutungswandels sozial gestaltender Maßnahmen des Staates[34]. Die Wirklichkeit fordert damit eine verstärkte rechtswissenschaftliche Durchdringung der Verwaltungszwecke und ihrer dogmatischen Bewältigung[35].

5.2.1 Die sachliche und zeitliche Konkretisierung

Eine Hilfestellung zur Einordnung der Zweckbezogenheit bietet der verwaltungswissenschaftliche Ansatz von *Luhmann* an. Er hat Entscheidungsschemata, die ein auf einen bestimmten Zweck gerichtetes Handeln der Verwaltung beschreiben, als Modelle des Konditional- und Zweckprogrammes entwickelt[36].

Konditional programmierte Verwaltungsentscheidungen zeichnen sich dadurch aus, daß nur dann, wenn ein bestimmter Umstand gegeben ist, der Normadressat diese oder jene Maßnahme treffen darf bzw. soll. Ein Zweckprogramm ist ein solches, das ein zu erreichendes Ziel oder einen Zweck umschreibt und der ausführenden Stelle die Wahl der Mittel freistellt[37]. Nur auf den ersten Blick erscheint es so, als ob bei einer Enteignungsmaßnahme, deren Legitimation zu beurteilen ist, von einer Wahlfreiheit der Mittel nicht mehr die Rede sein kann. In Wirklichkeit ist dies jedoch nicht der Fall. Wird etwa Grund und Boden zum Straßenbau enteignet, so besteht der Zweck in der Verbesserung der Verkehrsinfrastruktur, eines Zieles, das vom Allgemeinwohl gedeckt wird[38]. Der

---

[32] Diese Systematik liegt der gesamten landesrechtlichen Enteignungsgesetzgebung zugrunde.

[33] Zu diesem aus der Bedeutung der Substanzgarantie abgeleiteten Erfordernis s. bereits vorstehend Abschn. B-4.2.2.

[34] Speziell für das Eigentum vgl. *Leisner*, DöV 1975, 73 (74 f.).

[35] *Schmidt*, AöR 96 (1971), 321 (322).

[36] Einzelheiten der Systematisierung können hier nicht aufgegriffen werden; vgl. *Luhmann*, Recht und Automation S. 44; *ders.*, Zweckbegriff S. 69, 217 f.; *ders.*, Legitimation S. 130.

[37] s. auch *Podlech*, S. 106 f. m. w. Nachw. sowie *Schmidt*, AöR 96 (1971), 321 (332).

[38] Vgl. nur § 19 Abs. 1 BFStrG, der generell die Zulässigkeit der Enteignung regelt; vgl. auch Anm. 23.

Straßenbau als Mittel ist jedoch nur *eine* Möglichkeit, dieses Ziel zu erreichen. Ebenso denkbar ist die Schaffung öffentlicher Verkehrssysteme, die einen weiteren Ausbau der Straßen entbehrlich erscheinen lassen. Die Enteignungsmaßnahme schließt sich somit an eine Mittelauswahl an, schließt sie jedoch nicht per definitione aus. Die Enteignung läßt sich als Ausschnitt eines Zweckprogrammes verstehen, nämlich als Durchführungskonkretisierung eines Mittels, hier des Straßenbaues. Die Wahlfreiheit und Auswahl dieser Maßnahme sind dieser vorgelagert.

Zweifelhaft könnte sein, ob es sich hier um ein echtes Zweckprogramm handelt, da auch rechtliche „Nur - dann - wenn - Sätze" denkbar sind, die Verhaltensbeschränkungen darstellen[39]. Eine solche Verhaltensbeschränkung findet sich letztlich auch in dem Allgemeinwohlerfordernis als einer die staatlichen Machtbefugnisse begrenzenden Ermächtigungsgrundlage: Eine Enteignung ist nur dann zulässig, wenn dies vom Allgemeinwohl gefordert wird. Hier ist jedoch auch zu berücksichtigen, daß die Enteignungsmaßnahme als Teil eines Planungskomplexes erfaßt wird, innerhalb dessen sie vorgenommen wird, um ein gesetztes Ziel zu erreichen. Damit werden in entscheidendem Maße Ziel und Zweckbestimmungen[40] relevant, die für die Einordnung als Zweckprogramm maßgebend und in ihrer entscheidenden Aussage zukunfts- und wertbezogen sind.

Die Erfassung der Enteignungsmaßnahme als Ausschnitt eines Zweckprogrammes bedeutet, daß der Zweck instruktiv sein muß, um ein geeignetes Mittel zu seiner Erreichung auffinden zu können[41]. Nur ein derart instruktiver Zweck kann letztlich ein Urteil über die Legitimation der Enteignungsmaßnahme ermöglichen, die selbst nur instrumentalen Charakter hat. Hieraus folgt, daß jeweils ein konkreter Situationsbezug herzustellen ist. Diesen Situationsbezug leistet zunächst einmal die fachplanerische Entscheidung, die zu der Enteignungsmaßnahme führt[42]. Der Situationsbezug schlägt sich nieder in dem „Ob" des Unternehmens und in dessen konkreter Ausgestaltung (sachliche Konkretisierung). Dies gilt auch für den Umfang der Enteignungsmaßnahme, wenn die genaue räumliche Abgrenzung des benötigten Grund und Bodens festgesetzt sein muß[43].

Auch das Zweckprogramm muß sich der Zeitdimension stellen und als Realität[44] innerhalb der Situationsbezogenheit[45] berücksichtigen. Die

---

[39] *Podlech*, S. 108 sowie *Hoppe*, DVBl. 1974, 641 (644).

[40] s. dazu *Hoppe*, DVBl. 1974, 641 (647).

[41] *Luhmann*, Lob der Routine S. 118.

[42] s. § 19 Abs. 2 BFStrG; allg. *Blümel*, Planfeststellung II S. 287 ff. m. w. Nachw.

[43] s. auch BGH U. v. 13. 10. 1974 NJW 1975, 157 (157).

[44] Vgl. zur Zeit als Realität *Wolff / Bachof* (Anm. 5) § 37 S. 262 ff. sowie *v. Köhler*, VerwArch 50 (1959), 213 ff.; zur — fehlenden — Normativität *Doeh-*

Schwierigkeiten ergeben sich aus dem prognostischen Element als struktureller Besonderheit des Gemeinwohlerfordernisses, womit die entscheidenden Umstände nämlich die Realisierung des Enteignungsunternehmens als Mittel und die Verwirklichung des Gemeinwohls als Zweck in die Zukunft verwiesen sind. Dadurch, daß die zur Lösung anstehenden, mit Hilfe der Enteignung zu erreichenden Maßnahmen in ihrer zukünftigen Bedeutung zu erfassen sind, verlieren sie notwendig an Geschlossenheit und Deutlichkeit[46]. Die Zukunft ist unendlich, so daß eine Konkretisierungsbedürftigkeit des Zweckes entsteht (Grundsatz der zeitlichen Konkretisierung). Fehlt jede Zeitvorstellung, so liegen nur Zweckideen oder Werte, nicht aber Zwecke vor, da angestrebte konkrete Wirkungen nicht möglich sind[47]. Der im Laufe der Zeit zu erwartende Wandel führt außerdem dazu, daß weder die Tauglichkeit des Mittels noch die Erreichbarkeit des Zweckes genau und sicher zu beurteilen sind, solange Zeitvorstellungen fehlen. Dadurch bedingte Schwierigkeiten bei der gerichtlichen Überprüfung solcher Entscheidungen[48] sind somit in dem verfassungsrechtlichen Gemeinwohlerfordernis angelegt. Auch die Fachplanung ist in ihrer Durchführung an vorhandene und zu beschaffende Ressourcen gebunden[49] und davon abhängig. Der einzelne Enteignungsakt beruht insgesamt auf einer Kette von Vorentscheidungen und Zweckmäßigkeitserwägungen, die sich nur schwer inhaltlich überprüfen lassen[50]. Diese entscheidungstheoretische Möglichkeit der zeitlichen Konkretisierung hat auch verfassungsrechtliche Relevanz, da sie gleichwertig neben die sachliche Konkretisierung tritt. In materieller Hinsicht ist sie Mindestvoraussetzung zur Beantwortung der Frage, ab welchem Zeitpunkt eine rechtzeitige Enteignung zulässig sein kann[51].

Oben wurde bereits hervorgehoben[52], daß enteignungsrechtlich einmal das Enteignungsunternehmen als Gemeinwohlmittler und das Allgemeinwohl selbst relevant werden. In unserem Modell des Zweckprogrammes, in dem die Enteignungsmaßnahmen als Mittel zum Zweck verstanden

---

ring in: Jahrbuch der Max-Planck-Gesellschaft 1964 S. 69 (70); *Forsthoff*, Verwaltungsrecht S. 193 und *Gerber*, VerwArch 36 (1931), 1 (49 mit Anm. 71) gegen *Jellinek*, Verwaltungsrecht S. 208; zum Gesamtkomplex Recht und Zeit die gleichnamige Schrift von *Husserl*, passim.

[45] Die Situationsbezogenheit ist ausgerichtet auf die örtliche und zeitliche Ausgestaltung des Unternehmens.

[46] Vgl. dazu *Beenken*, S. 221 f. und 256 sowie *Ossenbühl*, Gutachten B 140, 188 f.

[47] s. bereits *Jellinek* (Anm. 44) S. 404 sowie *Luhmann* (Anm. 41) S. 118.

[48] Zum Streitstand oben in Anm. 19.

[49] Zur Anbindung an die Ressourcen s. auch *Badura*, Der Staat 14 (1975), 17 (46) für die politische Planung.

[50] Zum Problem der Vorentscheidungen s. noch *Rittstieg*, S. 415 f.

[51] Zur Verklammerung in zeitlicher Hinsicht s. unten Abschn. B-7.2.4.

[52] Abschn. B-5.1.2.

werden, bedarf es mithin hinsichtlich beider Aspekte einer zeitlichen Konkretisierung. Dabei wird im Hinblick auf den Allgemeinwohlmittler eine genaue Fassung möglich sein. So sehen einige Enteignungsgesetze ausdrücklich vor, daß eine alsbaldige Realisierung des Enteignungsunternehmens erforderlich ist, um den Enteignungsakt im Zeitpunkt seiner Vornahme zu rechtfertigen[53]. Dieser Gesichtspunkt wird sich im Regelfall nur auf die von der Verwaltung beeinflußbaren Realfaktoren mit größerer Exaktheit beziehen lassen[54], obschon auch hier planerische Wertentscheidungen eingehen können.

5.2.2 Zweckprogramm und Gesetzesvorbehalt

Die vorstehenden Ausführungen haben gezeigt, daß die Einordnung der Enteignungsmaßnahme in ein umfassendes Zweckprogramm eine Konkretisierung auch des verfassungsrechtlich vorgegebenen Gemeinwohlerfordernisses leisten kann. Es fragt sich jedoch, ob damit die gesamte Problematik der enteignungsrechtlichen Finalitätsbestimmung im Güterbeschaffungsverfahren und deren Legitimationsfunktion erschöpfend geklärt ist. Da der Zweck eine den Bürger belastende Maßnahme legitimieren soll, ist von dieser Funktion her gesehen eine Festschreibung der einmal getroffenen Entscheidung an sich geboten. Um eine Anpassung des Verwaltungshandelns an wechselnde Bedürfnisse zu ermöglichen, kommt es für die Verwaltung dagegen darauf an, ein Höchstmaß an Flexibilität in Zwecksetzung und Mittelfindung zu erhalten.

Das Zweckprogramm geht in seiner ideal-typischen Form von der Wahlfreiheit des Mittels aus, die hier bereits auf eine Enteignungsmaßnahme reduziert ist. Eine Aussage darüber, ob das einmal gewählte Mittel, der Gemeinwohlmittler und die dazu erforderliche Enteignung auch tatsächlich dem Zweck zugeführt werden muß, enthält es nicht. Die Antwort auf die Frage, ob das Gemeinwohl über die Enteignung hinaus eine Bedeutung hat, kann nur das materielle Recht unter Berücksichtigung der Besonderheiten der jeweiligen Entscheidungsstrukturen geben. Die Erfassung des Vorganges als Zweckprogramm ist trotz dieser Unvollkommenheit geeignet, die erheblichen Strukturen zu erhellen.

5.3 Die Bedeutung des Allgemeinwohlerfordernisses über den Eingriffsakt hinaus

Es fragt sich mithin, welchen Einfluß die in die Prognoseentscheidung eingegangenen Realitätsfaktoren nach Abschluß der Belastung haben,

---

[53] HessEnteigG § 5 S. 2 Nr. 3; RhPf § 4 S. 2 Nr. 3; Bay Art. 3 Abs. 2; s. auch *Blümel*, Planfeststellung II S. 448.

[54] Zum Begriff des Realfaktors etwa *Hoppe*, DVBl. 1974, 641 (644).

ob nämlich das Gemeinwohl tatsächlich erreicht werden muß oder aber das Erfordernis auf den Eingriffsakt zu beschränken ist.

5.3.1 Die Besonderheit zweckprogrammierter Belastungen

Bezogen auf das verfassungsrechtliche Gemeinwohlerfordernis lassen sich generalisierend zwei Grundvarianten von Fallgruppen unterscheiden, in denen das Gemeinwohl, an das die Rechtmäßigkeit der Enteignungsmaßnahme durch Art. 14 Abs. 2 Satz 1 GG geknüpft ist, nicht erreicht wird. Zunächst kann dies auf Mängeln beruhen, die bereits im Moment der Planungsentscheidung und der darauf gegründeten Enteignungsmaßnahme vorgelegen haben. So ist denkbar, daß die der Planungsentscheidung und der Enteignungsmaßnahme zugrunde liegenden Umstände nicht in der von der Verwaltung angenommenen Art existiert haben[55]. Betrachtet man diese Konstellation unter dem Gesichtspunkt der Prognosebefugnis der Verwaltung, so liegt hier nicht eine Fehlprognose vor, da bereits im Zeitpunkt der Maßnahme die Unmöglichkeit der Vollendung im Hinblick auf das Gemeinwohl feststeht. Damit wird indessen die Finalitätsbestimmung für sich betrachtet nicht verfassungsrechtlich unzulässig[56], sie ist lediglich nicht realisierbar. Dies hat zur Folge, daß die Enteignung nicht vom Allgemeinwohl erfordert wird bzw. diesem nicht entspricht. Die Finalitätsbestimmung bezeichnet zunächst allein einen Sollzustand, dessen Legitimität unabhängig von der Realisierbarkeit beurteilt werden kann[57]. Die Rechtswidrigkeit folgt mithin nicht aus einer Zweckverfehlung[58], sondern aus der tatsächlichen Unmöglichkeit[59], die zur rechtlichen Unbeachtlichkeit der Zwecksetzung im Enteignungsverfahren führt. Ein solcher Fall liegt etwa vor, wenn bei der Planung einer Hochgebirgsstraße die technischen Möglichkeiten den Bau von Anfang an nicht zulassen. Es läßt sich hier von einem verdeckten Ermittlungsdefizit[60] hinsichtlich der planerischen Realfaktoren und der Informationsverschaffung sprechen.

Die eigentliche Problematik dieser Mängel für den Bürger liegt nicht in der Figur einer „ursprünglichen Zweckverfehlung“, sondern in der Schwierigkeit einer Überprüfung der fachplanerischen Entscheidung, die im Regelfall mit bindender Wirkung dem Enteignungsverfahren zugrun-

---

[55] Das gilt besonders für die Einschätzung der Finanzierungsmöglichkeiten eines Projektes; s. auch nachstehend Abschn. B-7.2.5.1 mit Angaben in Anm. 167 ff.

[56] So aber offensichtlich *Brüggemann*, S. 4.

[57] Dies folgt bereits aus der Möglichkeit einer generellen Zulassung des Enteignungsunternehmens.

[58] So aber *Brüggemann*, S. 5.

[59] Dazu allg. *Wolff / Bachof* (Anm. 6) § 51 b 1, 3 S. 424.

[60] Hierzu *Hoppe*, DVBl. 1974, 641 (644).

de zu legen ist[61]. So ist beispielsweise im Rahmen von Enteignungsmaßnahmen zur Errichtung eines Kraftwerkes unter dem Aspekt des Gemeinwohlerfordernisses eine Antwort auf die Frage notwendig, ob ohne diesen Bau die Energieversorgung gefährdet ist[62]. Diese Frage läßt sich nicht ohne Berücksichtigung zukunftsorientierter energiepolitischer Vorstellungen klären, die als Prämissen in die Beurteilung der Enteignungsmaßnahme eingehen. In vielen Fällen wird es aufgrund der Komplexität der Realfaktoren und deren Einschätzung erst später evident werden, daß ein Ermittlungsdefizit vorgelegen hat[63]. So kann sich etwa im Beispielsfall unserer Hochgebirgsstraße erst im Laufe des Baus herausstellen, daß die Durchführung technisch bereits von Anfang an unmöglich war.

Die zweite Fallgruppe zeichnet sich dadurch aus, daß erst durch nach der Enteignungsmaßnahme eintretende Umstände entweder das Enteignungsunternehmen oder aber das Gemeinwohl nicht realisiert wird. Auch diese Fälle werden teilweise ohne Differenzierung einheitlich als solche der Zweckverfehlung verstanden[64]. Eine Differenzierung erscheint jedoch geboten, da letztlich alle Staatsakte auf Ziele ausgerichtet und demnach zweckgebunden sind, die Zwecke selbst aber nicht unbedingt einheitlich i. S. e. verfassungsrechtlichen Gleichwertigkeit strukturiert sind.

5.3.2 Die ordnungsbehördliche Generalklausel

Die hier relevanten Umstände zweckprogrammierter Verwaltungsentscheidungen sollen am Beispiel der ordnungsbehördlichen Generalklausel gezeigt werden. Ebenso wie die Enteignungsmaßnahme läßt auch sie sich als Zweckprogramm verstehen[65]. Die Einordnung in dieses Modell könnte für diesen Bereich etwa wie folgt aussehen:

1.0 Zum Zweck,
1.1 von der Allgemeinheit oder dem einzelnen Gefahren abzuwehren,
1.11 durch die die öffentliche Ordnung und Sicherheit bedroht sind,
2.0 haben die Polizeibehörden
2.1 Maßnahmen zu treffen, die
2.11 zur Erreichung des Zweckes (1.1) notwendig sind,
2.12 im Rahmen der geltenden Gesetze liegen
2.13 und durch die §§ 15 ff., 18 ff. PVG näher umschrieben sind[66].

---

[61] Zur Bindung etwa § 19 Abs. 2 BFStrG sowie Anm. 42; zur Überprüfbarkeit vgl. Angaben in Anm. 19.

[62] s. dazu *Seufert*, Art. I ZAG Rdnr. 32.

[63] *Böhret*, S. 20.

[64] *Brüggemann*, S. 4.

[65] Zum Zweckprogramm oben Abschn. B-5.2.1.

[66] Aufgliederung nach *Podlech*, S. 108 für den durchweg in die Landesgesetze aufgenommenen § 14 PrPVG.

Stellt man allein auf die Zweckbestimmtheit ab, so reicht ein subjektives Wollen im Rahmen der Annahme einer Gefahrensituation durch den Amtswalter aus, um einen Eingriff zu rechtfertigen. Auch die Generalklausel enthält ihrem Charakter als Zweckprogramm entsprechend ein prognostisches Element, das im Begriff der Gefahr selbst enthalten ist, die die Möglichkeit eines Schadenseintrittes[67] aufgrund eines hypothetischen Geschehensablaufes zugrundelegt, der naturgemäß in die Zukunft hinein abläuft. Ausreichend ist hier nach einhelliger Meinung die hinreichende Wahrscheinlichkeit, nicht aber das tatsächliche Eintreten einer Schadenssituation[68]. Der prognostizierte, das Eingreifen rechtfertigende Umstand, an den der Zweck des Eingriffs angebunden ist, muß demgemäß nicht unbedingt realiter eintreten. Diese Situation der Anscheinsgefahr ist zu unterscheiden — was oft in nicht hinreichendem Ausmaß geschieht[69] — von dem sog. Verdacht einer Gefährdung, der eine klare Prognose aus der ex-ante-Position nicht zuläßt, vielmehr noch die Möglichkeit des Ausbleibens des Schadenseintrittes offenläßt. Derartige bloße Vermutungen eines Schadenseintrittes rechtfertigen noch keine endgültigen ordnungsbehördlichen bzw. polizeilichen Eingriffe[70]. Hier kommen nur Aufklärungsmaßnahmen in Betracht[71]. Der Sache nach handelt es sich um Konkretisierungsdefizite.

In prägnanter Weise ist die rechtliche Unbeachtlichkeit der später, nach der Entscheidung tatsächlich eingetretenen Entwicklung vom Preußischen Oberverwaltungsgericht begründet worden: „. . . Die öffentliche Ordnung und Sicherheit verlangen, daß eine als möglich erkannte politizeiliche Gefahr unter allen Umständen noch rechtzeitig muß beseitigt werden können. Die Möglichkeit der rechtzeitigen Beseitigung darf nicht dadurch ausgeschlossen werden, daß die Prüfung, ob die möglich erscheinende Gefahr auch tatsächlich vorliegt, nicht mehr rechtzeitig vorgenommen oder abgeschlossen werden konnte . . .[72]“. Entscheidend wird hier also die Sachstruktur des Zweckes „Beseitigung einer Gefahr (Gefahrenabwehr)“, die Anforderungen und Ausgestaltung des prognostizierten und die Belastung rechtfertigenden Umstandes „Gefahr“ maßgeblich bestimmt. Eine davon abweichende normative Ausgestaltung bedeutet notwendig eine unzulängliche Sicherung, wenn nicht gar Unmöglichkeit der Aufgabenerfüllung. So kann die Situation eintreten, daß durch ein Zuwarten der Behörde der Handlungsablauf

---

[67] BVerwG U. v. 26. 6. 1970, DöV 1970, 713 (714 f.) sowie die nachstehend angeführte Literatur.

[68] Für alle *Vogel*, S. 179 sowie *Götz*, S. 58.

[69] Zur Unterscheidung *Rietdorf* u. a., § 1 Rdnr. 13.

[70] Vgl. OLG Lüneburg U. v. 29. 9. 1955 AS 10, 341 (342) sowie *Götz*, S. 62.

[71] Dazu *Vogel*, S. 467 f.

[72] U. v. 10. 4. 1922 E 77, 333 (338).

nicht mehr unterbrochen werden kann und die Gefahr deshalb unmittelbar in einen Schaden umschlägt. Für den Betroffenen entsteht dadurch ein erhöhtes Risiko, da die Eingriffsschwelle vorverlegt wird, indem bereits eine Gefährdung und nicht erst eine Störung[73] einen Eingriff rechtfertigt. Gesetzestechnisch wird die Gleichbehandlung dieser beiden Fälle dadurch erreicht, daß das gesetzliche Zweckprogramm die reine Gefährdung mit der Störung gleichsetzt, obschon die Nachteile für die Öffentlichkeit nicht gleichwertig sind.

Damit stellt sich die Frage nach der Auflösung dieser auf den ersten Blick bestehenden normativen Ungleichgewichtigkeit. Dies kann einmal im Wege der Entschädigung erreicht werden oder mit der Wertigkeit des Zieles selbst zu erklären sein. Für das Polizei- und Ordnungsrecht ist die Frage dahin entschieden, daß auch der sog. Anscheinsstörer als „echter Störer" in Anspruch genommen wird und mithin keinen Entschädigungsanspruch hat[74]. Daraus folgt, daß hier die Wertigkeit des Zweckes der Gefahrenabwehr bereits maßgeblich ist[75] und den Eingriff auf einer früheren Stufe gestattet. Der Wert des Zieles verbietet es also nicht schlechthin, dem einzelnen das Risiko des Nichteintritts des prognostizierten Umstandes, d. h. des Bestehens einer realen Schadensentwicklung, aufzubürden. Für diese Wertung ist nicht ein dem Betroffenen vorwerfbares Verhalten hinsichtlich der Gefahrenlage erforderlich[76]. Allein der Zweck, bereits Gefährdungen zu beseitigen, die in ihren Auswirkungen nicht genau abgeschätzt werden können, rechtfertigt die Belastung. Die Zweckbestimmung hat also nur für den Eingriffsakt selbst Bedeutung.

5.3.3 Die Sachstruktur der Gemeinwohlklausel und ihre rechtliche Bedeutung

Obschon sowohl bei polizeilichen Zweckprogrammen als auch bei fachplanerischen Zweckprogrammen und darauf beruhenden Enteignungsmaßnahmen für Zwecksetzung und Prognose hypothetische Kausalverläufe eine erhebliche Rolle spielen, lassen sich Unterschiede nicht verkennen. Eine Maßnahme nach dem Polizeirecht greift in einen vorgestellten Kausalverlauf ein, um die zu erwartenden negativen Wirkungen auszuschließen, die ohne diese Maßnahme eintreten müßten[77]. Die Ent-

---

[73] Im Gegensatz zur Gefahr bezeichnet die Störung den bereits eingetretenen Schaden; vgl. *Ule / Rasch*, § 21 Rdnr. 3.

[74] BGH U. v. 3. 1. 1971 BGHZ 55, 366 (370); vgl. auch *Vogel*, S. 467 f. sowie *Rietdorf* u. a., § 41 Rdnr. 22 jeweils m. w. Nachw. auch zur Gegenmeinung.

[75] Zur dann entscheidenden Frage der Zwecksetzungskompetenz und deren normativer Begrenzung *Grabitz*, AöR 98 (1973), 568 (600).

[76] s. dazu auch BGH U. v. 14. 2. 1955 BGHZ 5, 144 (152).

[77] Diese Besonderheit liegt — unausgesprochen — auch der Untersuchung *Seetzens*, NJW 1975, 429 ff. zugrunde.

eignungsmaßnahme stellt dagegen einen vorbereitenden, positiv gestaltenden Eingriff dar. Vorbereitend ist sie insofern, als der zulässige Erfolg nicht allein in der Belastung bzw. dem Eigentumsübergang liegen darf[78] und demgemäß noch weitere Maßnahmen notwendig werden. Gestaltend sind diese Maßnahmen insoweit, als eigene Zwecke der Verwaltung mit ihrer Hilfe zu realisieren sind[79].

In Literatur und Rechtsprechung finden sich nur vereinzelt Hinweise auf die rechtliche Struktur des Gemeinwohlerfordernisses. So heißt es etwa bei *Wolff / Bachof*, daß überwiegende Vorteile für die Öffentlichkeit im Sinn des Gemeinwohlerfodernisses nur angestrebt, nicht aber notwendig erreicht werden müssen[80]. Maßgeblich für das „Anstreben" als einem voluntativen Element ist somit allein der Moment der Enteignung[81]. Auch *Lerche* geht davon aus, daß sich das Gemeinwohlerfordernis ausdrücklich nur auf den eigentlichen Enteignungsakt bezieht[82]. In seiner Rückerwerbsentscheidung nimmt das Bundesverfassungsgericht zu dieser Frage nicht Stellung, da dort nur das Realisierungserfordernis im Hinblick auf den Gemeinwohlmittler herausgestellt wird[83]. Ob das Unternehmen im Moment der Ausführung noch dem Gemeinwohlerfordernis entsprechen muß oder aber die im Moment der Enteignung existente Zielgerichtetheit bereits ausreicht, sagt das Gericht nicht. Wie oben bereits ausgeführt wurde, sind Gemeinwohl und Enteignungsunternehmen als Gemeinwohlmittler zu unterscheiden[84].

Maßgeblich ist zunächst das Gemeinwohlerfordernis als das verfassungsrechtlich entscheidende Merkmal einer rechtmäßigen Enteignung. Die gemeinwohlbezogene Finalitätsprognose muß materiell mit der Verfassung übereinstimmen. Obschon jeweils bei der Enteignungsmaßnahme eine konkrete Prüfung stattfinden muß, kann nach Fertigstellung des Unternehmens zwischenzeitlich, d. h. aufgrund von nach der Enteignung eintretenden Umständen, die ex ante nicht voraussehbar waren, der Nutzen für das Allgemeinwohl in Frage gestellt sein. So ist es beispielsweise denkbar, daß sich die Errichtung eines energiewirtschaftlich an sich erforderlichen Kraftwerkes später aufgrund unvorhergesehener Umstände als ökologisch gefährlich für den Wasserhaushalt herausstellt und damit die Gemeinnützigkeit i. S. d. Art. 14 Abs. 3 Satz 1 GG ausschließt[85]. Bezogen auf das Regelungsziel läßt sich sagen, daß damit die

---

[78] Vgl. vorstehend Abschn. B-5.1.1.

[79] Also zunächst etwa die Ausführung des projektierten Objektes.

[80] (Anm. 6) § 62 IV a 1 S. 549.

[81] s. auch BVerfGE 38, 175 (180).

[82] S. 165.

[83] Vgl. dazu oben Abschn. A-1.1.

[84] Vgl. zu dieser notwendigen Differenzierung Abschn. B-5.1.2.

[85] Zu diesem Beispiel s. auch *Seufert*, ZAG Art. I Rdnr. 32 ff.

Enteignungsprognose über die Gemeinwohlrealisierung als Regelungsziel[86] fehlgeschlagen ist, obschon das Unternehmen ausgeführt wurde.

Das Bundesverfassungsgericht hat sich in einer Reihe von Entscheidungen mit der Problematik von Zwecksetzungen und darin enthaltener Prognosen befaßt, wobei insbesondere wirtschaftspolitische Regelungsprogramme in Gesetzesform eine erhebliche Rolle spielten[87]. Wenn in diesem Zusammenhang behauptet wird, daß „falsche" Prognosen stets zur Rechtswidrigkeit führen[88], so hat bereits das Beispiel der ordnungsbehördlichen Generalklausel gezeigt, daß eine solche Aussage in dieser Allgemeinheit nicht statthaft ist[89]. Diese Überlegungen machen jedoch insgesamt deutlich, daß ein enger Zusammenhang zwischen Prognose und Zweck besteht, die Prognose allein jedoch keine unmittelbaren Angaben über die nähere Ausgestaltung ermöglicht. Dies gilt auch dann, wenn man die Prognose nur unter engen und konkreten Voraussetzungen zuläßt, um eine Beurteilung des zukünftigen Verlaufes sowie der Sachgerechtigkeit bzw. Vertretbarkeit der vorausschauend erfaßten Entwicklung zu ermöglichen.

Zu untersuchen ist, ob ein Rückgriff auf die Funktion der Enteignung als Güterbeschaffungsvorgang sowie die diesen Eingriff legitimierende Finalitätsbestimmung und deren Sachstruktur eine Klärung leisten kann. Konkret bedeutet dies die Suche nach einer Antwort auf die Frage, ob eine Enteignung, die auf Realisierung des Gemeinwohls gerichtet ist, diese Funktion nur dann erfüllen kann, wenn der Eingriff allein den im Moment der Maßnahme bestehenden Zustand berücksichtigt[90] oder aber die Erreichung dieses Zieles auch dann nicht gefährdet wird, wenn spätere Entwicklungen einbezogen werden. Ist das letztere der Fall, so kann eine Zwecksetzung, die allein den Zustand im Moment des Eingriffs berücksichtigt, nicht als mit dem normativen Erforderlichkeitsgrundsatz in Einklang stehend begriffen werden[91], da damit der Schutz des Einzelnen aufgrund einer von dem Zweck der Maßnahme nicht mehr gedeckten Belastung mit einem zukünftigen Risiko eingeschränkt wäre.

Diese Situation kann überhaupt nur deshalb eintreten, weil die Verfassung eine Prognosemöglichkeit unter Zugrundelegung eines hypothetischen Geschehensablaufs als Legitimation für einen Eingriffsakt

---

[86] s. dazu allg. *Seetzen*, NJW 1975, 429 (431).

[87] Vgl. dazu *Seetzen*, NJW 1974, 1922 ff.; *ders.*, NJW 1975, 429 ff.

[88] Vgl. *Seetzen*, NJW 1975, 429 (434) m. w. Beispielen.

[89] Vgl. vorstehend Abschn. B-5.3.2.

[90] s. etwa *Seetzen*, NJW 1975, 429 (433) sowie *Grabitz*, AöR 98 (1973), 568 (600 ff.).

[91] Zum Einfluß von Änderungen s. auch *Evers* in: Rechtsschutz im Sozialrecht S. 64.

ausreichen läßt, der sich nicht in einer vorläufigen Regelung bis zur Realisierung des Unternehmens erschöpft[92]. Durch die Anbindung der Enteignungsmaßnahme an Planungsprozesse wird insbesondere das Risiko der Nichtrealisierung in die Enteignung übertragen, obschon dieses Risiko an sich hinsichtlich einiger Faktoren gemindert werden könnte[93]. Dies wäre etwa dadurch möglich, daß in noch stärkerem Umfang als bisher abschnittsweise enteignet wird[94], womit die eigentliche Belastungsmaßnahme immer nur unmittelbar vor der Realisierung zum Tragen käme.

Eine Verstärkung der abschnittsweisen Enteignung bedeutet für den Träger des Objektes eine Erschwernis bei der Durchführung, sobald er auf den Widerstand eines Betroffenen stößt und damit eine rechtzeitige Inanspruchnahme nicht gesichert ist. Diese Gefahr besteht auch bei linienförmigen Verkehrswegen, wenn Verzögerungen bei der Bereitstellung von Grund und Boden in einem Abschnitt dazu führen, den Fortgang an anderer, nachfolgender Stelle zu verhindern. Diesen denkbaren negativen Auswirkungen entspricht auf seiten des Betroffenen nicht unbedingt eine erhöhte Sicherung seiner Rechtsstellung, da er — jedenfalls soweit bereits konkrete Durchführungsarbeiten stattgefunden haben — ohnehin mit einer Enteignungsmaßnahme rechnen muß. Eine Einflußnahme auf die Ausgestaltung des Objektes und dessen Einbindung in den Raum aufgrund von enteignungsrechtlichen Einwendungen[95] scheidet in diesem Fall auch aus, da diese Festlegungen bereits in der außerenteignungsrechtlichen Planentscheidung getroffen sind[96]. Eine nähere Heranführung der Enteignungsmaßnahme an die Ausführung des Objektes verspricht mithin nicht eine adäquate Lösung der in der Durchführungsphase einer Planungsmaßnahme zu erwartenden Schwierigkeiten bei der Güterbeschaffung.

Die Angemessenheit des Eingriffs aufgrund eines prognostizierten Umstandes darf jedoch nicht den Blick dafür verstellen, daß das Unternehmen technisch auch ohne einen endgültigen Eingriff vor Beginn der Realisierung durchgeführt werden kann[97]. Anders als im Polizeirecht besteht die Gefahr nicht, daß es generell bei später vorgenommenen endgültigen Eingriffen scheitern muß. Hier wirkt sich aus, daß die Enteignung letztlich eine dem Gemeinwohl entsprechende Nutzung erst vor-

---

[92] Vgl. oben Anm. 21.

[93] Zur ‚Verkürzung der Zeit' *Böhret*, S. 21.

[94] Zur Rechtsschutzproblematik bei der abschnittsweisen Planfeststellung vgl. BVerwG U. v. 22. 3. 1973 DöV 1973, 785 m. w. Nachw. sowie *Egerer*, S. 101.

[95] s. bereits vorstehend Abschn. A-1.3.

[96] s. dazu *Blümel* in: Fschr. f. Forsthoff I S. 137 ff.; *ders.*, DVBl. 1975, 695 (701 f.).

[97] Dies gilt jedenfalls für die technischen Maßnahmen, die auch auf Grund vorläufiger Eingriffe möglich sind; vgl. bereits oben Anm. 21.

bereitet[98], während die ordnungsbehördliche Verfügung in einen ablaufenden Kausalzusammenhang eingreift. Das bedeutet, daß das Gemeinwohl auch dann erreicht werden kann, wenn man die Bedeutung dieses Erfordernisses *nicht* unter voluntativen Gesichtspunkten[99] auf den Enteignungsakt beschränkt. Insoweit wird die Sachstruktur der Zweckbestimmung nach Art. 14 Abs. 3 Satz 1 GG maßgeblich durch die tatsächliche Durchführung des Unternehmens als Gemeinwohlmittler bestimmt. In einem solchen Fall ist eine Auslegung des Gemeinwohlvorbehaltes nicht zu vertreten, die seine Bedeutung auf den Zeitpunkt des Eingriffes beschränkt. Ein solches Verständnis stünde im Gegensatz zu der substanzsichernden Funktion der Rechtmäßigkeitsvoraussetzung, der durch die Eigenart des Eingriffsaktes nicht zu rechtfertigen wäre.

Das Gemeinwohl weist hinsichtlich seiner inneren Strukturmerkmale und der dadurch für den Einzelnen entstehenden Gefahren keine prinzipiellen, sondern allenfalls graduelle Unterschied im Vergleich mit dem Enteignungsunternehmen auf. Es mag allenfalls mit größeren Schwierigkeiten in sachlicher und zeitlicher Hinsicht konkretisierbar sein, wann und ob die mit dem Projekt beabsichtigte positive Folge, etwa die Verbesserung der Verkehrsinfrastruktur durch den Bau einer Straße, eintreten wird, da die Reichweite der zu berücksichtigenden Realfaktoren größer ist[100] und in die Bewertung des Zieles historisch-politisch bedingte Wertvorstellungen eingehen[101]. Auf dieser Grundlage ist es nicht erforderlich, die Bedeutung auf den Zeitpunkt des Eingriffsaktes zu beschränken, indem auch hier ein bloßes Streben nach dieser positiven Folge ausreichen soll[102]. Es darf an dieser Stelle indessen nicht verkannt werden, daß in den hier angeführten Fällen der Zweckverfehlung, also der Nichtrealisierung des Unternehmens als Gemeinwohlmittler einerseits und der Verfehlung des Gemeinwohls trotz Ausführung des Unternehmens andererseits, möglicherweise unterschiedliche Rechtsfolgen eintreten[103]. Angesichts der in bezug auf das Gemeinwohl eine Vorbereitungsmaßnahme ermöglichenden Gemeinwohlklausel läßt sich dieser

---

[98] Dies folgt aus der inhaltlichen Ausformung des Gemeinwohlerfordernisses, die erst in der Ausführung eines Objektes, nicht aber bereits im Rechtsentzug einen Beitrag zur Förderung des Gemeinwohles sieht; vgl. dazu auch vorstehend Abschn. B-5.1.1.

[99] Das wäre der Fall, wenn allein ein subjektives Erstreben ausreichend wäre, um den Eingriff zu rechtfertigen.

[100] Hier ist nicht nur zu prognostizieren, ob das Objekt realisierbar ist, sondern auch, ob die erstrebte Förderung des Gemeinwohles eintritt.

[101] Zum Begriff des allgemeinen Wohls s. oben Abschn. B-5.1.1.

[102] Im übrigen ist es für den wichtigen Bereich wirtschaftslenkender Gesetze, die dieselben Probleme hervorbringen, unbestritten, daß Zielsetzungen auch später bei Fehlprognosen zu berichtigen sind und so Einfluß auf die ursprüngliche Maßnahme haben; vgl. Nachw. oben in Anm. 90.

[103] Zu den Einzelheiten nachstehend Abschn. C-13.3.

jedenfalls nicht entnehmen, daß das vorstehend dargestellte Risiko der Nichtrealisierung zum Nachteil des Betroffenen von dieser gedeckt sein kann. Das Realisierungserfordernis läßt sich vielmehr auf der Grundlage des Erforderlichkeitsgebotes als immanente Begrenzung der Zwecksetzung innerhalb der Belastungsmaßnahme verstehen.

6. Der Inhalt von durch Enteignung erwerbbaren Rechten

Die Rechtsstellung des von einer Enteignungsmaßnahme betroffenen Eigentümers wird nur unvollständig erfaßt, stellt man allein auf diese Person ab, ohne nach der Rechtsposition des aus der Enteignungsmaßnahme Begünstigten zu fragen. Dies erscheint unerläßlich, wenn man sich vor Augen führt, daß der Enteignungsakt technisch bereits als Verwaltungsakt mit Doppelwirkung[1] einzuordnen ist: Die Belastung gegenüber dem Betroffenen ist notwendige Voraussetzung der Begünstigungswirkung[2]. Hier stellt sich die zentrale Frage, welche inhaltlichen Grenzen diese Begünstigung aufweist, da auch bei Rückgängigmachung der Enteignung die vorstehend aufgeführte Doppelwirkung — wenn auch im umgekehrten Verhältnis — erhalten bleibt[3]. Es ist erforderlich, die Auswirkungen herauszuarbeiten, die der materielle Eigentumsschutz auf die Begünstigungswirkung hat. Die Einflüsse der Enteignungsentscheidung als einer Prognoseelemente enthaltenden Entscheidung sollen hierbei zunächst unberücksichtigt bleiben.

6.1 Die Lösungsversuche der älteren Lehre

Bereits in der älteren Literatur bestand keine Einigkeit darüber, welchen Inhalt die durch Enteignung erworbenen privaten Rechte haben[4]. So führte etwa *v. Gierke* aus[5], daß das im Enteignungsverfahren erworbene Eigentum seinen Inhalt nicht ändere, die etwaige Bestimmung der Sache für einen öffentlichen Gebrauch vielmehr besonders vollzogen werden müsse, wie bei einer durch Rechtsgeschäft erworbenen Sache[6]. Ähnliche Vorstellungen liegen auch dem heute noch geltenden Preußischen Enteignungsgesetz zugrunde, wenn in § 57 ein Vorkaufsrecht zugunsten des von der Enteignung Betroffenen für den Fall der Nicht-

[1] Dazu allg. *Wolff / Bachof*, Verwaltungsrecht I § 47 VI S. 395.

[2] *W. Jellinek*, Verwaltungsrecht S. 408; *Bullinger*, Der Staat 1 (1962), 448 (452).

[3] Vgl. auch unten Abschn. C-12.3.

[4] Vgl. *O. Mayer*, Verwaltungsrecht Bd. 2 S. 22 ff. sowie *Laband*, AcP 52 (1869), 151 (190).

[5] S. 472 mit FN 29.

[6] s. dazu auch aus neuerer Zeit VG Darmstadt U. v. 9. 11. 1973 ET 1974, 581 (583).

ausführung des Gemeinwohlmittlers und einer sich daran anschließenden Weiterveräußerung vorgesehen ist. Es kann nicht ausgeschlossen werden, daß sich hier Auswirkungen der früher vertretenen Vorstellung von der Enteignung als Zwangskauf[7] niedergeschlagen haben, da ausdrücklich an den Tatbestand der Weiterveräußerung angeknüpft wird. Diese zivilistische Auffassung hat nur dann einen Sinn, wenn an sich vollwertiges bürgerliches Eigentum durch den Enteignungsakt in der Person des Begünstigten entstanden ist[8]. Auch neuere Gesetze gehen von einer solchen Auffassung aus. Dies gilt etwa für das Bundesbaugesetz und die dort vorgesehene Rück*enteignung*[9]. Wie die Begründung zu der entsprechenden Vorschrift zeigt, ist dies durchaus in einem technischen Sinn verstanden worden[10] und nicht nur als sprachlich gelungenere Fassung in das Gesetz eingegangen[11].

Dagegen hoben andere Verfasser die Besonderheiten der im Enteignungsverfahren erworbenen Rechte hervor. Dies geschah, indem diese Position als „öffentliches soziales Eigentum“[12] bezeichnet wurde, das sich insgesamt „extra commercium“[13] befinde. Die Problematik dieser Auffassung wurde insbesondere darin gesehen, die als öffentliche Belastung angeführte Besonderheit als Bestandteil der privatrechtlichen Rechtsposition zu erklären[14]. So wird denn auch heute in neueren Untersuchungen herausgestellt, daß trotz gewisser Gemeinsamkeiten mit öffentlichen Sachen[15] die auf das Gemeinwohl bezogene Zweckbindung nicht dinglich zu erklären sei, obschon dies aufgrund einer umfassenderen Sicherung des Zweckes gewünscht werden sollte[16]. Eine besondere Bedeutung erlangt die Frage nach dem Inhalt des durch Enteignung erworbenen Eigentums im Rahmen von Maßnahmen zu städtebaulichen Regelungszwecken, wenn Eigentum von einem Privaten auf einen anderen übertragen wird, um individuelle, jedoch planungsentsprechende Vorhaben zu verwirklichen. Fraglich ist hier, ob tatsächlich noch von der Privatheit des so erworbenen Eigentums die Rede sein darf[17]. Zu beachten ist, daß tatsächlich mehrere Zielrichtungen einer Eigentumsentziehung denkbar sind, die wiederum durchaus unterschiedliche Rechts-

---

[7] Dazu *Thiel*, S. 62 m. w. Nachw.

[8] *V. Rohland*, S. 11 ff.

[9] § 102; zur Gesetzeslage vgl. oben Abschn. B-3.1.

[10] Vgl. den RegEntw des BBauG BTDs. III/336 zu § 113 mit Begründung S. 93 sowie *Schütz / Frohberg*, § 102 Anm. VI.

[11] Dazu etwa *Kimminich*, DöV 1975, 314 (315).

[12] *Layer*, S. 657.

[13] *Grünhut*, S. 80 und 163.

[14] Dazu *v. Rohland*, S. 11 ff.

[15] Dazu allg. *Wolff / Bachof* (Anm. 1) § 55 S. 483 ff.

[16] So bes. *Stummer*, S. 209 und passim; *Wolff / Bachof* (Anm. 1) § 62 IV a 1.

[17] So die Frage *Rittstiegs*, S. 421; s. auch *Hartwich*, S. 205.

formen hervorbringen können. Unter Geltung des Grundgesetzes ist etwa an Art. 15 GG zu denken, der eine Überführung in *Gemein*eigentum ermöglicht[18].

Insgesamt wird hier deutlich, daß die Frage des Inhaltes der im Enteignungsverfahren erworbenen Rechte weitgehend ungeklärt ist. Diese Feststellung gilt sowohl für die inhaltliche Festlegung der Befugnisse als auch für formelle Sicherungen.

6.2 Zweckbindung und positive Verpflichtung als Folge der Enteignungsmaßnahme

Besondere Bedeutung hat heute die Frage, ob und mit welchem Inhalt tatsächlich aufgrund des verfassungsrechtlichen Gemeinwohlerfordernisses eine Zweckbindung angenommen werden muß, zumal auch gesetzliche Bestimmungen eine solche Annahme nahe legen[19]. Die These dieser neueren Lehre geht dahin, daß durch die Enteignung eine Rechtspflicht für den begünstigten Privaten bzw. die Verwaltung begründet wird, nach einer Enteignung für das Gemeinwohl tätig zu werden und jedenfalls das Unternehmen als Gemeinwohlmittler zu realisieren[20]. Der Ursprung dieser These muß letztlich in der Untersuchung *Bullingers* über die Enteignung zugunsten Privater[21] gesehen werden[22]. *Bullinger* entwickelt hier die Ansicht, daß ein denkbar weites Interesse an der sozialen Förderung nicht ohne weiteres eine Enteignung von Privatleuten zugunsten anderer Privater rechtfertige, wenn man es an dem in Art. 14 Abs. 3 GG normierten Gemeinwohl mißt[23]. Von daher gelangt er zu dem Ergebnis, daß besondere Sicherungsmaßnahmen schon im Enteignungsverfahren erforderlich sind, um einen Mißbrauch der durch die Enteignung geschaffenen Eigentumslage auszuschließen[24].

Diese Überlegungen sind zunächst als auf den eigentumsübertragenden Staatsakt zu beziehende Erwägungen zu verstehen, die nicht den Zeitraum nach Vollzug der Enteignung erfassen. Eine Umsetzung über den Eingriffsakt hinaus hat jedoch letztlich mit der These von der Zweckbindung der Sache stattgefunden, da sich diese Festlegung erst nach Vollzug der Enteignung auswirkt. Zur Begründung dieser Zweckbin-

---

[18] Vgl. *Forsthoff* in: Fschr. f. Maunz S. 99, der auf die unterschiedlichen Strukturen der Enteignungsbegünstigten hinweist.

[19] Vgl. die entsprechenden enteignungsrechtlichen Verwendungsfristen, z. B. § 87 Abs. 2 S. 2 BBauG.

[20] *Stummer*, S. 23, 54, 135 und passim sowie *Brüggemann*, S. 130, 140 und passim.

[21] Der Staat 1 (1962), 448 (449 ff.).

[22] Vgl. nur *Stummer*, S. 22.

[23] Der Staat 1 (1962), 448 (452 sowie Beispiele S. 449 f.).

[24] Der Staat 1 (1962), 448 (468 f. sowie Zusammenfassung S. 477).

dung wird auf die geschichtliche Entwicklung des Enteignungsrechtes[25] sowie die Bindung des Staates an Gesetz und Recht hingewiesen[26]. Der Sache nach unterscheiden sich beide Aspekte nicht[27] und führen damit nicht zu unterschiedlichen Konsequenzen. Die Frage einer derartigen Bindung an das Gemeinwohl stellt sich nicht nur bei Enteignungen zugunsten Privater, sondern auch bei solchen zugunsten der öffentlichen Hand. Diese mag zwar an das Gemeinwohl bei der Verfolgung der Staatsziele gebunden sein; Art. 14 Abs. 3 Satz 1 GG verlangt indessen ein qualitativ höherwertiges Interesse[28].

6.2.1 Der instrumentale Charakter der Enteignung

Die grundlegende Problematik der Zweckbindungsthese ergibt sich aus der nur ungenügend berücksichtigten Komplexität des Enteignungsverfahrens. Sicherlich ist für den enteignungsrechtlichen Eingriff im Rahmen der Güterbeschaffung das Gemeinwohl als Finalitätsmerkmal von entscheidender verfassungsrechtlicher Bedeutung. Funktional ist es jedoch allein als legitimationsverschaffendes Element anzusehen, ohne ein Verhaltensgebot zur beinhalten. Aus der Verfassung ergibt sich keine Verpflichtung, für das Gemeinwohl im Sinn des Art. 14 Abs. 3 Satz 1 GG aufgrund dieser Norm tätig zu werden[29]. Dies gilt sowohl für aus der Enteignungsmaßnahme begünstigte Privatpersonen als auch für den Staat selbst. Das Merkmal bezeichnet einen Sollzustand, der u. a. mittels der Enteignung angestrebt wird. Dieser Zweck wird aber nicht durch Art. 14 Abs. 3 Satz 1 GG selbst bestimmt, dieser bildet vielmehr insoweit nur eine Grenze staatlichen Dürfens im Rahmen des zwangsweisen Eingriffs[30].

Die im Hinblick auf das Ziel maßgebliche Entscheidung fällt außerhalb des eigentlichen Enteignungsverfahrens und geht von daher in dieses ein[31]. Am deutlichsten wird dies in den Fällen, in denen der Enteignungsmaßnahme eine fachplanerische Entscheidung verfahrensmäßig vorausgeht, die die Enteignung vorbestimmt und in sachlicher Hinsicht ausgestaltet[32]. Da die Fachplanung projektorientiert ist[33], ergibt sich

[25] *Bullinger*, Der Staat 1 (1962), 448 (471).

[26] *Stummer*, S. 136.

[27] A. A. *Stummer*, S. 136; vgl. zur allg. Bewertung dieser Ansätze *Wipfelder* in: Fschr. f. Küchenhoff S. 748.

[28] Zur Gemeinwohlklausel oben Abschn. B-5.1.

[29] Diese Entscheidung liegt außerhalb des Art. 14 Abs. 3 S. 1; zur Struktur der Maßnahme oben Abschn. B-5.2.

[30] Zur machtbegrenzenden Funktion des Art. 14 Abs. 3 S. 1 GG vgl. oben Abschn. B-5.2.1.

[31] So etwa *Haustein*, S. 177: Enteignungsplan hat keine Gestaltungsabsicht.

[32] s. auch *Marschall*, S. 506.

eine besondere Bedeutung für die ebenfalls projektorientierte Enteignung. Die Realisierbarkeit der Fachplanungsmaßnahme läßt sich mithin als unter dem Vorbehalt der enteignungsrechtlichen Planfeststellung stehend begreifen[34].

Entsprechendes gilt dann, wenn der Enteignung eine besondere fachplanerische, außerenteignungsrechtliche Feststellung nicht vorausgeht[35] und nur eine enteignungsrechtliche Planfeststellung stattfindet[36]. Hier fallen zwar die Wirkungen von fachplanerischer Entscheidung und enteignungsrechtlicher Begrenzung in dem Akt der enteignungsrechtlichen Planfeststellung zusammen. Evident wird damit nur die außerordentlich enge Verzahnung zwischen der Enteignungsmaßnahme und dem mit diesem Eingriff verfolgten Ziel, obschon zwischen Planung und Enteignung in anderen Fällen geraume Zeit vergehen kann[37]. Auch hier wird das Ziel, das in das Enteignungsverfahren eingeht, auf einer früheren Stufe, dem eigentlichen Planungsstadium[38], festgelegt. Innerhalb dieses Stufenverhältnisses wird die verfassungsrechtlich erforderliche Konkretisierung des Planungsvorhabens für den Gemeinwohlvorbehalt geleistet.

An diesem instrumentalen Charakter der Enteignungsmaßnahme, die keine autonome Zwecksetzung enthält, diese vielmehr voraussetzt, ändert auch die enteignungsrechtliche Planfeststellung[39] nichts. Obschon das eigentliche Planungsstadium verlassen ist und die Durchführungsphase begonnen hat, läßt sich diese Planfeststellung nicht als Rechtsinstitut des Planungsrechtes einordnen[40], da sich der durchzuführende Plan als Zielentscheidung materiell nicht aus der enteignungsrechtlichen Planfeststellung ergibt. Eine Einschränkung der im Enteignungsverfahren erwerbbaren Rechte im Sinne des vorstehend beschriebenen Verhaltensgebotes kann sich mithin nur aus dem materiellen Planungsinhalt und dessen Bindungskraft ergeben, da die Enteignung selbst von dort her ihre Rechtfertigung herleitet[41].

---

[33] Allg. zur Fachplanung *Forsthoff / Blümel*, Raumordnungsrecht und Fachplanungsrecht, S. 18 f.

[34] Dazu *Blümel*, Planfeststellung II S. 39 f.

[35] Vgl. auch § 1 PrEnteigG; dort vollzieht sich die inhaltliche Festlegung innerhalb des Verleihungsaktes.

[36] Zu den neueren Enteignungsgesetzen vgl. die Nachw. oben Abschn. B-3.1 mit Anm. 23.

[37] Zu den Auswirkungen *Schmidt*, DVBl. 1971, 451 (453).

[38] Zu den Planungsstufen s. *Forsthoff / Blümel* (Anm. 33) S. 22 f.

[39] Vgl. nur §§ 15 ff. PrEnteigG.

[40] s. auch OVG Lüneburg, NJW 1974, 821, das den Vorbereitungscharakter der Enteignungsmaßnahme im Hinblick auf die eigentliche Zielverfolgung hervorhebt.

[41] Dazu nachstehend Abschn. B-6.2.2.

6.2.2 Die Bindungskraft planungsimmanenter Faktoren

6.2.2.1 Der Grundsatz der Variabilität

Verschiedentlich wurde bereits die Prognose als ein wesentliches Strukturmerkmal der Planung und auch der enteignungsrechtlichen Finalitätsbestimmung herausgestellt[42]. Mit der Prognose wird die zukünftige Entwicklung als ein prinzipiell unsicherer Umstand[43] in eine rechtliche Maßnahme eingeführt. Dieser Aspekt führt dazu, daß jegliche Planung als ein im höchsten Maße dynamischer Vorgang aufzufassen ist, der ständigen Rück- und Vorkopplungen ausgesetzt wird. Um unnötige Eingriffe auszuschließen, ist insbesondere eine sorgfältige Auswertung von Daten erforderlich, die die Ungewißheit soweit eben möglich ausschließen[44]. Dies ist jedoch nur in sehr beschränktem Umfang möglich. Zwar spielt der mit der Prognose verbundene Zeitfaktor im Rahmen von Fachplanungsmaßnahmen nicht eine so große Rolle wie bei der Entwicklungsplanung[45], er ist jedoch auch hier zu beachten. Es gilt mithin, die rechtliche Entscheidung in den Zeitablauf und so in die Variabilität einzubeziehen[46]. Untersucht man die Zweckbindung einer im Enteignungsverfahren erworbenen Sache, so sind hinsichtlich des Zieles zwei Aspekte zu unterscheiden: Einmal die eigentliche Zielfindung und Zielfestlegung sowie andererseits die Zielverfolgung.

Voraussetzung einer planerischen Zielfestlegung ist zunächst die Problemwahrnehmung in einer bestimmten historisch-politischen Situation. Nur auf den ersten Blick erscheint es so, als ob diese Dimension eher für langfristige Entwicklungsplanungen als für begrenztere, projektorientierte Fachplanungen Geltung und Bedeutung erlangt. Es stellt sich aber auch bei Planungen zur Erweiterung von Straßen die Frage, ob diese überhaupt „gewollt werden sollen"[47]. Eine derartige historisch-politische Beziehung führt das Flexibilitätsbedürfnis in die Zielfestlegung ein. Durch die Einbeziehung der zukünftigen Entwicklung wirken auch später eintretende Umstände auf einmal getroffene Prioritätsentscheidungen ein und können diese verändern[48]. Zu denken ist hier etwa an die Quantität und Qualität der Fehlermenge in der Prognose sowie an das Ausbleiben erwarteter Umstände in dem vorgestellten Zeitablauf[49]. Auch können Lernprozesse — z. B. in dem vorstehend an-

[42] Vgl. bereits oben Abschn. B-5.1.1 und B-5.1.2.

[43] s. auch *Ossenbühl*, Gutachten S. B-28 f.

[44] s. bereits *Krüger*, S. 132 sowie *Beenken*, S. 82.

[45] Vgl. auch *Blümel* in: Ev. Staatslexikon Stichw. ‚Planung III' sub D, wo die Zeitdimension gerade im Zusammenhang damit hervorgehoben wird.

[46] *V. Simson* in: Planung I S. 422.

[47] *Böhret*, S. 19 und 21.

[48] s. dazu auch unten Abschn. B-7.2.5.

[49] Dazu auch *Egerer*, S. 83.

geführten Straßenplanungsfall — ergeben, daß sich die Vorstellungen über eine menschenwürdige Stadt wandeln. Hieraus wird deutlich, daß planungsimmanente Gründe gerade nicht verlangen, eine einmal festgelegte Zielvorstellung beizubehalten. Selbst wenn man die der Enteignung sehr oft vorausgehende Planfeststellung als Durchführungsplanung versteht[50], die das konzeptionelle Stadium, in dem Planungsentscheidungen fallen, verlassen hat[51], so ist keine andere Betrachtung geboten. Die außerenteignungsrechtliche Planfeststellung legt vielmehr nur als Grundlage der weiteren Maßnahmen die allgemeinen Merkmale der Durchführung fest[52]. Eine Bindung des Inhaltes, daß ein solches Vorhaben auch durchgeführt werden muß, enthält sie nicht. Versteht man die Planfeststellung als eine Erklärung der Behörde, wonach aus öffentlich-rechtlichen Gründen nichts gegen darin enthaltene Festsetzungen einzuwenden ist[53], kann in der Planfeststellung von ihrer Funktion her keine Festschreibung des Zieles für die Zukunft liegen. Sie bleibt vielmehr von ihrem instrumentalen Charakter her grundsätzlich abänderbar[54].

Entsprechende Anforderungen an die Flexibilität ergeben sich auch im Rahmen der Zielverfolgung. Praktische Relevanz erlangt diese Frage dann, wenn mit der Durchführung des Unternehmens begonnen worden ist[55]. Auch hier besteht ein Bedürfnis des Planungsträgers, einmal getroffene Planungsentscheidungen im Hinblick auf deren konkrete Ausgestaltung zu ändern. Zeitweilig können andere Prioritäten geboten sein, die das zunächst ins Auge gefaßte Objekt als gegenwärtig zweitrangig erscheinen lassen; die Ressourcen, insbesondere die finanziellen Mittel, können einer Weiterführung entgegenstehen bzw. diese modifizieren. Insgesamt wirkt sich auch hier, wie bei der Zielfestsetzung, der Unsicherheitsfaktor als Flexibilität erfordernder Umstand aus, so daß auch in diesem Stadium keine gegenüber der Zielfestlegung grundlegend anderen Probleme entstehen.

Auch der Enteignung zugrundeliegende Pläne und denen gleichzustellende Entscheidungen[56] müssen als flexible Aktionsmodelle gesehen werden, die einer Fortschreibung und Anpassung an veränderte Erkenntnisse und Gegebenheiten bedürfen[57]. Aus der Einheit des Planbegriffes[58]

---

[50] *Hoppe*, Rechtsschutz Rdnr. 28 ff. sowie *Ossenbühl* (Anm. 43) S. B-28.

[51] Zu den Planungstsadien s. Angabe oben in Anm. 38.

[52] Zusammenfassend zu den Wirkungen *Hoppe* (Anm. 50) Rdnr. 28 ff.

[53] *Hoppe* (Anm. 50) Rdnr. 16.

[54] Vgl. *Böhm*, § 34 Anm. 8 sowie *Sieder / Zeitler*, Art. 38 Rdnr. 36.

[55] s. Beispiele bei *Böhret*, S. 23.

[56] Gleichzustellen sind sie dann, wenn sie eine zukunftsgerichtete und inhaltlich auf die Realisierung des Gemeinwohls orientierte Entscheidung beinhalten.

[57] *Bielenberg*, Gutachten S. 10 f. und 21 ff.

[58] Dazu *Kaiser* in: Planung II S. 20.

ergibt sich, daß stationäre Pläne keine Besonderheiten hinsichtlich dieses Flexibilitätsgebotes und -erforderisses darstellen. Eine andere Betrachtung muß notwendig zu einer planerisch nicht vertretbaren Erstarrung dieser Handlungsform führen[59].

6.2.2.2 Die planungsimmanente Betroffenheit als Bindungsfaktor

Ist demnach die Flexibilität das eigentliche, Planungsmaßnahmen kennzeichnende und wegen des instrumentalen Charakters der Enteignung auch diese beeinflussende Merkmal, so darf nicht unberücksichtigt bleiben, daß Planungsmaßnahmen auch Individualinteressen tangieren. Aus dieser Sicht heraus ist Planung im System staatlicher Handlungsformen auch nach der Wirkungsweise zu erklären und einzuordnen[60]. Die lebhafte Diskussion über die Plangewährleistung zeigt, daß ein Bedürfnis nach einer verstärkten Bindung einmal getroffener Planungsentscheidungen besteht[61], obschon diese auf Flexibilität hin angelegt sind. Hier gilt es einerseits die Flexibilität der Planung zu erhalten und andererseits das Vertrauen der Beteiligten zu schützen[62]. Plangewährleistung selbst erlangt eine besondere Bedeutung im Bereich der Wirtschafts- und Entwicklungsplanung[63]. Die Grundproblematik der Diskussion ist in der Besonderheit der Planwirkung zu sehen, wonach sich Bürger bereits an in der Zukunft liegenden Planzielen orientieren[64]. Die Schlüsselfrage dieser individualrechtlichen Ausrichtung liegt darin, die Reichweite des Dispositions- und Vertrauensschutzes zu bestimmen[65]. Die These von der Zweckbindung der enteigneten Sache bedeutet im Ergebnis nichts anderes als eine solche Plangewährleistung, da mangels Einheitlichkeit dieses Institutes[66] sowohl Entschädigungsansprüche als Folge einer geänderten Planung als auch Ansprüche auf Fortbestand und Befolgung der einmal getroffenen Entscheidung darunter gefaßt werden[67]. Haftet der enteigneten Sache die Verpflichtung an, das Gemeinwohl durch Ausführung des Unternehmens zu realisieren, so ist das Planziel damit im vorstehend beschriebenen Sinne festgelegt.

---

[59] Zur ‚Veränderlichkeit als Bedingung des Erfolges' s. *v. Simson* (Anm. 46), S. 420.

[60] Vgl. schon *Ipsen* in: Planung II S. 81 ff. sowie *Ossenbühl* (Anm. 43) S. B-29 m. w. Nachw. in FN 11.

[61] *Oldiges*, passim; *Egerer*, passim; *Kriele*, DöV 1967, 534 ff.; *Ossenbühl*, JuS 1975, 454 ff.

[62] Zu diesem Spannungsverhältnis auch *Bielenberg* (Anm. 57) S. 13.

[63] Vgl. etwa *Oldiges*, S. 27.

[64] Zur Konflikts- und Interessenlage *Ossenbühl*, JuS 1975, 454 (454).

[65] *Kriele*, DöV 1967, 534 (534); *v. Simson* in: Planung I S. 405.

[66] Zu dieser Einschätzung *Ossenbühl* (Anm. 43) S. B-97.

[67] Vgl. *Oldiges*, S. 156 und 167 sowie *Hoppe*, DVBl. 1969, 246 (246 f.) jeweils m. w. Nachw.

Ist für die gesamte Diskussion um das Plangewährleistungsrecht die Auswirkung der Flexibilität auf die Rechtsstellung der Planbeteiligten von zentraler Bedeutung, so hat auch diese Untersuchung planerischer Entscheidungen, im Rahmen derer eine Enteignungsmaßnahme ergeht, an diesem Punkt anzusetzen. Planungsbeteiligt ist einmal der Planungsträger, der das Unternehmen durchführen will. Hier kann es sich, wie regelmäßig beim Straßenbau, um Träger öffentlicher Verwaltung oder wie im Energiesektor um einen privaten Unternehmer handeln. Betroffen von der Planung ist weiter derjenige, dessen Recht mittels Enteignung der Planung weichen muß. Weiterhin können auch Dritte betroffen sein, die etwa im Hinblick auf ein in Aussicht genommenes Projekt Dispositionen treffen, deren Wert dann entfällt, wenn es nicht zur Ausführung kommt.

Insoweit läßt sich eine der übrigen Diskussion um den Plangewährleistungsanspruch ähnliche Vertrauensdisposition feststellen. Bei Änderungswünschen des Planungsträgers stellt sich die Frage, inwieweit Abweichungen hier noch möglich sind. Im Gegensatz zu Maßnahmen im Bereich der Wirtschaftsplanung[68] sind Projekte, die mit Hilfe des Fachplanungsverfahrens durchgeführt werden, nicht primär auf eine Einflußnahme im privaten Bereich gerichtet. Zu Recht ist deshalb von *Weyreuther* angedeutet worden, daß plangewährleistungsrechtliche Probleme wohl nur im Bereich der Wirtschaftslenkung, die auf eine solche Einflußnahme ausgerichtet ist, auftreten können[69]. Damit könnten derartige Dispositionen einer Änderung einmal getroffener Planfeststellungen nicht entgegengehalten werden. Mit dieser Feststellung soll selbstverständlich nicht die von der Planfeststellung ausgehende Rechtsgestaltung der Beziehungen zwischen dem Unternehmen und dem durch den Plan Betroffenen[70] in Abrede gestellt werden, worin gerade ein Hauptmerkmal der durchführungsbezogenen Planfeststellung gesehen werden kann[71], die eine Einpassung des Unternehmens in die Umwelt ermöglicht. Hier geht es vielmehr allein um die Frage, ob dem Einzelnen ein Recht auf Planbefolgung im Sinne eines materiellen Realisierungsanspruches zuzuerkennen ist. Es läßt sich nicht generell sagen, daß ein Anspruch auf Bereitstellung solcher Unternehmen besteht, die regelmäßig mit Hilfe von Planfeststellungsverfahren durchgeführt werden[72]. Dasselbe gilt für Ansprüche auf Beibehaltung derartiger Objekte, etwa der Erhaltung einer bestimmten Straße[73]. Ist aber das der Fall,

---

[68] s. *Ossenbühl* (Anm. 43) S. B-200.

[69] DVBl. 1970, 3 (6 l. Sp.).

[70] Vgl. nur § 75 Abs. 1 S. 2 VwVfG.

[71] Vgl. zu den Wirkungen zusammenfassend *Hoppe* (Anm. 50) Rdnr. 37 ff.

[72] Vgl. die Zusammenstellung der Fachplanungsgesetze bei *Hoppe* (Anm. 50) Rdnr. 15 ff.; hier handelt es sich insgesamt um Unternehmungen, auf deren Bereitstellung der Einzelne keinen individualrechtlichen Anspruch hat.

so kann eine bloße Planungsentscheidung inhaltlich keine weitergehenden Rechte im Hinblick auf die Realisierung des Vorhabens vermitteln. Bestätigt wird dies durch § 77 VwVfG, der keine Einschränkungen der Aufhebungsbefugnis durch Rechte Dritter enthält, sondern nur sichernde Folgemaßnahmen[74] nach einer Aufhebung regelt. Die Bindung der Planfeststellungsbehörde an die Entscheidung besteht allein zugunsten des aus der Entscheidung begünstigten Unternehmers fort[75]. Insofern existiert eine Bindung, *solange* der Plan besteht. Dies Ergebnis wird nicht durch § 76 Abs. 1 VwVfG in Frage gestellt, der nur eine notwendige verfahrensrechtliche Folge der förmlichen Aufstellung ist, die auch Bedeutung für eine Änderung haben muß[76]. Eine materielle Bindung kann auch hier nicht angenommen werden. Plangewährleistungsrechtlich fehlt es an dem Entstehen eines zweiseitigen Rechtsverhältnisses, das wesentliche Voraussetzung für eine Plangewährleistung ist[77].

Am stärksten betroffen durch die Planfeststellung und die nachfolgende Enteignung ist der mit dieser Maßnahme überzogene Eigentümer. Hinsichtlich des planerischen Vertrauensschutzes gelten für ihn dieselben Grundsätze wie für andere Betroffene. Besonderheiten ergeben sich allein für ihn aufgrund der Eigentumsgarantie[78].

Beteiligt an Planungsmaßnahme und Enteignung ist selbstverständlich auch der das Projekt betreibende Planungsträger. In dieser Funktion geht sein Interesse allein dahin, übermäßige Bindungen in bezug auf die Realisierung des einmal ins Auge gefaßten Objektes zu vermeiden. Dies gilt sowohl für die Art und Weise der Ausführung als auch für die Ausführung überhaupt. Eine Bindung läßt sich im wesentlichen *zugunsten* des Unternehmers annehmen, dem mit der Planfeststellung eine geschützte Rechtsposition eingeräumt wird[79]. Sein Interesse geht jedoch auch dahin, in der Prognose nicht vorhersehbare Umstände durch eine Veränderung berücksichtigen zu können[80]. Diese Umstände führen dazu, daß auch ein unanfechtbar festgestellter Plan nicht für die Zukunft unabänderlich ist[81].

---

[73] Allg. zu dieser Problematik öffentlicher Sachen i. e. S. *Wolff / Bachof* (Anm. 1) § 58 III S. 512 ff.

[74] S. 2 - 3; ähnliche Erwägungen gelten etwa für das Straßenplanungsrecht; vgl. Angaben oben in Anm. 54.

[75] Von daher erklärt sich auch die Bindungswirkung der Planfeststellungsbehörde; vgl. § 75 VwVfG sowie oben Anm. 74 und nachstehend Anm. 79.

[76] Vgl. auch Begr. zu § 72 EVerwVerfG (jetzt § 75 VwVfG) BTDs. 7/910 S. 90.

[77] Vgl. auch Angaben bei *Weyreuther*, DVBl. 1970, 3 ff. mit FN 28.

[78] Dazu nachstehend Abschn. B-6.2.3.

[79] *Marschall*, § 17 Rdnr. 13.1.

[80] Insoweit wird die Begünstigungswirkung nicht berührt, da nur die Berücksichtigung planungsspezifischer Besonderheiten ermöglicht wird.

Insgesamt zeigt sich an diesen planerischen Faktoren, daß eine positive Bindung im Sinne eines Verhaltensgebotes der Intention einer auf Flexibilität angelegten Planung widerspricht. Nicht gesagt ist damit, daß an die Nichtausführung des Objektes keinerlei Rechtsfolgen angeknüpft werden können[82].

6.2.3 Zur Modifizierung der Planungsflexibilität durch die Eigentumsgarantie

Stehen damit planerische Gründe einer positiven Zweckbindung generell entgegen, so fragt sich doch, ob ein solches Verhaltensgebot zur Verstärkung der Eigentumsgarantie in systemgerechter Weise möglich und erforderlich ist, um so den instrumentalen Charakter der Enteignung im Interesse des Betroffenen zu überwinden. Besonderes Gewicht erlangt diese Fragestellung dann, wenn Enteignungsmaßnahmen zugunsten von Privaten vollzogen werden[83]. Private erhalten Rechtspositionen, die sie kraft eigener privater Rechtsmacht nicht gegen den Willen des Betroffenen hätten erreichen können. Ähnliches gilt für den aus einer Enteignung begünstigten Staat, der sich gegen den Willen des Betroffenen über dessen Eigentumsrecht hinwegsetzt.

Die juristische Bewältigung von Enteignungen zugunsten Privater hat von jeher — wie bereits die Bemühungen der älteren Lehre zeigen[84] — erhebliche Schwierigkeiten bereitet, was sich besonders an der Frage der Zulässigkeit von Enteignungen zugunsten von Großunternehmen zur Verbesserung der Infrastruktur erwiesen hat[85]. In dieser Schärfe ist das Problem bei Projekten der öffentlichen Hand nicht hervorgetreten, da hier regelmäßig ein Gebrauch durch die Öffentlichkeit in einer die Zweckbestimmung durch Rechtsnormen gesicherten Weise gegeben ist[86]. Wird dagegen zugunsten von Industrieunternehmen enteignet, so zeigen sich Auswirkungen auf das Gemeinwohl und die Öffentlichkeit nur mittelbar über die Privattätigkeit. Die Bemühungen, den Planungsträger auf das Gemeinwohl i. S. d. Art 14 Abs. 3 Satz 1 GG zu verpflichten, ist letztlich allein dadurch zu erklären, einen möglichst weitgehenden Schutz des Betroffenen zu erreichen[87]. Wie unsere Feststellungen

---

[81] Vgl. bereits Angaben oben in Anm. 54.

[82] Vgl. nur die Sicherungsmaßnahmen bei den sog. steckengebliebenen Verfahren; § 76 S. 2 VwVfG.

[83] Dazu grundlegend die bereits mehrfach zitierte Untersuchung *Bullingers* (Anm. 24); s. auch *Wolff / Bachof* (Anm. 1) § 62 IV a 1 S. 549.

[84] Dazu vorstehend Abschn. B-6.1 mit Anm. 2 ff.

[85] Vgl. *Giese / Heyland*, FischersZ 64 (1930), 225 (237, 242 f.); *Haman*, Betriebsberater 1957, 1528 sowie *Bullinger*, Der Staat (1962) 448 ff. m. w. Nachw. in FN 52 und 53.

[86] Zu diesem Aspekt schon *Meyer*, Enteignungsrecht S. 107 ff. und 180.

[87] *Bullinger*, Der Staat 1 (1962), 448 (472) sowie *Stummer*, S. 19.

zur Bedeutung des Substanzschutzes[88] gezeigt haben, sind in der Tat hier Schutzvorkehrungen geboten. Der Weg über eine Verpflichtung mittels der Enteignung erscheint indessen fragwürdig.

Dies zeigt bereits der Ausgangspunkt derjenigen, die eine solche Verpflichtung fordern. Es wird hingewiesen auf die ältere Lehre, die eine vorherige Konzessionierung[89] Privater verlangte, um zu ihren Gusten eine Enteignung vornehmen zu können[90]. Auf dieser Grundlage wurden praktisch alle Gesetze, die eine Enteignung zugunsten Privater vorsahen, i. S. e. gleichzeitigen Konzessionierung und Verpflichtung auf das Gemeinwohl ausgelegt[91]. So sicherte sich der Staat eine erhebliche Einflußnahme auf das Geschäftsgebaren und den wirtschaftlichen Ablauf dieser Betriebe. Die Entwicklung unter der Weimarer Reichsverfassung zeichnete sich dagegen durch eine Verringerung der Einflußnahme auf die Wirtschaftsunternehmen und eine global stärkere soziale Einbindung der Wirtschaft aus[92]. Bereits diese wirtschaftspolitische Tendenz weist darauf hin, daß bestimmte Betriebe mehr als eine rein privatnützige Angelegenheit sind[93], wobei es allerdings nicht angemessen erscheint, ausschließlich auf deren Größe abzustellen. Gesamtwirtschaftlich betrachtet ist vielmehr auch die Art der Aufgabe, die von dem Privatunternehmen — etwa mit der Energie-[94] und Verkehrsversorgung[95] — erfüllt wird von Bedeutung. Ansatzpunkt einer staatlichen Einflußnahme ist in Wirklichkeit nicht so sehr die Tatsache der Enteignung, sondern die logisch vorrangige Frage der Bedeutung des Unternehmens in einem gesamtgesellschaftlichen und gesamtwirtschaftlichen Zusammenhang. Diese Bedeutung läßt es gerechtfertigt erscheinen, eine staatliche Zwangsmaßnahme zugunsten eines Privaten durchzuführen und dadurch gleichzeitig einen anderen Privaten zu belasten.

Auf der anderen Seite ist eine solche Zweckbindung eigentumsrechtlich im Hinblick auf den Gesamtunternehmensbereich höchst unvollkommen. Dies wird auch zugegeben, wenn die Möglichkeit, eine Enteignung rückgängig zu machen, als zweckgerichtetes Sicherungsmittel verstanden wird, dies aber nur subsidiär anwendbar sein soll. Primär sollen auch hier die der Unternehmenstätigkeit eigenen Aufsichtsmittel eingesetzt werden[96]. Dies soll jedenfalls für die Fälle gelten, in denen

---

[88] Vgl. oben Abschn. B-4.2.2.

[89] Allg. dazu *Huber*, Wirtschaftsverwaltungsrecht I S. 650 f. und 667 f. (für das Grundgesetz).

[90] s. etwa *Layer*, S. 286 f., 299.

[91] *O. Mayer*, Verwaltungsrecht II S. 13 ff.

[92] Dazu *Bullinger*, Der Staat 1 (1962), 448 (471 f.).

[93] *Rittstieg*, S. 419 f.

[94] Vgl. Präambel zum EnergG sowie § 11 EnergG.

[95] Vgl. § 2 Abs. 1 PBefG.

[96] *Stummer*, S. 120, 123 ff. (bes. 125).

auch heute noch Privilegien und Konzessionen möglich sind und dadurch eine Einflußnahme des Staates gesichert wird[97]. An dieser Stufenfolge wird deutlich, daß es die besondere Qualität des Unternehmens ist[98], die besondere staatliche Aufsichts- und Regelungsbefugnisse erlaubt. Durch die Enteignung und den damit verbundenen Güteraustausch aber erlangt dieser Unternehmer insgesamt keine besondere Qualität. Ebensowenig wird dadurch der Unternehmer zu einem Beliehenen, den eine aktive Verpflichtung aus einer übertragenen Staatsaufgabe trifft[99].

Schwierigkeiten ergeben sich dann, wenn ein solches Konzessionssystem nicht besteht und Enteignungen zugunsten privater Unternehmer ausgesprochen werden sollen. Wird etwa beabsichtigt, durch enteignende Maßnahmen die räumliche Ausdehnung eines Betriebes zu ermöglichen, um durch die Betriebserweiterung Arbeitsplätze zu schaffen[100], so stellt sich die Frage, ob dem Begünstigten ausgegeben werden kann, innerhalb eines bestimmten Zeitraumes keine Arbeitnehmer zu entlassen[101]. Die Problematik einer solchen Auflage folgt aus dem Umstand, daß hier nur über den enteigneten Gegenstand auf die Gesamtheit der Betriebsvorgänge Einfluß genommen werden soll. Ein begünstigender Akt, die Rechtsübertragung durch Enteignung, wird mit einem belastenden — der Verpflichtung, niemanden zu entlassen — gekoppelt, wobei die Verpflichtung nicht nur den begünstigenden Akt selbst ergreift, sondern darüber hinausgeht. Von daher bestehen bereits aus dem Gesichtspunkt des Koppelungsverbotes Bedenken[102]. Es läßt sich zwar ein Zusammenhang zwischen Belastung und Begünstigung nicht verkennen. Die Belastung des Begünstigten selbst geht aber über das eigentliche Objekt hinaus, indem das gesamte Unternehmen zum Ziel der Maßnahme wird. Dies aber erscheint nur dann gerechtfertigt, wenn man gewillt ist, in bestimmten Situationen die qualitativ besondere Bedeutung des Unternehmens für die Gesamtwirtschaft anzuerkennen. Die enteignungsrechtliche Problematisierung verschleiert diesen Vorgang. Diese hat sich vielmehr allein am Grundrechtsschutz aus Art. 14 GG zu orientieren.

Die Bedenken hinsichtlich einer positiven, aus dem begünstigenden Teil der Enteignung sich ergebenden Verpflichtung wird auch an den möglichen inhaltlichen Sicherungen des Enteignungszweckes deutlich. Naturgemäß ist es angesichts der Vielfalt der Unternehmen schwierig,

[97] Vgl. etwa das genehmigungsbedürftige Betreiben einer Straßenbahn; § 2 Abs. 1 Nr. 1 PBefG. Zu diesem Beispiel *Stummer*, S. 123.

[98] Dazu *Krüger*, S. 430 ff.

[99] s. aber auch *Bullinger*, Der Staat 1 (1962), 448 (464); wie hier *Wolff / Bachof*, § 104 I d 5 sowie *Steiner*, Beliehener S. 81 f.

[100] s. Angaben oben in Anm. 85.

[101] Dazu *Giese / Heyland*, S. 242.

[102] Vgl. allg. *Wolff / Bachof* (Anm. 1) § 30 II b 1 S. 178.

hier eine abschließende Kategorisierung vorzunehmen. Eine grobe Gliederung läßt sich dadurch vornehmen, daß man Verwendungs- bzw. Herstellungsklauseln, Betriebsklauseln sowie Anschluß- bzw. Zulassungsklauseln hinsichtlich des Gemeinwohlmittlers unterscheidet[103]. Eine enge Beziehung besteht zwischen Verwendungs- und Betriebsklauseln. Beide Erscheinungsformen betreffen dem Grunde nach das „ob" des Enteignungsunternehmens, nämlich die Schaffung und Aufrechterhaltung des Gemeinwohlmittlers. Für den Betrieb erkennen selbst die Verfechter einer positiven Bindung an, daß die Verpflichtung nur soweit gehen kann, wie sie rationell und nicht verlustbringend durchführbar ist[104]. Entsprechendes muß für die eigentliche Herstellung gelten, womit insgesamt ein erheblicher Unsicherheitsfaktor in diese angebliche Sicherung hineingetragen wird. Hier erweist sich, daß der Privatmann der eigentlich planende Teil ist und hier eigene Entscheidungen trifft, die ähnlich wie staatliche Maßnahmen in einem Gesamtzusammenhang zu sehen sind. Eine andere Betrachtung kann nur dann gelten, wenn dem Unternehmen selbst eine qualitativ andere Bedeutung zukommt und von daher eine umfassendere Einflußnahme auf den wirtschaftlichen Prozeß möglich ist. Es zeigt sich also, daß die Pflichten aus der Enteignung selbst nicht als positiv erzwingbar erklärt werden können. Anschluß- und Benutzungsklausel dagegen knüpfen etwa im Fall der Energieversorgung und Personenbeförderung[105] an die hergestellte Anlage an. Ist zu ihren Gunsten enteignet worden, so lassen sich derartige Regelungen als ein „wie" des Enteignungsunternehmens verstehen, indem bestimmte Betriebsabläufe der freien Entscheidung des Unternehmers entzogen sind. Auch hier wirkt sich die Besonderheit des Unternehmensgegenstandes aus[106], nicht aber die enteignungsrechtliche Güterbeschaffung. Von daher ist auch erklärbar, daß ein Einfluß auf das *Gesamt*unternehmen geltend gemacht wird. Auf Dauer wird man der Frage nicht ausweichen können, ob generell von einer Privatheit der Unternehmen ausgegangen werden kann oder im Einzelfall ein „public interest"[107] anzuerkennen ist. Im ersteren Fall kann dann nicht eine positive Verpflichtung über den Enteignungsakt begründet werden. Anders ist die Sachlage dann, wenn man schlechthin ein öffentliches Interesse an der Bedeutung des Unternehmens bejaht. Hier ist eine Einflußnahme auch ohne Enteignung möglich[108].

[103] Hier ist etwa an die Verpflichtung zu denken, ein Krankenhaus nicht nur herzustellen, sondern es auch zu betreiben und der Allgemeinheit zur Verfügung zu halten; vgl. dazu *Stummer*, S. 162 f.

[104] So auch *Stummer*, S. 162 sub bb).

[105] Vgl. § 6 Abs. 1 EnergG und § 2 PBefG.

[106] Das räumt letztlich auch *Stummer*, S. 164 ein.

[107] Dazu *Rittstieg*, S. 154 ff.

[108] Zweck und Ausrichtung der Mitbestimmung sind davon zu unterscheiden; vgl. *Dicke* in: I. v. Münch, Grundgesetz Art. 14 Rdnr. 33.

Zusammenfassend läßt sich feststellen, daß eine Einflußnahme auf das Gesamtunternehmen mittels der Enteignung systemwidrig ist und damit auch nicht im Hinblick auf einen wirksamen Eigentumsschutz verlangt werden kann. Die funktional sowohl für den Staat als auch für den Bürger notwendige Planungsautonomie, die die erforderliche Flexibilität einschließt, darf nicht schlechthin durch den Enteignungsvorgang beseitigt werden. Negative Folgen können so nicht ausgeschlossen werden, da derartige Verpflichtungen im Einzelfall sogar zu wirtschaftlich sinnwidrigen Maßnahmen führen können. Dem widerspricht auch grundsätzlich nicht der Gedanke des Eigentumsschutzes, da der in der Enteignung betroffene Eigentümer ein derart weitgehendes Recht auf Durchführung des Planungsvorhabens nicht vermitteln kann.

6.3 Immanente Beschränkungen der im Enteignungsverfahren erworbenen Rechte

Ist somit davon auszugehen, daß eine positive Zweckbindung nicht existiert, so bedeutet dieses Ergebnis noch nicht, daß das durch Enteignung erworbene Recht den vollen Grundrechtsschutz des Art. 14 GG genießt. Es gilt vielmehr dem individualrechtlichen Aspekt des Güterbeschaffungsvorganges Rechnung zu tragen, der bei Enteignungen zugunsten Privater zu Umschichtungsvorgängen im Bereich des Eigentums führt und seine Berechtigung ausschließlich aus dem Gemeinwohlvorbehalt herleitet. Damit ist die enteignungsrechtlich allein mögliche Bindungswirkung vorgezeichnet.

Diese Bindungswirkung wird teilweise deshalb in ihrer Bedeutung verkannt, weil die Enteignung ausschließlich als „Überleitung" von Privatrechten erklärt wird[109]. Dieser Übertragungsakt[110] ist indessen aufzugliedern in die Entziehung des Eigentums einerseits und seiner Neubegründung in der Person des Begünstigten andererseits. Hiermit wird die Doppelnatur des Enteignungsaktes und die damit gegebene Interdependenz von Begünstigung und Belastung deutlich. Hieraus folgt, daß die mit der Enteignung hervorgebrachte Begünstigung des jeweiligen Planungsträgers nicht weitergehen kann als eine rechtmäßige Belastung stung des Betroffenen. An dieser Stelle wirkt sich der Gemeinwohlvorbehalt in seiner eingriffsbegrenzenden Funktion[111] aus: Die Entziehung ist nur im Rahmen des für das Gemeinwohl erforderlichen Umfanges statthaft, wobei eine zeitlich-sachliche Beschränkung der materiellen Geltungskraft dieses Vorbehaltes auf den eigentlichen Eingriffsakt dessen Struktur widerspricht und ihn in rechtlich unzulässiger Weise relativiert.

---

[109] s. *v. Gierke* (Anm. 5) sowie *Seufert*, ZAG Art. I Rdnr. 19.

[110] Entsprechendes gilt für enteignungsrechtliche Belastungen.

[111] Vgl. oben Abschn. B-5.2.1.

Der Übertragungsakt begründet nur ein privates Recht im Rahmen einer bestimmten Zweckverwendung[112]. Eine weitergehende Ermächtigung kann Art. 14 Abs. 3 Satz 1 GG nicht entnommen werden. Anders als die neueren Zweckbindungslehren kann diese immanente Bindung einer Zweckverwendung aber nur als passive, nicht jedoch als aktive Überlassung[113] verstanden werden. Das verfassungsrechtliche Erfordernis der Einschränkungen der Rechtsmacht des Begünstigten ergibt sich auch daraus, daß ein ausschließlich privatrechtlich zu erklärender Rechtsübergang i. S. e. Vollwertigkeitsdoktrin[114] einen Wechsel des Zuordnungssubjektes zur Folge hat, ein über diesen Wechsel hinausgehendes verfassungsrechtlich legitimiertes Interesse angesichts der Gemeinwohlklausel aber nicht dargetan wäre. Wie die Diskussion um die Zulässigkeit der sog. transistorischen Enteignung zeigt[115], gilt es, gerade diese Folge zu vermeiden.

Es ist demnach die Rechtsstellung des Betroffenen im Rahmen der Eigentumsgarantie, die die Begründung eines Eigentumsrechtes mit umfassender Herrschaft, wie sie das Grundrecht aus Art. 14 GG allgemein auszeichnet, unmöglich macht. Eine Einordnung der enteigneten Sache als öffentliche Sache ist damit entbehrlich[116]. Dies kann allenfalls mit der Herstellung einer Anlage der Fall sein, die die Enteignung jedoch nur vorbereiten soll. Die vorstehenden Überlegungen zeigen insgesamt, daß mit dem Eingriffsvorbehalt gesetzlich verfassungsrechtliche Besonderheiten eingeführt werden. Der Eigentumserwerb führt nicht zu einer vollwertigen Rechtsstellung. Hier ist die Feststellung möglich, daß der Begünstigte sich enteignungsrechtlich grundsätzlich nicht auf den Schutz von Art. 14 berufen kann, solange nicht dem Gemeinwohlerfordernis Genüge getan ist. Diese Auffassung liegt tendenziell auf einer Linie mit den bereits bestehenden Bestrebungen, die Rechtsmacht des Begünstigten einzuschränken. Eine nur vorläufige Rechtswirkungen hervorbringende Enteignungsdoktrin impliziert diese Auffassung nicht[117]. Eine solche These stünde im Widerspruch zu der auf Prognoseelementen beruhenden Enteignungsentscheidung, die gerade eine endgültige Regelung anstrebt. Verdeutlicht wird hier nur eine innere Einschränkung des Übertragungsaktes aus Gründen des Eigentumsschutzes.

[112] *Grünhut*, S. 178: Eigentümer büßt soviel von seinem Recht ein, als für den Gebrauch notwendig ist. s. auch *Häberlin*, S. 207 sowie *Schiedermair* in: Fschr. f. G. Küchenhoff S. 666.

[113] Ähnlich bereits *Thiel*, S. 62.

[114] Vgl. oben Abschn. B-6.1 m. w. Nachw. in Anm. 5 und 6.

[115] Dazu *Opfermann*, S. 247 m. w. Nachw.

[116] a. A. *Stummer*, S. 209.

[117] Dazu *v. Mutius*, VerwArch 66 (1975), 283 (284).

7. Die Einschränkung der zeitlichen Geltungskraft von Enteignungsakten

Die Einordnung der Planungsentscheidung und Enteignungsmaßnahme in ein Zweckprogramm sowie die Zukunftsgerichtetheit des verfassungsrechtlichen Gemeinwohlvorbehaltes im Rahmen einer Prognosebestimmung[1] werfen die Frage nach der zeitlichen Geltungskraft des belastenden Hoheitsaktes auf. Sind diese Akte zeitlich indeterminiert und allein durch die Erreichung des angestrebten Zieles begrenzt oder ist dem Zeitfaktor hinsichtlich der Geltungskraft besonders Rechnung zu tragen?

Hierbei ist zu beachten, daß zwei rechtlich zu trennende Vorgänge vorliegen: Einmal handelt es sich um die in die Enteignung eingehende und dieser zugrundeliegende Planungsentscheidung[2] und zum andern um die Enteignungsmaßnahme selbst[3]. Für beide Entscheidungen ist zu klären, ob feste zeitliche Endpunkte als Erlöschensgründe für diese finalen, prognostische Elemente enthaltenden Entscheidungen in Betracht zu ziehen sind.

Es ist zu untersuchen, ob ein genauer Zeitpunkt fixierbar ist, in dem Planungsentscheidungen oder Durchführungsmaßnahmen ihre Wirkungen verlieren müssen. Weiterhin ist zu analysieren, ob der Zeitfaktor generell eine rechtserhebliche Tatsache in dem Sinn ist, daß ihm mit der Erlöschenswirkung Rechnung zu tragen ist[4]. Diese Rechtserheblichkeit kann einmal durch die Struktur der Entscheidung oder aber durch die Auswirkungen auf die Individualsphäre der Betroffenen bedingt sein. Rechtstechnisch wird die Dauer einer Wirksamkeit regelmäßig durch eine Befristung[5] der entsprechenden Regelungen erreicht. Anders als sonst im Planungsrecht, wo etwa bei der Befristung von Einwendungen gleichsam die Zukunft gegen die Gegenwart durchgesetzt werden soll[6], handelt es sich hier um den umgekehrten Vorgang. Durch ein Erlöschen der Wirkungen sollen die beiden Pole in der Gegenwart wieder zusammengeführt werden.

---

[1] Vgl. oben Abschn. B-5.1.2.

[2] Vgl. nachstehend Abschn. B-7.1.

[3] Vgl. nachstehend Abschn. B-7.2.

[4] s. dazu auch die Rückerwerbsentscheidung des BVerfG; E 38, 175 (185 f.).

[5] Dazu allg. *Wolff / Bachof*, Verwaltungsrecht I § 49 I a S. 409.

[6] So die prägnante Formulierung bei *Krüger*, S. 740.

7.1 Die Befristung als Ausgleich von Unsicherheitsfaktoren bei zukunftsgerichteten, insbesondere planerischen Entscheidungen

7.1.1 Der legislatorische Befund

Untersucht man den Bereich raumbezogener Planungsgesetze, so ist eine Tendenz erkennbar, ergangene Entscheidungen, die auf die zukünftige Realisierung bestimmter Projekte gerichtet sind, einer zeitlichen Befristung zu unterwerfen. Dies gilt zunächst einmal für planfeststellungspflichtige Vorhaben[7]. Wie oben bereits dargelegt wurde, ist auch im Bereich des Planfeststellungsrechtes eine Beachtung des Zeitfaktors als Planungsproblem erforderlich[8].

So enthalten eine Reihe von Verkehrswegeplanungen betreffende Fachplanungsgesetze die Regelung, daß Planfeststellungen nach Ablauf des Zeitraumes von 5 Jahren ab Unanfechtbarkeit außer Kraft treten, wenn nicht innerhalb dieser Frist mit der Durchführung begonnen worden ist[9]. Das Bundesbahngesetz, das solche Einschränkungen nicht enthält[10], erscheint insoweit als eine Ausnahme. Die Unterschiedlichkeit der einzelnen Fristen und ihrer Bemessung[11] fällt demgegenüber nicht ins Gewicht. Von Bedeutung ist hier vielmehr, daß auch das Verwaltungsverfahrensgesetz allgemein für Planfeststellungen in § 75 Abs. 4 eine Befristung vorsieht[12]. Von besonderem Interesse ist in diesem Zusammenhang das hessische Straßengesetz[13]. In § 34 Abs. 5 ist nicht nur der Beginn des Vorhabens innerhalb einer bestimmten Frist nach Feststellung des Planes gefordert, sondern auch die Verpflichtung ausgesprochen, innerhalb eines weiteren Jahres das Projekt durchzuführen[14].

Gänzlich anders stellt sich die Situation jedoch dann dar, wenn man den Bereich des Fachplanungsrechtes verläßt und zu anderen, weiträumigeren Plänen übergeht. So enthält das Bundesbaugesetz nur rudimentäre Ansätze zur Regelung der zeitlichen Geltungskraft bauplanungsrechtlicher Entscheidungen[15]. In besonderer Schärfe zeigt sich das Pro-

---

[7] Vgl. die Zusammenstellung bei *Hoppe*, Rechtsschutz Anhang E Rdnr. 236 ff.

[8] Vgl. oben Abschn. B-6.2.2.1.

[9] Vgl. nur § 39 Abs. 5 LStrGNW; § 21 Abs. 4 BWStrG; § 20 Abs. 2 AbfallG sowie die Angaben in BVerfGE 38, 175 (186). s. dazu auch *Blümel*, Forsthoff-Fschr. I S. 133 (136).

[10] Vgl. § 36, der keine Regelung über das Außerkrafttreten enthält.

[11] Vgl. § 43 Abs. 1 SaarlStrG: 4 Jahre; s. aber auch die Beispiele in Anm. 9.

[12] s. dazu auch die amtl. Begründung BTDs. 7/910 S. 90.

[13] Hinsichtlich der anderen Landesstraßengesetze vgl. Angaben des BVerfG (Anm. 9).

[14] Eine entsprechende Regelung enthält § 29 Abs. 5 PBefG.

[15] Selbst wenn man davon ausgeht, daß eine Enteignungsmaßnahme an einen Bebauungsplan anknüpft, so erübrigt sich diese Fragestellung nicht, da

blem bei Sanierungs- und Entwicklungsmaßnahmen nach dem Städtebauförderungsgesetz, wenn dort ein Endtermin nicht festgesetzt werden muß[16]. Für bauplanungsrechtliche Entscheidungen läßt sich ein mögliches Korrektiv in den Regeln über die Aufstellung des Bebauungsplanes selbst sehen. Nach § 2 Abs. 1 BBauG sind Bauleitpläne aufzustellen, „sobald" dies erforderlich ist. Dieses Tatbestandsmerkmal läßt sich als mittelbare zeitliche Begrenzung gemeindlicher Planungshoheit verstehen, die eine Planung in die unabsehbare Zukunft verbietet[17] und so bestimmte Zeit-Ziel-Vorstellungen auch in die Gesamtplanung einführt. Eine Sicherung im Sinne einer Befristung findet sich indessen nicht. Für die zeitliche Geltungskraft ist jedoch von Bedeutung, daß nicht erforderliche Bebauungspläne aufzuheben sind[18]. Hinzu kommt, daß das Bauplanungsrecht wesentlich die Baufreiheit ausgestaltet und damit die Durchführung des Planes zu einem nicht unerheblichen Teil von den betroffenen Bürgern abhängig macht. Diese Tatsache kann auch die Folge haben, daß aufgrund der Bauplanung vorgesehene Vorhaben, deren Realisierung an sich in den Händen der Gemeinde liegt[19], zunächst unterbleiben, solange andere Entwicklungen nicht eingetreten sind. Gerade im Bereich des Städtebauförderungsgesetzes erscheint das Fehlen entsprechender Begrenzungsregeln erstaunlich, da dem Planungsträger in weitem Umfang die Handhabe gegeben ist, Handlungspflichten der Betroffenen festzulegen[20] und so die Realisierung voranzutreiben.

Die planerische Funktion einer Einschränkung der zeitlichen Geltungskraft wird deutlich an der Entwicklung des Bundesfernstraßengesetzes. Dort war eine früher existierende Befristung von festgestellten Plänen mit dem Hinweis auf die Übernahmeansprüche der davon Betroffenen abgeschafft worden[21]. Die Befristung ist nunmehr wieder eingefügt worden, da die in der Unsicherheit der Realisierung liegende Belastung als eigenständiger Faktor einer Abschwächung bedarf[22]. Der planerischen Problematik war bereits in den alten Planfeststellungsricht-

---

damit die Sachgerechtigkeit des gesetzlichen Regelungsgehaltes untersucht wird; zur Fixierung der Veränderungssperre s. § 17 BBauG, womit nur eine Geltung der *Einzel*maßnahme geregelt wird.

[16] s. dazu *Forsthoff* in: Fschr. f. Maunz S. 97 sowie *Battis*, JuS 1972, 107. Eine abgeschwächte Form der ‚Befristung' enthält § 15 Abs. 5 LPlaGNW, wonach nach Ablauf von 10 Jahren ein Gebietsentwicklungsplan neu aufzustellen ist.

[17] BGH U. v. 19. 12. 1966 EPlaR V BGH 12. 66/8 ff. (II).

[18] Vgl. § 2 Abs. 7 i. V. m. § 2 Abs. 2 BBauG sowie *Blümel*, Gutachten I passim.

[19] Derartige Projekte werden regelmäßig mittels Enteignung vorbereitet.

[20] Vgl. nur §§ 19, 20 und 21 StBauFG; zur Privatinitiative im Baurecht *Schmidt-Aßmann*, NJW 1976, 1913 (193).

[21] *Marschall*, § 17 Rdnr. 14.1 und 14.3.

[22] Zur Einschätzung dieser Situation durch den Gesetzgeber s. oben Anm. 12 sowie Musterentwurf 1963 S. 223.

linien[23] Rechnung getragen worden. Diese Schwierigkeiten lagen darin begründet, daß über einen längeren Zeitraum Diskrepanzen zwischen dem festgestellten Plan und der zu gestaltenden Umwelt auftreten können[24]. Dementsprechend war die Prüfung vorgeschrieben, ob ein erneutes Verfahren zur Feststellung des Planes erforderlich war[25].

7.1.2 Möglichkeit und Faktoren einer Befristung

Angesichts der unterschiedlichen Regelungen stellt sich die Frage nach der generellen Möglichkeit und den Grenzen einer Befristung zukunftsgerichteter Entscheidungen sowie den dafür maßgeblichen Faktoren. Wegen der Unterschiedlichkeit der Gesetze ist es naheliegend, zukunftsgerichtete planerische Entscheidungen nach typologischen Gesichtspunkten[26] im Hinblick auf die Einschränkung der zeitlichen Geltungskraft zu untersuchen. Dabei ist entscheidend auf den Zeitfaktor selbst abzustellen. Es ist davon auszugehen, daß jeder Planungsentscheidung als zukunftsgerichteter Maßnahme das Zeitproblem immanent ist[27]. Eine Beschränkung auf bestimmte Plantypen widerstreitet dieser Realität[28]. So ist etwa auch der Bebauungsplan als stationärer Plan auf Zeit angelegt, obschon eine sehr lange Erstreckung in der Zeit nicht feststellbar ist[29]. Es läßt sich mithin sagen, daß hinsichtlich des Zeitfaktors, also der Zeitspanne, innerhalb derer Ziele erreicht werden sollen, zunächst nur graduelle Unterschiede bestehen, indem verschiedene Zeiträume zum Gegenstand der zukunftsgerichteten Entscheidung gemacht werden[30]. Fehlt jegliche Vorstellung über diese Dimension, so muß der Entscheidung die Funktion als Aktionsmodell versagt bleiben[31].

Es kann deshalb nicht angenommen werden, daß mit den Gesetzen, die wie das Städtebauförderungsgesetz zukunftsgerichtete Entscheidungen ohne Befristungen ermöglichen, das Erfordernis einer Zeit-Ziel-

---

[23] Die Planfeststellungsrichtlinien für den Bau von Bundesfernstraßen sind abgedruckt bei *Marschall*, Anhang C 25. Die Neufassung ist abgedruckt in VerkBl. 1976, 565.

[24] Allg. dazu *Evers* in: Rechtsschutz im Sozialrecht S. 64.

[25] Ziff. 51 der Richtlinien (Anm. 23).

[26] s. dazu auch die Darstellung bei *Ossenbühl*, Gutachten S. B-25 ff.

[27] Vgl. oben Abschn. B-6.2.2.1.

[28] s. aber auch *Blümel* (Anm. 9) S. 134 und *ders.* in: Ev. Staatslexikon, Stichwort Planung III sub D, wo das Zeitmoment bei der Entwicklungsplanung in den Vordergrund gestellt wird.

[29] So auch *Kaiser* in: Planung II S. 23; zur Verzahnung von Bauleitplänen mit Entwicklungsplänen vgl. *Bielenberg*, DöV 1975, 289 (290).

[30] *Ossenbühl* (Anm. 26) S. B-38 f. sowie *Böhret*, S. 20 f. und 30; zur Bedeutung der Tatsachenerfassung bei Planungsfragen *Schröder*, DVBl. 1975, 309 (311).

[31] Vgl. zu dieser Unterscheidung Abschn. B-5.2.1.

Vorstellung in Frage gestellt werden soll[32]. So weist auch *Schmidt-Aßmann* lediglich darauf hin, daß für die Dauer von Sanierungs- und Entwicklungsmaßnahmen sichere Erfahrungswerte fehlen, die eine genaue zeitliche Fixierung ermöglichen könnten[33], womit eine generelle Unmöglichkeit der zeitlichen Befristung nicht behauptet wird. Es mag zutreffen, daß hier gewisse Schwierigkeiten bestehen, da genauere empirische Untersuchungen zur Dauer derartiger Verfahren noch nicht bekannt sind. Die Feststellung impliziert jedoch auch den Hinweis, daß bei Vorliegen dieser Werte eine andere Betrachtung angebracht sein kann.

Als maßgebliche planerische Gründe, die eine Befristung erschweren, werden im wesentlichen zwei Aspekte bemüht. Ein Gesichtspunkt hängt eng mit der planerischen Entscheidung selbst zusammen. Maßnahmen nach dem Städtebauförderungsgesetz und Entwicklungsplanungen allgemein bringen mehrere Einzelmaßnahmen in einen Zusammenhang und regeln selbst sehr unterschiedliche Sachverhalte innerhalb desselben Planungsvorganges und derselben Entscheidung[34]. Dadurch wird in der Tat eine generalisierende, allen Maßnahmen gerecht werdende Betrachtung sehr erschwert, wenn nicht sogar unmöglich gemacht. Es trifft jedoch nicht zu, wenn aus der Unterschiedlichkeit der einzelnen Vorhaben nach dem Städtebauförderungsgesetz etwa die Entbehrlichkeit der zeitlichen Begrenzung ganz allgemein gefolgert wird[35]. Dies mag für den Gesetzgeber hinsichtlich eventueller Einzelregelungen gelten[36], da diese Einzelfälle nicht im Detail vorhersehbar sind. Er wird damit aber nicht von der Verpflichtung entbunden, den Planungsträger selbst zur Festlegung der zeitlichen Geltungskraft zu zwingen. Geschieht dies nicht, so wird diesem die fortdauernde Belastung der Betroffenen mit dem Unsicherheitsfaktor der Realisierung einer zukunftsorientierten Entscheidung ermöglicht[37]. Generalisierend darf hier nur gesagt werden, daß die Ausgestaltung der Zeitdimension entscheidend von dem Planungsobjekt abhängig ist[38], wobei Unterschiede der einzelnen Planziele bedeutsam werden. Dies zeigt sich dann, wenn ein solches Ziel ausschließlich in der Erreichung eines abschließenden Ordnungszustandes oder in

[32] Dazu noch *Harnischfeger*, S. 150 in These 25.

[33] Städtebaurecht S. 236.

[34] *Bielenberg*, Städtebauförderungsgesetz § 15 Rdnr. 75.

[35] In diesem Sinn *Gaentzsch*, § 15 Anm. 1 sowie *Hein*, Städtebauförderungsgesetz § 15 Rdnr. 2.

[36] Zur gesetzlichen Typisierungsmethode *Noll*, S. 58.

[37] Dies sei gegen *Schmidt-Aßmann* (Anm. 33) S. 235 gesagt, der meint, die Bedenken gegen § 15 StBauFG richteten sich nicht so sehr gegen den gesetzlichen Regelungsgehalt als vielmehr gegen eine rechtswidrige Verwaltungspraxis.

[38] BGH U. v. 19. 12. 1966 EPlaR V 12/66 S. 7 (II) sowie *Gehrmann*, ebenda S. 22 und *Pohl*, ebenda S. 18.

der Beeinflussung einer Entwicklung besteht[39]. Als weiterer Faktor wird für den Bereich des Städtebauförderungsgesetzes die Beteiligung von Bürgern genannt, die eine zeitliche Fixierung unmöglich machen soll[40]. Auf der gleichen Linie liegt es, wenn auf die potentielle Einlegung von Rechtsmitteln verwiesen wird[41]. Diese Faktoren lassen sich von den vorgenannten dadurch unterscheiden, daß sie den eigentlichen Durchsetzungsplan betreffen und als nicht primär objektbezogene, dem Einfluß des Durchführungsträgers weitestgehend entzogen sind. Dadurch bedingte zeitliche Verschiebungen können selbst dann eintreten, wenn der Lauf der Frist erst nach Unanfechtbarkeit der jeweiligen Entscheidung beginnt[42]. Bei großräumigen Projekten ist es denkbar, daß dieser Fribeginn nicht für alle Betroffenen gleich ist, wenn einzelne Betroffene Rechtsmittel einlegen, andere indessen davon Abstand nehmen[43]. Das wiederum hat zur Folge, daß die Durchführung des Objektes selbst zeitweilig unmöglich werden kann, wenn zu seiner Ausführung der Eintritt der Gestaltungswirkungen gegenüber allen Beteiligten erforderlich ist. Dieser Umstand kann indessen nicht dazu führen, derartige Verzögerungen nicht als Realfaktoren anzuerkennen und sie als solche in die Zeit-Ziel-Vorstellung einzubeziehen. Da sie dem Einfluß des Trägers in weitem Umfang entzogen sind, käme hier u. U. eine großzügigere Bemessung der Fristen mit entsprechender Verlängerungsmöglichkeit in Betracht[44].

Für die begrenztere, objektbezogene Planung zeigt sich daran jedenfalls, daß in diesem Bereich derartig schwierige Problemlagen im Prinzip nicht auftauchen können. Ein Beweis dafür sind nicht zuletzt die gesetzlichen Lösungsansätze. Diese These wird dadurch bestätigt, daß eine größere Erstreckung in der Dimension „Zeit" nicht stattfindet und auch die Abstimmung verschiedener Einzelprojekte innerhalb der Entscheidung nicht vorgenommen wird. Damit darf naturgemäß nicht die hier ebenfalls bestehende Abhängigkeit von außen-gesteuerten Umständen verkannt werden. Es mag zutreffen, daß die für die enteignungsrechtliche Güterbeschaffung besonders bedeutsame fachplanerische Planfeststellung durch ihre Konkretheit feste Konturen auch dort ermöglicht, wo eine befriedigende Lösung noch nicht erreicht ist[45]. Auf der anderen Seite

---

39 Zur Bedeutung für die Variabilität *Egerer*, S. 22.

40 So etwa *Battis*, JuS 1972, 107.

41 BVerwG U. v. 15. 3. 1967 EPlaR V 3.67/S. 4.

42 Vgl. nur § 18 b Abs. 2 BFStrG.

43 Vgl. *Böhm*, § 34 Anm. 9: Die Frist läuft im Extremfall erst dann, wenn das letzte Rechtsmittel erledigt ist.

44 Vgl. zur Einbindung der Enteignung in die Planung allg. oben Abschn. A-1.3.

45 Das gilt besonders für den Rechtsschutz: vgl. dazu *Schmidt-Aßmann*, DöV 1974, 541 (547).

wirkt sich indessen die Konkretheit insoweit positiv aus, als eine Fixierung der zeitlichen Geltungskraft vom Planungsziel her gesehen nicht auf unüberwindbare Schwierigkeiten stößt. Planerisch muß deshalb hier eine Befristung als ohne weiteres gegeben angesehen werden, wobei sie auch für andere Vorhaben und Planungsarten nicht generell ausgeschlossen werden darf[46]. Maßgebend ist jeweils das in der Zukunft zu realisierende Objekt sowie die Variabilität der Realfaktoren und deren Beeinflußbarkeit durch den jeweiligen Planungsträger. Eine generalisierende Fristbestimmung für die Planungsentscheidung ist damit entgegen dem vom Bundesverfassungsgericht vorgeschlagenen Weg einer Orientierung an bestehenden Regeln[47] nicht möglich, da der für die Realisierung notwendige Zeitaufwand von dem jeweiligen Objekt abhängig ist[48]. Außerdem ist zu Recht darauf hingewiesen worden, daß eine derartig generalisierende Betrachtung dem besonders für Befristungen bedeutsamen Prinzip der Rechtssicherheit nicht genügen kann[49].

7.1.3 Befristung und Variabilität zukunftsgerichteter Entscheidungen

Steht somit fest, daß planerische Entscheidungen als praktisch wichtigste zukunftsgerichtete Maßnahmen einer Einschränkung ihrer zeitlichen Geltungskraft grundsätzlich zugänglich sind, so ist damit noch nicht gesagt, daß dies auch planerisch erstrebenswert wäre. Die spezifische Problematik der Befristung prognostischer und zukunftsgerichteter Entscheidungen folgt aus der Vergrößerung des Variabilitätsfaktors im Ablauf der Zeit[50] und der in der Einschränkung der zeitlichen Geltungskraft liegenden Fixierung einer Rechtsfolge. Während der Zeitfaktor als Schwierigkeit innerhalb des eigentlichen Planungsstadiums[51] erkannt ist, kann eine solche Feststellung für das Durchführungsstadium, das auf die Realisierung des Objektes gerichtet ist[52] und schließlich zur Enteignung führt, nicht getroffen werden.

---

[46] Dies ist entgegen dem Ansatz des BVerfG in dessen Rückerwerbsentscheidung (s. oben Abschn. A-1.1) noch kein enteignungsrechtliches Problem. Hier geht es zunächst um eine normativ sachgerechte Erfassung der eigentlichen Planungsfrage. Zu den individualrechtlichen Bezügen der planerischen Erfassung s. nachstehend Abschn. B-7.1.4 zur enteignungsrechtlichen Problematik nachstehend Abschn. B-7.2.

[47] E 38, 175 (186); wie hier BayVGH U. v. 5. 7. 1973 BayVBl. 1973, 498 (499); s. auch *Rabeler*, EPlaR V BVerwG 3.67/S. 8.

[48] s. weiter BGH U. v. 19. 12. 1966 (Anm. 38).

[49] Darauf weist zutreffend *v. Mutius*, VerwArch 66 (1975), 282 (289 f.) hin.

[50] Ungenau deshalb *Breuer*, Bodennutzung S. 250, der von Variabilität des Zeitablaufes spricht.

[51] Vgl. nur *Böhret*, S. 30.

[52] Vgl. oben in Abschn. B-6.2.1.

Die Befristung der planerischen Ziel-Mittel-Konzeption impliziert bis zu einem gewissen Grad die Unbeachtlichkeit der Entwicklung der in die Entscheidung eingehenden Realfaktoren, obschon diese Änderung mit Sicherheit zu erwarten ist[53]. Die Bedeutung dieses Umstandes erhellt bereits daraus, daß schon bei der Zielfestlegung der Zeitdimension eine über die reine Konkretisierung hinausgehende Funktion zuerkannt werden muß. Indem etwa eine Straße gebaut werden soll, werden gleichzeitig wegen der begrenzten Ressourcen andere Projekte von der Realisierung ausgenommen. Auf diese Weise werden Wertkonflikte, die aufgetaucht sein können, in ein zeitliches Nacheinander aufgelöst[54], wobei Maßstäbe angewandt werden, die in diesem Zeitpunkt als maßgeblich anerkannt sind. Eine Befristung stellt nunmehr unabhängig von der tatsächlichen Entwicklung die Frage nach dem Sein oder Nichtsein der Entscheidung[55]. Geht man davon aus, daß einmal investierte Planungsarbeit nicht vergeblich sein soll, so besteht die Gefahr, daß ein Unternehmen trotz veränderter Umwelt zur Durchführung gelangt. Dies wiederum hat zur Folge, daß zwischenzeitlich in ihrer Wichtigkeit erkannte Projekte nicht ausgeführt werden und die Wertordnung, die an sich eine Ausführung des neueren Projektes gebietet, aufgrund von nicht in ihr selbst liegenden Umständen umstrukturiert wird[56].

Auf der anderen Seite ist eine Befristung auch generell geeignet, diese erfahrungsgemäß mit dem Fortschreiten der Zeit eintretenden Strukturänderungen aufzufangen. Die eine Prognose beinhaltende Zweckbestimmung bezieht sich notwendig auf die Wertigkeit des Zieles innerhalb des Durchführungszeitraumes. Eine Befristung der Entscheidung hat zur Folge, daß der Zeitraum, in dem Änderungen der Umwelt eintreten können, festgelegt wird und so gleichzeitig die Menge der Variablen abnehmen muß. Prognosezeitraum[57] und Geltungszeitraum können so zur Deckung gebracht werden und auf diese Weise gleichsam eine immanente zeitliche Beschränkung zukunftsgerichteter Entscheidungen zum Ausdruck bringen. Der der Befristung entsprechende Zeitablauf wird so zum Indiz der Änderung der Sachlage. Die Überlegungen führen zu der Frage, ob die Gefahr eines Realisierungszwanges trotz veränderter Umwelt durch unterschiedliche Anknüpfungspunkte für eine Befristung gemildert werden kann. Die grundsätzlichen Schwierigkeiten einer planerischen Bestimmung des Beginns der Baumaßnahme oder der Durchführung dürften im wesentlichen gleich sein[58]. Es läßt sich allen-

---

[53] Vgl. Angabe oben in Anm. 24.

[54] *Luhmann*, Knappheit S. 155 f.

[55] So die Formulierung *Luhmanns* (Anm. 54) S. 147.

[56] *Luhmann* (Anm. 54) S. 148 und 152.

[57] Zur zeitlichen Konkretisierung s. oben Abschn. B-5.2.1.

[58] Zu den unterschiedlichen Anknüpfungszeitpunkten vgl. Angaben oben in Anm. 13 und 14.

falls sagen, daß der Beginn der Durchführung[59], der in der Berechnung des Durchführungszeitraumes als Rechnungsposten enthalten ist, als zeitliche Mindestvoraussetzung leichter festzusetzen ist als der umfassendere Durchführungszeitraum selbst. Erhebliche Unterschiede sind dagegen insoweit zu erwarten, als die Auswirkungen auf die Flexibilität des Verwaltungshandelns und die Realisierung von Werten in ihrer vorstehend beschriebenen zeitlichen Konkretheit in Rede steht. Die Offenhaltung von Endpunkt und Realisierungsphase ermöglicht eine umfassendere Berücksichtigung von Änderungen der Umwelt als es die Fixierung des Durchführungszeitraumes vermag. Dies folgt daraus, daß der Durchführungsträger nicht zur Realisierung des Gesamtprojektes innerhalb einer bestimmten Zeitspanne verpflichtet ist, um ein Erlöschen der Planwirkungen zu vermeiden. Hinzu kommt, daß nach Fertigstellung bestimmter Stadien auch eine Fortführung erwartet werden kann, da ansonsten bisherige Investitionen in bezug auf das Projekt entwertet würden.

Die negativen Folgen, die in planerischer Hinsicht eintreten können, lassen sich also in bestimmtem Umfang mildern. Auf der anderen Seite kann aber eine Übereinstimmung mit den maßgeblichen Umständen auch durch eine unabhängig von einer Befristung bestehende Aufhebungsverpflichtung des Planungsträgers erreicht werden[60]. Diese Feststellungen machen es erforderlich, den Einfluß der maßgeblichen individualrechtlichen Aspekte aufzuzeigen.

7.1.4 Individualrechtliche Aspekte einer Einschränkung der zeitlichen Geltungskraft

7.1.4.1 Die Befristung

Die Bewältigung der mit zukunftsgerichteten Entscheidungen verbundenen individualrechtlichen Belastungen hat von der Grundüberlegung auszugehen, daß diesen Entscheidungen und insbesondere Plänen das Moment der Dynamik immanent ist. Für den einzelnen Bürger wird ein Moment der Unsicherheit in seine Rechtssphäre getragen, soweit er von diesen Entscheidungen betroffen ist. Bereits die Lösungsversuche des Gesetzgebers haben gezeigt, daß das Recht daran nicht vorbeigehen kann. Sicherlich ist es zutreffend, wenn ausgeführt wird, daß unbefristete Beschränkungen der Eigentümerbefugnisse über eine Sozialbindung hinausgehen und deshalb Enteignungswirkungen hervorbringen können[61].

---

[59] Zu den Anforderungen an den Beginn *Friesecke*, § 21 Rdnr. 13: Erforderlich ist eine reale Veränderung der Umwelt; zur Mißbrauchsgefahr s. Musterentwurf 1963 S. 223; zur Durchführung *Böhm*, § 34 Anm. 9.

[60] Vgl. aber auch § 77 VwVfG, der die Aufhebungsverpflichtung nur für den Fall der Aufgabe des Vorhabens vorsieht und deshalb den mit der Änderung von planungserheblichen Umständen eintretenden Fall nicht direkt anspricht.

[61] So bes. die Kritik *Forsthoffs* in: Fschr. f. Maunz S. 97.

Diese Feststellung entbindet jedoch nicht von der Aufgabe, im Vorstadium der Enteignung planerisch sinnvolle Einschränkungen des Unsicherheitsfaktors zu entwickeln, um die dem Grundsatz nach wegen der Sozialbindung gerechtfertigte Belastung möglichst gering zu halten.

Ist die zeitliche Geltungskraft zukunftsgerichteter und auf die Realisierung eines Objektes gerichteter Entscheidungen nicht eingeschränkt, so werden alle Betroffenen auf Dauer in einen Zustand der Unsicherheit versetzt. Dieser Zustand muß normativ als Belastung eingestuft werden[62]. Von Bedeutung ist hier auch die Tatsache, daß die Planungsentscheidung mit der Feststellung des Planes aus dem konzeptionellen Stadium herausgetreten ist und sich nunmehr direkt auf die Realisierung richtet. Die als Belastung durch Bewirkung eines Schwebezustandes verstandene Beeinträchtigung muß sich somit an rechtsstaatlichen Anforderungen messen lassen. In einer abgewandelten Form wird hier das Prinzip der Berechenbarkeit von Rechtsfolgen relevant[63]. Solange die Entscheidung aufrechterhalten wird, ist der Betroffene der Unsicherheit über die Ausführung ausgesetzt. Diese Unsicherheit endet erst mit der Ausführung oder der ausdrücklichen Aufhebung der Entscheidung. So ist es z. B. durchaus denkbar, daß ein Betroffener bereit ist, eine Entwicklung abzuwarten. Dies wird ihm indessen außerordentlich erschwert, wenn er keine Sicherheit über die endgültige Abwicklung des Vorhabens erlangen kann. Daß auch den Individualinteressen innerhalb von dynamischen und potentiell auf Änderungen angelegten Entscheidungen Rechnung zu tragen ist, zeigt sich nicht zuletzt an der Diskussion um das Plangewährleistungsrecht, wo nach Wegen zur Aufrechterhaltung eines einmal projektierten Zustandes gesucht wird[64]. Hiermit wird ein gewisses Spannungsverhältnis deutlich: Einerseits kann das Individualinteresse nach Aufrechterhaltung einer Entscheidung streben und somit einen begünstigenden Vertrauenstatbestand anführen. Mit der jetzigen Fragestellung tritt das in der Unsicherheit über die tatsächliche Realisierung als Belastung zu qualifizierende Moment in den Vordergrund. Hat der Betroffene im Regelfall kein Recht auf Durchsetzung einmal getroffener Planungsentscheidungen[65], wird seinem Interesse an der Beseitigung der Unsicherheit am ehesten durch ein Außerkrafttreten der Entscheidung ähnlich dem § 77 Abs. 4 VwVfG ohne Möglichkeit einer Verlängerung für den Planungsträger Rechnung getragen[66]. Es ist indessen fraglich, ob auf diese Weise die Planungserfordernisse einerseits sowie

---

[62] Zur Eigenständigkeit des Belastungsmomentes s. auch *Blümel*, Planfeststellung II S. 356.

[63] Allg. dazu *Wolff / Bachof* (Anm. 5) § 30 I a S. 175.

[64] Vgl. oben Abschn. B-6.2.2.2 mit Anm. 61.

[65] Vgl. oben Abschn. B-6.2.2.2 a. E.

[66] So bereits der Musterentwurf 1963 § 61 Abs. 2.

die schutzwürdigen Belange des Einzelnen andererseits sinnvoll aufeinander abgestimmt sind[67].

Eine Möglichkeit zum Ausgleich dieser Nachteile bietet die Verlängerung der in Planungsentscheidungen vorgesehenen Befristungen[68]. Die Verlängerung trägt planerisch dem Umstand Rechnung, daß bei Durchführung der Entscheidung Schwierigkeiten auftreten, die eine fristgerechte Fertigstellung verhindern. Zu klären ist, unter welchen Voraussetzungen eine solche Verlängerung vorgenommen werden darf. Knüpft man allein daran an, daß ein Vorhaben noch nicht beendet ist[69], so wird die Schutzfunktion der Befristung ausgehöhlt. Entscheidend müssen hier vielmehr durchführungsbedingte und damit abschlußbezogene Faktoren werden. Da es um die Aufrechterhaltung der ursprünglichen Entscheidung geht, kann eine Verlängerung nur dann in Betracht kommen, wenn die Voraussetzungen für den Erlaß der Maßnahme noch vorliegen[70]. Vermieden wird dadurch die Gefahr, daß der Träger des Projektes einem faktischen Zwang ausgesetzt wird, das Verfahren auch dann durchzuführen, wenn dies nicht opportun erscheint.

Auch bei dieser Lösung bleibt der Schwebezustand für die Betroffenen in gewissem Umfang bestehen. Er wird in seiner belastenden Wirkung jedoch gemildert. Dies wird dadurch erreicht, daß nur planungsimmanente Faktoren zu einer Verlängerung berechtigen und eine inhaltliche Überprüfung nach Ablauf eines bestimmten, der ursprünglichen Zeit-Ziel-Vorstellung entsprechenden Zeitraumes auch formal gesichert ist.

Erkennt man die Bedeutung von Befristungen als Ausgleich belastender Unsicherheitsfaktoren bei Prognoseentscheidungen grundsätzlich an, so stellt sich die Frage, ob aus individualrechtlichen Gründen Unterschiede zwischen einem auf den Beginn oder die Durchführung selbst bezogenen Zeitraum zu machen sind. Vollständig beseitigt wird der Schwebezustand erst mit der Durchführung der Maßnahme. Der dadurch bestimmte Zeitraum ist somit an sich am ehesten geeignet, den Schutzintentionen Rechnung zu tragen. Damit wäre gleichzeitig eine nicht unerhebliche Erschwerung der Tätigkeit des Durchführungsträgers zu erwarten. Der Schwebezustand würde auf der anderen Seite bereits dann in den für die Betroffenen negativen Auswirkungen gemildert, wenn

---

[67] Sachgerecht insoweit, als damit eine Umstrukturierung der Werte nicht gefährdet wird; dazu oben in Anm. 56.

[68] Zur Verlängerung der enteignungsrechtlichen Verwendungsfrist s. nachstehend Abschn. 7.2.5.

[69] Das ist immer dann der Fall, wenn allein auf den Beginn der Durchführung abgestellt wird, nicht aber auf die Durchführung selbst; s. dazu vorstehend in Abschn. B-7.1.1.

[70] Eine funktional gleichartige Regelung enthält § 42 Abs. 1 S. 2 LBeschG für die vorläufige Besitzeinweisung; dazu *Blümel*, Planfeststellung II S. 356.

auf den Beginn abgestellt und eine kontinuierliche Fortführung verlangt würde. In diesem Moment steht für den Bürger fest, daß es letztlich zur Durchführung kommen wird, weil ansonsten die über die Planungsentscheidung hinausgehenden Maßnahmen mit Sicherheit nicht getroffen worden wären.

Dieses Erfordernis einer Befristung kann nicht unter Hinweis auf eine Beteiligung der Betroffenen abgelehnt werden[71]. Der Zeitaufwand für die Beteiligung kann als Realfaktor selbst in die Entscheidung eingehen und ist so einer planerischen Erfassung zugänglich. Sollte das nicht möglich sein, so wären in der Tat erhebliche Bedenken gegen eine Erweiterung der Partizipationsmöglichkeiten anzumelden[72]. Klarstellend ist hingegen darauf hinzuweisen, daß eine Partizipation an der Planungsentscheidung die Befristung auch nicht entbehrlich macht, da sie nur auf den Entscheidungsinhalt einwirkt[73], nicht aber die darin liegende Unsicherheit beseitigen kann.

7.1.4.2 Die funktionale Bedeutung von Übernahmerechten

Übernahmerechte sehen vor, daß betroffene Eigentümer entweder nach Ablauf einer bestimmten Frist nach Eintritt der Bestandskraft der Entscheidung für ein bestimmtes Vorhaben[74] oder aber bei Eintritt einer unzumutbaren Belastung, die auch vorher schon gegeben sein kann[75], die Übernahme des Grundstückes durch den jeweiligen Bedarfsträger verlangen können. Es stellt sich die Frage, ob damit hinsichtlich des planungsbedingten Unsicherheitsfaktors ein planungsadäquater Ausgleich geschaffen ist[76]. Mit der Übernahme durch den Bedarfsträger tritt genau die Situation ein, die die Rechtsstellung des enteigneten Grundeigentümers kennzeichnet: Der Betroffene verliert das Eigentumssubstrat und erhält an dessen Stelle einen Geldanspruch (Art. 14 Abs. 3 Satz 2 GG). Dieser Status ist im Vergleich zu der Erhaltung des Eigentumssubstrates als minderwertig anzusehen[77]. Während das verfassungsrechtliche Gemeinwohlerfordernis eine Ausführung des Unternehmens verlangt[78], tritt hier außerdem der Verlust möglicherweise schon in einem relativ frühen Stadium ein. Dieser Substanzverlust kann auch nicht als

[71] Vgl. vorstehend Abschn. B-7.1.1.

[72] Kritisch insgesamt *Blümel* in: Fschr. f. Forsthoff II S. 33 ff.

[73] Zum Begriff der Partizipation *Lange*, EvStL Sp. 1779 (1779 f.).

[74] Vgl. § 40 Abs. 2 BBauG; § 34 Abs. 5 S. 2 HessStrG, dazu *Böhm*, § 34 Anm. 10.

[75] Aus neuerer Zeit: BGH U. v. 25. 11. 1974 NJW 1975, 384 mit Anm. *Prokop*, NJW 1974, 874 jeweils m. w. Nachw.

[76] Zu den Unsicherheitsfaktoren s. oben Abschn. B-7.1.2.

[77] Zum Vorrang der Substanzgarantie s. Abschn. B-4.2.2.

[78] Vgl. oben Abschn. B-5.3.

freiwillig bezeichnet werden, da der von der Entscheidung betroffene Bürger nur so die Unsicherheit in bezug auf die aktuelle Inanspruchnahme für die Zukunft ausschließen kann. Die Frage, ob Übernahmerechte eine verfassungskonforme Ausgestaltung des Entschädigungserfordernisses darstellen[79], ist zweitrangig. Entscheidend ist zunächst, ob der Eingriff materiell-rechtlichen Anforderungen genügen kann.

Erkennt man den durch die zukunftsgerichtete Entscheidung bewirkten Schwebezustand als rechtlich bedeutsam an, so muß die Fragestellung lauten, ob nicht bereits deshalb eine Einschränkung der zeitlichen Geltungskraft geboten ist. Erst auf der Grundlage der Feststellung, daß eine solche zeitliche Fixierung nicht möglich ist oder aber infolge der zeitlichen Erstreckung, insbesondere während eines möglicherweise bestehenden Verlängerungszeitraumes, Enteignungswirkungen eingetreten sind, ist die Frage der Entschädigung zu stellen. Hier können dann auch Übernahmerechte Bedeutung erlangen. Die grundsätzliche Fragestellung nach dem Erfordernis einer Befristung wird dadurch indessen nicht entbehrlich.

Besonderheiten finden sich im hessischen Straßenrecht. Nach § 34 Abs. 5 Satz 2 hessStrG kann ein Betroffener nach Ablauf von 3 Jahren ab Bestandskraft der Planfeststellung ein Übernahmerecht geltend machen, während im Fall der Besitzeinweisung für die Durchführung eines planfestgestellten Vorhabens eine Frist von 5 Jahren für ein derartiges Verlangen maßgebend ist[80]. Der Sache nach besteht hier ein Wahlrecht zugunsten des betroffenen Grundeigentümers[81]. Eine solche Regelung erweckt Zweifel hinsichtlich ihrer inneren Folgerichtigkeit[82], da die Besitzeinweisung ihrerseits eine Planfeststellung voraussetzt[83] und auch größere Einschränkungen der Eigentümerbefugnisse mit sich bringt[84], so daß von daher die Belastung mit den Unsicherheiten der Planfeststellung geringer zu veranschlagen ist. Dieses früher eintretende Übernahmerecht kann als zusätzliche kompensatorische Sicherung angesehen werden. Planerisch erscheint eine solche Regelung nicht erstrebenswert, da der Durchführungsträger in einem relativ frühen Stadium einer zusätzlichen finanziellen Belastung ausgesetzt wird.

Zusammenfassend ist nach den bisherigen Überlegungen festzuhalten, daß eine Befristung planerischer, zukunftsorientierter Maßnahmen er-

[79] In diesem Sinn etwa *Schmidt-Aßmann* (Anm. 33) S. 236; s. auch *Bielenberg* (Anm. 34) § 15 Rdnr. 100.

[80] Vgl. § 13 Abs. 2 und Abs. 3 HessStrG.

[81] Wie hier *Böhm*, § 34 Anm. 10.

[82] Zu verfassungsrechtlichen Bedenken führt die Regelung im Ergebnis nicht, da die Rechtssphäre der Betroffenen erweitert wird.

[83] Vgl. allg. *Hoppe* (Anm. 7) Rdnr. 226 ff.

[84] s. nur *Böhm*, § 36 Anm. 6.

forderlich ist, um das materiell als Belastung zu qualifizierende Unsicherheitsrisiko zu mildern. Eine solche Regelung ist planerisch bei Einräumung eines Verlängerungsrechtes zugunsten des Planungsträgers möglich. Der Vorteil gegenüber der an sich auch denkbaren Überprüfungspflicht durch den Entscheidungsträger[85] liegt darin, daß der Einzelne von einem Tätigwerden entlastet und das Risiko der Verlängerung von ihm abgewälzt wird. Die darin liegende mittelbare Stärkung der Rechtsstellung ist geboten, da das Risiko von außen auf den Betroffenen zukommt und nicht von ihm veranlaßt ist.

7.2 Die zeitliche Geltungskraft von Enteignungsakten

Das zur Befristung zukunftsgerichteter Entscheidungen führende Moment der Unsicherheit wird dann, wenn es aufgrund dieser Maßnahme zu einem Eingriff im Rahmen der enteignungsrechtlichen Güterbeschaffung kommt, nicht eigentlich endgültig beseitigt. Dies ist allenfalls in einem mehr vordergründigen Sinn der Fall, wenn man allein auf den konkreten Akt als solchen abstellt. Insofern ist für den Betroffenen in der Tat — bezogen auf die aktuelle Rechtseinbuße — jegliche Rechtsunsicherheit beseitigt, die hinsichtlich der tatsächlichen Inanspruchnahme innerhalb des Planungsprozesses bestanden haben mag. Materiell-rechtlich kann eine solche Betrachtung allerdings nicht allein entscheidend sein. Dies folgt daraus, daß die Gemeinwohlklausel in ihrer grundrechtsstützenden Funktion über den Eingriffsakt hinaus wirkt[86].

Daran wird deutlich, daß materiell-rechtlich der Schwebezustand aufrecht erhalten bleibt, weil allein ein zukünftiges Ereignis — nämlich die Ausführung des planmäßig festgelegten Enteignungsunternehmens als Gemeinwohlmittler[87] — ein Urteil über die Legitimation des Eingriffes nach Art. 14 Abs. 3 Satz 1 GG erlaubt. Von daher stellt sich auch hier die Frage, ob die Wirkung von Enteignungsakten unter Einbeziehung des durch die Prognose hervorgebrachten Unsicherheitsmomentes zeitlich zu limitieren ist.

7.2.1 Funktion und Erfordernis einer Einschränkung

Es erscheint zunächst problematisch, ob eine solche zeitliche Limitierung der Wirkungen eines bereits vorliegenden Eingriffes überhaupt eine sinnvolle Funktion erfüllen kann. Durch Befristungen im Planungsrecht soll genrell der Eintritt von Enteignungswirkungen vermieden

---

[85] So *Schiedermair* in: Fschr. f. G. Küchenhoff S. 677.

[86] Dazu oben Abschn. B-5.3.

[87] Zur Funktion des Enteignungsunternehmens als Gemeinwohlmittler s. oben in Abschn. B-5.1.2.

werden[88]. Bezogen auf das Grundrecht aus Art. 14 GG läßt sich eine Befristung als Ausdruck der beschränkten zeitlichen Geltungskraft dort als präventiver Eigentumsschutz verstehen[89]. Einen präventiven Charakter in diesem Sinn kann eine Befristung dann nicht mehr haben, wenn ein am Gemeinwohl ausgerichteter Eingriff bereits vorliegt.

Auf der anderen Seite verbietet indessen die Orientierung des Eingriffs an einem zukünftigen Ereignis die Beschränkung der präventiv verstandenen Schutzfunktion auf den Eingriffsakt, obschon Enteignungswirkungen nicht mehr ausgeschlossen werden können. Um eine volle Wirkung des Eigentumsschutzes zu realisieren, muß der Schutzbereich auf den Zeitraum nach der Enteignung erweitert werden[90]. Dieses Verständnis von Verwendungsfristen bei Enteignungsakten verdeutlicht, daß solche Regeln[91] nicht hinreichend als Abwehr gegen unberechtigte Enteignungswünsche Privater erklärt werden können[92]. Hier handelt es sich vielmehr um ein allgemein gültiges Erfordernis des Grundrechtsschutzes, der sich gerade gegenüber Trägern öffentlicher Verwaltung bewähren muß. Es wird sichergestellt, daß eine durch Enteignung bewirkte Änderung nur dann Bestand hat, wenn dies für die Realisierung eines bestimmten Unternehmens erforderlich ist. Im Endergebnis wird damit einer verfassungsrechtlich problematischen Bodenvorratspolitik der öffentlichen Hand entgegengewirkt. Es darf nicht verkannt werden, daß auch mit einer solchen Einschränkung der Begünstigungswirkung der Enteignungsakt als solcher in seinen individualrechtlich belastenden Auswirkungen nicht gemildert werden kann[93], da die Belastung sofort mit dem Eingriff eintritt. Von einer Stärkung der Eigentümerposition kann allenfalls in einem mehr mittelbaren Sinn gesprochen werden[94], da die zukünftige Wiederherstellung eines der Verfassung entsprechenden Zustandes erleichtert wird.

Läßt sich so eine Funktion der Einschränkung der zeitlichen Geltungskraft des Enteignungsaktes erkennen, so ist damit noch nicht geklärt, ob dies auch erforderlich ist[95] oder aber nur rechtspolitisch wünschenswert

---

[88] s. Angaben oben in Anm. 16.

[89] Dazu auch *Kloepfer*, S. 21 und 28 ff.

[90] Zur Bedeutung der Eigentumsgarantie als Restitutionsgrundlage nachstehend Abschn. B-8.1.

[91] Vgl. § 113 Abs. 2 Nr. 3 BBauG; diese Regelung diente als Vorbild für eine Reihe landesgesetzlicher Enteignungsnormen; vgl. etwa § 30 Abs. 3 Nr. 3 HessEnteigG; § 32 Abs. 2 Nr. 3 NdsEnteigG; Art. 31 Abs. 1 Nr. 3 BayEnteigG. Zu den rückerwerbsrechtlichen Normen und deren Bedeutung s. Abschn. B-3.

[92] So aber *Kodal*, S. 179.

[93] Dazu *Lerche*, S. 165 f.

[94] *Evers* in: Fschr. f. Bridel S. 196.

[95] Zum präventiven Schutzerfordernis s. Angaben in Anm. 16.

wäre[96]. Es genügt nicht, eine Einschränkung in der zeitlichen Geltungskraft isoliert mit Hinweisen auf die „Zweckbindung“[97] zu rechtfertigen. Eine solche Betrachtung vernachlässigt die Zeitdimension, die einerseits das betroffene Eigentumsgrundrecht selbst strukturiert[98] und andererseits eine zu frühe Enteignung verbietet[99].

In einer solchen Situation, die einerseits Unsicherheiten im Hinblick auf die Realisierung des Projektes hervorbringt, andererseits bereits Rechtsänderungen herbeiführt, ist es nicht undenkbar, daß der Gesetzgeber dem Prinzip der Rechtssicherheit einen gewissen Vorrang einräumt und die einmal durch die Enteignung eingetretene Rechtsänderung in ihrem Bestand unberührt läßt[100]. Die Rechtslage stellt sich insoweit im Vergleich mit den nur planerischen Auswirkungen zukunftsgerichteter Entscheidungen anders dar. Dies gilt auch dann, wenn man die begünstigende Wirkung eines Planfeststellungsbeschlusses gegenüber dem Durchführungsträger bedenkt[101]. Bei der planerischen Entscheidung wird allein ein in der Zukunft zu realisierendes Ziel festgeschrieben, dessen aktuelle Durchführung indessen einer Reihe von Variabilitätsfaktoren unterliegt[102]. Im Gegensatz dazu führt die Enteignung bereits zu einem realen Güteraustausch und so zu einem Abschluß dieses Verfahrensabschnitts. Es ist deshalb zu untersuchen, warum das Prinzip der Rechtssicherheit hier gegenüber dem materiellen Eigentumsschutz zurücktreten muß.

Der Sache nach geht es bei dieser Frage um die Abgrenzung der Risikosphären. Es ist zu klären, ob die Unsicherheit der Durchführung und Zweifel daran zu Lasten des Betroffenen oder des aus der Enteignung Begünstigten gehen. Einer Überwälzung dieses Risikos auf den Betroffenen widerspricht der Rang des substantiellen Eigentumsschutzes des Grundgesetzes[103] in der Ausformung, die er durch die Erstreckung der Gemeinwohlklausel über den Enteignungsakt hinaus erfahren hat[104]. Entscheidend wird damit die Unsicherheit über die reale Ausführung des die Enteignung rechtfertigenden Objektes. Dieses Risiko muß im Zusammenhang damit gesehen werden, daß die Enteignung regelmäßig auf endgültige und nicht nur vorläufige Rechtsänderungen gerichtet

---

[96] So *v. Stein*, S. 336.

[97] In diesem Sinn *v. Stein*, S. 336.

[98] Zur Zeit als Schranke des Eigentums s. *Evers* in: Rechtsschutz im Sozialrecht S. 64 sowie unten Abschn. 8 in Anm. 3 f.

[99] Dazu *Seufert*, Art. XII ZAG Rdnr. 30.

[100] Dazu *Lerche*, S. 166 mit FN 17.

[101] Vgl. oben Abschn. B-6.2.2.2 mit Anm. 81.

[102] Vgl. zu den variabilitätsbestimmenden Faktoren Abschn. B-6.2.2.1.

[103] Dazu oben Abschn. B-4.2.2.

[104] Dazu oben Abschn. B-5.3.

ist[105]. Hiernach muß in bezug auf die Person des Betroffenen eine Lösung als nicht im Einklang mit einem effektiven Grundrechtsschutz stehend angesehen werden, die dem Unsicherheitsfaktor nicht Rechnung trägt und dem Betroffenen aus Gründen der Rechtssicherheit die Berufung auf die materielle Rechtslage verbietet. Wird einem Privaten ein Risiko aufgebürdet, so ist es einzuschränken. Das ist hier grundsätzlich möglich durch eine Einschränkung der zeitlichen Geltungskraft der Entscheidung.

Diesem Gebot eines effektiven Grundrechtsschutzes über formale Sicherungen kann nicht dadurch genügend Rechnung getragen werden, daß dem Betroffenen selbst die Befugnis eingeräumt wird, nach Ablauf einer Frist eine Entscheidung darüber herbeizuführen, ob das Unternehmen noch realisiert werden soll[106]. Auf diese Weise wird zwar der Schutzbereich für den Eigentümer erweitert. Dies geschieht jedoch nur durch Schaffung eines neuen Risikos, wenn etwa Streit über die zu beachtenden Zeiträume entsteht und ein Prozeß erforderlich werden sollte. Dem kann dadurch begegnet werden, daß solche Fristen bereits in die eigentliche Enteignungsentscheidung Eingang finden. Verfassungsrechtlich ist außerdem zu beachten, daß eine andere Auffassung zu einer Umkehr der Schutzlast führt. Ausschlaggebend ist die Pflicht des enteignenden Trägers öffentlicher Verwaltung, die Grundrechte des Einzelnen zu sichern.

Problematisch ist in diesem Zusammenhang, ob ein mit der Einschränkung der zeitlichen Geltungskraft zu erwartender „faktischer Zugzwang" zu den oben bereits aufgeführten negativen Auswirkungen führen muß[107]. Dieser Zwang erscheint indessen hier als nicht so schwerwiegend, da die planerische Entscheidung in eine weitere Stufe getreten ist und bereits konkrete Durchführungs- bzw. Vorbereitungsmaßnahmen mit der Enteignung eingeleitet wurden. Außerdem muß davon ausgegangen werden, daß die Zeitdimension im Moment der Enteignung leichter faßbar ist, als im eigentlichen Projektierungsstadium, in dem einzelne Schwierigkeiten in ihrer zeitlichen Auswirkung nicht ohne weiteres erkennbar sind. Die Einschränkung der zeitlichen Geltungskraft ist zudem Ausdruck dessen, daß im Moment der Enteignung zu prüfen ist, ob diese *bereits* erforderlich ist. So setzt sich zwar die generelle Problematik zukunftsgerichteter Entscheidungen in der Enteignungsmaßnahme fort, eine Lösung stößt jedoch hier nicht auf unüberwindliche Schwierigkeiten. Gleichzeitig wird damit auch deutlich, daß aufgrund des Variabilitätserfordernisses eine Verlängerungsmöglichkeit nicht allgemein aus-

---

105 Vgl. oben Abschn. B-5.3.3 mit Anm. 21.

106 Zu dieser Einschränkung *Schiedermair* (Anm. 85) S. 677.

107 Zur Problematik innerhalb der enteignungsrechtlichen Verwendungsfrist *Schütz / Frohberg*, § 87 Anm. VI; zu den negativen Auswirkungen des planerischen ‚Zugzwanges' vgl. oben Abschn. B-7.1.3 mit Anm. 52 ff.

geschlossen werden darf. Es kann aber nicht davon ausgegangen werden, daß Einschränkungen der zeitlichen Geltungskraft grundsätzlich zu Verzögerungen im Enteignungsverfahren führen können, wie dies vereinzelt angenommen wird[108].

Die Forderung nach Ausweitung des präventiven Grundrechtsschutzes im Wege der Einschränkung der zeitlichen Geltungskraft könnte noch auf den Einwand stoßen, daß die Nichtausführung des Unternehmens die Ausnahme innerhalb eines Enteignungsverfahrens sei und der Gesetzgeber deshalb in der die Enteignung ermöglichenden Norm von einer entsprechenden Regelung absehen dürfte. Funktional läßt sich eine derartige Generalisierung als Vereinfachung des Regelungskomplexes verstehen[109], die dem eine Vielzahl von Fällen regelnden Gesetzgeber, nicht jedoch der Einzelfälle entscheidenden Verwaltung erlaubt sein mag. So hat etwa das Bundesverfassungsgericht die Generalisierungsbefugnis des Gesetzgebers anerkannt, indem es atypische individuelle Interessenlagen nicht zum Maßstab von Gesetzen machte[110] und Typisierungen anhand der Regel gestattete[111]. Diese Auffassung hat nicht zuletzt ihren Niederschlag im Bereich der Eigentumsgarantie gefunden, wenn die Rechtsprechung Gesetze mit atypischen Enteignungswirkungen nicht mit dem Verdikt der Verfassungswidrigkeit wegen eines Verstoßes gegen die Junktimklausel belegte[112]. Doch auch im Bereich der zulässigen Generalisierung ist die Verpflichtung anerkannt, in bestimmtem Umfang Dispensierungsmöglichkeiten[113] und Härteausgleichsregeln vorzusehen[114], die diesen besonderen Auswirkungen Rechnung tragen sollen. Für unsere Fragestellung bedeuten diese Erwägungen, daß sich die Generalisierungsbefugnis an der Sachstruktur des Regelungsgegenstandes und den dem Prozeß der Entscheidung eigentümlichen Determinanten[115] orientieren muß. Das aber hat zur Folge, daß die Unsicherheit der Realisierung, die der Entscheidung immanent ist, einer Generalisierung im vorgenannten Sinn widerstreitet. Die eine Enteignung ermöglichende Norm muß deshalb die vorstehend angeführten Befristungen enthalten[116].

---

[108] So ohne Begründung *Kodal*, S. 179.

[109] *Noll*, S. 58.

[110] Beschl. v. 9. 3. 1971 E 30, 250 (263).

[111] U. v. 22. 5. 1963 E 16, 147 (166).

[112] s. Angaben bei *Wolff / Bachof* (Anm. 5) § 62 IV b) 2. S. 550.

[113] Dazu *Erichsen*, DVBl. 1967, 269 ff.

[114] Beschl. d. BVerfG E 30, 292 (327).

[115] Zu deren normativer Bedeutung *Hoppe*, DVBl. 1974, 641 (643).

[116] Zum Einfluß der Rechte des Enteigneten auf die in der Enteignung erwerbbare Rechtsstellung vgl. vorstehend Abschn. B-6.

7.2.2 Die technische Ausgestaltung der Einschränkung der zeitlichen Geltungskraft

Eine Einschränkung der zeitlichen Geltungskraft kann insbesondere mit dem Instrumentarium der verwaltungsrechtlichen Nebenbestimmungen erreicht werden[117], die eine Anpassung an eine Veränderung der für die Entscheidung maßgeblichen Umstände ermöglichen. Für den Bereich der eigentlichen Planungsentscheidung konnte entsprechend den gesetzlichen Vorbildern eine Befristung bereits eine angemessene Lösung aufzeigen[118]. Überlegungen zum Verhältnis von Rechtssicherheit und Unsicherheitsmoment in der Enteignung[119] haben gezeigt, daß für den Enteignungsakt Besonderheiten zu beachten sind. Es erscheint fraglich, ob das Institut der Befristung, das ein automatisches Außerkrafttreten der Enteignungsmaßnahme zur Folge hat, eine adäquate Regelung darstellt.

Unter einem anderen Gesichtspunkt wird etwa von *Stummer* die Unzweckmäßigkeit einer Befristung behauptet, da gerade die Frage, wann und ob eine Herstellung des Unternehmens vorliegt, zu großen Zweifeln und Unklarheiten Anlaß geben müsse[120]. Hiermit läßt sich indessen die Eignung der Befristung als präventiver Grundrechtsschutz nicht generell in Frage stellen. Wäre das der Fall, so müßte bereits die Zulässigkeit der Enteignung mangels Konkretheit des Objektes in zeitlicher[121] und sachlicher[122] Hinsicht in Frage gestellt werden. Auch die Behauptung, die Festlegung eines Endtermines, der nicht vom Verhalten des Begünstigten abhängig sein soll, stelle kein Mittel dar, um den Begünstigten zur Erfüllung des Enteignungszweckes anzuhalten[123], trifft nicht den Kern der Problematik. Allein maßgeblich ist die Sicherung des Eigentumsgrundrechtes des Betroffenen, das durch die Inanspruchnahme für ein in der Zukunft liegendes Ereignis in erhöhtem Maße gefährdet ist. Dieser Befund verbietet einen Rückgriff auf die Person des Begünstigten in dieser Weise. Im übrigen erscheint die These auch deshalb fragwürdig, da es der Begünstigte im Regelfall — nämlich durch Ausführung des Unternehmens — in der Hand hat, etwaige Erlöschenswirkungen zu vermeiden. Insgesamt wird hier die Anfechtbarkeit der an anderer Stelle bereits abgelehnten These von der positiven Zweckbindung der enteigneten Sache deutlich[124].

---

[117] Dazu allg. *Wolff / Bachof* (Anm. 5) § 49 S. 409 ff.

[118] s. dazu vorstehend Abschn. 7.1.4.1.

[119] Zum Grundsatz der planungsimmanenten Variabilität sowie dessen rechtlicher Problematik s. oben Abschn. B-6.2.2.1.

[120] S. 153.

[121] Vgl. oben in Abschn. B-5.2.1.

[122] Zu diesen Konkretisierungsfaktoren s. Abschn. B-5.2.1.

[123] So aber *Stummer*, S. 153.

[124] Zu den Einzelheiten vgl. oben Abschn. B-6.2.

Die Ausgestaltung der zeitlichen Begrenzung hat sich mithin primär am Eigentumsschutz des mit der Enteignung überzogenen Eigentümers auszurichten. Erst sekundär ist die Person des Begünstigten von Bedeutung. Danach muß eine Befristung im Sinne eines automatischen Erlöschens auch gegen den Willen des betroffenen Eigentümers als Verstoß gegen die verfassungsrechtliche Systematik des grundrechtlichen Eigentumsschutzes angesehen werden, weil die Entschädigung dadurch in ihrer materiellen Ausgleichsfunktion nachhaltig beeinträchtigt wird. Dies ergibt sich aus der mit dem Außerkrafttreten der Entscheidung notwendig eintretenden Folge, daß die Entschädigung rückabzuwickeln ist[125], auch wenn dadurch für den ehemaligen Eigentümer erhebliche Schwierigkeiten auftauchen. Damit wirkt im Ergebnis das aus der Prognoseelemente enthaltenden Entscheidung folgende Moment der Unsicherheit in die Entschädigung hinein, da der Betroffene nicht auf Dauer damit rechnen kann, diesen Ausgleich zu behalten. Eine solche Folge müßte die ohnehin mit dem Substanzverlust eintretende Einschränkung des Dispositionsfreiheitsraumes weiter beeinträchtigen.

Die verfassungsrechtliche Einbindung zeigt, daß die Erlöschenswirkungen nur auf Antrag eintreten können, um den Freiheitsraum des Einzelnen von staatlich veranlaßten Unsicherheiten freizuhalten. Diesen Anforderungen entsprechen im Grundsatz auch die gesetzlich vorgesehenen Regelungen der Verwendungsfristen, die nur einen Zeitraum für die Durchführung des Unternehmens festlegen und dann auf Antrag den Rückerwerbsmechanismus in Gang setzen[126]. Damit wird der Grundrechtsschutz über die Enteignungsmaßnahme hinaus verstärkt. Ein materieller Aufhebungsanspruch des Betroffenen stellte nur eine unzureichende Absicherung dar[127]. Der Enteignete müßte dann im Ergebnis darlegen, daß die Enteignungsvoraussetzungen nicht mehr vorliegen. Dies muß zu erheblichen Schwierigkeiten führen, da er nur ungenügenden Einblick in die Grundlagen der planerischen Entscheidung hat.

7.2.3 Auswirkungen der Interdependenz von Planungsentscheidung und Enteignungsmaßnahme auf die zeitliche Geltungskraft

Angesichts der Verknüpfung von Planungsentscheidung und Enteignungsmaßnahme[128] fragt sich, welche Folgerungen sich daraus für Fristen innerhalb von Enteignungsmaßnahmen ergeben. Aus der Funktion der Planungsentscheidung als Konkretisierung des Gemeinwohlerfor-

[125] Zu den Einzelheiten nachstehend Abschn. B-14.

[126] Vgl. nur § 102 BBauG; zur Gesetzeslage insgesamt s. oben Abschn. B-3.1.

[127] Vgl. dazu *Schiedermair* (Anm. 85) S. 667 f. und 670 f.

[128] Vgl. bereits oben in Abschn. A-1.3.

dernisses in sachlicher und auch zeitlicher Hinsicht[129] folgt, daß eine Enteignung dann nicht vom Gemeinwohl gedeckt ist, wenn von der Planungsentscheidung keine Wirkungen mehr ausgehen[130]. Ist etwa als Realisierungszeitraum in einem Planfeststellungsbeschluß ein Zeitraum von 5 Jahren festgesetzt, so darf der in dem Enteignungsbeschluß festgesetzte Verwendungszeitraum, wenn es z. B. erst nach 3 Jahren zu einer Enteignung kommt, nicht länger als die noch verbleibenden 2 Jahre sein. Die zeitliche Geltungskraft von Enteignungsmaßnahmen kann mithin nicht über die der zugrundeliegenden Entscheidung hinausgehen.

Kann der Beginn der Durchführung des Planes dessen Außerkrafttreten verhindern, so fragt sich, ob die Enteignungsmaßnahme einen derartigen Beginn darstellt. Eine Veränderung der Umwelt wird dadurch sicherlich herbeigeführt[131], da Belastungen des Eigentums stattfinden oder dieses sogar gänzlich entzogen wird. Ein Beginn der Ausführung in planerischer Hinsicht, nur darauf kommt es hier an, kann darin noch nicht gesehen werden, weil eine reale Änderung der Umwelt im Hinblick auf das eigentliche Vorhaben noch nicht gegeben ist. Die Enteignung bereitet die Durchführung selbst erst vor[132]. Damit soll nicht angezweifelt werden, daß aus Rechtsschutzgründen die Enteignungsmaßnahme als Vollziehung der Planfeststellung angesehen werden muß und dementsprechend die Vollziehbarkeit des Planfeststellungsbeschlusses voraussetzt[133]. Hier handelt es sich indessen um die umgekehrte Fragestellung: Inwieweit kann die Enteignungsmaßnahme ein Außerkrafttreten der Entscheidung verhindern, die ihrerseits Grundlage für die Enteignung ist. Diese Möglichkeit muß aus Rechtsschutzgründen ausgeschlossen werden, da die Rechtmäßigkeit des Eingriffs in das Eigentum *abhängig* von der Existenz und Vollziehbarkeit der zugrundeliegenden Planungsentscheidung ist, sie ihrerseits aber nicht in deren Wirksamkeit zu stützen vermag.

Weiterhin fragt sich, welche Bedeutung die in die planerische Befristung eingehende Zeit- Ziel-Vorstellung für die Bemessung der zeitlichen Geltungskraft der Enteignungsmaßnahme hat. Heute ist allgemein anerkannt, daß mit der außerenteignungsrechtlichen Planfeststellung jedenfalls die räumliche Festlegung des Projektes mit bindender Wirkung auch für das Enteignungsverfahren durchgeführt worden ist[134]. Inwieweit auch

[129] Dazu Abschn. B-5.2.1.

[130] Zum Außerkrafttreten zeitlich limitierter Planungsentscheidungen s. Abschn. 7.1.1.

[131] Vgl. dazu oben in Anm. 59.

[132] Dies folgt aus dem instrumentalen Charakter der Enteignung; dazu oben B-6.2.1.

[133] So zutreffend das BVerwG U. v. 6. 7. 1973 DöV 1973, 785 (786).

[134] Vgl. *Blümel* (Anm. 62) S. 310 f. sowie *Hoppe* (Anm 7) Rdnr. 43 jeweils m. w. Nachw.; zur Problematik des Bebauungsplanes, der kein Enteignungsplan

die fachplanerischen Befristungen eine solche Bindung für die nachfolgende Enteignung bewirken, ist dagegen ungeklärt. Das Bundesverfassungsgericht hat in diesem Zusammenhang ohne Unterscheidung auf die fachplanerischen und enteignungsrechtlichen Verwendungsfristen hingewiesen[135]. Dieses Vorgehen des Gerichtes legt die Annahme nahe, daß es grundsätzlich diese Fristen aus dem Fachplanungsrecht als auch für den Eigentumsschutz in der Enteignung adäquate Regeln ansieht. Bereits von der Funktion derartiger Fristen her betrachtet erscheint eine solche Gleichsetzungsmöglichkeit zweifelhaft. Die Zeit-Ziel-Vorstellung, die diese Fristen zum Ausdruck bringen, hat zunächst einmal nur die Aufgabe, den Plan als Aktionsmodell operationabel zu machen[136]. Diese primär planerische Zielrichtung wird auch an den diesbezüglichen Regeln des Bundesfernstraßengesetzes deutlich[137]. Hier sollten zunächst durch die Übernahmeansprüche planungsbedingte Unsicherheiten über die Realisierung ausgeschlossen werden, und durch eine erneute Überprüfung der entscheidungserheblichen Umstände nach Ablauf eines längeren Zeitraumes zwischen Planfeststellung und Ausführung planungsbedingten Besonderheiten Rechnung getragen werden[138]. Für die Enteignung ist es indessen erforderlich, sie erst in einem relativ späten Zeitpunkt durchzuführen, um so den Eigentümer möglichst lange in seiner substantiellen Eigentümerstellung[139] zu belassen. Dies gilt auch dann, wenn bereits von der Planfeststellung Beeinträchtigungen ausgehen. Es kann nicht ausgeschlossen werden, daß der Eigentümer zunächst gewillt ist, diese hinzunehmen[140]. Die in die planerische Befristung eingehende Zeit-Ziel-Vorstellung mag als Orientierungshilfe[141] dienen, sie muß indessen nicht den normativen Anforderungen genügen, die an die Festsetzung der enteignungsrechtlichen Verwendungsfrist zu stellen sind. Diese können durchaus kürzer zu bemessen sein, um eine noch nicht erforderliche Enteignung zu vermeiden[142]. Es ist deshalb stets im Einzelfall zu prüfen, ob eine Enteignung bereits erforderlich ist.

---

in diesem Sinn ist, vgl. BGH U. v. 19. 12. 1966 EPlaR V 12.66 S. 5 sowie HansOLG U. v. 25. 6. 1966 Hamburger Grundeigentum 1965, 355.

135 E 38, 175 (185 f.) sowie oben Abschn. A-1.1.

136 Vgl. Abschn. B-5.2.1 mit Anm. 45 ff.

137 Vgl. vorstehend Abschn. 7.1.1.

138 s. Angaben oben in Anm. 24 und 25.

139 Zum verfassungsrechtlichen Stellenwert dieser Rechtsposition vgl. Abschn. B-4.2.2.

140 Etwa deshalb, weil er bereit ist, Einschränkungen hinzunehmen, um im Genuß des Substrates zu bleiben.

141 Im Gegensatz zum BVerfG aber nur im Sinn tatsächlicher Erfahrungswerte ohne unmittelbare normative Bedeutung.

142 Es kann sich also durchaus die Rechtsfolge ergeben, daß trotz verbindlicher Planungsentscheidung eine Enteignung *noch* nicht durchführbar ist. Insoweit fehlt der Planentscheidung dann eine zeitliche Verbindlichkeit für das Enteignungsverfahren.

7.2.4 Die Durchführungsbezogenheit der Verwendungsfrist

Die Überlegungen zur Einschränkung der zeitlichen Geltungskraft zukunftsgerichteter Entscheidungen haben gezeigt, daß die Beschränkung sowohl an den Beginn der Durchführung als auch an die Realisierung des Unternehmens anknüpfen kann[143]. Da dort der Beginn als Bezugspunkt ausreichte, ist nunmehr zu beachten, daß bereits mit der Enteignung ein konkreter Eingriff in das Eigentumsgrundrecht gegeben ist. Die präventive Schutzfunktion muß mithin an dem Gemeinwohlerfordernis des Art. 14 Abs. 3 Satz 1 GG ausgerichtet werden. Für die Übereinstimmung mit dem Gemeinwohlerfordernis ist die reale Durchführung des Unternehmens notwendig[144]. Deshalb verbietet sich verfassungsrechtlich die Anknüpfung an den Beginn der Ausführung, selbst wenn außerdem eine ständige Weiterförderung verlangt wird[145]. Daraus ergibt sich, daß die Verwendungsfrist des Bundesbaugesetzes ihrem Wortlaut und ihrer Systematik entsprechend[146] nur durchführungsbezogen verstanden werden darf, um den verfassungsrechtlichen Anforderungen genügen zu können. Während für das Bundesbaugesetz eine verfassungskonforme Auslegung möglich ist, scheidet diese Interpretation für solche Gesetze aus, die ausdrücklich auf den Beginn der Durchführung abstellen[147]. Bereits bei den Arbeiten für ein Verwaltungsverfahrensgesetz sind die Mißbrauchsmöglichkeiten deutlich geworden, die hier bestehen[148]. So kann mittels eines mehr symbolischen Beginns das Grundstück aus der allgemeinen Wertentwicklung herausgenommen werden, um dadurch dem Eigentümer eine höhere Entschädigung vorzuenthalten. Allein maßgeblich ist hier vielmehr die verfassungsrechtliche Anbindung an das Gemeinwohlerfordernis des Art. 14 GG und das darin liegende Realisierungserfordernis.

Es ist allerdings nicht möglich, allein aufgrund von Art. 14 GG einen konkreten Zeitraum zu ermitteln, innerhalb dessen Enteignungsunternehmen generell durchzuführen sind. An dieser Stelle wirkt sich die Unterschiedlichkeit der jeweiligen Objekte aus, die eine generelle Regelung durch den Gesetzgeber ausschließt. Gegen die offene Fassung der Verwendungsfristen in den Enteignungsgesetzen bestehen deshalb keine

---

[143] Zur Gesetzeslage s. oben Abschn. B-7.1.1.

[144] Zu den Einzelheiten s. oben Abschn. B-5.3.3.

[145] A. A. insbes. der BGH U. v. 19. 12. 1966 (Anm. 17) S. 11 sowie die Literatur ohne Berücksichtigung des verfassungsrechtlichen Rückerwerbsansatzes; vgl. *Schrödter*, § 87 Rdnr. 7 sowie *Schütz / Frohberg*, § 87 Anm. VII. Das Bundesverfassungsgericht untersucht diese unterschiedliche Anknüpfungsproblematik in seiner Rückerwerbsentscheidung nicht; vgl. E 38, 175 (185 f.), wo ohne weitere Differenzierung die Fristen insgesamt in Bezug genommen werden.

[146] Zur Gesetzeslage allg. s. oben Abschn. B-3.1.

[147] s. oben Abschn. 7.1.1 mit Anm. 9.

[148] Musterentwurf 1963 S. 223.

Bedenken[149]. Zutreffend hat etwa der Bundesgerichtshof die Anlage eines Hafens auch insoweit als ein außergewöhnliches Objekt bezeichnet und dem hinsichtlich der Berechnung der Verwendungsfristen Rechnung getragen[150]. Bei der Festlegung im Einzelfall gilt es indessen überzogenen Forderungen in der Praxis entgegenzutreten, die selbst planerisch nicht mehr gerechtfertigt sind[151].

Das Erfordernis einer Verwendungsfrist darf nicht zu perfektionistischen Bestrebungen führen. Das hat zur Folge, daß vor der Enteignung noch nicht konkrete Maßnahmen zur Durchführung des Unternehmens, wie etwa die Bewilligung von Mitteln oder aber die Vergabe der Bauaufträge, zu verlangen ist[152]. Es ist aber bedenklich, wenn uneingeschränkt die These vertreten wird, daß es zu Lasten der betroffenen Eigentümer gehe, falls durch unbegründete Anfechtungsklagen gegen Enteignungsakte die Zeitspanne zwischen Enteignung und Ausführung vergrößert werde[153]. Eine solche Argumentation kehrt die Risikolage um, wenn man bedenkt, daß der Durchführungsträger durchaus die Möglichkeit hat, im Wege der vorläufigen Besitzeinweisung das Projekt zu betreiben[154]. Ihm muß zugemutet werden, alle Schritte zu unternehmen, um eine zügige Realisierung zu erreichen.

7.2.5 Die Verlängerung der enteignungsrechtlichen Verwendungsfrist

Selbst wenn man davon ausgeht, daß die enteignungsrechtliche Verwendungsfrist leichter zu bestimmen ist als zeitliche Festlegungen innerhalb von Planungsentscheidungen, da die Anzahl der Variablen abgenommen hat, kann auch bei sachgerechter Durchführung eine Verzögerung der Realisierung nicht generell ausgeschlossen werden[155]. In einem solchen Fall wäre es wenig sachgemäß, wollte man die Möglichkeit einräumen, die Wirkung von Enteignungsmaßnahmen in Frage zu stellen, um alsdann ein neues Verfahren zur weiteren Durchführung des Unternehmens einzuleiten. Hinzu kommt, daß der Betroffene bereits entschädigt ist und sich so auf seine Situation hat einstellen können. Dementsprechend muß grundsätzlich auch hier eine Verlängerungsmöglich-

---

149 Vgl. Angaben in Anm. 91; s. auch amtl. Begründung zum BBauG BTDs. III/336 S. 89.

150 (Anm. 17) S. 7.

151 Ein solches Beispiel findet sich bei BVerwG U. v. 15. 6. 1967 EPlaR V 3.67; s. auch Anm. von *Rabeler*, ebenda S. 7.

152 So auch BVerwG (Anm. 151).

153 So aber *Hußla* in Anm. zum U. d. BVerwG (Anm. 151) S. 6.

154 Darauf weist auch das BVerwG (Anm. 151) hin.

155 s. bereits die amtl. Begründung BTDs. III/336 S. 94 sowie *Heitzer / Oestreicher*, § 114 Anm. 2.

keit eingeräumt werden[156]. Soweit dies nicht der Fall ist[157], kann man eine Erklärung darin sehen, daß als zeitlicher Begrenzungsposten der Beginn der Ausführung maßgeblich ist[158]. Ein Beginn aber wird regelmäßig bereits stattgefunden haben, so daß kein Bedürfnis für eine Verlängerung besteht. Das Fehlen einer Verlängerungsmöglichkeit ist unerheblich, da dadurch der Einzelne nur begünstigt wird[159].

7.2.5.1 Die Zulässigkeitsvoraussetzungen

Die bei einer Verlängerung auftretenden Schwierigkeiten werden an der Regelung des § 114 BBauG deutlich[160]. Danach kommt eine Verlängerung zugunsten des aus der Enteignung Begünstigten nur dann in Betracht, wenn die Durchführung unverschuldet unterblieben ist. Entscheidend für dieses Verschuldensmoment soll § 276 Abs. 1 BGB sein, wonach der Schuldner Vorsatz und Fahrlässigkeit zu vertreten hat[161]. Begründet wird dies damit, daß mangels abweichender Anhaltspunkte der Gesetzgeber den generell geltenden allgemeinen Verschuldensbegriff zugrundegelegt habe[162]. Diese zivilistische Vorstellung führt indessen zu zahlreichen planerischen Problemen, wenn man an die Bewältigung der mit dem Mangel an finanziellen Ressourcen verbundenen Probleme denkt. So verweisen etwa *Schütz / Frohberg* in der Tat auf § 279 BGB und vertreten die These, das Fehlen finanzieller Mittel habe der Enteignungsbegünstigte stets zu vertreten[163]. Andere wollen dagegen hier einen eigenen Verschuldensmaßstab entwickeln und ein für § 114 BBauG relevantes Verschulden nur dann annehmen, wenn plötzliche Änderungen auf dem Geldmarkt finanzielle Vorplanungen, bei denen an sich die im Geldverkehr erforderliche Sorgfalt beachtet wurde, unerwartet und unvorhersehbar umstoßen[164]. Diese Schwierigkeiten dieser Betrachtungsweise zeigen sich daran, daß die Verwaltung zeit-relevante Werte zu verwirk-

---

[156] So die neueren Enteignungsgesetze; vgl. nur § 114 BBauG. Die vorstehend dargelegte Wertung wird bestätigt durch die eine Verlängerung nicht gewährende Regelung des § 75 Abs. 4 VwVfG. Dort ist ein Güteraustausch regelmäßig nicht durchgeführt.

[157] Vgl. nur § 57 Abs. 1 LandbeschG.

[158] Diese Überlegung gilt nur dann, wenn man — entgegen der hier vertretenen Auffassung — solche Regelung für verfassungsrechtlich zulässig hält.

[159] Das gilt jedenfalls dann, wenn man — entgegen der hier vertretenen Auffassung — die Festlegung des Beginnes als verfassungsrechtlichen Anforderungen genügend ansieht.

[160] Der Spezialfall der Rechtsnachfolge bleibt unberücksichtigt.

[161] Dazu allg. *Palandt / Heinrichs*, § 276 Anm. 2 - 4.

[162] So ausdrücklich *Schütz / Frohberg*, § 114 Anm. 2; *Schrödter*, § 114 Rdnr. 2; *Meyer / Stich / Tittel*, § 114 Rdnr. 2; s. auch *Heitzer / Oestreicher*, § 114 Anm. 2 b), die leichtes Verschulden für ausreichend halten.

[163] § 114 Anm. 2.

[164] Einschränkend etwa *Meyer / Stich / Tittel*, § 114 Rdnr. 2 und *Schrödter*, § 114 Rdnr. 2.

lichen hat[165], was durchaus zu einer Umschichtung und anderweitigen Verwendung von an sich vorhandenen finanziellen Mitteln führen kann. Dabei ist zu berücksichtigen, daß die Verwaltung in zunehmendem Maße selbst Zwecke setzt[166] und diesen neueren Zielen durchaus Priorität einzuräumen vermag. Das Finanzproblem ist in Wirklichkeit ein Problem der materiellen Zielverwirklichung.

Dies wird auch deutlich an der Untersuchung *Weyreuthers* zur gemeindlichen Erschließungspflicht[167] und deren Abhängigkeit von der gemeindlichen Finanzierungsmöglichkeit[168]. Zunächst führt *Weyreuther* zutreffend aus, daß die Pflicht als solche wenig effektiv sei, da sie eine weitgehend autonome Inhalts- und Fälligkeitsbestimmung enthalte[169]. Maßgeblich wird damit das Vorliegen solcher Umstände, die diese Pflicht derart verdichten, daß eine Berufung auf anderweitige Dispositionen und dadurch bedingte finanzielle Schwierigkeiten unzulässig ist[170]. Es erscheint durchaus einleuchtend, im Erschließungsrecht eine solche „Erschöpfungseinrede“ auszuschließen, wenn man berücksichtigt, daß der Erlaß eines qualifizierten Bebauungsplanes ohne eine entsprechende Erschließungspflicht auf eine verfassungsrechtlich bedenkliche Bausperre hinausläuft[171]. Derartig negative Folgen sind indessen im Fall der Realisierung eines durch Enteignung vorzubereitenden Objektes nicht zu erwarten, zumal keine Faktoren erkennbar sind, die eine solche Verdichtung bewirken können. Bestätigt wird dieses Ergebnis durch die oben bereits getroffene Feststellung, wonach den Planungsträger auch keine Verpflichtung zur Durchführung des Projektes trifft[172].

Es ist vielmehr zu erwarten, daß sich die Problematik bei der rechtlichen Beurteilung von Prioritäten, die bereits die Zielfindung bestimmen[173], im Rahmen der Prüfung des Verschuldens fortsetzt. Fehlen „Verdichtungsfaktoren“, wird es nur in Ausnahmefällen möglich sein, ein Verschulden darauf zu stützen, daß die Verwaltung einem anderen Ziel zeitlich den Vorrang einräumt und damit die an sich zur Verfügung stehenden Finanzmittel verknappt. Im Regelfall wird in einer solchen Feststellung ein Verstoß gegen die Planungsautonomie des jeweiligen Entscheidungsträgers liegen.

---

165 Zur Auflösung eines Wertkonfliktes in ein zeitliches Nacheinander vgl. vorstehend Abschn. 7.1.3 mit Anm. 54.

166 Vgl. bereits oben Abschn. B-5.2.

167 Vgl. §§ 123 ff. BBauG.

168 DVBl. 1970, 3 ff.; vgl. auch BVerwG U. v. 10. 9. 1976 DVBl. 77, 41 (43).

169 DVBl. 1970, 3 (5).

170 DVBl. 1970, 3 (5 f.).

171 DVBl. 1970, 3 (6 r. Sp.).

172 Vgl. oben Abschn. B-6.2.

173 Vgl. oben Abschn. B-5.1.2.

Eine angemessene Lösung kann nur durch eine Orientierung an den maßgeblichen Sachstrukturen, hier also den Besonderheiten der Entscheidungen und einem effektiven Grundrechtsschutz, erreicht werden. Bereits die Diskussion um die Bewältigung von wirtschaftslenkenden Maßnahmen hat gezeigt, daß subjektive Momente der Vorwerfbarkeit keine wesentliche Hilfestellung geben können[174]. Dort liegt der Mangel in einer dadurch bedingten Unzulänglichkeit des Grundrechtsschutzes, der nicht von der Vorwerfbarkeit staatlichen Handelns abhängig gemacht werden darf[175]. Im Rahmen der Enteignung ergeben sich Unzulänglichkeiten im Hinblick auf die Funktion der Entscheidung. Wenn die erforderliche Maßnahme noch durchgeführt werden soll, was auch bei einem Verschulden nicht ausgeschlossen werden kann, müßte ein erneutes Enteignungsverfahren durgeführt werden. Aus planerischen Gründen sollte die Enteignung entgegen § 114 BBauG u. ä. Vorschriften[176] auch dann in Kraft bleiben, wenn ein Verschulden vorliegt. Diese planerisch sinnvolle Lösung widerspricht nicht dem schutzwürdigen Interesse der Betroffenen. Wird die Realisierung nicht grundsätzlich aufgegeben, so muß der Betroffene erneut mit einer Enteignung rechnen. Diese Folge kann nicht vermieden werden, da sich das Verschulden auf die Vergangenheit bezieht. Eine Sperre gegen eine zukünftige Durchführung bzw. Weiterführung eines dem Gemeinwohl dienenden Unternehmens kann darin nicht gesehen werden. Auf Dauer kann der Betroffene im Ergebnis mithin eine Erweiterung seines Dispositionsfreiheitsraumes durch einen Rückerwerb des Eigentumssubstrates nicht erreichen. Ob die hier vorgeschlagene Lösung trotz durchgeführter Entschädigung noch entschädigungsrechtliche Bedeutung haben kann, soll hier zunächst offenbleiben[177]. Zu bedenken ist noch, ob die im Bundesbaugesetz vorgesehene sog. wiederholte Veränderungssperre nach § 17 Abs. 3 eine andere Konzeption nahelegt. Die Veränderungssperre kann sofort und ohne Unterbrechung im Anschluß an eine kraft Gesetzes außer Kraft tretende Sperre festgelegt werden[178]. Die Sachlage ist dort indessen anders, da der eigentliche Planungsprozeß selbst noch läuft und kein abgeschlossener *entschädigter* Eingriff vorliegt.

Nachdem bereits ein Eingriff gegeben ist, kann eine Verstärkung des Grundrechtsschutzes durch eine an sich denkbare Beendigung und so-

---

[174] In seinem Beschl. v. 9. 3. 1971 — E 30, 250 (262 f.) — stellte das Bundesverfassungsgericht die Frage, ob der Gesetzgeber von der Geeignetheit einer Maßnahme ausgehen *durfte*.

[175] Zur Kritik vgl. *Zacher*, AöR 93 (1968), 380 ff. sowie *Kloepfer*, NJW 1971, 1585 ff.

[176] Zur rückerwerbsrechtlichen Gesetzeslage s. oben Abschn. B-3.

[177] Vgl. zur Abwicklung der Entschädigung Abschn. C-14.

[178] Zu den Einzelheiten *Gelzer*, Bauplanungsrecht Rdnr. 990 ff. sowie *Zinkahn / Bielenberg / Ernst*, Bundesbaugesetz § 17 Rdnr. 13 ff.

fortige Neubegründung der Wirkungen nicht erreicht werden. Diese sachbedingte Einschränkung der präventiven Schutzfunktion muß hingenommen werden, zumal möglicherweise bereits Durchführungsmaßnahmen ergriffen worden sind, die nur bei endgültiger Aufgabe des Projektes für den Planungsträger verloren sein sollten[179]. Wegen dieser Besonderheiten der Eingriffsituation bestehen im Gegensatz zur Veränderungssperre[180] keine Bedenken gegen wiederholte Verlängerungen der Verwendungsfrist[181]. Auf der Grundlage dieser Überlegungen muß auch eine derartige Verwendungsfrist als Verbesserung der Rechtsstellung des Betroffenen angesehen werden. Durch die Festsetzung der Verwendungsfrist erlangt er genaue Kenntnis über den Realisierungszeitraum. Außerdem wird der Begünstigte zur Offenlegung seiner Absichten gezwungen[182]. Eine Weiterführung kann im übrigen nur dann in Betracht kommen, wenn die Voraussetzungen für die Enteignungsmaßnahme, insbesondere also die Anforderung durch das Gemeinwohl, noch vorliegen. Auf der anderen Seite steht indessen auch fest, daß gegen die Ausformung der Verlängerungsmöglichkeit auf der Grundlage des Verschuldens Bedenken aus Art. 14 GG nicht herleitbar sind, da die Rechtsstellung des Betroffenen durch die die Befugnisse des Planungsträgers einschränkende Funktion des Verschuldens gestärkt wird. Verfassungsrechtlich erforderlich ist eine solche Beschränkung nach Art. 14 GG nicht.

7.2.5.2 Verfahrensrechtliche Fragen einer Verlängerung der Verwendungsfrist

Angesichts dieser weitreichenden Verlängerungsmöglichkeit ist von Bedeutung, ob spezielle verfahrensmäßige Sicherungen denkbar und erforderlich sind, um die damit verbundenen Gefahren für den Einzelnen auszuschließen. Anzusetzen ist hier bei der Überlegung, daß der bisherige fruchtlose Ablauf der Verwendungsfrist regelmäßig Zweifel an der Durchführungsbereitschaft und Fähigkeit des Enteignungsbegünstigten einerseits und der Erforderlichkeit des Unternehmens andererseits erwecken wird. In dem Verlängerungsantrag wird deshalb in besonderem Maße darzulegen sein, ob diese, für den ursprünglichen Eingriff maßgeblichen und damit auch im Moment der Verlängerung noch erforderlichen Faktoren[183] gegeben sind. Im Rahmen dieser Prüfung muß auch den in der Vergangenheit liegenden Umständen Bedeutung

---

[179] Zur Restitutionspflicht s. Abschn. 14.2.

[180] Vgl. bereits den Wortlaut von § 17 BBauG.

[181] Die Begrenzung der Verlängerungsmöglichkeit unterliegt dem rechtspolitischen Ermessen des Gesetzgebers. Wie § 17 Abs. 3 BBauG zeigt, kann eine erneute Inanspruchnahme nicht wirksam verhindert werden.

[182] Zur Bedeutung der Schutzlast auch *Forsthoff*, Verwaltungsrecht S. 366.

[183] Vgl. § 17 Abs. 3 BBauG.

im Sinne einer Indizwirkung zukommen. Hieraus ergibt sich die Frage, ob an den Nachweis zukünftiger Realisierung nunmehr strengere Anforderungen zu stellen sind[184] oder die für die Enteignung nötige Glaubhaftmachung[185] genügt. Zu beachten ist, daß hinsichtlich der Beweisanforderungen des § 114 Abs. 2 BBauG[186] eine genaue Differenzierung angebracht ist. Die Beweisanforderungen beziehen sich einmal auf die in der Vergangenheit liegenden Umstände[187]. Im Fall der Rechtsnachfolge gilt es lediglich zu beweisen, daß eine Ausführung innerhalb der Frist, also für die Zukunft, ohne Verschulden nicht erwartet werden kann[188]. Eine von den Beweisanforderungen des § 87 Abs. 2 Nr. 3 BBauG abweichende Regelung hinsichtlich der zukünftigen Entwicklung wird gerade nicht normiert. Es steht außer Frage, daß eine strengere Ausgestaltung der Zeit-Ziel-Vorstellung an sich erstrebenswert wäre. Diese Forderung stößt hier auf dieselben Schwierigkeiten wie im Rahmen der ursprünglich festzusetzenden Verwendungsfrist[189] und muß deshalb als zusätzliche Sicherung im Rahmen der Verlängerung praktisch ausscheiden.

Betrachtet man die enteignungsrechtliche Verwendungsfrist als präventiven Grundrechtsschutz und mittelbare Stärkung der Eigentümerposition, so kann kein Zweifel daran bestehen, daß die in der Verlängerung liegende Erweiterung der zeitlichen Geltung belastenden Charakter hat und damit ein Anhörungsrecht des Betroffenen begründet[190]. Dem entspricht etwa das Bundesbaugesetz in § 114 Abs. 2 S. 2[191]. Der Betroffene ist dabei jedoch in seinen Einwendungen sachlich auf diejenigen beschränkt, die aus der eigentumsschützenden Funktion folgen. Er mag durchaus ein Interesse an der Durchführung des Unternehmens haben. Da ein solches Interesse rechtlich nicht geschützt ist[192], können darauf gestützte Einwendungen nicht geltend gemacht werden[193].

---

[184] In diesem Sinn *Schiedermair* (Anm. 85) S. 677.

[185] So § 87 Abs. 2 Nr. 3 für die ursprüngliche Verwendungsfrist.

[186] Es darf indessen nicht übersehen werden, daß die Ursache der unterbliebenen Realisierung für den ursprünglichen Eigentümer ohne Belang ist.

[187] So hinsichtlich des Verschuldens; vgl. § 114 Abs. 2 Nr. 1.

[188] § 114 Abs. 2 Nr. 2 BBauG.

[189] Zur zeitlichen Konkretisierung s. oben Abschn. B-5.2.1.

[190] Allg. dazu *Wolff / Bachof* (Anm. 5) § 25 I b 2 S. 122.

[191] Das gilt insgesamt für die dieser Bestimmung nachgebildeten Normen; zur Gesetzeslage s. oben Abschn. B-3.

[192] Das führte oben bereits zur Ablehnung einer positiven Verpflichtung des Enteignungsbegünstigten; vgl. Abschn. B-6.3.

[193] Undeutlich insoweit *Heitzer / Oestreicher*, § 114 Rdnr. 2 d.

8. Das Rückerwerbsrecht als grundrechtlicher Wiederherstellungsanspruch nach Art. 14 GG

Die Grundstruktur der Eigentumsgarantie macht deutlich, daß bei einem substantiellen Verständnis der Eigentumsgarantie die Entschädigung nur als unvollkommener Ausgleich der mit der Enteignung eingetretenen Rechtseinbuße verstanden werden kann[1]. Bereits diese Feststellung trägt die Erkenntnis des Bundesverwaltungsgerichtes, daß ein Anspruch auf Rückgewähr enteigneten Gutes in der Eigentumsgarantie angelegt ist[2]. Eine Bestätigung findet sich in der Zeitstruktur des Grundrechtes, das eine auf Dauer angelegte Position voraussetzt[3] und als solches einen Vorgang in der Zeit darstellt[4]. Diesem Befund entspricht der innere Gehalt des Gemeinwohlerfordernisses[5], das auf die Erhaltung dieser Elemente angelegt ist. Diese Bestandteile des Eigentumsschutzes bestimmen maßgeblich die sichernde und abwehrende Bedeutung des Grundrechtes[6]. Damit ist aber noch keine Antwort auf die Frage gefunden, warum aus dem Grundrecht ein Anspruch auf Rückgängigmachung einer als endgültig gedachten[7] Rechtsfolge herzuleiten ist und wie ein solches Recht dogmatisch konzipiert werden kann.

8.1 Die anspruchsbegründende Funktion von Art. 14 GG

Das Rückerwerbsrecht zielt auf Wiederherstellung der ursprünglichen Eigentümerstellung und stellt sich somit der Sache nach als ein Restitutionsanspruch dar[8]. Entscheidend für das Verständnis dieser Position ist die Feststellung, warum ein Abwehrrecht einen Wiederherstellungsanspruch begründen kann. Bei der Antwort auf diese Frage kann auf die Untersuchungen zurückgegriffen werden, die im Bereich des Folgenbeseitigungsrechtes dessen materielle Grundlage in den Freiheitsrechten suchen[9].

---

[1] s. oben Abschn. B-4.2.2.

[2] s. oben Abschn. A-1.1 mit Anm. 9.

[3] Das Eigentumsrecht enthält keinen funktionalen Endpunkt. Die Beendigung ist von dem Aufgabewillen des Rechtsträgers abhängig; s. dazu *Kloepfer*, S. 25 und passim. Vgl. aber auch *Larenz*, Allgemeiner Teil S. 213 f.: Schuldrechtliche Positionen sind auf Ende, die Erfüllung, angelegt; ähnlich *Evers* in: Rechtsschutz im Sozialrecht S. 64. Entscheidend ist aber auch dort der *Wille*, die Erfüllung = Beendigung herbeizuführen.

[4] a. A. *Kirchhof*, Verwalten und Zeit S. 9, der den Charakter als Herrschaftsrecht betont und so einen Gegensatz zum Recht als Vorgang in der Zeit herausstellt. Dabei wird übersehen, daß auch Herrschaftsrechte personale Beziehungen beinhalten.

[5] s. oben Abschn. B-5.3.

[6] Zum Eigentumsgrundrecht BVerfG U. v. 8. 7. 1976 NJW 1976, 1783 (1786) sowie allg. *Hesse*, Verfassungsrecht § 9 II a S. 123.

[7] Vgl. oben Abschn. B-5.3.3.

[8] Allg. dazu *Wolff / Bachof*, Verwaltungsrecht I § 43 III d S. 332.

Zu Recht ist darauf hingewiesen worden, daß die Rechtsfolgen eines Unterlassungsanspruches bzw. eines Wiederherstellungsanspruches gegenüber einem reinen Abwehranspruch ein aliud darstellen[10]. Besonders in der Rückerwerbsentscheidung des Bundesverfassungsgerichtes[11] hätte Veranlassung dazu bestanden, dieser Frage nachzugehen, da dem Verfahren ein bestandskräftiger Verwaltungsakt zugrunde lag und ein Rechtssatz des Inhaltes, daß ein rechtswidriger Verwaltungsakt stets zu beseitigen ist, dem geltenden Recht unbekannt ist. Die Rechtsordnung reagiert vielmehr in weitaus differenzierterer Weise auf eingetretene Rechtsverletzungen[12]. Ob eine Pflicht zur Beseitigung eines mißbilligten Zustandes besteht, hängt deshalb zunächst davon ab, ob eine Erklärung für eine Umwandlung des Abwehranspruches in einen Beseitigungs- bzw. Wiederherstellunganspruch aus dem Grundrecht selbst hergeleitet werden kann.

Auf der Suche nach diesem „Transformator"[13] ist im Folgenbeseitigungsrecht auf das Gebot der Gerechtigkeit zurückgegriffen worden, wonach bei Verletzung eines Schutzbereiches ein schutzwürdiges Interesse an der Beseitigung der Beeinträchtigung bestehe[14]. Gerade die Entwicklung der Rechtsstaatlichkeit in Deutschland von einem formal verstandenen Rechtsstaatsbegriff zu einem materiellen Verständnis[15] dieses Aspektes der Staatlichkeit hat gezeigt, daß eine Erklärung des Rechtsstaates als Gerechtigkeitsstaat die Gefahr in sich birgt, in Leerformeln abzugleiten, die einer rationalen Anwendung nicht zugänglich sind[16]. Es ist deshalb erforderlich, diesen Primat normativ zu konkretisieren, wie es im Grundrechtsteil des Grundgesetzes geschehen ist. Greift man allerdings darauf zurück, so gelangt man zu der problematischen Gleichsetzung von Abwehrrecht und Wiederherstellungsanspruch. Dasselbe ergibt sich, wenn man auf einen möglichst effektiven Rechtsschutz abstellt[17], da sich dieser zunächst auf noch angreifbare Rechtsakte beschränkt[18]. Es

---

[9] Vgl. vorerst *Martens* in: Fschr. f. Schack S. 95; *W. Schmidt*, JuS 1969, 166 (169); *Erichsen / Hoffmann-Becking*, JuS 1971, 144 (148) sowie *v. Mangoldt*, DVBl. 1974, 825 ff.; zur Anwendungsproblematik bei abgeschlossenen Verwaltungsentscheidungen vgl. unten Abschn. C-9.3.

[10] *Erichsen*, VerwArch 63 (1972), 217 (220).

[11] Zu den Einzelheiten dieser Entscheidung s. oben in Abschn. A-1.1.

[12] Vgl. nur *Wolff / Bachof* (Anm. 8) § 53 II S. 450 ff.

[13] So der plastische Ausdruck *Erichsens*, VerwArch 63 (1972), 217 (220).

[14] Vgl. etwa *Bettermann*, DöV 1955, 528 (534).

[15] Vgl. Darstellung oben in Abschn. B-4.2.2.

[16] Vgl. Nachw. in Abschn. B-4.2.2 mit Anm. 78 und 79.

[17] Zu der Problematik dieses Ansatzes in der Rechtsprechung des BVerfG s. oben in Abschn. B-4.2.2.

[18] Dies folgt daraus, daß die mit der Unanfechtbarkeit einer Maßnahme eintretende Rechtslage zunächst durch das Prinzip der Rechtssicherheit abgedeckt ist; zum Rang dieses verfassungsrechtlichen Grundsatzes BVerfG U. v. 18. 12. 1953 E 3, 225 (233) und U. v. 17. 1. 1953 E 2, 380 (403).

gilt deshalb, eine weitere Konkretisierung zu erreichen, die die Grundrechte insoweit auch für diesen Bereich operationabel macht. Dieses Ziel muß darauf gerichtet sein, Faktoren herauszuarbeiten, die geeignet erscheinen, die Reaktionsmöglichkeit des Staates auf Grundrechtsverletzungen in ihrer Breite einzuschränken und in Richtung auf einen Wiederherstellungsanspruch auszuformen.

Dieser Einschränkungsfaktor kann für das Enteignungsrecht in der Ausgestaltung des Eingriffsaktes selbst gesehen werden, der sich durch seine Zukunftsgerichtetheit auszeichnet[19]. Dies hat einmal dazu geführt, daß der Betroffene in seiner Rechtsverteidigung beeinträchtigt wurde[20], er sich aber andererseits auf sein Eigentumsgrundrecht auch noch nach Verlust dieser Rechtsstellung berufen kann[21]. Bereits aus diesem Gesichtspunkt ließe sich ableiten, daß insoweit das Problem einer Transformation des Abwehranspruches in einen Wiederherstellungsanspruch nicht besteht. Bei einer anderen Betrachtung wäre die Erstreckung des Eigentumsschutzes möglicherweise ohne funktionale Bedeutung.

Entscheidend wird jedoch die eigentliche Eingriffsstruktur. Dies folgt daraus, daß eine Belastung im Vorgriff auf ein zukünftiges Ereignis, die Ausführung des Enteignungsunternehmens als Gemeinwohlmittler, zulässig war und deshalb die primär gegebenen Abwehrrechte nicht die ihrer Funktion entsprechenden Wirkungen entfalten konnten. Diese Erkenntnis führt zu einer weiteren normativen Konkretisierung des Gerechtigkeitsgebotes über den Grundsatz der Erforderlichkeit[22]. Ein Ansatzpunkt in dieser Richtung findet sich bei *Lerche*, der für das Folgenbeseitigungsrecht die These entwickelt, daß der Grundsatz der Erforderlichkeit dann unbeachtet bleibt, wenn Eingriffsakte zugelassen werden, ohne dabei das Risiko eines Fehlgebrauchs im Sinne einer objektiven Rechtswidrigkeit zu berücksichtigen und ohne eine darauf fußende Beseitigungspflicht anzuerkennen[23]. Im Gegensatz zu anderen Versuchen findet sich hier ein verfassungsrechtlicher Ansatz zur Behandlung von sog. Zweckverfehlungen[24]. Die These stößt jedoch insoweit auf Bedenken, als hier ein allgemeines Risiko staatlichen Handelns angesprochen ist. Damit wird im Grunde genommen wieder auf die allgemeine Abwehrfunktion der Grundrechte abgehoben, ohne die damit verbundenen Schwierigkeiten aufzulösen.

---

[19] s. Abschn. B-5.1.2.

[20] Dies folgt aus der prinzipiellen Unsicherheit der zukünftigen Entwicklung; vgl. auch oben Abschn. B-5.1.2.

[21] Zu dieser Wirkung des Gemeinwohlvorbehaltes s. oben Abschn. B-5.3.

[22] Vgl. allg. *Wolff / Bachof* (Anm. 8) § 30 II b 1 S. 179.

[23] S. 168.

[24] Dieser fehlt bei *Brüggemann*, passim.

Für den Regelungsbereich von Prognoseentscheidungen läßt sich noch eine weitere Konkretisierung unter Verwendung des Risikogedankens entwickeln. Das Risiko ist hier wegen der Unsicherheit der tatsächlichen Entwicklung größer als in den vergleichsweise leichter zu überschauenden Fällen repressiven staatlichen Handelns[25]. Wird dem Risiko nicht durch eine an sich mögliche vorläufige Regelung Rechnung getragen[26], so kann das Erforderlichkeitsprinzip als normativer Grundsatz insoweit als Transformator eingesetzt werden. Der Beseitigungsanspruch stellt sich als notwendiges Korrelat der erweiterten Duldungspflicht im Moment der Enteignung dar. Die Rückführung des Restitutionsrechtes auf das Eigentumsgrundrecht schafft mehr als nur einen Rechtsgrundsatz[27]. Der Anspruch wird so Inhalt der grundrechtlichen Eigentumsgarantie. Die nähere Ausgestaltung und Ausformung muß sich unmittelbar an Art. 14 GG messen lassen und von daher erklärt werden.

8.2 Grundprinzipien von Ausgestaltung und Begrenzung des Rückerwerbsrechtes

Die Transformation der grundrechtlichen Abwehrposition in ein Restitionsrecht macht indessen eine weitere Konkretisierung und Ausgestaltung nicht entbehrlich, wie insbesondere die Zurückhaltung des Bundesverwaltungsgerichtes gezeigt hat[28]. Versteht man den Unsicherheitsfaktor als „Transformator“ so muß diesem Moment im Hinblick auf die Ausgestaltung des Rechtes ebenfalls Bedeutung zukommen. Art. 14 Abs. 1 Satz 2 GG macht deutlich, daß der Wiederherstellungsanspruch, wie alle sonstigen Eigentümerbefugnisse, nicht grenzenlos ist[29]. An dieser Stelle wird die Problematik der These von dem im Grundrecht selbst angelegten Rechtsschutz deutlich[30], da Grenzen und Ausgestaltung nach dem jeweils einschlägigen Grundrecht materiell zu bestimmen sind und in den Anwendungsbereichen auch divergieren können[31]. So hat bereits die Untersuchung der existierenden Rückerwerbsregeln gezeigt, daß die Ausgestaltung des Rechtes mehr als eine rein technische Frage darstellt, da den einzelnen Institutionen unterschiedliche Vorstellungen über den Inhalt der Eigentumsgarantie zugrundeliegen[32] und auch die Rückab-

[25] Dort reagiert der Staat auf einen abgeschlossenen Sachverhalt.

[26] Vgl. oben Abschn. B-5.3.3 mit Anm. 92.

[27] Vgl. aber auch das BVerwG, das von einem ‚angelegt sein' des Rechts spricht; s. oben Abschn. A-1.1.

[28] Die mangelnde Konkretisierbarkeit führte zur ablehnenden Entscheidung des Gerichtes; vgl. zu den Einzelheiten oben in Abschn. A-1.1.

[29] Vgl. zur Ausgestaltung nur *Maunz* in: Maunz / Dürig / Herzog, Grundgesetz Art. 14 Rdnr. 31.

[30] Vgl. auch oben Abschn. B-4.2.2 mit Anm. 89 ff.

[31] s. auch *v. Mutius*, VerwArch 66 (1975) 283 (288 f.).

[32] Vgl. oben Abschn. B-3.2.

wicklung der Entschädigung Ausdruck unterschiedlicher Ausformungen des Rechtsinhaltes ist[33]. Als Konkretisierungsinstrumentarium bieten sich die Institutionen des allgemeinen Verwaltungsrechtes, also die Rechtssätze, nach denen Verwaltungsbehörden allgemein ihre öffentlich-rechtliche Tätigkeit ausüben[34], an.

Da das Rückerwerbsrecht nicht den eigentlichen Enteignungsakt betrifft, da dieser bereits abgeschlossen ist und in seinen belastenden Wirkungen nicht mehr gemildert werden kann[35], bestehen im Hinblick auf Art. 14 Abs. 3 S. 2 GG, der als Enteignungsnorm ein formelles Gesetz verlangt[36], keine Bedenken gegen die Anwendbarkeit des allgemeinen Verwaltungsrechtes. Für die Ausgestaltung der Eigentümerbefugnisse gilt dieser strenge Gesetzesvorbehalt nicht[37]. Auch die einschränkende Regelung nach Art. 19 Abs. 1 GG ist hier ohne Bedeutung, da es eine Antwort auf die Vorfrage nach dem inhaltlichen Umfang der Garantie zu finden gilt[38]. Diesem allgemeinen Rechtssatzvorbehalt genügt demnach auch das ungeschriebene Recht, dem bei der Ausgestaltung und Rechtsfortbildung im Bereich der Eigentumsgarantie große Bedeutung zukommt[39]. Denkbar sind insbesondere gewohnheitsrechtliche Ausformungen des Eigentumsinhaltes[40].

Vom Geltungsgrund des allgemeinen Verwaltungsrechtes her betrachtet bestehen keine Bedenken gegen dessen Heranziehung, obschon gerade dessen generelle Festlegung angesichts der Vielzahl der Regeln und deren Unvollständigkeit[41] nicht leicht festzustellen ist[42]. Sowohl eine Rückführung des allgemeinen Verwaltungsrechtes auf das Grundgesetz als ‚konkretisiertes Verfassungsrecht'[43] als auch auf das Gewohnheitsrecht[44] genügen dem allgemeinen Rechtssatzvorbehalt. Die sich daraus für

---

[33] Zu weiteren Unterschieden s. Abschn. B-3.1.

[34] Ähnlich die Begründung zum VwVfG BTDs. 7/910 S. 28 sub 1; vgl. bereits *O. Mayer*, S. 94 sowie *Fleiner*, S. 56.

[35] s. aber auch *Lerche*, S. 164 f.

[36] *Jesch*, DöV 1962, 427 (430); *Schick*, DVBl. 1962, 774 (776); *v. Mangoldt / Klein*, Art. 14 Anm. VII 7 b; a. A. *W. Jellinek*, DVBl. 1951, 283 (284).

[37] *Haas*, MDR 1951, 650 (651); *Grainer*, DöV 1954, 583 (585); *W. Weber* in: Die Grundrechte II S. 347; *Jesch*, S. 139 f. Vgl. auch BVerfG Beschl. v. 10. 7. 1958 E 8, 71 (79): Ausgestaltung durch Rechtsverordnung; s. weiter bereits *Anschütz*, Weimarer Reichsverfassung Art. 153 Anm. 4.

[38] Vgl. *Maunz* (Anm. 29) Rdnr. 22; *v. Mangoldt / Klein*, Art. 14 Anm. V 1 d; *Ipsen* in: VVDStRL 10 (1952) S. 84; BVerfG Beschl. v. 12. 1. 1967 E 21, 92 (93).

[39] Zur Rechtsfortbildung durch den Richter im Rahmen der Eigentumsverfassung vgl. *Sendler*, DöV 1971, 16 ff.

[40] So ausdrücklich *v. Mangoldt / Klein*, Art. 14 Anm. V 1 d.

[41] Dazu *Forsthoff*, Verwaltungsrecht S. 161.

[42] In diesem Sinn etwa *Hardt*, DöV 1971, 684 (693 f. m. w. Nachw.).

[43] So das bekannte Wort *Fritz Werners*, DVBl. 1959, 527.

[44] s. *Hardt*, DöV 1971, 684 (691 f.); vgl. auch *Forsthoff* (Anm. 41) S. 144 ff.

den Eigentümer ergebenden Einschränkungen stellen keine Besonderheit dar, da der Eigentumsinhalt ohne die Schranken nicht hinreichend definiert ist[45].

Problematisch erscheint allenfalls, ob die derart auffindbaren Rechtssätze im Hinblick auf Art. 14 Abs. 2 GG materiell besonders qualifiziert sein müssen. Dies könnte deshalb der Fall sein, weil Art. 14 Abs. 2 GG als Richtschnur für eine inhaltliche Ausgestaltung der Garantie verstanden wird[46]. Versteht man das Sozialstaatsprinzip als Legitimation und Auftrag für den Gesetzgeber zur Gestaltung der gesellschaftlichen Ordnung[47], so beinhaltet dies noch keine Exemtion von den im allgemeinen Verwaltungsrecht zum Ausdruck kommenden rechtsstaatlichen Bindungen individueller Rechte[48]. Diese Feststellung einer Bindung auch außerhalb sozialstaatlicher Intentionen hat um so mehr praktische Bedeutung, als gerade das Bundesverfassungsgericht durch eine Integration rechtsstaatlicher Erwägungen in das Eigentumsgrundrecht die individualrechtsbegrenzende Funktion der Rechtssicherheit nicht in seine Überlegungen einbezogen hat[49].

Auf der anderen Seite kann aber auch das allgemeine Verwaltungsrecht in vielen Fällen eine Ausformung grundrechtlicher Feiheiten leisten und damit Rechtspositionen inhaltlich durchsetzen. Gerade dieser Aspekt wirkt einem inhaltsleeren Verständnis dieses Teiles der Rechtsordnung entgegen[50]. Aus der Funktion des allgemeinen Verwaltungsrechtes als Konkretisierungshilfe grundrechtlicher Freiheiten folgt, daß hierbei die materiellen Entscheidungen der Verfassung für die Eigentumsordnung zu beachten sind[51]. Von daher wäre etwa die Feststellung nicht gerechtfertigt, das Rückerwerbsrecht stehe unter einem generellen Vorbehalt des allgemeinen Verwaltungsrechtes.

---

[45] *Kimminich*, Bonner Kommentar Art. 14 (Drittbearbeitung) Art. 14 Rdnr. 97.

[46] Vgl. *Dicke* in: I. v. Münch (Hrsg.), Grundgesetz Art. 14 Rdnr. 36.

[47] Vgl. dazu *Gerstenmaier*, S. 35 ff.

[48] Vgl. BVerwG U. v. 7. 12. 1960 NJW 1961, 1130 (1131): Bindung an Gesetz und Recht bedeutet auch Bindung an das allgemeine Verwaltungsrecht.

[49] Vgl. bereits oben Abschn. A-1.1.

[50] Dazu *Forsthoff* (Anm. 41) S. 164.

[51] Vgl. nur BVerfGE 1, 264 (276) und 4, 219 (240).

TEIL C

Die dogmatische Konturierung des Rückerwerbsrechtes

Ist somit davon auszugehen, daß das Verfassungsrecht eine Betrachtung des Eigentumsgrundrechtes verbietet, die dessen Bedeutung mit dem Vollzug des Enteignungsaktes als erledigt ansieht, so fragt sich nunmehr, wie das Grundrecht im Einzelfall für die Anwendungspraxis im Stadium der Durchführungplanung auszuformen ist. Hier gilt es Lösungen aufzuzeigen, die einerseits sachgerecht in bezug auf die Einbindung der Enteignungsmaßnahme in ein Planungsvorhaben sind, andererseits aber auch einen effektiven Grundrechtsschutz gewährleisten können.

9. Das Rückerwerbsrecht als Problem isolierter Folgenbeseitigung im Bereich öffentlich-rechtlicher Ausgleichsverhältnisse

Steht mithin fest, daß die gesetzlich normierten Rückerwerbsrechte einen eigenständigen und allgemein gültigen Rückerwerbsanspruch nicht begründen, andererseits einen Rückgriff auf anerkannte Institute des öffentlichen Rechtes auch nicht ausschließen, so ist nunmehr zu untersuchen, ob hier Wege bestehen, die eine dem verfassungsrechtlichen Gemeinwohlerfordernis adäquate Problemlösung ermöglichen. Hier bietet sich zunächst eine Lösung nach öffentlich-rechtlichen Ausgleichsgrundsätzen an[1]. Ausgleichsrecht soll in einem umfassenden und deshalb notwendig vereinfachenden Sinn verstanden werden, der sowohl Kompensations- als auch Restitutionsrechte[2], also Folgenbeseitigung und Erstattung, mitumfaßt. Die praktische Bedeutung gerade dieser Institute für das Rückerwerbsrecht liegt darin, daß sie eine Rückkehr in die verfassungsrechtliche Ausgangslage, nämlich die Wiederherstellung der Rechtsträgerschaft des Betroffenen bewirken können. Zwar haben sich unter entschädigungsrechtlichen Gesichtspunkten die Unterschiede zwisen den einzelnen Instituten in weitem Umfang verflüchtigt; eine genaue dogmatische Untersuchung ist hier aber dennoch nicht entbehrlich,

---

[1] Mit diesem Begriff soll nicht die Vorstellung eines insgesamt geschlossenen Systems staatlicher Ersatzleistungen gefördert werden; es soll nur der erweiterte Problemzusammenhang verdeutlicht werden.

[2] s. die Einteilung bei *Bender*, S. 1. und 85.

da erst dadurch die erforderlichen Ausgestaltungskriterien erkennbar werden[3].

Eine isolierte Folgenbetrachtung läßt zunächst den enteignenden Verwaltungsakt selbst unberücksichtigt und knüpft allein an den durch ihn herbeigeführten Zustand an. Ist dies möglich, so kann dem Rechtssatz von der Fortwirkung des Gemeinwohlerfordernisses zum Schutz des Eigentumsgrundrechtes Rechnung getragen werden.

9.1 Erstattungsrechtliche Ansatzpunkte

Unternimmt man den Versuch, das Rückerwerbsrecht des enteigneten Eigentümers auf allgemeine Grundsätze unserer Rechtsordnung zurückzuführen, so kommt bereicherungsrechtlichen Vorstellungen eine nicht unbedeutende Rolle zu. Dies gilt jedenfalls für den Grundfall, in dem der Gemeinwohlmittler nicht durchgeführt wird[4]. Bereicherungsgrundsätze und damit zusammenhängende Billigkeitserwägungen[5] haben auf die anfänglichen Lösungsansätze einen entscheidenden Einfluß ausgeübt[6]. Die Ursache hierfür ist sicherlich zu einem großen Teil in dem Verständnis der Enteignung als Zwangskauf zu sehen[7]. Hieran zeigen sich Auswirkungen der Fiskustheorie, die in weitem Umfang zur Anwendung zivilrechtlicher Normen auch im Verwaltungsrecht geführt hatte[8]. Auf der anderen Seite ist jedoch auch mit der Abkehr von diesem Ansatz[9] die Übernahme zivilrechtlicher Vorstellungen noch nicht obsolet geworden, wenn die Übernahme von Normen des Zivilrechtes in verwaltungsrechtliche Schuldverhältnisse als nicht grundsätzlich ausgeschlossen angesehen werden[10].

Für die Rechtsfolgen bei Nichtverwirklichung des Gemeinwohlmittlers sind in besonderem Maße die causa-data-non-secuta-Regeln des § 812 Abs. 1 Satz 2 2. Fall BGB[11] herangezogen worden[12]. Danach sind bei Nichteintritt des mit der Leistung bezweckten Erfolges die ausgetauschten Leistungen zurückzugewähren. Im Rückerwerbsrecht hat dieser Rechtsgedanke

---

[3] So zutreffend *Bender*, Rdnr. 232 für den Folgenbeseitigungsanspruch.

[4] s. auch oben in Abschn. B-5.1.2.

[5] Zum problematischen Zusammenhang von Bereicherungsrecht und Billigkeit vgl. *Esser*, Schuldrecht II S. 332; allg. *Larenz*, Methodenlehre S. 277.

[6] Vgl. *Grünhut*, S. 162 f.; *Schelcher*, S. 448; *Meier-Branecke*, AöR 11 (1926), 266 f.; *O. Mayer*, Verwaltungsrecht II S. 297 allg.

[7] Vgl. Darstellung bei *Laband*, AcP 52 (1869), 151 ff. sowie rechtsvergleichend zum ‚compulsory purchase‘ *de Smith*, S. 540 ff.

[8] *Forsthoff*, Verwaltungsrecht S. 175 f.

[9] Dazu *Lassar*, S. 1 ff.

[10] Vgl. *Wolff / Bachof*, Verwaltungsrecht I § 44 III S. 350 ff.

[11] Zum Überblick *Palandt / Thomas*, BGB § 812 Anm. 6 A d.

[12] s. die Nachw. in Anm. 6 oben.

besonders bei vertraglichen Übereignungen von Grundeigentum zur Durchführung von solchen Unternehmen, zu deren Realisierung an sich auch eine Enteignung zulässig gewesen wäre, Bedeutung erlangt. So hat etwa das BayObLG entschieden, daß ein Anspruch auf Rückübereignung eines vor Einleitung eines Enteignungsverfahrens zum Straßenbau abgetretenen Grundstückes aus diesem rechtlichen Gesichtspunkt dann gegeben ist, wenn die Nichtausführung des Straßenbaues feststeht[13]. Ohne ausdrücklich auf Bereicherungsregeln zurückzugreifen, hat es der Bundesgerichtshof als eine Amtspflichtverletzung angesehen, wenn zwangsweise durchgeführte Güterbeschaffungsvorgänge nicht rückabgewickelt werden, sobald der Grund für die Inanspruchnahme entfallen ist[14]. Inwieweit hier folgenerstattungsrechtliche Gesichtspunkte relevant waren, soll zunächst offenbleiben[15].

Bei der Frage nach der Bedeutung bereicherungsrechtlicher Grundsätze für die Rechtsstellung des enteigneten Grundeigentümers dürfen die Ausführungen des BayObLG nicht ohne weiteres zur Begründung eines allgemeinen Rückerwerbsrechtes übernommen werden. In dem dort entschiedenen Fall wurde eine vertragliche Übertragung durchgeführt, die nicht als öffentlich-rechtlicher Enteignungsvertrag zu charakterisieren war[16]. Damit konnten die Besonderheiten des öffentlichen Rechtes nur in einem allenfalls beschränkten Umfang relevant werden. Die besondere Problematik der Anwendung bereicherungsrechtlicher Normen tritt im öffentlichen Recht erst dann in den Vordergrund, wenn öffentlich-rechtliche Handlungsformen zu beurteilen sind.

Vereinzelt ist bereits von dem dann den Regelfall der Enteignung bildenden Verwaltungsakt behauptet worden, daß bereicherungsrechtliche Institute mangels Vorliegens eines dem Zivilrecht vergleichbaren Leistungsverhältnisses ausscheiden müssen[17]. Dieser Einwand erscheint indessen unzutreffend, solange man von der grundsätzlichen Begründbarkeit öffentlich-rechtlicher Schuldverhältnisse durch Verwaltungsakt ausgeht[18]. Vom Bereicherungsrecht her läßt sich mithin die Anwendbarkeit der causa-data-non-secuta-Regeln nicht generell in Frage stellen.

Die entscheidende und größte Schwierigkeit speziell bereicherungsrechtlicher Grundsätze zur Bewältigung unserer Frage liegt in ihrer Anwendbarkeit auf verwaltungsrechtliche Rechtsverhältnisse. Diese Mög-

---

[13] U. v. 5. 7. 1973 BayVBl. 1973, 498 ff.

[14] U. v. 27. 4. 1953 BGHZ 9, 295 ff. sowie U. v. 24. 10. 1955 BGHZ 18, 336 ff.; vgl. dazu *Seufert*, ZAG Art. 12 Rdnr. 25.

[15] Vgl. nachstehend Abschn. C-14.2.

[16] Vgl. dazu auch in Abschn. C-15.1.2.

[17] *v. Mutius*, VerwArch 66 (1975), 283 (284 mit FN 4).

[18] Zu dieser einhelligen Meinung *Wolff / Bachof* (Anm. 10) § 44 I b 1 S. 339.

lichkeit wird in seltener Einmütigkeit für die Rückabwicklung rechtsgrundlos geleisteter Geldbeträge verneint[19]. Hier hat das öffentliche Recht in der Tat mit dem Erstattungsanspruch ein eigenständiges Rechtsinstitut entwickelt, das den zu regelnden Lebenssachverhalt in zwei rechtliche Vorgänge aufteilt: Einmal die Beseitigung des verfügenden Staatsaktes im Fall der Festlegung der Leistungsverpflichtung durch Verwaltungsakt[20] und andererseits die Rückabwicklung der Vermögensverschiebung, die in diesem Moment sine causa erfolgt ist[21].

Damit kann jedoch noch nicht davon ausgegangen werden, daß auch der bereicherungsrechtliche causa-data-non-secuta-Tatbestand im öffentlichen Recht unanwendbar ist. Die Eigenart dieses Tatbestandes, die bei der Erörterung berreicherungsrechtlicher Probleme im Verwaltungsrecht überwiegend verkannt wird[22], zeigt sich bei einem Blick in die zivilrechtliche Dogmatik[23]. Dort wird dieser Tatbestand nicht durch das Merkmal der Rechtsgrundlosigkeit gekennzeichnet, sondern die Zweckhaftigkeit des Leistungsautausches hervorgehoben[24]. Eine bereicherungsrechtlich relevante Zweckverfehlung setzt allerdings voraus, daß die Zweckvereinbarung selbst Bestandteil des Vertrages geworden ist[25]. Das wiederum hat zur Folge, daß die Rückabwicklung trotz Bestehenbleibens des Vertrages durchzuführen ist[26]. Damit ist nicht auszuschließen, daß der Haupteinwand gegen die Anwendung bereicherungsrechtlicher Vorschriften, ein wirksamer Verwaltungsakt verbiete den Rückgriff auf die materielle Rechtslage[27], nicht zum Zuge kommt. Der Verwaltungsakt könnte bestehenbleiben, wenn eine Aufspaltung des öffentlich-rechtlichen Regelungsgehaltes möglich ist, die dem Gemeinwohl als Zweckrichtung eine solche neben dem eigentlichen Übertragungsakt bestehende eigentständige und zumindest causa-ähnliche Wirkung beilegt.

Die vorstehend skizzierte Situation wird allerdings dann für das Enteignungsrecht nicht zutreffend analysiert, wenn der Enteignungsakt als causa angesehen wird, neben die die Gemeinwohlbestimmung tritt, damit aber gleichzeitig die Vergleichbarkeit mit dem zivilrechtlichen In-

---

[19] Grundlegend *Meier-Branecke*, AöR 11 (1926), 253 ff.; *Forsthoff*, Verwaltungsrecht S. 175 f.; *Wolff / Bachof* (Anm. 10) § 44 I S. 340.

[20] Bei Leistungen unmittelbar aufgrund von Gesetzen s. *Wallerath*, DöV 1972, 221 (222 f.).

[21] s. noch *Weber*, durchgehend sowie § 48 VwVfG mit Begr. BTDs. 7/910 S. 68.

[22] Vgl. nur *Weber*, S. 18 ff.

[23] Vgl. vorerst *Erman-Seiler*, Vorbem. v. § 812 Rdnr. 2 - 7; sowie Nachw. bei *Reeb*, JuS 1973, 366 (367 f.).

[24] Zu diesem Regelfall *Palandt-Thomas*, § 812 Anm. 6 A a.

[25] *Esser* (Anm. 5) S. 355 m. w. Nachw.

[26] Vgl. *Esser* (Anm. 5) S. 355.

[27] Vgl. nur *Wallerath*, DöV 1972, 221 (223).

stitut geleugnet wird[28]. Eine solche Betrachtung engt die Bedeutung des Enteignungsaktes ein und deformiert seine Funktion zu einem reinen Verfügungstatbestand. Damit wird die rechtliche Bedeutung der Zweckbestimmung, die als Zulässigkeitsvoraussetzung der Maßnahme unmittelbar eingriffslegitimierend ist[29], verkannt. Diese Zweckbestimmung hat im öffentlichen Recht eine wesentlich engere Beziehung zu dem Verwaltungsakt als die in gewissen Beziehungen ähnliche Erscheinung im Zivilrecht zu dem dortigen Verfügungstatbestand. Sie ist integrierender Bestandteil der Maßnahme selbst, indem sie über deren Rechtmäßigkeit entscheidet[30] und auf diese Weise den Staatsakt als Rechtsakt erst ermöglicht. Deshalb kann im Enteignungsrecht die Bindungswirkung des Zweckes nicht hinter der insoweit vergleichbaren Regelung im bürgerlichen Recht zurückbleiben.

Damit ist dem öffentlich-rechtlichen Übertragungsakt selbst in besonderem Maße Rechnung zu tragen. Handelt es sich um einen Verwaltungsakt, so zeigt sich, daß dieser im Vergleich mit anderen Rechtsakten in erhöhtem Maße durch das Merkmal der Verbindlichkeit gekennzeichnet ist[31]. Hieraus könnte sich dann wieder ergeben, daß die Zweckbestimmung wegen der vorstehend aufgezeigten Konnexität mit dem Verfügungstatbestand an dieser Bindung teilnimmt und von daher eine Differenzierung i. S. d. causa-data-non-secuta-Satzes ausgeschlossen ist.

Stellt man allein auf den verfügenden Inhalt, also den Eigentumsentzug bzw. die dingliche Belastung ab, so läßt sich insoweit sogar ein Erlöschen der Wirkungen feststellen, sobald die Änderungen eingetreten sind[32]. Damit wird jedoch ausschließlich der instrumentale Charakter des Enteignungsaktes berücksichtigt, ohne den rechtlichen Rahmen dieser Maßnahme erschöpfend zu erfassen. Dieser Rahmen wird entscheidend durch die individualrechtlichen Auswirkungen und deren Ausgestaltung geprägt. Dabei handelt es sich um die durch Verwaltungsakt begründete Rechtsstellung des Begünstigten und die Festlegung des Gemeinwohls als Eingriffsvoraussetzung. Beide Momente sind miteinander verknüpft. Betrachtet man allein die Eingriffsvoraussetzung und die Rechtsstellung des Betroffenen, so wäre für unseren Grundfall eine Anwendung der causa-data-non-secuta-Regeln an sich geboten. Gleichzeitig würde so ber die Einheitlichkeit des Vorganges aufgehoben. Es erscheint indessen nicht möglich, diese kraft öffentlichen Rechtes bestehende Einheit aufzuheben.

---

[28] So *Brüggemann*, S. 74 f.

[29] Vgl. oben Abschn. B-5.2.1.

[30] Dieser Zweck kennzeichnet die Enteignung.

[31] Zur Verbindlichkeit s. *Forsthoff* (Anm. 8) S. 252 f.

[32] *Wolff / Bachof* (Anm. 10) § 54 I a S. 475.

Dies wird sowohl durch die Rechte des Begünstigten als auch des Betroffenen gefordert. Der Begünstigte muß in der Durchführung des Unternehmens gesichert sein. Dieses legitime Ziel würde verfehlt, erlaubte man dem Betroffenen einen isolierten Rückgriff auf sein Recht, indem ständig die materielle Vereinbarkeit des Zustandes mit dem Allgemeinwohlerfordernis bestritten werden könnte. Für den Betroffenen ergibt sich, daß der Zweck an den Verfügungstatbestand angebunden sein muß. Zivilrechtliche Abstraktionsvorstellungen können so allenfalls in einem sehr beschränkten Umfang Eingang in die verwaltungsrechtliche Dogmatik finden[33]. Der die Enteignung vollziehende Enteignungsakt übt deshalb hier eine formelle Sperre für den unmittelbaren Rückgriff auf die Sache selbst aus[34]. Diese Sperre ist nur als formell anzusehen, da dieser Tatbestand kein Urteil darüber erlaubt, ob der Leistungsaustausch in Übereinstimmung mit dem materiellen Recht steht.

Auch dürfen die materiell-rechtlichen Implikationen des Bereicherungsrechtes nicht unberücksichtigt bleiben, die Bedenken gegen die Anwendung der zivilrechtlichen Regeln über den Zweckfortfall begründen. Zwar läßt sich auch das Bereicherungsrecht als güterschützend verstehen[35]. Auf der anderen Seite setzt indessen die Durchsetzung des Anspruches stets eine Bereicherung auf seiten des Inanspruchgenommenen voraus[36]. Es erscheint wenig einleuchtend, den Grundrechtsschutz des ehemaligen Eigentümers der enteigneten Sache von einer Bereicherung des ehemals im Enteignungsverfahren Begünstigten abhängig machen zu wollen.

9.2 Folgenbeseitigungsrechtliche Ansatzpunkte

Während das Bundesverwaltungsgericht in seiner Entscheidung zum Rückerwerbsrecht das Folgenbeseitigungsrecht nicht ausdrücklich erwähnt[37], ist es von anderen Gerichten herangezogen worden, um die Rechtsstellung des ehemaligen Eigentümers im Stadium der unterbliebenen Realisierung des Unternehmens zu erläutern. So ist das gesetzliche Rückerwerbsrecht des Bayerischen Zwangsabtretungsgesetzes als ein besonders geregelter Folgenbeseitigungsanspruch verstanden worden[38]. In einem Zug wird allerdings die Bedeutung des in Bezug genommenen Zustandes wieder relativiert, wenn das Institut als An-

---

[33] Vgl. hierzu auch *Lehmann-Grube*, S. 24.

[34] s. *Wolff / Bachof* (Anm. 10) § 47 V a S. 393 f.: Der Verwaltungsakt hat sich verbraucht, aber noch nicht erledigt.

[35] Dies gilt besonders für die Eingriffskondiktion; vgl. auch *Esser* (Anm. 5) S. 362 f.

[36] Vgl. den Regelfall des § 818 Abs. 3 BGB.

[37] U. v. 8. 11. 1967 E 28, 184 ff.

[38] BayVGH U. v. 1. 3. 1972 BayVBl. 1972, 413 (414). Vgl. auch *Weyreuther*, Gutachten S. B-70 f.

spruch auf Widerruf des Enteignungsaktes erklärt wird[39]. Einmal wird damit auf den Vollzugsakt und andererseits entscheidend auf den dadurch bewirkten Zustand abgehoben. Es mag an der relativen „Traditionslosigkeit“[40] des Folgenbeseitigungsrechtes liegen, daß hier beide Gesichtspunkte ohne Abgrenzung zueinander aufgeführt werden. Entsprechend unserer eingeschränkten Problemstellung in diesem Zusammanhang sind Lösungen einer isolierten Folgenbeseitigung in den Vordergrund zu stellen, womit allein an den durch Enteignungsakt bewirkten Zustand angeknüpft werden soll. Auf den ersten Blick erscheint dieses Vorhaben nahezu aussichtslos, wenn man sich den bei aller Unterschiedlichkeit in der Begründung[41] im Ergebnis wohl einhellig vertretenen Mindestinhalt des Folgenbeseitigungsanspruches vor Augen führt. Danach sind jedenfalls die Folgen wegen Rechtswidrigkeit aufgehobener Verwaltungsakte zu beseitigen[42]. Betrachtet man allerdings die Entwicklung des Folgenbeseitigungsrechtes, so erscheint die Frage gerechtfertigt, ob dem Verwaltungsakt tatsächlich die damit implizierte Sperrwirkung zukommen muß, die den Folgenbeseitigungsanspruch unmittelbar mit der Aufhebung des Verwaltungsaktes verbindet[43].

Dies wird deutlich, wenn man auf die Herleitung des Anspruches zurückgreift, obschon diese nicht in allen Aspekten eine einheitliche Tendenz erkennen läßt[44]. Ausgehend vom Grundsatz der Gesetzmäßigkeit der Verwaltung und einem Vollzugsfolgenbeseitigungsanspruch hat *Bachof* das Institut als Schadensbeseitigungs-, also Ersatzanspruch gedeutet[45]. *Bettermann* dagegen hat den quasi-negatorischen, wiederherstellenden Charakter betont[46]. Für unsere Frage der isolierten Folgenbereinigung erlangen die grundrechtlichen Ableitungsversuche entscheidende Bedeutung. Dies ist etwa der Ansatz *Rössleins,* der einem subjektiven Recht auf Gesetzmäßigkeit der Verwaltung und dem daraus folgenden Anspruch auf Unterlassen aller rechtswidrigen Beeinträchtigungen einen Beseitigungsanspruch zur Seite stellen will[47]. *Weyreuther* geht von einem grundrechtlichen Unterlassungsanspruch aus, der sich in einen Folgenbeseitigungsanspruch umwandeln kann[48]. Entscheidend wird in beiden

---

39 (Anm. 38) LS 1; vgl. auch *Bachof,* Verfahrensrecht II S. 358.

40 So *Weyreuther,* Gutachten S. B-139.

41 Vgl. die Darstellung bei *Hoffmann-Becking,* JuS 1972, 509 (510).

42 *Wolff / Bachof* (Anm. 10) § 54 II a S. 477 ff.

43 s. dazu bereits *Obermayer,* JuS 1963, 110 (113).

44 Hier können nur die wichtigsten Ansätze genannt werden; vgl. bereits vorstehend Anm. 41. Zum Verhältnis der Begründungen s. *Wolff / Bachof* (Anm. 10) § 54 II 1 S. 478.

45 Vornahmeklage S. 126 ff.

46 DöV 1955, 528 ff.

47 S. 79 ff. und passim.

48 (Anm. 40) S. B-78 ff. und passim.

Fällen nicht die Rechtswidrigkeit des Hoheitsaktes selbst, sondern der dem objektiven Recht widerstreitende Erfolg. Die Konsequenz dieses Ansatzpunktes zeigt sich, wenn an sich rechtmäßige Eingriffe mit dem Recht nicht in Einklang stehende Folgen zeitigen[49]. Die Problematik liegt dann entscheidend in der Zurechnung einer solchen Folge zu einem Handeln des Hoheitsträgers[50]. In unserem Fall des Rückerwerbsrechtes handelt es sich dagegen stets um eine eindeutige Zurechnung zu einem Handeln, das gerade auf diesen Erfolg gerichtet war.

Aus der Anerkennung der besonderen Bedeutung des mit der Rechtsordnung nicht in Übereinstimmung stehenden Zustandes werden jedoch durchweg keine eigentlich folgenbeseitigungsrechtlichen Folgen gezogen. Der verfügende Staatsakt soll in seiner grundsätzlichen Verbindlichkeit hinsichtlich des Zustandes unangetastet bleiben. So wird etwa von *Weyreuther* und auch von *Rösslein* dem Verwaltungsakt ähnlich den erstattungsrechtlichen Ansatzpunkten eine formelle Sperrwirkung gegenüber der Geltendmachung des Folgenbeseitigungsanspruches zuerkannt[51]. Die Rechtswidrigkeit des Verwaltungsaktes hat insofern nur indizielle Bedeutung hinsichtlich des durch ihn hervorgebrachten Zustandes. War er rechtswidrig, so ist es auch der auf ihn zurückführbare Zustand[52]. Die Schwierigkeiten liegen auf der Hand, wenn der Staatsakt an sich nicht zu beanstanden war, dann jedoch der durch ihn geschaffene Zustand zu beurteilen ist[53].

Diese gefestigte Praxis und Lehre, die dem Verwaltungsakt eine gewisse Sperrwirkung zuerkennen[54], ist in der Tat im Folgenbeseitigungsrecht als sachgerecht anzusehen. Die Verbindlichkeit des Verwaltungsaktes folgt aus der Beachtlichkeit von Anfechtungsfristen, die insoweit auch als eine Ausgestaltung des Gesetzmäßigkeitsprinzipes angesehen werden können[55]. Besonders in den sog. Drittbeteiligungsfällen[56] muß eine andere Auffassung den Verbindlichkeitsanspruch des Verwaltungsaktes in einer nicht mehr absehbaren Tragweite beeinträchtigen. Die individualrechtliche Rechtfertigung ergibt sich daraus, daß der betrof-

---

[49] Dazu *Bachof* (Anm. 39) S. 358: Der rechtmäßig eingewiesene Obdachlose zieht nicht aus.

[50] Vgl. nun § 3 Abs. 1 S. 2 EStHG mit Begr. S. 90.

[51] *Weyreuther*, Gutachten S. B-70 und 100; *Rösslein*, S. 83; sowie *Hoffmann-Becking*, JuS 1972, 509 (514).

[52] Vgl. *Rösslein* und *Weyreuther* (Anm. 51).

[53] Deshalb wird das Rückerwerbsrecht nicht als Folgenbeseitigungsanspruch anerkannt von *Rösslein*, S. 81 und von *v. Mutius*, VerwArch 66 (1975), 283 (284 mit FN 4).

[54] Vgl. etwa BVerwG U. v. 16. 10. 1967 E 28, 155 (165) sowie *Bender*, Rdnr. 228.

[55] So zutreffend das BVerwG (Anm. 54) S. 163 ff.

[56] s. Überblick bei *Bender*, Rdnr. 249 ff.

fene Bürger im Regelfall während der Anfechtungsfristen die Möglichkeit hatte, den Akt anzugreifen[57].

Diese Möglichkeit wird der Enteignete indessen nicht mehr haben, wenn erst nach längerer Zeit die Nichtausführung des Projektes feststeht. Insoweit unterscheidet sich das Rückerwerbsrecht grundlegend von den überwiegend in diesem Zusammenhang genannten Obdachloseneinweisungen, die regelmäßig befristet ausgesprochen werden[58]. Hier ist der dann eintretende Zustand eindeutig nicht mehr durch den zugrundeliegenden Akt gedeckt[59]. Enthält die Enteignungsentscheidung keine entsprechende Frist[60], so steht die Bestandskraft generell dem Rückgriff auf die materielle Rechtslage entgegen. Das prognostische Element in der belastenden Entscheidung verhindert bei ungenügender verfahrensmäßiger Gegensicherung den Rückgriff.

9.3 Die Sperrwirkung des enteignenden Staatsaktes

Die vorstehenden Überlegungen haben gezeigt, daß eine isolierte Folgenbetrachtung und -beseitigung im geltenden Recht keine Grundlage findet und mithin für eine Herleitung und Konturierung eines Rückerwerbsrechtes nicht fruchtbar gemacht werden können. Auch in einem nach rechtsstaatlichen Grundsätzen geordneten Staatswesen, das an sich die Beseitigung von nicht im Einklang mit der materiellen Rechtslage stehenden Zuständen verlangt[61], entfaltet die Rechtsbeständigkeit von Staatsakten gewisse Sperrwirkungen.

Trotz formaler Identität in beiden Instituten erfährt sie indessen eine unterschiedliche funktionale Einbindung. Führt man das Erstattungsrecht insgesamt auf einen allgemeinen Rechtsgedanken zurück, wie er im BGB zum Ausdruck kommt[62], so wird allein entscheidend, daß ein rechtfertigender Grund für die Vermögensverschiebung fehlt. Alle anderen Umstände erweisen sich als unerheblich. Anders ist die Situation im Folgenbeseitigungsrecht, wo gerade Rechtmäßigkeit und Rechtswidrigkeit als materielle Ausgangspunkte Bedeutung erlangen und so Anhaltspunkte für das ‚ob' einer Beseitigungspflicht abgeben.

---

[57] Zu beachten ist, daß diese Folge unabhängig von der Struktur des jeweiligen Verwaltungsaktes eintritt; vgl. *Wolff / Bachof* (Anm. 10) § 52 II c S. 444.

[58] Vgl. *Bender*, Rdnr. 244 f. und 250 f. sowie *Vogel*, S. 198 f.

[59] Zur Konzeption der Verantwortlichkeit in diesen Fällen vgl. EStHG, S. 90.

[60] Hier erweist sich die Schutzfunktion einer Einschränkung der zeitlichen Geltungskraft; vgl. oben Abschn. B-7.

[61] Vgl. bereits oben Abschn. B-8.1 mit Anm. 18.

[62] Also das Fehlen einer causa; zur Abgrenzungsfunktion im öffentlichen Recht vgl. *Bender*, Rdnr. 276.

Dieses Zwischenergebnis führt dazu, Möglichkeiten aufzuzeigen, die eine Überwindung der Sperrwirkung herbeiführen können, wobei auch die Besonderheiten der Prognoseelemente enthaltenden Entscheidung zu berücksichtigen sind.

10. Das Rückerwerbsrecht als Rechtmäßigkeitsproblem des Enteignungsvorganges

Besonders die Ansätze im Folgenbeseitigungsrecht haben die Bedeutung des Urteils über die Rechtmäßigkeit bei der Beseitigung von Folgen hoheitlichen Handelns hervorgekehrt[1]. Während die Frage der Rechtswidrigkeit eines Eingriffs im Entschädigungsrecht heute keinen sicheren Schluß auf die Entschädigungspflicht zuläßt[2] und dort kaum weiterhilft, so muß sie jedoch für das Rückerwerbsrecht geklärt werden, da dieses eine restitutionsrechtliche Funktion hat[3]. Im Zeitablauf des Geschehens heben sich als maßgebliche Anknüpfungspunkte einmal der Enteignungsakt mit der darin enthaltenen Prognoseentscheidung und zum andern der Moment ab, in dem feststeht, daß eine Realisierung des Unternehmens unterbleibt[4] bzw. daß das mit dem Unternehmen verfolgte Ziel, eine Förderung des Gemeinwohls zu erreichen, fehlgeschlagen ist[5].

Das bisherige Bemühen um die rechtliche Bewältigung der mit der Rechtmäßigkeit von Staatsakten zusammenhängenden Probleme ist besonders im Bereich der Verwaltungsaktslehre durch ein wenig ausdifferenziertes Nebeneinander unterschiedlicher Anknüpfungspunkte gekennzeichnet, die zudem vielfach miteinander verknüpft sind[6]. Obschon eine allgemeingültige Lösung möglicherweise nur in einem allgemeinen Teil des Rechts gefunden werden kann[7], können diese Anknüpfungspunkte doch eine Hilfestellung zur Erfassung der Schwierigkeiten bieten, die innerhalb von Prognoseelemente enthaltenden Entscheidungen auftreten. So sind heute zwei Grundtendenzen erkennbar, wenn — wie innerhalb des Enteignungsvorganges — unterschiedliche Tatbestände zur Beurteilung der Rechtmäßigkeit zur Verfügung stehen. Zunächst läßt

---

[1] Vgl. vorstehend Abschn. C-9.2.

[2] So auch die Entwicklung des Staatshaftungsrechtes; vgl. § 15 S. 1 EStHG mit Begr. S. 112.

[3] Vgl. vorstehend Abschn. B-8.1.

[4] Diese Situation kann auch während des Laufs der Verwendungsfrist eintreten; zur Verwendungsfrist s. oben Abschn. B-7.2.

[5] Dies ist eine Folge der Trennung von Enteignungsunternehmen und Gemeinwohl; zur Funktion des Unternehmens als Gemeinwohlmittler oben in Abschn. B-5.1.2.

[6] Dazu *Luhmann*, Entschädigung S. 131 ff., bes. 133.

[7] So zutreffend *Luhmann* (Anm. 6) S. 133.

sich eine Auflösung nach Zeitgesichtspunkten vornehmen, indem auf die Sach- und Rechtslage im Zeitpunkt der hoheitlichen Entscheidung abgestellt wird[8]. Es muß als ein besonderer Gewinn angesehen werden, daß die prozessuale Problematik heute klar von der zugrundeliegenden materiellen Rechtslage unterschieden wird[9]. Ohne maßgeblichen Zeitbezug wird andererseits zwischen der staatlichen Handlung und dem dadurch bewirkten Zustand unterschieden[10].

10.1 Die maßgebliche Sach- und Rechtslage für die Beurteilung des Enteignungsaktes

Im Hinblick auf den Enteignungsakt stellt sich die Frage, inwieweit die mit der unterbliebenen Realisierung eingetretene Lage die Rechtmäßigkeit des enteignenden Aktes selbst berühren kann. Auf den ersten Blick erscheint diese Fragestellung nahezu obsolet, wenn man an die wohl allgemein akzeptierte These denkt, die ursprüngliche Rechtmäßigkeit von Staatsakten werde durch die spätere Entwicklung nicht berührt[11]. Der gegenwärtige Diskussionsstand innerhalb der zukunftsorientierten Planungsentscheidung gibt jedoch Veranlassung, dieser Frage nachzugehen, um den Besonderheiten der Entscheidungsstruktur Rechnung tragen zu können.

Diese Besonderheiten von Prognoseelemente enthaltenden Entscheidungen bleiben teilweise unbeachtet und führen zu Modifizierungen allgemein anerkannter Regeln, ohne daß dies von der Sache her geboten ist. So wendet sich *Blümel* gegen die Einengung des gerichtlichen Kontrollrahmens, die er in der Beschränkung sieht, nur die zur Zeit der Entscheidung existenten Umstände zugrundezulegen[12]. Zu ähnlichen Ergebnissen gelangt *Breuer*. Er vertritt die These, nur soweit ein Prognosespielraum anzuerkennen sei, könne eine staatliche Maßnahme wegen der zugrundeliegenden Prognose nicht für rechtsfehlerhaft erklärt werden, wenn bei einer ex-ante-Betrachtung keine eindeutig widerlegbare Einschätzung vorgelegen hat[13]. Weitergehend als bei *Blümel* werden hier die normativen, nicht nur die tatsächlich für die Kontrolldichte maßgeblichen Elemente der Entscheidung mit dem Beurteilungszeitraum in einen echten Bedingungszusammenhang gebracht. Beide Aspekte stehen jedoch nicht in einem derartigen unmittelbaren inneren Zusammenhang,

---

[8] *Ule*, S. 234 ff. m. w. Nachw.

[9] Dazu *Bachof*, JZ 1966, 138 (140 f.)); *ders.*, Verfahrensrecht II S. 229.

[10] *Scheuner*, JuS 1963, 243 (247 f.) sowie *Weimar*, DöV 1963, 607 (609 f.).

[11] *Wolff / Bachof*, Verwaltungsrecht I § 54 IV f. S. 435 sowie *Ule* (Anm. 8) S. 234.

[12] DVBl. 1975, 695 (699).

[13] *Breuer*, Der Staat 16 (1977), 21 (53).

da die Frage, welche Umstände in die Kontrolle eingehen, vorgreiflich ist[14]. Die Lösung des Problems der Kontrolldichte kann dann entweder weit oder aber eng i. S. e. offensichtlichen Fehlerhaftigkeit sein[15]. Auch bei der dort geforderten ex-post-Betrachtung ist ein Rechtssatz aufzuzeigen, der die Einbeziehung dieser Entwicklungen in die Kontrolle des ursprünglichen Aktes gebietet. Es ist rechtspolitisch sicherlich erstrebenswert, die Kontrollmöglichkeiten des ursprünglichen Aktes über eine ex-post-Betrachtung zu erweitern. Dies ist indessen — bezogen auf den ursprünglichen Zeitpunkt — nur mittelbar möglich, indem man späteren Entwicklungen eine Indizwirkung hinsichtlich im Zeitpunkt der *Entscheidung* bereits vorhandener, aber in ihrer Bedeutung noch nicht erkennbarer Realfaktoren beimißt. Soll dagegen die spätere Entwicklung als solche, also losgelöst von der ursprünglichen Entscheidung, zugrundegelegt werden, so bedeutet dies eine Abweichung von der anerkannten Regel der Maßgeblichkeit des Erlaßzeitpunktes, ohne daß eine Abweichung wegen einer normativen Besonderheit der Entscheidung dargetan wäre.

Entscheidende Bedeutung kommt auch der Konkretheit der Maßstäbe nicht zu[16], die im Bereich administrativer Planungsentscheidungen größer sein mag als bei legislativen Prognoseakten. Problematisch erscheint die These bereits dann, wenn man eine Befugnis der Verwaltung anerkennt, den unfertigen Willen des Gesetzgebers auszuführen und zu ergänzen[17]. Damit entfielen grundlegende Unterschiede. Dieser Gestaltungsfreiraum der Administrative mag in zahlreichen Fällen — auch in solchen, die bisher nicht unter diesem Gesichtspunkt betrachtet worden sind, — bestehen[18]. Von besonderer praktischer Bedeutung sind hier Planungsentscheidungen. Sicherlich ergeben sich auch Unterschiede im Hinblick auf die Objektivierbarkeit, etwa bei konkreten Fallprognosen[19]. So läßt sich z. B. sagen, daß im Bereich der Gemeinwohlklausel der Konkretheitsgrad regelmäßig relativ groß ist[20] und auch sonst gesetzliche Maßstäbe hinzutreten, die eine genauere Fassung ermöglichen. Die Struktur der Entscheidungen selbst spricht indessen dagegen, das Ausmaß der Konkretheit zum Maßstab für eine ex-ante- oder ex-post-Betrachtung zu machen[21]. Die Gemeinsamkeit von zukunftsgerichteten Re-

---

[14] Undeutlich insoweit *Ossenbühl*, Gutachten S. B-188.

[15] Vgl. *Schmidt*, NJW 1975, 1753 (1756).

[16] So indessen *Blümel*, DVBl. 1975, 695 (699 r. Sp.) unter Hinweis auf *Papier*, DVBl. 1975, 462 (FN 20) und *Ossenbühl* (Anm. 14) S. B-191; ähnlich *Breuer*, Der Staat 16 (1977), 21 (32 f.).

[17] So die Formulierung *Ossenbühls* (Anm. 14) S. B-188; vgl. auch *ders.*, DVBl. 1974, 309 (311).

[18] Insbesondere also auch im Planfeststellungsrecht.

[19] Etwa bei begrenzteren Projekten im Gegensatz zur Entwicklungsplanung.

[20] Zur sachlichen und zeitlichen Konkretisierung s. Abschn. B-5.2.1.

gelungen durch Gesetzgeber und Administrative liegt vielmehr in der prognosebedingten Unsicherheit über die zugrundezulegenden und tatsächlich zugrundegelegten Daten und die damit eröffneten Entwicklunsgmöglichkeiten. Daran ändert auch der Umstand nichts, daß Prognosen zukünftiger Entwicklungen sehr oft nur ein Element rechtlich regelnder Entscheidungen darstellen[22]. Da das normative Element der Entscheidung erst auf der Grundlage bestimmter Annahmen tatsächlicher Art wirken kann, entfalten normative Bindungen erst in diesem Moment ihre Wirkung. Gerade in der notwendigen Einschätzung der Zukunft liegt die spezifische Schwierigkeit dieser Entscheidungen. Es erscheint durchaus fraglich, ob hier ein engeres Netz der Kontrolldichte möglich ist[23]. Die Ausrichtung an konkreten Zielvorstellungen für die Verwaltung führt jedenfalls nicht notwendig zu einer ex-post-Betrachtung.

Die vorstehenden Überlegungen haben die Fragwürdigkeit einer expost-Betrachtung und der damit verbundenen Einwirkung späterer Entwicklungen auf die ursprüngliche Entscheidung gezeigt. Die Besonderheiten der Enteignungsmaßnahme als zukunftsgerichteter Entscheidung qualifizieren diese vielmehr als einen eigenständigen Entscheidungsschritt[24], der seinen eigenen rechtlichen Regeln folgt. Allein eine solche Auffassung hält sich in den Grenzen der bisher erzielten Erkenntnisse, wonach die Maßgeblichkeit der Sach- und Rechtslage jeweils dem konkreten normativen Rahmen zu entnehmen ist[25]. Auf der Grundlage einer Eigenständigkeit jeder zukunftsgerichteten Entscheidung wird die maßgebliche Rechtslage in ihrer Ausgestaltung durch die im Moment der Entscheidung existenten Faktoren bestimmt. Insoweit ist die Rechtswidrigkeitsfeststellung im Prognosebereich keine „zeitlose Subsumtion"[26] unter solche Kategorien, die die Vorhersehbarkeit außer Betracht läßt. Diese Feststellung ist gleichsam Teil eines allgemeinen Prognoserechtes, das die bereits verschiedentlich hier erörterten typischen normativen Elemente zur Sicherung des Betroffenen enthält: Existenz einer Prognosebefugnis[27], Anforderungen abgestufter Eingriffsqualifizierungen[28],

---

[21] Zur normativen Beachtlichkeit einer Sachstruktur *Schröder*, DöV 1971, 308 (311).

[22] So zutreffend *Breuer*, Der Staat 16 (1977), 21 (35).

[23] s. auch *Ossenbühl* (Anm. 14) S. B-190 m. w. Nachw.

[24] So zutreffend für Prognoseentscheidungen *Schmidt*, NJW 1975, 1753 (1756).

[25] Das führte zur Unterscheidung von materieller und prozessualer Rechtslage der Rechtmäßigkeitsfrage; s. oben Anm. 9.

[26] So *Leisner* in: VVDStRL 20 (1963), S. 206 zu dem insoweit ähnlich gelagerten Fall der Beurteilung von Nebenfolgen.

[27] Zur Prognosebefugnis als Teil der Finalität s. oben in Abschn. B-5.1.2.

[28] Speziell zur Gemeinwohlklausel oben in Abschn. B-5.3.3.

Konkretisierung der Zielvorstellung[29] und Regelungen präventiver Sicherungen[30]. Hiermit liegen konkrete und praktizierbare Maßnahmen zum Schutz des Einzelnen vor, die auch die mit der ex-ante-Betrachtung möglicherweise verbundene Belastung für diesen Personenkreis mindern. Danach kann insgesamt festgestellt werden, daß der ursprüngliche Enteignungsakt nicht im Hinblick auf seine Rechtmäßigkeit durch den mit der unterbliebenen Realisierung eingetretenen Zustand beeinflußt werden kann[31].

10.2 Die rechtliche Erfassung des durch den Enteignungsakt bewirkten Zustandes

Die Struktur der Gemeinwohlklausel zeigt auf der anderen Seite indessen, daß eine solche ex-ante-Betrachtung des Enteignungsaktes die mit der unterbliebenen Realisierung des Unternehmens anstehenden Rechtmäßigkeitsprobleme nicht erschöpft[32]. Die Maßgeblichkeit der ex-ante-Betrachtung versperrt nicht notwendig den Weg dafür, im Rahmen einer ex-post-Betrachtung der später eingetretenen Entwicklung Bedeutung in bezug auf den Jetztzustand beizumessen. Das Gegenteil ist nur dann der Fall, wenn es richtig ist, die Folgen rechtmäßiger Hoheitsakte bzw. die dadurch bewirkten Zustände eben deshalb bereits als rechtmäßig anzusehen, weil der ursprüngliche Akt keinen Rechtsverstoß beinhaltet.

Ein Ansatz in dieser Richtung findet sich in der Diskussion um die Maßgeblichkeit eines Handlungs- oder Erfolgsunrechtes im Verwaltungsrecht[33]. Die Differenziertheit dieser Betrachtungsweise wird wieder entwertet, wenn teilweise von der ex-ante-beurteilten Rechtmäßigkeit des Handelns auf die Rechtmäßigkeit auch des dadurch bewirkten Zustandes geschlossen wird[34]. Eine solche Folgerung ist nicht zwingend. Es ist vielmehr davon auszugehen, daß Handlung und dadurch bewirkter Zustand zwei voneinander scheidbare Faktoren sind, damit als solche in die Rechtsordnung eingehen und so getrennte Ansatzpunkte für eine rechtliche Beurteilung bieten[35]. Damit ist für den Bereich der Eingriffs-

---

[29] Dazu oben in Abschn. B-5.2.1.

[30] Hier insbesondere Einschränkungen der zeitlichen Geltung; vgl. für den Enteignungsakt oben in Abschn. B-7.2.

[31] Ebenso *Brügelmann / Pohl*, § 102 Rdnr. 1; *Heitzer / Östreicher*, § 102 Rdnr. 1; *Weyreuther*, Gutachten S. B-71. Im übrigen ist darauf hinzuweisen, daß eine ex-post-Betrachtung auch dann auf Schwierigkeiten stoßen muß, wenn es sich um eine bestandskräftige Entscheidung handelt.

[32] Davon geht im Grundsatz auch das BVerwG in seiner ein Rückerwerbsrecht ablehnenden Entscheidung aus; vgl. E 28, 184 (189).

[33] s. Angaben oben Anm. 10.

[34] s. oben Anm. 10; zum umgekehrten Fall *Konow*, BB 1967, 103 (104).

[35] Hierzu *Weyreuther* (Anm. 31) S. B-67 ff. sowie *Schack*, Gutachten S. 15 ff.

verwaltung die Möglichkeit eröffnet, Handlung und dadurch bewirkte Folgen im Hinblick auf deren Rechtmäßigkeit unterschiedlich zu beurteilen.

Diese Grundsätze der Nebenfolgenbehandlung lassen sich allerdings nicht ohne weiteres auf den Enteignungsvorgang übertragen, da sie eine von der Handlung in Gang gesetzte reale Kausalkette erfordern, die eine schädigende Folge hervorruft. Dies wird etwa deutlich an dem an sich vorschriftsmäßigen Waffengebrauch eines Polizisten, bei dem ein unbeteiligter Dritter verletzt wird[36] oder an den sog. Impfschäden[37]. Im letzten Fall ist die Handlung im Prinzip an sich geeignet, den allgemein wünschenswerten Erfolg, also den Seuchenschutz zu realisieren. Anders verhält es sich dagegen mit der enteignungsrechtlichen Prognoseentscheidung. Die Kausalstruktur weicht hier von den vorhergehend geschilderten Fällen ab, da weitere eigene Handlungen des Entscheidungsträgers erforderlich werden, die nicht i. S. e. naturwissenschaftlichen Kausalität auf die Entscheidung als Handlung zurückführbar sind, vielmehr eigenständigen Charakter haben. Hinzu kommt, daß der Enteignungsakt als Handlung verstanden, noch keinen an sich wünschenswerten, legitimen Zustand herbeiführt, da er seine Rechtmäßigkeit nicht allein aus der Änderung der Rechtszuordnung herleitet[38]. Maßgeblich wird als Anknüpfungspunkt hier mithin nicht der Eintritt, sondern das Ausbleiben eines Umstandes. Wertungsmäßig beinhaltet dieses jedoch keinen wesentlichen Unterschied, obgleich eine — wie etwa bei Nebenfolgen — im Vergleich mit der Handlungssituation zusätzliche Rechtseinbuße nicht eintritt. Dies folgt daraus, daß hier sogar ein engerer Zusammenhang zwischen dem als Handlung verstandenen Enteignungsakt und dem dadurch bewirkten Zustand besteht, da noch eine in der Ausführung liegende legitimationsverschaffende Wirkung notwendig ist. Demnach gebietet es die Struktur der Gemeinwohlklausel hier erst recht, an diesen Zustand in konsequenter Fortführung der Erfolgsunrechtslehre anzuknüpfen[39]. Sieht man dieses Ergebnis im Lichte eines allgemeinen Prognoserechts, so zeigt sich hieran die Eigenständigkeit der Prognoseentscheidung. Deutlich wird auch eine rechtliche Grenze derartiger Entscheidungen, die in dem Erfordernis einer Einbeziehung der nach diesem Zeitpunkt eingetretenen Entwicklung liegt. Auch wird eine eventuell durch die ex-ante-Betrachtung bedingte Einengung der Kontrolldichte und Prüfungsmöglichkeit dadurch ausgeglichen[40].

---

[36] Vgl. BGH U. v. 16. 1. 1956 BGHZ 20, 81 ff.

[37] BGH U. v. 19. 12. 1953 BGHZ 9, 83 ff. sowie *Schack* (Anm. 35) S. 27.

[38] Zum Enteignungszweck oben Abschn. B-5.1.

[39] Konsequent insofern, als unterschiedliche reale Anknüpfungspunkte gewählt werden.

[40] Dies wird dadurch erreicht, daß die später eingetretene Lage selbständig beurteilt wird.

Diese eigenständige Struktur von Prognoseelemente enthaltenden Entscheidungen wird nicht immer in zureichendem Maße berücksichtigt. Dies zeigt sich etwa an der vom Bundesgerichtshof zum gemeindlichen Vorkaufsrecht[41] aufgestellten These, wonach es ausreichend sein soll, wenn die Gemeinde nach den im Zeitpunkt der Ausübung gegebenen Verhältnissen auf den Erwerb von Grundstücken angewiesen sei und diese nicht nur zu Bodenvorratszwecken erworben habe[42]. Bereits die Analyse der Gemeinwohlklausel[43] läßt keine Zweifel daran aufkommen, daß eine solche undifferenzierte Anwendung der ex-ante-Regeln im Widerspruch mit den materiell-rechtlichen Anforderungen an einen effektiven Grundrechtsschutz steht[44]. Derartige Nachteile sind zwar durch eine Erfassung des Vorganges mit der Figur des Dauerverwaltungsaktes[45] nicht zu erwarten, doch läßt sich der Vorgang in diese Kategorie nicht einordnen. Hierunter fallen nur Akte, die ein auf Dauer berechnetes und von dem Bestand der Akte abhängiges *Rechtsverhältnis* begründe sollen[46]. Bedenkt man, daß ein Rechtsverhältnis als rechtliche Regelung sozialer Beziehungen zwischen einzelnen Personen mindestens das Verpflichtetsein eines Subjektes voraussetzt[47], so zeigt sich bereits daran die Unanwendbarkeit dieses Institutes auf den in Rede stehenden Vorgang, da durch den enteignungsrechtlichen Rechtsübergang keine positiven Verhaltenspflichten, insbesondere nicht für den aus der Enteignung Begünstigten[48], begründet werden[49]. Entscheidend ist allein ein in Zukunft liegender, legitimationsverschaffender Umstand.

10.3 Die Bedeutung der Eigentumsgarantie nach Verlust der Rechtsstellung

Die Auslegung der Gemeinwohlklausel mit den vorstehend skizzierten prognoserechtlichen Konsequenzen bedeutet der Sache nach eine Ausweitung der Grundrechtsgeltung. Die Eigentumsordnung empfängt so entscheidende Grundlagen und Merkmale aus der Enteignung und deren rechtsstaatlicher Ausgestaltung[50]. In diesem Zusammenhang kann an eine

---

[41] Vgl. §§ 24 ff. BBauG; zur rückerwerbsrechtlichen Problematik s. unten Abschn. C-15.2.2.

[42] DVBl. 1975, 487 (488); s. dazu auch unten Abschn. C-15.2.3. mit Anm. 102.

[43] Vgl. oben Abschn. B-5.3.

[44] Zur Ausprägung durch die Substanzgarantie oben in Abschn. B-4.2.2.

[45] s. auch *Stummer*, S. 53 sowie allg. *Schmidt*, NJW 1975, 1753 ff.; vgl. auch nachstehend Abschn. C-12.1.

[46] Für alle *Wolff / Bachof* (Anm. 11) § 47 V. b) S. 394.

[47] Zum Verwaltungsrechtsverhältnis *Forsthoff*, Verwaltungsrecht S. 177 ff.

[48] Vgl. vorstehend Abschn. B-6.2.

[49] Ebenso *Kunze*, S. 97 ff.; s. *Bachof*, JZ 1954, 416 (419).

[50] s. dazu auch *Huber*, ZSchwR 1965, 39 (41).

Untersuchung *Kloepfers* angeknüpft werden, in der der Nachweis gelungen ist, daß der innere Grundrechtsbau bei einzelnen Grundrechten über das bloße Haben hinausgeht[51]. Besonders im Bereich der Eigentumsgarantie des Art. 14 GG wird nach diesen Untersuchungen bereits das Stadium erfaßt, in dem eine eigentliche Beziehung zu dem Eigentumssubstrat *noch* nicht vorliegt[52]. Bei der Einordnung des mit der Enteignung bewirkten Zustandes handelt es sich dagegen um die Erstreckung des Normbereiches auf ein Feld, in dem ein konkreter Bestand i. S. e. Innehabens durch die Wirkung des Enteignungsaktes nicht *mehr* gegeben ist. Als Erwerbsrecht auf der Grundlage der Konzeption von *Kloepfer* läßt sich diese Position nicht verstehen, da der Betroffene hier bereits eine konkrete grundrechtlich geschützte Position inne hatte, aus der heraus sein Rückerwerbsrecht folgt. Dies ist eine Folge der enteignungsrechtlichen Gemeinwohlklausel und einer ihrer Struktur und Funktion angemessenen rechtlichen Ausgestaltung, die es ermöglicht, sich trotz Verlustes der zivilrechtlichen Zuordnungsbeziehung[53] auf die Schutzwirkung von Art. 14 Abs. 1 GG zu berufen[54]. Dies ist nicht Ausdruck eines primär funktionalen Grundrechtsverständnisses[55]. Wie am Beispiel der demokratisch funktionalen Grundrechtsauffassung deutlich wird, führt diese These zu der Frage nach dem „wozu" der Freiheit, womit die Beurteilung der Grundrechte im Verhältnis von gesellschaftlichem und rechtlichem Sein zur Diskussion steht[56]. Unabhängig von der Frage des „wozu" der Eigentumsfreiheit und Nutzung gilt es den Schutzbereich von Art. 14 in einer normativen Methode abzustecken und auf dieser Basis für einen effektiven Rechtsschutz unabhängig von der Nutzung zu sorgen. Methodisch gesehen stellt sie die Ausgestaltung des Rechtsschutzes der so ermittelten Rechtsstellung als Folgeproblem dar[57].

Fraglich kann sein, welche Bedeutung der Entschädigung bei einer Erstreckung der grundrechtlich geschützten Eigentumsfreiheit zukommt. Für die Dimension der eigentumsrechtlichen Entstehenssicherung geht *Kloepfer* zu Recht davon aus, daß die in der Regel auszuschließende Entschädigungsfähigkeit bloßer Erwerbschancen zu größerer Zurückhaltung bei intensiven Eingriffen in die Erwerbsfreiheit zwingt[58]. Umgekehrt

---

[51] Entstehenssicherung S. 24 ff. und passim.

[52] s. dazu auch hier Abschn. C-15.2.

[53] Zum Schutz des Zuordnungsverhältnisses s. bereits oben Abschn. B-4.2.1 mit Anm. 51.

[54] So im Ergebnis auch das BVerfG E 38, 175 (181); vgl. aber auch *Rösslein*, S. 91.

[55] So aber *v. Mutius*, VerwArch 66 (1975), 283 (285).

[56] Vgl. Darstellung und Kritik bei *Böckenförde*, NJW 1974, 1529 (1534).

[57] Diese Differenzierung fehlt etwa bei *Rösslein*, S. 91.

[58] Entstehenssicherung S. 49.

wäre für unseren Bereich denkbar, daß die bei der enteignungsrechtlichen Güterbeschaffung zu leistende Entschädigung der hier geforderten Ausweitung generell entgegensteht[59]. Eine solche Auffassung steht indessen mit der inneren Struktur der Eigentumsgarantie nicht in Übereinstimmung. Der Sache nach bedeutete dies eine unzulässige Gleichsetzung der Substanzgarantie mit der verfassungsrechtlich normierten Ausgleichspflicht bei Belastung von Eigentumsrechten. Art. 14 Abs. 3 Satz 2 GG verbietet mithin nicht eine Erstreckung des Eigentumsgrundrechtes in die Zeit nach Vollzug der Enteignung, die zeitliche Unbeschränktheit des Rechtes gebietet umgekehrt vielmehr eine solche Erweiterung[60].

Unter Bezugnahme auf die Rückerwerbsentscheidung des Bundesverwaltungsgerichtes[61] hat *Weyreuther* bei Zugrundelegung der für die Rechtmäßigkeit von Staatsakten maßgeblichen Kriterien ausgeführt, daß eine rechtliche Mißbilligung des Zustandes aus der Eigentumsgewährleistung nicht justitiabel zu gewinnen sei[62]. Wie vorstehend gezeigt wurde, ist diese Auffassung nicht haltbar. Sie beruht auf einer Verkennung der Eigenart der Gemeinwohlklausel und deren grundrechtsschützender, das Eigentumsrecht in der Enteignung prägender Wirkung. Zutreffend wäre diese These nur, wenn allein eine, wie auch immer festzustellende, auf Realisierung des Unternehmens hin ausgerichtete Absicht eine Enteignung tragen könnte. Das aber ist nicht der Fall[63]. Deshalb stellt sich das Problem der Justitiabilität und Rechtsschöpfung als Entscheidungsbegrenzung nicht in entscheidender Schärfe für diesen grundlegenden Fragenkreis der rechtlichen Beurteilung des Zustandes.

Dieser ist somit rechtlich zu mißbilligen und durchaus als Beeinträchtigung des Eigentumsgrundrechtes anzusehen. Diese Feststellung gilt unabhängig davon, ob der Zustand auf einen im Zeitpunkt der Enteignung bereits vorhandenen aber jetzt erst aufgedeckten Mangel oder auf eine neue nach Vollzug der Enteignung einsetzende Entwicklung zurückzuführen ist. Entsprechendes gilt für die Frage der Durchsetzbarkeit u. U. gegebener Schutzansprüche. Auch die Erstreckung des Eigentumsgrundrechtes auf den Zeitpunkt nach Vollzug der Enteignung unterliegt dem Gestaltungs- und Schrankensystem des Art. 14 Abs. 1 Satz 2 GG. Deshalb kann möglicherweise eigentumsverfassungsrechtlich nur der Ausschluß von Extremlösungen aufgezeigt werden. Auf der anderen Seite haben aber die prognoserechtlichen, im Bereich des Rechtsstaates gegründeten Über-

---

[59] Andeutungen in dieser Richtung *v. Mutius*, VerwArch 66 (1975), 283 (289 sub 2 a. E.).

[60] Vgl. bereits oben Abschn. B-8. mit Anm. 3.

[61] Dazu bereits oben in Abschn. A-1.1.

[62] (Anm. 31) S. B-71.

[63] Dazu bereits oben Abschn. B-5.3.

legungen Ansatzpunkte aufgezeigt, die in ihrer Weiterentwicklung grundsätzlich geeignet erscheinen, eine weitere Konkretisierung zu ermöglichen. Erst in diesem Bereich der Rechtsfolgen, also nicht schon bei der Beurteilung des Zustandes stellt sich das Problem, die Grenzen einer Rechtsfortbildung auf der Grundlage grundrechtlicher Gewährleistungen zu beachten[64].

11. Die Bestandskraft als inhaltsbestimmender Faktor des Rückerwerbsrechtes

Wie oben bereits dargestellt wurde, kann das allgemeine Verwaltungsrecht herangezogen werden, um das Rückerwerbsrecht des enteigneten Grundeigentümers zu konturieren[1]. Auf der anderen Seite kann es indessen auch als Ausdruck der Grenzen dieser an sich dem Eigentum innewohnenden Befugnis verstanden werden[2]. Von besonderer Bedeutung ist in diesem Zusammenhang die Bestandskraft, die einer Verwaltungsentscheidung zukommen kann[3]. Dementsprechend ist dieser Gesichtspunkt auch vom Bundesverwaltungsgericht herangezogen worden, um einen allgemeinen Rückerwerbsanspruch außerhalb bestehender Regeln abzulehnen[4]. Die aus der Bestandskraft erwachsenden Schwierigkeiten[5] mögen dann an Gewicht verlieren, wenn entsprechende Beschränkungen der zeitlichen Geltungskraft von Enteignungsmaßnahmen[6] generell eingeführt sind[7]. Für die Frage eines allgemeinen Rückerwerbsrechtes außerhalb bestehender Regeln ist die Bestandskraft nach wie vor von Bedeutung, zumal nur eine umfassende Einordnung in den rechtswissenschaftlichen Zusammenhang ein durchgängiges Verständnis des Rückerwerbsrechtes und seiner maßgeblichen Strukturelemente ermöglicht. Im Gegensatz zu dem durch eine zeitliche Befristung zu erreichenden Ausgleich des materiellen Unsicherheitsrisikos[8] handelt es sich hier um die verfahrensrechtliche Einbindung des Rechtes.

---

[64] Vgl. in diesem Sinn auch das BVerwG in seiner Rückerwerbsentscheidung, wo die Schwierigkeiten gerade im Zusammenhang mit der technischen Ausgestaltung der Rückgängigmachung, nicht aber in der Mißbilligung des Zustandes gesehen werden; vgl. E 28, 184 (190).

[1] Vgl. Abschn. B-8.2.

[2] Dazu Abschn. B-5.3 und C-8.1.

[3] Dazu allg. *Wolff / Bachof*, Verwaltungsrecht I § 52 I b S. 443.

[4] Dazu oben Abschn. A-1. sowie allg. zur Bestandskraft BVerfG Beschl. v. 11. 10. 1966 E 20, 230 (235).

[5] Im wesentlichen ist damit die Abänderbarkeit einer Entscheidung angesprochen.

[6] Dazu oben Abschn. B-7.2.

[7] Zur Gesetzeslage s. Abschn. B-3.1.

[8] Vgl. oben Abschn. B-7.1.

11.1 Die zeitliche Grenze der Bestandskraft von Verwaltungsentscheidungen

Die bei der Überwindung der Bestandskraft auftretenden Schwierigkeiten sind unter dem Stichwort „Wiederaufgreifen" des Verwaltungsverfahrens Gegenstand zahlreicher Klärungsversuche gewesen, um die Endgültigkeit der Entscheidung zu beseitigen[9]. In dieser Situation ist zweifelhaft geworden, ob, weshalb und mit welcher Wirkung zwischen einem Wiederaufgreifen als Angriff auf die Bestandskraft einerseits und der Rücknahme des Aktes andererseits zu unterscheiden ist[10], wobei jedoch selbst die Kritiker einer Unterscheidung den analytischen Wert der Differenzierung anerkennen[11]. Vielfach sind die Versuche, die mit Unanfechtbarkeit der Entscheidung[12] eintretende Bestandskraft, die im gewöhnlichen Rechtsmittelverfahren nicht mehr angreifbar ist[13], auf prozessuale Rechtskraftlehren zurückzuführen[14]. Diese im Ergebnis zweifelhaften Bemühungen[15] sind hier nicht weiter zu verfolgen, da es allein auf die Ermittlung der dem Verwaltungsakt verfahrensrechtlich beizumessenden Dauer unter Berücksichtigung des Regelungszieles der Rechtsbeständigkeit ankommt.

Zweck und Funktion der Bestandskraft können durch verschiedene Gesichtspunkte erklärt werden, die insgesamt nicht in einem Verhältnis der Alternativität stehen[16]. So wird die Bestandskraft als ein Gebot der Verwaltungsökonomie verstanden, wodurch die Verwaltung von der Verpflichtung enthoben wird, einen Verwaltungsakt ständig auf seine Rechtmäßigkeit hin überprüfen zu müssen[17]. Auf der anderen Seite wird die Schutzwirkung zugunsten der von einem Verwaltungsakt betroffenen Bürger hervorgehoben[18]. Eine von diesen Detailaspekten abstrahierende Betrachtungsweise, die entscheidend verfassungsrechtliche Grundprinzipien berücksichtigt, muß die Regelung der Rechtsbeständigkeit insgesamt als Ausdruck der Zuordnung des Prinzips der Rechtssi-

---

[9] Vgl. *Wolff / Bachof* (Anm. 3) § 53 VI d S. 471 f. m. w. Nachw. sowie zuletzt *Maurer*, JuS 1976, 25 ff.

[10] So insbes. *Schwabe*, JuS 1970, 384 ff.; vgl. aber auch Begr. zum VwVfG BTDs. 7/910 S. 75 sub Ziff. 1, wo die Selbständigkeit anerkannt wird; s. weiter *Menger / Erichsen*, VerwArch 58 (1967), 289 ff. jew. m. w. Nachw.

[11] *Schwabe*, JuS 1970, 384 (385).

[12] Dazu *Wolff / Bachof* (Anm. 3) § 52 II. c) S. 444 sowie bereits *Fleiner*, S. 195.

[13] Zum Angriff gegen das rechtskräftige Urteil, das von der zugrundeliegenden Verwaltungsentscheidung zu trennen ist, s. *Ule*, Verwaltungsprozeßrecht S. 240.

[14] Vgl. Angaben vorstehend in Anm. 9 und 12.

[15] So die zutreffende Feststellung *Forsthoffs*, Verwaltungsrecht S. 253 f.

[16] Dazu *Forsthoff* (Anm. 15) S. 254.

[17] *Klein*, VerwArch 45 (1940), 49 (54).

[18] *Ipsen*, Widerruf S. 49 ff.

cherheit zu dem der materiellen Rechtmäßigkeit verstehen[19]. Auf der Grundlage dieser differenzierten Bestandskraftlehren werden typische Unterschiede zwischen einzelnen Staatsakten deutlich. Es zeigt sich, daß die Unabänderlichkeit gerichtlicher Urteile nur in verhältnismäßig engem Rahmen durchbrochen wird[20]. Versteht man die Bestandskraft als eine im wesentlichen verfahrensrechtlich orientierte Besonderheit, so läßt sich die Endgültigkeit der richterlichen Entscheidung zunächst mit den verfahrensrechtlichen Garantien des gerichtlichen Prozesses erklären[21]. Auf der anderen Seite können jedoch auch in einem Verwaltungsverfahren Garantien vorgesehen werden wie in einem gerichtlichen Verfahren[22]. Bedeutsam ist demnach allein die Besonderheit der Entscheidungsstruktur.

Für das gerichtliche Urteil wird dies bereits an der Anlage der ZPO deutlich. Zunächst ist zu beachten, daß die Entscheidung ausdrücklich auf den Zeitpunkt der letzten mündlichen Verhandlung bezogen ist[23] und die Rechtsfolgen damit auf diesen Moment fixiert sind. Weiter zeigt dies auch das Institut der Abänderungsklage nach § 323 ZPO im Fall der Änderung von entscheidungserheblichen Tatsachen. Eine gesonderte Aufnahme wäre dann nicht erforderlich, wenn diese Situation nicht von dem Normalfall einer gerichtlichen Entscheidung, wie sie dem System der ZPO zugrundegelegt ist, abwiche. Dieser Regelfall der richterlichen Entscheidung läßt sich dahingehend bestimmen, daß der Verurteilung zu einer Leistung in aller Regel, der Verurteilung zu wiederkehrenden Leistungen in den meisten Fällen ein abgeschlossener Sachverhalt zugrundeliegt[24]. Besteht die maßgebliche Funktion der Bestandskraft in der Wahrung von Rechtssicherheit, wobei die Ausgestaltung im einzelnen durch das Verhältnis zur materiellen Rechtmäßigkeit bestimmt ist, so muß die Reichweite der Bestandskraft selbst systemgerecht bestimmt werden. Jede rechtsstaatliche Verfahrensordnung muß deshalb gleichzeitig mit der Regelung der Bestandskraft Aussagen über die Grenzen dieses Institutes enthalten, da ein im Laufe der Zeit eintretender Widerspruch mit entscheidungserheblichen Vorstellungen nicht ausgeschlossen

[19] Aus der Rspr. des BVerfG vgl. Beschl. v. 14. 3. 1963 E 15, 313 (319); Beschl. v. 3. 11. 1965 E 19, 150 (166); Beschl. v. 17. 12. 69 E 20, 297 (305 f.).

[20] Vgl. *Bettermann*, in: Fschr. f. H. J. Wolff S. 475 sowie *Ule* (Anm. 13), S. 243 ff.

[21] *Maurer*, JuS 1976, 25 (27 m. w. Nachw.).

[22] Vgl. §§ 63 ff. VwVfG für das förmliche Verwaltungsverfahren. s. aber auch Begr. zum VwVfG — BTDs. 7/910 S. 42 zu § 42 —: Vermeidung eines justizförmigen Verfahrens zur Erleichterung für den Bürger.

[23] *Lent / Jauerning*, Zivilprozeßrecht S. 203 f. sowie *Rosenberg / Schwab*, Zivilprozeßrecht S. 839.

[24] So *Rosenberg / Schwab* (Anm. 23) S. 858 sowie *Grunsky*, Verfahrensrecht S. 532 zum Urteil ‚in die Zukunft hinein‘.

werden kann[25]. Eine Regelung, die eine Anpassung unmöglich macht, muß als ein Verstoß gegen das Übermaßverbot angesehen werden[26].

Ein dem gerichtlichen Urteil vergleichbares Regel-Ausnahmeprinzip läßt sich für die Verwaltungsentscheidung nicht feststellen. Vielmehr zeigen das gesamte Planungswesen[27] und auch neuere verwaltungswissenschaftliche Untersuchungen[28], daß die Struktur von Verwaltungsentscheidungen eine andere ist, da in zunehmendem Maße zukünftige Entwicklungen gestaltet werden sollen[29]. Es ist danach zutreffend, wenn im Gegensatz zur gerichtlichen Tätigkeit das Recht für die Verwaltung nicht als Endziel, sondern vielmehr als Mittel zu einem Zweck verstanden wird[30] und damit die Fixierung für einen bestimmten Zeitpunkt an Bedeutung verliert. Daraus folgt, daß die Struktur von Verwaltungsentscheidungen häufiger als das gerichtliche Urteil durch die Variabilität des Sachverhaltes gekennzeichnet ist[31]. Die Verwaltungsentscheidung wird mithin noch stärker als das gerichtliche Urteil in ihrer Bestandskraft als zeitlich begrenzt anzusehen sein. Diesen verfassungsrechtlichen Anforderungen trägt das allgemeine Verwaltungsrecht auch Rechnung, weil eine Änderung der Sachlage prinzipiell als Grund für ein Wiederaufgreifen des Verfahrens anerkannt ist[32].

11.2 Die Begrenzung der Bestandskraft enteignender Verwaltungsakte

Die vorstehend skizzierte Variabilitätslage zeichnet auch die Enteignungsentscheidung aus. Dies ist sowohl durch die in weitem Umfang feststellbare Einbindung in Planungsvorhaben als auch durch die Struktur der Enteignungsmaßnahme selbst bedingt. Diese beruht den Prognoseelementen entsprechend sowohl auf der Wertwahl als auch auf der Unsicherheit über die tatsächliche zukünftige Entwicklung, die als Realfaktor in die Entscheidung eingeht[33].

Die Besonderheiten innerhalb des Enteignungsvorganges bei unterbliebener Realisierung des Unternehmens sind indessen mit den Kate-

[25] Zutreffend deshalb Begr. zum VwVfG — BTDs. 7/910 — S. 74.

[26] Vgl. zu diesem Ansatz auch BVerwG U. v. 16. 7. 1964 E 19, 153 (155).

[27] Dazu bereits oben Abschn. A-1.1.

[28] Vgl. die Untersuchung *W. Schmidts*, AöR 96 (1971), 321 ff. sowie oben Abschn. B-5.1.2.

[29] s. aber auch oben Abschn. A-1.3 mit Anm. 40.

[30] So etwa *Fleiner*, S. 196, der aus diesem Grund den Eintritt materieller Rechtskraft verneint.

[31] Zur Bedeutung für die Entscheidungsstruktur *Forsthoff* (Anm. 15) S. 255 f.

[32] Vgl. § 51 Abs. 1 VwVfG sowie amtl. Begr. — BTDs. 7/910 — S. 75 m. w. Nachw.

[33] Vgl. oben Abschn. B-5, bes. 5.1.2.

gorien einer Änderung der Sachlage[34] nur mit Schwierigkeiten zu erfassen. Dies folgt daraus, daß die Enteignung bereits auf endgültige Regelungen in Vorwegnahme eines zukünftigen Ereignisses, nämlich der Realisierung des Enteignungsunternehmens als Gemeinwohlmittler[35], rechtlich zulässig war, die bloße Realisierungsabsicht ihrerseits aber allein als Rechtmäßigkeitsgrund nicht ausreicht. Insoweit ist eine Änderung nicht möglich, da hinsichtlich der verfassungsrechtlich maßgeblichen tatsächlichen Ausführung eine Änderung nicht eintreten *konnte*[36]. Dennoch ist hier eine normative Gleichstellung geboten. Dies folgt daraus, daß im Wege der Prognose der für die materielle Rechtmäßigkeit maßgebliche Umstand und die zu seiner verfassungsrechtlichen Beurteilung erforderlichen Realfaktoren[37] in die Gegenwart projiziert wurden und so der Legitimation des Eingriffes dienten. Aus dieser Funktion der Realfaktoren folgt in verfahrensrechtlicher Hinsicht die Gleichstellung mit einer Änderung der Sachlage. Eine ähnliche Situation ergibt sich im Bereich der im weiten Maße auf Prognoseelementen aufbauenden influenzierenden Wirtschaftsplanung[38]. Eingriffe werden im Hinblick auf ein wirtschaftspolitisches Ziel für zulässig erklärt. Eine der Änderung der Sachlage gleichzustellende Situation wird wegen der nur mit Schwierigkeit ex-ante zu erfassenden Eignungsprognose dann anzunehmen sein, wenn später Realfaktoren eintreten, die die Eignung in solchem Maße in Frage stellen[39], daß ein derartiger Eingriff auf diesen Zeitpunkt bezogen nicht zugelassen werden dürfte. An diesem Punkt bestätigen sich auch die Ergebnisse zur Maßgeblichkeit einer ex-ante-Betrachtung[40], der durchaus verfahrensrechtlich in einer eingriffsmildernden Form Rechnung getragen werden kann. Durch die Möglichkeit, eine spätere Entwicklung zu berücksichtigen, wird vermieden, daß der Rechtsschutz tatsächlich illusorisch wird[41]. Hieran erweist sich, daß für die Bestandskraft eines Verwaltungsaktes die Eigenart der jeweils in Rede stehenden inhaltlichen Entscheidung maßgeblich wird[42].

---

[34] Dazu vorstehend Abschn. C-11.1 a. E.

[35] Zu dieser normativ-funktionalen Einordnung des Enteignungsunternehmens vgl. oben in Abschn. B-5.1.2.

[36] Zu den Konsequenzen beim Austausch der sog. Enteignungszwecke vgl. nachtsehend Abschn. C-13.2.

[37] Vgl. oben Abschn. B-5.2.1.

[38] s. die Darstellung der Rspr. d. BVerfG bei *Seetzen*, NJW 1974, 1222 ff.

[39] s. dazu die Beispiele oben in Abschn. B-5.3.3.

[40] Vgl. Abschn. C-10.1.

[41] Dies gilt insbesondere dann, wenn bereits längere Zeit seit Abschluß des Enteignungsverfahrens verstrichen ist; vgl. oben Abschn. A-1.1.

[42] Vgl. bereits BVerwG U. v. 24. 1. 1957 E 4, 250 (252 f.) sowie *Forsthoff* (Anm. 15), S. 254; zur Prognoseentscheidung bes. *Schmidt*, NJW 1975, 1752 (1756 r. Sp.).

Weiterhin ist zu klären, welche Bedeutung den Ursachen der unterbliebenen Realisierung zukommt[43]. Das Bundesverwaltungsgericht hat die Ansicht vertreten, die unterbliebene Zweckverwirklichung lasse den Schluß zu, die Enteignung sei zur Unzeit erfolgt. Ausgehend davon vertritt es die These, die nachträgliche Aufdeckung eines damals bereits existenten Mangels biete keine Handhabe, das Verfahren wieder aufzunehmen[44]. Diese Feststellungen gehen von der zutreffenden Prämisse aus, daß sehr oft bei einer ex-post-Betrachtung Ansätze von Entwicklungen als für eine Entscheidung bedeutsam erkannt werden, die als solche bei einer ex-ante-Betrachtung nicht erfaßbar, jedoch bereits existent waren. Insoweit ließe sich in der Tat verfahrensrechtlich von einem abgeschlossenen Sachverhalt sprechen, der einer rechtlichen Beurteilung prinzipiell zugänglich war und damit keine Einschränkung der Grenzen der Bestandskraft erfordert[45]. Eine solche Differenzierung nach den Ursachen der Zweckverfehlung ist jedoch nicht gerechtfertigt. Für die Erforderlichkeit einer Prognoseentscheidung konnte die sachliche Notwendigkeit einer in die Zukunft gerichteten Gestaltung ins Feld geführt werden, die in gewissem Umfang eine Einschränkung des Rechtsschutzes für den Betroffenen beinhaltet[46]. Gestattet man dem Träger öffentlicher Verwaltung nunmehr die Berufung auf einen damals bereits vorhandenen Mangel, so ist eine solche Risikoverteilung planerisch[47] nicht mehr erforderlich. Die Rechtsstellung des Betroffenen wird verschlechtert, ohne daß dies materiell-rechtlich geboten wäre. Eine disproportionale Regelung und Auswirkung eines relativ weiten Spielraumes des Planungsträgers im Moment der Planungsentscheidung läßt sich dergestalt ausgleichen, daß aus rechtsstaatlichen Gründen die Ursache für die unterbliebene Realisierung und deren nachträgliche Erkennbarkeit für die zeitliche Grenze der Bestandskraft unbeachtlich sind[48]. Eine vergleichbare Problemlage ist in den Fällen gegeben, in denen entscheidungserhebliche Beweismittel erst nach Eintritt der Bestandskraft verfügbar werden[49]. Auch hier liegt eine Änderung der

---

[43] Diese Fragestellung wird oft ausgeklammert, obschon sie gerade angesichts der Rückerwerbsentscheidung des Bundesverwaltungsgerichtes und der planerischen Risikoverteilung von großer praktischer Bedeutung ist; vgl. nur *Kunze*, S. 60 mit FN 3.

[44] E 28, 184 (189).

[45] Zur Abgeschlossenheit eines Sachverhaltes s. *Grunsky*, S. 525 f. und 533.

[46] Vgl. bes. den Ansatz *Blümels;* dazu oben in Abschn. C-10.1.

[47] Dies gilt jedenfalls für die Überprüfung des ursprünglichen Aktes; vgl. oben Abschn. C-10.2.

[48] Hier setzt sich mithin eine Sachstruktur rechtserweiternd durch; zur funktionalen Betrachtung i. e. S. s. bereits oben Abschn. B-4.2.1 m. w. Nachw. in Anm. 61 ff.

[49] So § 51 Abs. 1 Nr. 2 VwVfG; dazu auch *Maurer*, JuS 1976, 25 (28); s. aber auch BVerwG U. v. 28. 10. 1966 E 25, 241 (242).

Sachlage nicht vor[50]. Im Gegensatz zu dieser Sachgestaltung wird bei einer hoheitlichen Prognoseentscheidung das Risiko der Überprüfbarkeit von außen an den Betroffenen herangetragen. Es erscheint nicht gerechtfertigt, dieses Risiko zu vergrößern, indem ein für den Einzelnen schwer überprüfbarer Vorgang auch nachträglich noch Nachteile zu seinen Lasten entfaltet[51]. Im Ergebnis ist es deshalb zutreffend, wenn das Bundesverfassungsgericht in seiner Rückerwerbsentscheidung den Einwand aus § 79 Abs. 2 BVerfGG zurückweist[52]. Dabei gilt es jedoch, sich die vorstehend angeführten Besonderheiten vor Augen zu führen[53].

Diese Schlußfolgerung darf nicht durch die Tatsache der Entschädigungsleistung in Frage gestellt werden[54]. Aus der Funktion der Entschädigung innerhalb der Eigentumsgarantie[55] folgt, daß dieser topos hier nicht erheblich sein kann, soweit damit Schmälerungen der Rechtspositionen des betroffenen Eigentümers gerechtfertigt werden sollen. Genau das aber wäre der Fall, wenn wegen der Entschädigung der Variabilität der Entscheidung zum Nachteil des Enteigneten keine verfahrensrechtliche Bedeutung beigemessen würde. Eine solche Auffassung hätte weiterhin zur Folge, daß der Einzelne in großem Umfang mit variablen Planungsentscheidungen, die dann in endgültige Bestandskraft erwachsen, überzogen werden könnte, solange er nur entschädigt würde[56]. Es ergibt sich somit, daß die unterbliebene Realisierung des Enteignungsunternehmens als Gemeinwohlmittler im Hinblick auf die Bestandskraft einer Änderung der Sachlage gleichzustellen ist, wobei die Ursache für diese unterbliebene Realisierung unbeachtlich ist. Dieser Befund stellt sich als ein notwendiges rechtsstaatliches Korrelat der besondere materielle und verfahrensrechtliche Risiken beinhaltenden Enteignungsentscheidung dar[57].

11.3 Verfahren zur Überwindung der Bestandskraft

Geht man von einer derart immanent eingeschränkten Bestandskraft aus, so ist damit nicht notwendig die automatische Beendigung der Wir-

---

[50] So auch *Maurer*, JuS 1976, 25 (28).

[51] Deshalb fragt sich, ob ein späteres Auffinden von Beweismitteln nicht nur dann beachtlich sein soll, wenn diese Beweise vorher aus nicht zu vertretenden Gründen nicht zur Verfügung standen.

[52] E 38, 175 (184).

[53] Es ist deshalb bedenklich, wenn das BVerfG (Anm. 52) dies nicht hervorhebt und so die Bestandskraft generell gegenüber dem aktuellen Grundrechtsschutz abwertet.

[54] s. aber auch *v. Mutius*, VerwArch 66 (1975), 283 (289).

[55] Vgl. dazu oben in Abschn. B-4.1.

[56] s. dazu bereits BVerfG Beschl. v. 18. 12. 1966 E 24, 367 (399 ff.).

[57] Vgl. nur oben Abschn. B-5.1.2.

kungen verbunden, die von einer Prognoseelemente enthaltenden Verwaltungsentscheidung ausgehen. Eine solche Rechtsfolge stünde im Widerspruch mit der Rechtssicherheit bewirkenden Funktion der Bestandskraft[58]. Es sind hier vielmehr Sicherungen vorzusehen, die die Funktion der Bestandskraft nur im notwendigen Rahmen einschränken[59].

11.3.1 Die verfahrensrechtliche Stellung des enteigneten Grundeigentümers

Bei einer Änderung der Sachlage, einer solchen Situation ist die unterbliebene Realisierung des Enteignungsunternehmens gleichzustellen[60], ist grundsätzlich eine Verpflichtung zur Überprüfung der Verwaltungsentscheidung anerkannt[61]. Herauszustellen ist allerdings, daß dieses Ergebnis nicht mittels einer schlichten begrifflichen Deduktion begründet werden kann, es liege ein „neuer" Fall vor[62]. Entscheidend ist vielmehr die Erkenntnis, daß der Bestandskraft, die diesen Lebenssachverhalt grundsätzlich erfaßt, aus rechtsstaatlichen Gründen wegen der materiellen Bedeutung der Entscheidungsstruktur keine derart abschließenden Rechtsfolgen gegeben werden dürfen[63].

Die Frage, ob die Entscheidung im Ermessen steht oder aber gebunden ist[64], kann mithin nur aus den jeweiligen Besonderheiten des Regelungsbereiches beantwortet werden[65]. Wird der Gemeinwohlmittler nicht realisiert, so ist grundsätzlich ebenso wie für die Kehrseite der Entscheidung, die Enteignung, kein Raum für eine solche Ermessensentscheidung[66]. Die Gewährung von Grundrechtsschutz zugunsten des betroffenen Eigentümers darf nicht vom Ermessen der enteignenden Behörde abhängig gemacht werden, wenn bereits der Eingriff selbst hinsichtlich seiner Legitimation ein erhebliches Risiko in sich birgt.

Es kann heute als anerkannt angesehen werden, daß die Durchbrechung der Bestandskraft sowohl einen Bezug zum allgemeinen Wohl als

---

[58] Zu der insoweit anders gearteten Planungsentscheidung, die noch keinen Güteraustausch herbeigeführt hat, vgl. oben Abschn. B-7.1.4. s. auch noch *Hauseisen*, NJW 1958, 1065 (1066).

[59] Diese sind wiederum auf die Struktur der Entscheidung hin auszurichten.

[60] Vgl. dazu oben in Abschn. C-11.2.

[61] Vgl. nur die Kodifikation in § 51 VwVfG.

[62] *Maurer*, JuS 1976, 25 (28) verkennt so, daß die Bestandskraft jedenfalls formal nicht beschränkt ist; s. auch *Redeker*, DVBl. 1973, 744 (746).

[63] Das zeigt bereits der abweichende Ansatz bei *v. Mutius*, VerwArch 66 (1975), 283 (289).

[64] Dazu allg. *Wolff / Bachof* (Anm. 9) § 53 VI. b) S. 469 f.

[65] *Siegmund-Schultze*, DVBl. 1970, 256 (257).

[66] Damit ist allerdings noch keine Lösung der Abwicklungsprobleme präjudiziert; vgl. nachstehend Abschn. C-14.

auch zum Individualinteresse hat[67]. Hieraus ergibt sich zunächst, daß dem betroffenen Eigentümer bereits nach allgemeinem Verwaltungsrecht ein der Verpflichtung korrespondierender Anspruch zusteht, der geeignet ist, den Weg zur Wiederherstellung der ursprünglichen Rechtslage zu eröffnen. Ein solches Recht besteht dann, wenn durch einen Rechtssatz mindestens auch eine private Rechtsposition geschützt werden soll[68]. Danach kann nicht zweifelhaft sein, daß bei einer Änderung der Sachlage zugunsten des betroffenen Eigentümers der Verpflichtung der Verwaltung ein subjektives öffentliches Recht des Bürgers gegenübersteht[69].

Aus der Entscheidungsstruktur und der grundrechtsschützenden Wirkung des Verfahrens folgt auch, daß ein Wiederaufgreifen gegen den Willen des Betroffenen nicht möglich ist[70]. Ein solcher Fall könnte dann auftreten, wenn der aus der Enteignung Begünstigte bei Aufgabe des Unternehmens die Sache gegen Rückzahlung der Entschädigung abstoßen wollte, weil das Substrat für ihn keinen Nutzen mehr hat. Für den enteignenden Träger öffentlicher Verwaltung stellt sich die Frage, inwieweit er als verpflichtet anzusehen ist, einen der materiellen Verfassungsrechtslage entsprechenden Zustand herzustellen. Hier ist zu berücksichtigen, daß der Betroffene im Moment der Enteignung mit einem nicht nur vorläufigen Eingriff belastet wird. Durch die zu gleicher Zeit zu leistende Entschädigung wird es dem betroffenen Eigentümer ermöglicht, sich auf diese der Intention nach endgültige Lage einzustellen[71]. Die Rechtsordnung behandelt diese Situation zugunsten der Durchführung des Enteignungsunternehmens als endgültig. Wird nunmehr die Entschädigung ausgezahlt, so würde die Dispositionsfreiheit in unverhältnismäßig großem Umfang eingeschränkt, wenn die Gefahr eines Wiederaufgreifens gegen den Willen des Betroffenen bestünde. Dieser hätte dann nicht die Möglichkeit, sich durch Verwendung der Entschädigung auf die Situation einzustellen. Eine rechtlich anders zu beurteilende Situation läge dann vor, wenn die Maßnahme ausdrücklich nur als vorläufige verstanden werden kann. Eine Verbindung dieser beiden an sich denkbaren Verfahrensausgestaltungen zu Lasten des betroffenen Eigentümers ist dagegen nicht zulässig. Nur ergänzend ist darauf hinzuweisen, daß sich damit nicht bereits eine Statusverletzung des ehemaligen

---

[67] Vgl. BVerfG Beschl. v. 7. 12. 1966 E 27, 297 (307) sowie BVerwG U. v. 30. 1. 1974 E 44, 333 (335).

[68] Zu den Einzelheiten vgl. *Wolff / Bachof* (Anm. 9) § 43 I S. 321.

[69] Vgl. auch noch BVerfG Beschl. v. 5. 2. 1963 E 15, 275 (281): Befugnis zum Wiederaufgreifen bedeutet zugleich die *Zulässigkeit* der Beseitigung von Bestands- bzw. Rechtskraft.

[70] Auch das BVerfG spricht nur von einem Recht des *Betroffenen;* zur Analyse der Rspr. s. oben Abschn. 1.1.

[71] Zur Möglichkeit einer vorläufigen Inanspruchnahme vgl. oben Abschn. B-5.3.3 mit Anm. 21.

Eigentümers verneinen läßt[72]. Diese Situation ist vielmehr Ausdruck des ebenfalls verfassungsrechtlich abgesicherten Vertrauensgrundsatzes[73] und des Umstandes, daß die Reaktion der Rechtsordnung auf Statusverletzungen in hohem Maße differenziert und einer schematischen Behandlung nicht zugänglich ist[74].

11.3.2 Die Feststellung des maßgeblichen Zeitpunktes

Bisher durfte ohne weiteres von einer normativen Gleichsetzung der unterbliebenen Realisierung des Enteignungsunternehmens mit einer Änderung der Sachlage ausgegangen werden. Um die aufgefundenen Rechtssätze praktikabel anwendbar zu machen, fragt sich, ab wann eine solche Situation anzunehmen ist.

Der hier entscheidende Zeitpunkt wird zunächst durch den Zeitraum bestimmt, der der Enteignung selbst in ihrer Zukunftsgerichtetheit zugrundegelegen hat[75]. Damit werden die Überlegungen hinfällig, die das Bundesverwaltungsgericht an der Herleitung eines allgemeinen Rückerwerbsrechtes hinderten[76]. Die Frage wirft solange keine Schwierigkeiten auf, wie generell Verwendungszeiträume als äußerste Fristen festgesetzt werden[77]. Anders ist die Situation dann, wenn bereits vor Ablauf dieser Frist die Nichtausführung feststeht[78]. Für diesen Fall ist von der Verpflichtung eines jeden Trägers öffentlicher Verwaltung auszugehen, dem Bürger einen optimalen Gebrauch seiner Rechte und Freiheiten zu eröffnen[79]. Von großer Bedeutung für eine solche Realisierung der Freiheitsrechte ist ein entsprechender Informationsstand der Betroffenen[80]. Den Staat trifft hier eine erhöhte Verantwortung, da er einen für den Einzelnen schwer überschaubaren, in die Zukunft gerichteten Regelungskomplex geschaffen hat[81]. Diese Situation ist kennzeichnend für das prognosebestimmte Planungs- und Enteignungsverfahren, so daß der Träger öffentlicher Verwaltung als verpflichtet anzusehen ist, den Betroffenen darauf hinzuweisen, wenn eine Ausführung des Vorhabens nicht mehr mit genügender Sicherheit zu erwarten

---

[72] s. aber auch *Rösslein*, S. 91.

[73] Vgl. dazu *Grabitz*, AöR 98 (1973), 568 ff. sowie *ders.*, DVBl. 1973, 675 (680 f.).

[74] *Rupp*, Grundfragen S. 190 ff. sowie *Ossenbühl*, JZ 1970, 348 (348 f.).

[75] Zur zeitlichen Konkretisierung oben in Abschn. B-5.2.1.

[76] E 28, 184 (189): Einbeziehung auch der planerischen Fristen.

[77] Dazu oben Abschn. B-7.2.

[78] Vgl. Beispiel oben in Abschn. B-5.3.1.

[79] *Krause*, JuS 1972, 425 (427).

[80] Zur bes. Bedeutung innerhalb des Rechtsmittelrechtes BVerwG U. v. 26. 10. 1966 E 25, 191 (193 f.).

[81] s. noch *Krause*, VerwArch 61 (1970), 297 (307) sowie — zur planerischen Bedeutung — *Böhret*, S. 30.

ist[82]. Eine solche Verpflichtung muß als Schritt zu einem effektiven Rechtsschutz im Planungsbereich angesehen werden. Von diesem Ausgangspunkt sind auch diejenigen gesetzlichen Regeln zu verstehen, die eine förmliche Aufhebungspflicht von Planungsentscheidungen festlelen[83]. Der betroffene Eigentümer hat sich alsdann Klarheit darüber zu verschaffen, ob er seine Rechte gegen den aus der Enteignung Begünstigten geltend machen will[84].

12. Die Beseitigung der enteignungsrechtlichen Rechtsfolgen

Angesichts der vom Bundesverwaltungsgericht vertretenen These, daß ein Rückerwerbsrecht in Art. 14 GG zwar angelegt, doch nicht vollziehbar enthalten sei[1], kommt der rechtstechnischen Ausgestaltungsmöglichkeit, mittels derer die Rechtswirkungen einer Enteignung beseitigt werden können, entscheidende Bedeutung zu. Das gilt auch dann, wenn der Eigentumsgarantie selbst unmittelbar bereits eine Mißbilligung des Zustandes zu entnehmen ist, der dann eintritt, wenn das Unternehmen nicht realisiert bzw. das Gemeinwohl nicht erreicht worden ist[2]. Hierbei ist entsprechend der Art des enteignenden Eingriffs zu unterscheiden zwischen dem Eigentumsentzug[3] und dem durch Enteignung bewirkten Untergang von Rechten an dem jeweilig betroffenen Eigentumssubstrat[4].

12.1 Zur Beseitigungsmöglichkeit des Enteignungsaktes als einer Prognoseelemente enthaltenden Entscheidung

Die bisher herausgestellten Besonderheiten der Rechtsstellung des enteigneten Eigentümers haben gezeigt, daß die Besonderheiten zukunftsgerichteter Entscheidungen nicht ohne weiteres mit den herkömmlichen dogmatischen Instituten erfaßt werden können[5]. Bereits begrifflich kann die Beseitigung eines Verwaltungsaktes nur dann in Frage kommen, wenn ein Außerkrafttreten überhaupt möglich ist. Das bedeutet, daß der

---

[82] Zur allg. Kontrollpflicht in bezug auf einmal getroffene Verwaltungsentscheidungen Haueisen, NJW 1958, 1065 (1066).

[83] s. etwa § 51 Abs. 2 StBauFG sowie § 77 VwVfG.

[84] Erst in diesem Moment stellt sich entgegen *v. Mutius*, VerwArch 66 (1975), 283 (290) die Frage von Präklusionsfristen.

[1] s. bereits oben Abschn. A-1.1.

[2] Zu der in bezug auf die Eigentumsgarantie gleichwertigen Fragestellung und den Besonderheiten der Finalitätsbestimmung vgl. oben in Abschn. B-5.3.1.

[3] Dazu nachstehend Abschn. C-12.1 - 12.4.

[4] Dazu nachstehend Abschn. C-12.5.

[5] Vgl. nur die Beurteilung der Rechtmäßigkeit des Enteignungsvorganges oben in Abschn. C-10.

zu beseitigende Hoheitsakt noch Wirkungen zeitigen muß, die beseitigt werden können. Auf der Grundlage dieser Feststellung wird ein Andauern der Wirkung nur angenommen bei Verwaltungsakten mit Dauerwirkungen sowie bei solchen Verwaltungsakten, die sich in einer einmaligen Befolgung, Vollziehung oder Rechtsgestaltung erschöpfen, aber noch nicht befolgt oder vollzogen wurden oder deren Gestaltungswirkung noch nicht eingetreten ist[6].

Um danach ein Außerkrafttreten des Enteignungsaktes annehmen zu können, wird dieser teilweise in die Gruppe der sog. Verwaltungsakte mit Dauerwirkung eingeordnet[7]. Ein solcher Typ des Verwaltungsaktes liegt nicht bereits dann vor, wenn dauernde Rechtsfolgen gewollt sind[8]. Daraus ergibt sich zunächst, daß insoweit nicht allein auf die eigentumsübertragende Funktion abgestellt werden kann[9]. Entscheidend ist vielmehr ein auf Dauer berechnetes und vom Bestand des Verwaltungsaktes abhängiges Rechtsverhältnis[10]. Dem die Enteignung vollziehenden Verwaltungsakt ermangelt es indessen an einer über den Entzug des Eigentums hinausgehenden, das Rechtsverhältnis allgemein kennzeichnenden rechtlich geregelten Beziehung[11]. Eine hierunter subsumierbare Verpflichtung ließe sich nur dann annehmen, wenn tatsächlich ein Gebot zur Realisierung des Enteignungsunternehmens als Gemeinwohlmittler bestünde[12]. Die Unzulänglichkeiten einer dogmatisch befriedigenden Klärung dieses klassischen Bereiches staatlicher Handlungsform setzen sich in der nunmehr eingeleiteten Diskussion um die Bewältigung von Prognoseentscheidungen fort, indem auch dort die Aufrechterhaltung derartiger Entscheidungen unter dem Gesichtspunkt des Dauerrechtsverhältnisses behandelt wird[13]. Diese Schwierigkeiten sind zunächst in einem verengenden Verständnis des Merkmales „Wirkung“ begründet. Dies läßt sich an einer Entscheidung des Bundesverwaltungsgerichtes zur Beseitigung einer Befreiung nach dem Wehrpflichtgesetz verdeutlichen. Dort stellt das Gericht fest, daß in der Vergangenheit liegende Wirkungen des Befreiungsaktes nicht mehr beseitigt werden können[14]. Hier wird verkannt, daß eben diese Rechtswirkung in der Befreiung doch existent war. So ist etwa auch die rückwirkende Beseitigung von Erlaubnissen nicht schlechthin rechtlich unmöglich. Die Wirkung einer

---

[6] Vgl. *Wolff / Bachof*, Verwaltungsrecht I § 53 IV. g) 1. S. 458.

[7] s. dazu *Stummer*, S. 53 f. sowie *Brüggemann*, S. 131 f.

[8] *Wolff / Bachof* (Anm. 6), § 47 V b S. 394.

[9] Ebenso *Bachof*, JZ 1954, 416 (417).

[10] Zum Verwaltungsrechtsverhältnis *Forsthoff*, Verwaltungsrecht S. 177 ff.

[11] Anders entsprechend seiner Grundkonzeption *Stummer*, S. 53 f.

[12] Vgl. dazu — ablehnend — oben Abschn. B-6.2.

[13] Vgl. dazu W. *Schmidt*, NJW 1975, 1752 (1756) sowie BVerwG U. v. 14. 2. 1975 NJW 1975, 1373 (1376).

[14] U. v. 29. 2. 1968 E 29, 153 (154).

solchen Beseitigung bestünde darin, daß von Anfang an die rechtliche Grundlage für dieses Handeln gefehlt hätte. Zutreffend wäre die These der rechtlichen Unmöglichkeit nur dann, wenn ihre Aussage darauf beschränkt würde, daß die *realen* Folgen dieser rechtlichen Entscheidungen nicht mehr umgekehrt werden können[15]. Der Wehrpflichtige kann nicht mehr für die Vergangenheit eingezogen, die erlaubnispflichtige Handlung nicht mehr wegen Fehlens der Erlaubnis verhindert werden[16]. Damit können die tatsächlichen Folgen, wozu auch die durch rechtliche Gestaltung eingetretenen zu rechnen sind, nicht mehr durch die Beseitigung des Aktes selbst betroffen werden[17]. Auf der anderen Seite kann indessen die *Rechts*lage gestaltet werden, da die Frage der Wirkungen eines Staatsaktes der Sollensordnung angehört[18] und nicht mittels kausaler naturwissenschaftlicher Logik erklärt werden kann. Daraus folgt, daß die Einordnung einer Maßnahme als Dauerakt nur ein Beispielsfall fortdauernder Wirkungen ist.

Hiernach kann also allein eine wertende Betrachtung den Besonderheiten der Prognoseelemente enthaltenden Entscheidungen gerecht werden. Dabei kommt dem zukünftig anzustrebenden Umstand als legitimationsverschaffender Faktor[19] eine Bedeutung zu, die einen Rückgriff auf die begriffliche Überdehnung von Dauerrechtsverhältnissen im Ergebnis als entbehrlich erscheinen läßt[20]. Wird durch die Prognoseentscheidung in rechtlich zulässiger Weise auf einen zukünftig eintretenden Umstand abgestellt, so wird bei einer Änderung dieses Faktors kraft dessen normativer Bedeutung für die Rechtmäßigkeit der Entscheidung das in der ursprünglichen Entscheidung liegende zeitliche Auseinanderfallen aufgelöst und materiell-rechtlich eine Beurteilung der ab diesem Zeitpunkt eingetretenen Umstände ermöglicht. In diesem Zusammenhang ist auch die Selbständigkeit der ursprünglichen Entscheidung zu sehen, die wesentlich durch die in ihr enthaltenen Prognoseelemente strukturiert wird[21]. Diese Zukunftsgerichtetheit führt ähnlich

---

[15] Vgl. *Hangartner*, S. 104 aber auch S. 191.

[16] In derartigen Fällen ist es etwa denkbar, nunmehr nach Beseitigung der *Rechts*wirkungen des Verwaltungsaktes Schadensersatzansprüche o. ä. Sekundäransprüche zu geben, die vorher angesichts der formellen Sperrwirkung des Verwaltungsaktes nicht möglich waren.

[17] s. noch *Hangartner*, S. 192.

[18] *E. v. Hippel*, S. 42; vgl. auch *Wolff / Bachof* (Anm. 6) § 47 V a S. 393.

[19] Abzulehnen ist deshalb die formalistische Auffassung von *Kunze*, S. 100 ff., der meint, ein Widerruf sei nicht möglich (S. 102). Diese Auffassung beruht auf einer unzulässigen Verkürzung der verfassungsrechtlichen Bedeutung des Gemeinwohlvorbehaltes (S. 101) und dessen undifferenzierter Gleichsetzung mit anderen Finalitätsbestimmungen (vgl. bes. S. 101 mit FN 4 zur Bedürfnisprüfung). Zum Gesamtkomplex s. hier Abschn. B-5.3.

[20] s. hierzu auch noch *Brüggemann*, S. 131 f.

[21] Vgl. oben in Abschn. B-5.3.1 sowie C-10.1.

der Regelung von Dauerverwaltungsakten dazu, sie in ihrem Bestand nicht als von der Entwicklung unabhängig anzusehen[22]. Die Besonderheit im Vergleich mit Dauerakten klassischer Prägung liegt für den Enteignungsakt darin, daß eine zeit-abschnittsweise Aufhebung nicht in Frage kommt, da die Aufhebung wegen der mit dem Enteignungsakt eintretenden Rechtsgestaltung — unabhängig davon, ob es sich um eine Eigentumsentziehung oder Belastung handelte — direkt die Gestaltungswirkungen beseitigt[23].

12.2 Die Beseitigung der privatrechtsgestaltenden Wirkungen des Enteignungsaktes

Stellt man auf die inhaltlichen Wirkungen des Enteignungsaktes bei einem Eigentumsentzug ab, so ist dieser als privatrechtsgestaltender Staatsakt zu verstehen[24], der als solcher überhaupt nicht widerrufbar bzw. rücknehmbar sein soll[25]. Die Zurückhaltung gegenüber der Beseitigung privatrechtsgestaltender Verwaltungsakte liegt in der Vorstellung begründet, daß sie generell zu einer ‚Entlassung des Rechtsgeschäftes in das Privatrecht'[26] führen sollen. Angesichts eines unmittelbaren Rechtsüberganges durch einen staatlichen Hoheitsakt erscheint es fraglich, ob ein solcher Akt der ‚Entlassung' überhaupt vorliegen kann[27]. Dennoch hat dieser Teil der Verwaltungsaktslehre in starkem Umfang auch in die Rückerwerbsregeln hineingewirkt, so daß eine Erörterung hier geboten ist. Dies gilt insbesondere deshalb, weil eng verbunden damit die Frage nach weiteren Rechtshandlungen zur Wiederherstellung einer der Verfassung entsprechenden Lage verbunden ist.

So hat der Bundesgerichtshof in seiner frühen Rechtsprechung auf der Grundlage des Preußischen Enteignungsgesetzes die Meinung vertreten, daß nur im Fall des § 32 durch ein Rechtsmittel die bürgerlichrechtlichen Folgen einer Enteignung rückgängig gemacht werden können. Im übrigen seien die bürgerlich-rechtlichen Folgen nur durch entsprechende, dem BGB zu entnehmenden Übertragungsakte zu beseitigen[28]. In einer späteren Entscheidung geht das Gericht davon aus, daß das Rückerwerbsrecht als Kehrseite der Enteignung im öffentlichen Recht wur-

---

[22] s. dazu bereits Abschn. C-10.3.

[23] Dies folgt daraus, daß hier keine wiederholenden Leistungen vorliegen, die Beseitigung vielmehr direkt auf die Gestaltungswirkung durchgreift.

[24] Vgl. *Wolff / Bachof* (Anm. 6) § 22 III S. 103.

[25] s. Angaben bei *Wolff / Bachof* (Anm. 6) § 53 IV. g) 1. S. 458.

[26] So *Bullinger*, DöV 1957, 761 (763).

[27] Zu den unterschiedlichen Regelungsgehalten vgl. *Wertenbruch* in: Gdschr. f. R. Schmidt S. 104 und 107 sowie — ausführlich — *L. Schmidt*, S. 381 ff. und passim.

[28] U. v. 26. 2. 1954 BGHZ 12, 357 (369) gegen U. d. BayVGH v. 22. 9. 1952 NJW 1952, 1430 f.

zele[29]. Betrachtet man den heutigen Diskussionsstand, so kann kein Zweifel an dem Grundsatz bestehen, daß immer dann, wenn auch nur eine Verpflichtung eines Rechtsverhältnisses als öffentlich-rechtliche zu qualifizieren ist, dies auch für die damit in unmittelbarem Zusammenhang stehenden Umkehrungen und Abwicklungen gilt[30]. Mit dieser Zuordnung zum öffentlichen Recht ist indessen noch nicht geklärt, welche Wirkungen mit der Beseitigung des Enteignungsaktes eintreten können. Denkbar ist immerhin, daß mit der Beseitigung des Enteignungsaktes nur eine Rückübertragungspflicht des Begünstigten begründet wird.

So enthält auch die gegenwärtige Diskussion des Rückerwerbsrechtes noch Ansätze dieser alten Zweiteilung und Aufspaltung des Vorganges, soweit es um die Folgen des Widerrufes geht. Dies zeigt sich an der Fragestellung, ob außer der Beseitigung des Enteignungsaktes noch weitere Maßnahmen erforderlich sind, um die ursprüngliche, unmittelbar mit der Enteignung veränderte Rechtslage wieder herzustellen. Teilweise wird so unter Abhebung auf das Folgenbeseitigungsrecht die These aufgestellt, der Aufhebung der Formalakte, also des Enteignungsaktes, müsse die Aufhebung der Realakte folgen[31]. Andererseits wird unter Bezugnahme auf eine Entscheidung des Bayerischen Verwaltungsgerichtshofes vom 1. 3. 1972[32] gefordert, die Enteignungsbehörde habe die Rückerstattungspflicht auszusprechen[33]. Die Gemeinkamkeit dieser Ansatzpunkte liegt darin, daß allein der Widerruf als nicht ausreichend für die Herstellung der ursprünglichen eigentumsrechtlichen Beziehungen angesehen wird[34].

Als zu beseitigende Wirkungen verbleiben dann nur diejenigen, die im Wege einer isolierten Folgenbeseitigung den Zugriff auf das materielle Recht im Endergebnis verhindert haben: Die Funktion des Verwaltungsaktes als causa eines Erstattungsanspruches bzw. als Sperre für einen materiellen Beseitigungsanspruch[35]. Diese Lösung setzt voraus, daß diese Wirkungen von dem Übertragungsakt ablösbar und selbständiger Gegenstand einer Beseitigungsverfügung sein können[36]. Für

---

[29] U. v. 30. 1. 1961 VwRspr 14, 307 (311).

[30] Zum Rückerwerbsrecht s. noch BayVGH U. v. 1. 3. 1972 BayVBl. 1972, 413 (414); zur älteren Lit. vgl. *Stummer*, S. 90. Allg. zur Einordnung *Wolff / Bachof* (Anm. 6) § 22 III g S. 103 sowie *Forsthoff* (Anm. 10) S. 280 und 380.

[31] *Stummer*, S. 91 f. sowie *Brüggemann*, S. 142.

[32] BayVBl. 1972, 413 (414).

[33] *H. Weber*, JuS 1973, 190 Nr. 12 der Rechtsprechungsübersicht.

[34] Undeutlich die eigentlichen Konsequenzen bei *Stummer*, S. 91 f. *Brüggemann*, S. 142.

[35] Vgl. dazu Abschn. C-9.3.

[36] Zu einem ähnlichen Problem bei der Bodenverkehrsgenehmigung s. *Steiner*, DVBl. 1970, 34 (37).

den Regelfall des privatrechtsgestaltenden Verwaltungsaktes ist festzuhalten, daß alle Wirkungen dieses Hoheitsaktes, also hier die Eigentumsübertragung sowie die formelle Bindungswirkung, aus *einem* Rechtsakt hergeleitet sind. Von daher läßt sich bereits eine materielle Unteilbarkeit annehmen[37]. Im Gegensatz zu Bindungswirkungen der privatrechtsgestaltenden Bodenverkehrsgenehmigung nach § 21 BBauG, wo eine Beseitigung der Bindungswirkung im Hinblick auf das begrifflich davon scheidbare private Rechtsgeschäft noch sinnvoll sein mag[38], ist dies bei der ausschließlich eigentumsübertragenden Funktion der Enteignungsmaßnahme nicht der Fall. Die formelle Bindungswirkung ist hier nur ein unselbständiges Seitenstück der primär angestrebten, auf das Eigentumssubstrat bezogenen Änderung der Zuordnung[39]. Ein Widerruf kann nur den Akt als solchen ergreifen. In den Kategorien der zivilrechtlichen Dogmatik gedacht fallen im Enteignungsakt Verpflichtungs- und Verfügungsgeschäft untrennbar zusammen[40]. Von daher ist es zunächst wenig hilfreich, eine Lösung über die heftig umstrittene sog. Kehrseitentheorie[41] zu suchen[42], deren Problematik sich gerade aus der Trennung von ursprünglicher Verpflichtung und daraus folgender Leistung ergibt[43]. Die eine Zuordnung ändernde Wirkung des Enteignungsaktes kommt in der dogmatischen Einordnung als Verwaltungsakt mit Doppelwirkung zum Ausdruck[44]. Ähnlich einer Beseitigung von zivilrechtlichen Verfügungstatbeständen kann damit durchaus die vorher bestehende Situation wieder eintreten, wenn der Verfügungstatbestand beseitigt wird[45]. Diese allgemein gültigen Lehren dinglicher Rechtsänderungen zeigen, daß die Beseitigung privatrechtsgestaltender Verwaltungsakte nicht schlechthin auf rechtlich unmögliche Folgen gerichtet ist und von daher ausscheiden müßte[46]. Insofern unterscheidet sich die Rechtslage von denjenigen Fällen, in denen die konstitutive Begrün-

---

[37] So *Steiner* für die Bodenverkehrsgenehmigung, DVBl. 1970, 34 (37).

[38] Dazu *Zinkhahn / Ernst / Bielenberg*, Bundesbaugesetz § 21 Rdnr. 26.

[39] Zum Schutz des Zuordnungsverhältnisses bereits oben Abschn. B-4.2.1 mit Anm. 51.

[40] Zu eng deshalb BayVGH U. v. 22. 9. 1952 NJW 1952, 1430, wenn von einer *Verpflichtung* zur Abtretung die Rede ist, da der Enteignungsakt unmittelbar die Zuordnung ändert.

[41] Zum Streitstand *Wolff / Bachof* (Anm. 6) § 44 III f. 1 S. 355.

[42] *Schmidt-Aßmann* in: Zinkhahn / Ernst / Bielenberg, § 102 Rdnr. 11 ff. Bundesbaugesetz.

[43] Zu diesem Anwendungsfall der Kehrseitentheorie *Wolff / Bachof*, (Anm. 6) § 44 III f) 1. 355.

[44] s. bereits *W. Jellinek*, S. 408. Diese Einordnung wirkt sich im wesentlichen bei der Frage des Vertrauensschutzes zugunsten des aus der Enteignung Begünstigten aus; vgl. dazu nachstehend Abschn. C-12.4.

[45] Vgl. *Westermann*, S. 4 f. und 25 f.

[46] s. noch *Wolff / Bachof* (Anm. 6) § 53 V. e) 8. S. 464, die allein auf Rechtssicherheitsgründe abheben.

dung öffentlich-rechtlicher Positionen und deren Beseitigung in Rede steht[47]. Es gilt vielmehr hier von dem Dogma der Unwiderruflichkeit privatrechtsgestaltender Verwaltungsakte abzurücken und diese den allgemeinen Lehren wieder zuzuführen[48].

Keine Bedeutung hat in diesem Zusammenhang die Qualifizierung des Eigentumserwerbs als originärer Erwerbsvorgang[49]. Diese Erwerbsart bezeichnet lediglich eine Situation, die den Erwerbsvorgang unabhängig von der rechtlichen Verfügungsmacht des Rechtsvorgängers eintreten läßt und so einen erhöhten Erwerbsschutz ermöglicht[50]. Diese Wirkung setzt indessen auch eine Wirksamkeit des verfügenden Staatsaktes voraus und macht den Erwerb davon abhängig. Das wiederum hat zur Folge, daß jede Beseitigung des Verfügungsaktes auch Auswirkungen auf den Erwerbsvorgang haben kann.

Bereits der Widerruf des Enteignungsaktes als eines privatrechtsgestaltenden Verwaltungsaktes mit dinglicher Wirkung führt mithin die ursprüngliche, vor Änderung der Zuordnung bestehende Rechtslage wieder herbei[51]. Der Rückgriff auf das Folgenbeseitigungsrecht zur Wiederherstellung der Rechtsposition des ursprünglichen Eigentümers beruht auf einer unzutreffenden These über die Auswirkung der Beseitigung derartiger Staatsakte. Ein Rückerwerbsrecht stellt sich dogmatisch mithin als Widerrufsanspruch des betroffenen Eigentümers dar[52].

12.3 Gesetzesvorbehalt und Widerruf des Enteignungsaktes

Es fragt sich jedoch, ob die allgemeinen Regeln des Verwaltungsrechtes formell den Anforderungen genügen, die die Verfassung an die Rechtmäßigkeit von Eingriffen in die Rechtsstellung des aus einer Enteignung begünstigten Privatmannes stellt[53]. Bedenken ergeben sich im Gegensatz zu der vorstehenden bereits diskutierten eigentumsausformenden Funktion des allgemeinen Verwaltungsrechtes[54], da hier im Verhältnis zum Begünstigten ein Tatbestand vorliegt, der sich wegen seiner eigentumsentziehenden Wirkung zumindest äußerlich als enteignend darstellt

[47] Dazu etwa BVerwG U. v. 13. 3. 1973 DVBl. 1973, 861 ff.

[48] In diesem Sinn besonders *Steiner*, DVBl. 1970, 34 (38).

[49] Vgl. *Seufert*, Einl. A Rdnr. 43.

[50] Dazu *Baur*, § 53 g) IV.

[51] Der Eigentumsübergang vollzieht sich wie die ursprüngliche Enteignung — vgl. dazu *Schrödter*, § 117 Rdnr. 5 — außerhalb des Grundbuches.

[52] Ebenso und zutreffend — entgegen der Einschätzung *Webers* (Anm. 33) — auch der BayVG (Anm. 30), sowie — ohne Berücksichtigung der privatrechtsgestaltenden Besonderheiten — *Brüggemann*, S. 131 f.

[53] Zu den Einschränkungsmöglichkeiten dieser Rechtsstellung vgl. auch oben Abschn. B-8.2.

[54] Dazu oben Abschn. B-8.2.

und die gesetzlichen Rückerwerbsregeln diesen Vorgang teilweise auch als Enteignung im technischen Sinne verstehen und dementsprechend ausgestalten[55]. Das Bundesverfassungsgericht durfte sich die Entscheidung an diesem Punkt leicht machen und die ausschließlich freiheitsschützende Funktion des Gesetzesvorbehaltes herausstellen, da in seiner Entscheidung zum Rückerwerbsrecht eine zugunsten eines Trägers öffentlicher Verwaltung durchgeführte Enteignungsmaßnahme zu beurteilen war[56].

Ein Rückgriff auf die sog. Kehrseitentheorie[57] muß entgegen der Auffassung von *Schmidt-Aßmann*[58] auf Schwierigkeiten stoßen. Dies gilt zunächst hinsichtlich des Anwendungsbereiches dieser Rechtsfigur, die Bedeutung erlangt, wenn eine Trennung von materieller Verpflichtung eines Rechtssubjektes und Durchsetzung dieser Verpflichtung vorliegt[59]. Bei der Beseitigung des Enteignungsaktes geht es nicht um den Ausspruch einer Leistungspflicht wie bei der Kehrseitentheorie, sondern ausschließlich um die mit der Rücknahme entfallenden Rechtswirkungen. Von daher ist sie auf das Rückerwerbsrecht nicht anzuwenden.

Versteht man den freiheitsschützenden Gesetzesvorbehalt als Teil der Grundrechtsgewährleistung selbst[60], so wird deutlich, daß er nur dann eingreift, wenn eine dem Grundrechtsschutz unterfallende Rechtsposition in Frage steht. Dies muß im Ergebnis für den Bereich des Rückerwerbsrechtes aufgrund der Besonderheiten des Rechtsübertragungsvorganges verneint werden[61]. Der Eigentumsschutz zugunsten des ursprünglichen Eigentümers setzt sich auch über den Übertragungsakt hinaus fort und widerspricht so dem Verständnis des Eigentumsrechtes auf seiten des Begünstigten als einer autonomen und umfassenden Herrschaft, wie sie in Art. 14 GG vorausgesetzt ist[62]. Dies wird auch deutlich an der zeitlichen Erstreckung des Eigentumsrechtes, die durch die Anbindung an das Gemeinwohl nicht prinzipiell unbegrenzt ist[63]. Eine Erweiterung des Schutzes der durch Enteignung erworbenen Rechtsstellung innerhalb des Art. 14 GG ist auch deshalb nicht erforderlich, weil sich

---

[55] Vgl. die amtl. Begründung zum Entwurf des BBauG — BTDs. III/336 — S. 93 zu § 113 (jetzt § 102) sowie *Schütz / Frohberg*, § 102 Anm. VI; zur Rückerwerbsentscheidung des BVerfG *Kimminich*, DöV 1975, 314 (315).

[56] Vgl. Darstellung des der Entscheidung zugrundeliegenden Sachverhaltes oben in Abschn. A-1.1.

[57] Vgl. bereits vorstehend in anderem Zusammenhang mit Anm. 41 - 43.

[58] (Anm. 42) § 102 Rdnr. 11 ff.

[59] s. bereits vorstehend in Abschn. C-12.2 a. E.

[60] Vgl. dazu den Überblick bei *Krebs*, S. 32 ff.

[61] s. dazu auch *Seufert*, Art. 1 ZAG Rdnr. 21 sowie oben in Abschn. B-6.3.

[62] Unbegrenzt insoweit, als die Ausübung der Eigentümerbefugnisse nicht auf das Gemeinwohl i. S. d. Art. 14 Abs. 3 S. 1 GG ausgerichtet sein muß.

[63] Zur funktionalen Unbegrenztheit des Eigentumsgrundrechtes in zeitlicher Hinsicht s. bereits s. oben in Abschn. C-8 mit Anm. 3 und 4.

die Aufwendungen des aus der Enteignung Begünstigten auf eine unter dem Gebot der ‚Sozialpflichtigkeit'[64] stehende Entschädigung beschränken. Dogmatisch wirkt sich in dieser Rechtsgestaltung eine Folge der im gesamten Bereich privatrechtsgestaltender Verwaltungsakte feststellbaren Besonderheit aus, die die Privatrechtslage von dem ursprünglichen Verwaltungsakt abhängig macht[65]. Diese Besonderheiten des die eigentumsrechtliche Zuordnung ändernden Verwaltungsaktes erscheinen als rechtlich wesentliche Elemente, die eine dem förmlichen Gesetzesvorbehalt des Art. 14 Abs. 3 Satz 2 GG entsprechende Norm entbehrlich werden lassen, da eine Enteignung weder der Form noch dem Inhalt nach gegeben ist[66]. Diese Ausnahmesituation kann auch damit erklärt werden, daß der Begünstigte gleichsam ein mit dem Rückerwerbsrecht belastetes Eigentumsrecht erworben hat[67].

Damit ist es auch nicht erforderlich, den Enteignungsbegünstigten als Beliehenen[68] zu qualifizieren[69, 70]. Weiterhin folgt daraus, daß ein i. S. d. Art. 14 Abs. 3 GG qualifiziertes Gemeinwohlerfordernis, das die ursprüngliche Enteignung tragen mußte, für den Rechtsentzug im Rückerwerbsverfahren nicht zu verlangen ist[71].

12.4 Die verwaltungsrechtlichen Zulässigkeitsvoraussetzungen

Abschließend fragt sich, ob innerhalb des rückerwerbsrechtlichen Regelungskomplexes hinsichtlich der Widerrufsvoraussetzungen nach allgemeinem Verwaltungsrecht Besonderheiten vorliegen. Dieser Schritt ist nicht entbehrlich, da auch der Eingriff in die vorstehend beschriebene eingeschränkte Rechtsstellung des Begünstigten belastenden Charakter hat[72] und ihm gegenüber erleichterte Eingriffsbefugnisse — etwa auf-

[64] So die plastische Formulierung bei *Lücke*, VerwArch 67 (1976), 48 (57); vgl. bereits oben Abschn. B-4.1.

[65] *Steiner*, DVBl. 1970, 34 (38).

[66] A. A. *Schmidt-Aßmann* (Anm. 42) § 102 Rdnr. 12, der meint der Form nach liege eine Enteignung vor.

[67] Das erkennt auch *Schmidt-Aßmann* (Anm. 42) § 102 Rdnr. 11 an; zur Bedeutung für die Rechtsnachfolge s. nachstehend Abschn. C-13.4.

[68] Dazu allg. *Wolff / Bachof*, Verwaltungsrecht II § 104 sowie *Steiner*, Beliehener, passim.

[69] Zu diesem Lösungsgang im Rückerwerbsrecht *Brüggemann*, S. 135; unklar die Darstellung bei *Kunze*, der einerseits die These vertritt, der Begünstigte sei Beliehener (S. 86 oben), aber andererseits die Frage offenläßt (S. 86 mit FN 4).

[70] Ablehnend auch *Steiner* (Anm. 68) S. 81 f. sowie *Wolff / Bachof* (Anm. 68) § 104 I. d) 5. S. 454, die zutreffend darauf hinweisen, daß die Enteignung von einer staatlichen Behörde vollzogen wird; s. dazu auch BVerfG U. u. 7. 8. 1962 E 14. 263 (277). Zur Gegenmeinung vgl. die Angaben bei *Kunze*, S. 86 in FN 2.

[71] s. aber auch *Brügelmann / Pohl*, § 102 Anm. II 2. c).

[72] Immerhin ist etwa bei der Vollenteignung das Eigentumsrecht auf ihn übergegangen.

grund einer Qualifizierung seiner Rechtsstellung als Beliehener[73] — nicht anzuerkennen sind. Es ist hier nicht der Ort, die gesamte Rücknahme- und Widerrufslehre aufzurollen, die sich auch heute noch in außerordentlicher Vielfalt der dogmatischen Ansatzpunkte darstellt[74]. Dem Streit entzogen ist jedoch der Grundsatz, daß ein besonderer Widerrufsgrund vorhanden sein muß und dem Betroffenen aus rechtsstaatlichen Gründen Vertrauensschutz zu gewähren ist[75].

12.4.1 Die unterbliebene Realisierung als Widerrufsgrund

Entsprechend den Überlegungen zur immanenten Einschränkung der zeitlichen Dauer der Bestandskraft[76] ist eine nachträgliche Änderung der Tatsachenlage allgemein als Widerrufsgrund anerkannt[77]. Das bedeutet, daß auch hier die unterbliebene Realisierung allein maßgeblich ist und der Ursache für diese Entwicklung keine Bedeutung zukommt[78].

In dem Bestreben, den Schutz des durch den zu widerrufenden Akt Begünstigten zu sichern, wird der Widerrufsgrund allerdings weiteren Einschränkungen unterworfen, die geeignet erscheinen, auch den Widerruf des Enteignungsaktes zugunsten des ursprünglichen Eigentümers zu erschweren. So führen *Wolff / Bachof* aus, daß wegen unvorhergesehener Auswirkungen widerrufen werden dürfe, wenn der Widerruf gesetzlich vorgesehen oder in dem zu beseitigenden Verwaltungsakt vorbehalten worden ist[79]. Diese Beschränkung läßt sich als eine Realisierung des von Anfang an für den Begünstigten vorhandenen Risikos in der Rechtslage verstehen[80].

Für eine Vielzahl von Fällen mag diese Einschränkung des Widerrufes eine sachgerechte Begrenzung sein, wenn der begünstigende Träger öffentlicher Verwaltung im Rahmen einer Betreuungspflicht von Anbeginn an die Position des Begünstigten klarstellend mit einem Widerrufsvorbehalt begrenzt oder auf den funktional gleichwertigen Weg eines besonderen öffentlichen Interesses verwiesen wird. Die Einschränkung ist aber dann selbst wieder zu begrenzen, wenn die Begünstigung ausschließlich zur Förderung des öffentlichen Interesses gewährt wird, wie im Fall der Enteignung, und nicht als privatnützig verstanden wer-

---

[73] s. vorstehend mit Anm. 70.

[74] Vgl. nur *Forsthoff* (Anm. 10) S. 259 ff.

[75] Dazu *Wolff / Bachof* (Anm. 6) § 53 IV d S. 456 ff. m. w. Nachw. sowie § 49 VwVfG.

[76] Vgl. Abschn. C-11.2.

[77] So die ganz h. M.; vgl. nur *Wolff / Bachof* (Anm. 6) § 53 IV. d) S. 457 sowie § 49 Abs. 2 Nr. 3 VwVfG.

[78] Vgl. zu den Einzelheiten oben in Abschn. C-11.2.

[79] (Anm. 6) § 53 IV. d) S. 457.

[80] Vgl. auch *Meyer / Borgs*, § 49 Rdnr. 11.

den darf[81]. Darüber hinaus verbietet sich eine Anwendung dann, wenn es sich um die Beseitigung eines Aktes handelt, der seine Legitimation aus einem zukünftigen, von dem Begünstigten zu realisierenden Umstand herleitet. Auf den Zweck der Einschränkung bezogen setzt ihre Anwendbarkeit eine gewisse Abgeschlossenheit voraus, über die der die Enteignung vollziehende Verwaltungsakt nicht verfügt.

12.4.2 Die Auswirkungen des Vertrauensschutzgrundsatzes

Entscheidend ist an diesem Punkt, daß bereits eine typisierende Betrachtung, der besonders im Rücknahmerecht an sich enge Grenzen gesetzt sind[82], dazu führt, dem begünstigten Privaten eine Berufung auf die mit der Enteignung erworbene Rechtsstellung zu versagen[83]. Soweit das Recht Vertrauensschutz gewährt, ist erforderlich, daß zu dem tatsächlichen Vertrauen auf eine bestimmte Lage ein normatives Element des Vertrauendürfens hinzutritt[84]. Das gilt auch für das öffentliche Recht, soweit der Vertrauensschutz als notwendiges Seitenstück dispositionsbestimmender bzw. dispositionsveranlassender Staatsakte verstanden wird[85]. Eine solche normativ bedeutsame Dispositionsveranlassung aber liegt mit der Zuweisung von Eigentumspositionen im Enteignungsverfahren nicht vor. Es ist viemlehr umgekehrt so, daß der Unternehmer selbst den Entschluß gefaßt hat, ein Projekt zu verwirklichen und in diesem Rahmen zur Durchführung um die erforderliche Zuweisung privater Rechte nachgesucht hat. Seine Rechtsposition ist eingeschränkt durch die dem Übertragungsvorgang imanenten Begrenzungen[86]. Die begünstigende Regelung steht von Anfang an unter einem Vorbehalt, der dem prognostizierten Umstand entspricht und die Begünstigung daran anbindet[87]. Die Verneinung einer dispositionsbestimmenden Wirkung stellt eine notwendige Ergänzung der an anderer Stelle bereits herausgestellten Variabilitätslage und der damit verbundenen Freiheit für den Privaten als Planungsträger des Gemeinwohlmittlers dar[88], die ihn zu einer Ausführung nicht verpflichtet. Die Zubilligung von Dispositions-

---

[81] s. dazu noch *Schmidt-Aßmann* (Anm. 42) Rdnr. 12.

[82] So richtig *Wolff / Bachof* (Anm. 6) § 53 V e S. 462 angesichts der unterschiedlichsten individuellen Auswirkungen eines Verwaltungsaktes.

[83] Zum Vertrauensschutz vgl. noch *Scheerbarth*, DVBl. 1966, 780 (784) sowie — kritisch — *Forsthoff* (Anm. 10) S. 262 f.

[84] Vgl. § 48 Abs. 2 S. 2 VwVfG.

[85] Zu den schwierigen Problemen in der Gemengelage von privaten und hoheitlichen Rechten s. BGH U. v. 10. 9. 1957 BGHZ 25, 266 (TÜV) sowie *Badura*, Entschädigung nach Enteignungsgrundsätzen S. 27.

[86] Zu weit deshalb der Schutzbereich im U. d. BGH v. 26. 2. 1954 BGHZ 12, 357 (369 f.).

[87] Zu dieser Auswirkung der öffentlich-rechtlichen Gewährung s. bereits *Bühler*, VVDStRL 3 (1927), S. 110 sowie *Jellinek*, S. 270.

[88] Vgl. oben in Abschn. B-6.2.

schutz müßte auf dieser Grundlage zu einer übermäßigen Belastung des ursprünglichen Eigentümers führen, der in vielen Fällen keine Rückgriffsmöglichkeit auf das ihm entzogene Substrat hätte. Eine andere Betrachtung, die hier einen erhöhten Schutz des Begünstigten bewirkte, bedeutete der Sache nach die Gewährung einer Subvention an den Begünstigten, was angesichts des Gemeinwohlvorbehaltes nach Art. 14 Abs. 3 Satz 2 mangels einer zulässigen Subventionszielbestimmung nicht zulässig wäre[89]. Diese Überlegungen haben zur Folge, daß ein besonderer Vertrauensschutz zugunsten des Begünstigten bei der Beseitigung der unmittelbaren Rechtswirkungen nicht eingreift[90].

12.5 Die Rückrechtsbegründung[91]

Die vorstehenden Überlegungen finden im wesentlichen dann Anwendung, wenn im Rahmen einer Enteignung das Eigentum entzogen worden ist. Sie gelten aber entsprechend, soweit in einem Enteignungsverfahren auch andere Rechte als das Volleigentum Gegenstand einer Enteignung sein können[92]. Im Gegensatz zu der Vollenteignung, bei der bereits eine Beseitigung des Enteignungsaktes den vor der Maßnahme existenten Status wieder herstellen kann[93], ist dies bei der Aufhebung von Rechten nicht der Fall, da dort nicht allein die Zuordnung einer Rechtsposition geändert wird[94]. Das öffentliche Recht kann hier nicht an den Besonderheiten der Systematik der Zivilrechtsordnung vorbeigehen, wonach erloschene Rechte an einer Sache nur durch Neubegründung wieder entstehen können[95].

Dogmatisch läßt sich der hier zu regelnde Vorgang als Anspruch auf Beseitigung des Enteignungsaktes und Recht auf Folgenbeseitigung verstehen[96]. Im Gegensatz zum Enteignungsakt ist hier diese Zweiteilung erforderlich[97], da die bloße Aufhebung der Rechtsfolgen nicht zur Entstehung der Rechte führen kann. Im Hinblick auf Art. 14 Abs. 3 Satz 2 GG ergeben sich bei der Wiederbegründung zunächst erloschener Rechte keine Besonderheiten[98].

---

[89] Gegen den Subventionscharakter der durch Enteignung erhaltenen Rechtsposition etwa *Evers* in: Fschr. f. Bridel S. 194.

[90] Zum Ausgleich der wirtschaftlichen Folgen s. nachstehend Abschn. C-14.

[91] Vgl. dazu *Schmidt-Aßmann* (Anm. 42) Rdnr. 15.

[92] s. bereits § 51 Abs. 5 BLBG sowie § 86 Abs. 1 Ziff. 2 - 4 BBauG.

[93] s. vorstehend Abschn. C-12.1.

[94] Zum Zuordnungsverhältnis s. oben in Abschn. B-4.2.1 mit Anm. 51.

[95] Zur Wirkung der Aufhebung von Liegenschaftsrechten vgl. nur *Westermann*, § 78.

[96] Dazu bereits oben Abschn. C-9.2.

[97] Vgl. auch oben in Abschn. C-12.2.

[98] Vgl. vorstehend Abschn. C-12.3.

Nach den bestehenden gesetzlichen Regeln[99] ist eine Wiederbegründung aufgehobener Rechte nicht davon abhängig, daß der ursprüngliche Eigentümer sein Rückerwerbsrecht tatsächlich ausgeübt hat[100]. Auf diese Weise wird die eigenständige Bedeutung eines Eingriffs in derartige durch Art. 14 GG geschützte Rechte ersichtlich, so daß vom grundrechtlichen Eigentumsschutz her betrachtet keine Bedenken gegen eine solche Regelung zugunsten etwa eines Mieters oder Pächters, dessen Rechte bei einer Grundstücksenteignung ebenfalls entzogen worden sind, bestehen könne. Es darf indessen nicht übersehen werden, daß damit im Einzelfall auf den aus der Enteignung begünstigten Privaten sehr starke Belastungen zukommen können, wenn der ursprüngliche Eigentümer des Grundstücks sein Rückerwerbsrecht nicht geltend macht. Der Enteignungsbegünstigte kann dann mit dem endgültig bei ihm verbleibenden Eigentumssubstrat nicht nach Belieben verfahren, wenn er — etwa bei Wiederbegründung eines Mietverhältnisses[101] — einen ihm nicht genehmen Vertragspartner hinnehmen muß oder durch die wieder zu schaffenden Rechte an einer wirtschaftlichen Verwertung des Gutes gehindert wird. Hiergegen kann sich der Begünstigte nicht wehren, da ein Rückerwerbsverfahren gegen den Willen des ursprünglichen Grundeigentümers nicht durchgeführt werden kann[102]. Auf der anderen Seite ist aber auch zu bedenken, daß seine sich in der Entschädigung niederschlagenden Aufwendungen nicht dem an sich zu zahlenden Kaufpreis entsprochen haben müssen[103]. Von daher und aus der grundsätzlichen Verteilung des Planungsrisikos[104] erscheint es nicht unangemessen, ihm diese Belastung zuzumuten, zumal er einen Anspruch auf Rückgewähr der Entschädigung gegen denjenigen hat, der die Wiedereinräumung seiner Rechte betreibt[105].

13. Der Ausschluß des Rückerwerbsrechtes

Bisher ist im Rahmen dieser Untersuchung nur der Regelfall des Enteignungsvorganges angesprochen worden, nämlich der Eingriff in das Eigentumsrecht, die daraufhin zu leistende Geldentschädigung[1] sowie die Rechtsprobleme, die sich ergeben, wenn das sog. Enteignungs-

---

[99] Vgl. nur § 102 Abs. 5 BBauG; zur Gesetzeslage und dem Leitliniencharakter des BBauG s. oben in Abschn. B-3.1.

[100] Dazu *Schmidt-Aßmann* (Anm. 42) Rdnr. 5 sowie *Schrödter*, § 102 Rdnr. 7.

[101] Zur Enteignung eines Mietrechtes s. BGH U. v. 15. 11. 1971 NJW 1972, 528.

[102] Vgl. dazu oben in Abschn. C-11.3.1.

[103] Zur Bemessung der Entschädigung s. oben in Abschn. B-4.1.

[104] Dazu oben in Abschn. B-6.2.3.

[105] Dazu nachstehend in Abschn. C-14.

[1] Zur Bemessung vgl. oben in Abschn. B-4.1.

unternehmen[2] nicht realisiert wird. Besonderheiten des Enteignungsvorganges und im Hinblick auf das Gemeinwohlerfordernis bedeutsame relevante Entwicklungen des Geschehensablaufes nach Vollzug der Enteignung blieben außerhalb des Ansatzes. Eine Besonderheit des Enteignungsvorganges selbst liegt vor, wenn die Entschädigung nicht in Geld, sondern in Land geleistet worden ist[3]. Weiterhin sind auch spezielle Entwicklungen denkbar, die nach dem Eintritt des Enteignungsfalles deutlich werden und trotz Ausführung eines dem Gemeinwohl i. S. d. Art 14 Abs. 3 GG dienenden Unternehmens Bedeutung haben können[4]. Gerade hinsichtlich dieses Punktes ist zu beachten, daß das sog. Enteignungsunternehmen in seiner Funktion als Gemeinwohlmittler zu sehen ist und allein auf der Grundlage des Gemeinwohlvorbehaltes wichtig wird. Deshalb darf die verfassungsrechtliche Analyse nicht mit der realen Ausführung des Projektes schließen, ohne die Frage nach der rechtlichen Bewertung des Objektes im Moment der Ausführung selbst zu stellen[5].

Die hier angedeuteten Besonderheiten haben in weitem Umfang dazu geführt, das Rückerwerbsrecht auch innerhalb an sich derartige Ansprüche normierender Regelungen einzuschränken[6]. In Anlehnung an diese Systematik soll hier untersucht werden, inwieweit diese Besonderheiten tatsächlich eine derartige Einschränkung tragen können[7]. Im Hinblick auf Art. 14 GG beinhaltet diese Frage die Bestimmung der Reichweite des Eigentumsgrundrechtes[8], ist also spezifisch eigentumsrechtlich ausgerichtet und hat dementsprechend die Art der personalen Freiheitssicherung durch die Grundrechte zu berücksichtigen[9]. Andererseits ist sie auch planerisch zu verstehen, wird doch das zunächst mittels Prognose vorweggenommene Ereignis einer Überprüfung nach seiner Ausführung unterzogen[10]. Außerhalb dieser Besonderheiten der enteignungsrechtlichen Faktoren bleibt die Rechtsnachfolge der am Enteignungsverfahren beteiligten Personen, die jedoch auch als Ausschluß- bzw. Einschränkungsgrund des Rückerwerbsrechtes Bedeutung hat[11].

---

[2] Zur Funktion des Enteignungsunternehmens als Gemeinwohlmittler s. Abschn. B-5.1.2.

[3] Dazu nachstehend Abschn. C-13.1.

[4] Dazu nachstehend Abschn. C-13.3.2.

[5] Zu eng deshalb — weil an dem gesetzlich abgesteckten Normenbereich orientiert — *Kunze*, S. 60 mit FN 3; vgl. hier Abschn. A-1.4.

[6] Zur Gesetzeslage insgesamt oben Abschn. B-3.1.

[7] Damit soll indessen nicht der Eindruck eines geschlossenen rückerwerbsrechtlichen Institutes erweckt werden; vgl. auch oben Anm. 5.

[8] Vgl. auch oben Abschn. B-8.1.

[9] Vgl. dazu Abschn. B-4.2.2.

[10] Zur Vorwegnahme im Wege der Prognose vgl. oben Abschn. B-5.1.1.

[11] Dazu nachstehend Abschn. C-13.4.

13.1 Die Entschädigung in Land

In einigen Gesetzen ist eine Rückgängigmachung der Enteignung dann ausgeschlossen, wenn Entschädigung in Land gewährt worden ist[12]. Die Entschädigung in Land verfolgt wirtschafts- und sozialpolitische Zielsetzungen, die besonders bei der Erhaltung einer vernünftigen Größe von landwirtschaftlich genutzten Grundstücken eine wichtige Rolle spielt[13]. Unabhängig vom verfassungsrechtlichen Grundsatz der Entschädigung in Geld[14], läßt sie sich durchaus als erwünscht verstehen, da sie generell geeignet ist, die Schwere des Eingriffs zu mildern[15]. Dies ändert aber nichts daran, daß trotz dieser Entschädigung ein solcher Eingriff enteignenden Charakter hat[16].

Entscheidend ist hier indessen, daß die für das Rückerwerbsrecht maßgebliche Beeinträchtigung der Substanzgarantie[17] nicht in dem von der Verfassung vorausgesetzten schwerwiegenden Umfang stattgefunden hat, da ein die Freiheit sicherndes Substrat geleistet worden ist[18]. Angesichts des Umstandes, daß durch den Rückerwerb oft auch Nachteile für den Begünstigten entstehen, erscheint es zulässig, diese Regelung auch als in seinem berechtigten Interesse liegend anzusehen. In einer solchen Situation ist es nicht unangemessen, trotz des verfassungsrechtlichen Erfordernisses eines effektiven Eigentumsschutzes, daß die Durchsetzung des Rückerwerbsrechtes nach diesen Vorschriften im Ermessen der Behörde steht[19] und auch abgelehnt werden kann[20].

13.2 Die Veränderung des Eigentumssubstrates

In Anlehnung an ältere Rückerwerbsrechte normiert das Bundesbaugesetz als Ablehnungsgrund den Tatbestand einer erheblichen Grundstücksveränderung[21]. Die entsprechende Regelung des Regierungsentwur-

---

[12] Vgl. nur § 102 Abs. 4 BBauG; § 51 BaulBeschG; § 57 Abs. 3 LBG.

[13] *Meyer / Stich / Tittel,* § 100 Rdnr. 1.

[14] Zu den Einzelheiten oben Abschn. B-4.1.

[15] Vgl. aber auch die rechtlichen Grenzen in § 100 Abs. 1 Nr. 3 BBauG; zum Ausschlußgrund s. *Schmidt-Aßmann* in: Ernst / Zinkhahn / Bielenberg, Bundesbaugesetz § 102 Rdnr. 10.

[16] Vgl. BGH U. v. 29. 3. 1976 NJW 1976, 1088 (1088 r. Sp.).

[17] Zum Verhältnis von Substanzgarantie und Entschädigung s. oben Abschn. B-4.2.

[18] Es ist jedoch unzutreffend, wenn dieser Gesichtspunkt als entscheidungserheblich angesehen wird, ohne den Grundrechtsschutz zu berücksichtigen; vgl. etwa *Meyer / Stich / Tittel,* § 102 Rdnr. 6.

[19] Zu den Ermessensrichtlinien s. *Schütz / Frohberg,* § 102 Anm. IV 3.

[20] So die h. M.; vgl. *Schmidt-Aßmann* (Anm. 15) Rdnr. 32; *Heitzer / Oestreicher,* § 102 Anm. 3. b).

[21] § 102 Abs. 4 1. Alt. BBauG; § 51 Abs. 3 BaulBeschG; § 57 Abs. 3 LBG.

fes beschränkt diesen Ablehnungsgrund entgegen der nunmehr sehr weiten Fassung auf eine erhebliche Veränderung der Grenzen des Grundstücks[22] und sah damit einen Tatbestand vor, der insgesamt klarer faßbar ist, als der jetzige.

Die tatbestandliche Schwierigkeit bei der Anwendung dieses Ausschlußgrundes folgt daraus, daß eine Abgrenzung zu den nach denselben Vorschriften nur hinsichtlich der Abwicklung der Entschädigung bedeutsamen Wertveränderungen[23] sehr schwer möglich ist[24]. Ohne ausdrücklich auf diese Schwierigkeiten abzuheben wird oft verlangt, daß eine „annähernde Identität" des ursprünglichen Eigentumssubstrates nicht mehr bestehen darf[25] bzw. die Sache im Hinblick auf ihre frühere Beschaffenheit artverfremdet worden ist[26]. Diese Formulierungsversuche verdecken nur die im Grunde genommen bestehende Unmöglichkeit, im Immobiliarbereich durch sachbezogene Verwendungen, wie bei beweglichen Sachen[27] neue Produkte zu beschaffen. Dies zeigen auch die für wesentliche Änderungen angeführten Beispiele, wenn etwa auf Grenzveränderung, Bau- und Ausgrabungsarbeiten abgestellt wird[28].

Auch eine funktionale, auf den Enteignungszweck bezogene Betrachtungsweise, die allein auf die Realisierung des Unternehmens gerichtete Veränderungen für maßgeblich hält[29], hilft hier nicht weiter, um die notwendigen Abgrenzungen vornehmen zu können[30]. Von einem verfassungsrechtlichen Ansatz her bestehen generell Bedenken gegen die Zulässigkeit dieses Merkmals, da damit im wesentlichen die Vertrauensposition des aus der Enteignung Begünstigten abgesteckt werden soll[31]. Diese Position besteht aber nur dann, wenn es tatsächlich zu einer Realisierung des Unternehmens kommt[32]. Die mangelnde innerliche Tauglichkeit wird auch an den Stellungnahmen deutlich, die zweckgerichtete Veränderungen fordern, jedoch eine Ablehnung des Rückerwerbs regelmäßig für unzulässig halten, wenn die Realisierungsabsicht endgültig aufgegeben worden ist[33]. Die Selbständigkeit dieses Merkmales ist

---

[22] Vgl. § 113 Abs. 3 Entw. d. BBauG — BTDs. III/363 —.

[23] Vgl. nur § 103 S. 3 BBauG.

[24] Zu den Einzelheiten nachstehend Abschn. C-14.3.

[25] So *Schmidt-Aßmann* (Anm. 15) Rdnr. 32.

[26] *Stummer*, S. 76.

[27] Vgl. die Regelung des § 950 BGB.

[28] *Heitzer / Oestreicher*, § 102 Anm. 3. b).

[29] Diese Einschränkung wird durchweg gemacht; vgl. nur *Schütz / Frohberg*, § 102 Anm. IV 3.

[30] Hier ist ebenfalls der aus den Besonderheiten der Immobilien sich ergebenden Schwierigkeit nicht Rechnung getragen; vgl. § 950 BGB.

[31] Besonders deutlich wird dies bei *Stummer*, S. 75 f.

[32] Vgl. oben Abschn. B-5.3.3.

[33] So bes. *Schütz / Frohberg*, § 102 Anm. IV 3.

auch deshalb bedenklich, wenn man bei einer Fortführungsabsicht generell eine Verlängerung der Verwendungsfrist einräumt[34].

Angesichts dieser sowohl im Hinblick auf die Praktikabilität als auch im Hinblick auf die Normativität zweifelhaften Abgrenzungskriterien kann insbesondere den Ausführungen *Schrödters* zugestimmt werden, wenn er für den klassischen und heute noch wichtigen Fall der erheblichen Veränderung in Form der Grenzveränderung feststellt, daß diese im Hinblick auf das Gemeinwohlerfordernis wertneutral ist[35]. Es ist kein Gesichtspunkt ersichtlich, für den Bereich der sonstigen substratverändernden Maßnahmen eine andere Bewertung vorzunehmen. Für das Rückerwerbsrecht als Kehrseite der Enteignung ist ausschließlich der Umstand maßgebend, daß eine Realisierung des Unternehmens unterblieben ist. In bezug auf das betroffene Eigentumsgrundrecht kann ein legitimierender Faktor jedenfalls nicht in identitätsverändernden Maßnahmen liegen. Eine solche Auffassung führt notwendig zu einer großen Einschränkung der durch Art. 14 GG geschützten persönlichen Freiheit. Hier ist vielmehr im Gegenteil davon auszugehen, daß dann, wenn der ursprüngliche Eigentümer ein Rückerwerbsverlangen geltend macht, er zu erkennen gibt, daß diese Veränderungen von ihm nicht als wichtig eingestuft werden[36]. Damit aber erscheint eine Ablehnung auch nicht mehr gerechtfertigt, da sie sich außerhalb der eigentumsgrundrechtlichen, auf das Individuum bezogenen Schutzfunktion bewegt und von daher bereits nicht mehr als systemgerecht bezeichnet werden kann. Daraus folgt aber auch, daß Erwägungen zu einem Vertrauensschutz des Begünstigten hier nicht stärker als bei der Beseitigung des Enteignungsaktes und der generellen Berücksichtigung von Aufwendungen[37] mit Erfolg geltend gemacht werden können. Der in seiner Anwendung wenig praktikable Tatbestand der erheblichen Änderungen genügt somit nicht den verfassungsrechtlichen Anforderungen an einen effektiven Grundrechtsschutz im Bereich der Eigentumsfreiheit[38].

13.3 Der Wandel der Gemeinwohlkonzeption

Die gesamte Diskussion um die Rückgängigmachung des Enteignungsaktes basiert auf dem Grundgedanken der substanzsichernden Funktion der Eigentumsgarantie[39]. Es zeigt sich auf diese Weise, daß es nicht

---

[34] Zu den Voraussetzungen der Verlängerung s. Abschn. B-7.2.5.1.

[35] § 102 Rdnr. 6.

[36] Wäre das der Fall, so würde der ursprüngliche Eigentümer keinen Anspruch auf Rückerwerb geltend machen.

[37] Vgl. dazu nachstehend Abschn. C-14.3.

[38] Zu den Besonderheiten, die sich nach Realisierung des Gemeinwohlmittlers ergeben, s. nachstehend Abschn. C-13.3.2.

zutreffend ist, die grundrechtsbezogene Wirkung eines Eingriffs mit dessen Vollzug als erledigt anzusehen. Innerhalb dieser Substanzsicherung ist das gesamte Rückerwerbsrecht dogmatisch verortet, wobei dem planungsbedingten Unsicherheitsfaktor im Rahmen einer rechtsstaatlich erforderlichen Ausgestaltung eine besondere Bedeutung zukommt[40]. Diese Feststellungen legen insgesamt die Annahme nahe, daß eine Erweiterung der restitutionsrechtlichen Bedeutung von Art. 14 GG auf der Grundlage rechtsstaatlicher Institutionen bei fehlgeschlagenen Planungsmaßnahmen zu erwarten ist[41]. Der verfassungsrechtlich neuralgische Punkt wird das Gemeinwohlerfordernis sein, da sich gerade hier die Unsicherheit zukunftsorientierter Maßnahmen brennpunktartig zeigt und zudem durch die immer noch bestehende Unsicherheit bei der Erfassung von Prognoseelemente enthaltenden Verwaltungsentscheidungen verstärkt wird[42]. Hinzu kommt, daß jeweils eine zeitrelative Wertverwirklichung innerhalb des durch Enteignung zu realisierenden Projektes stattfindet[43], die somit ständig die Legitimationsgrundlage wegen des Wechsels von Gemeinwohlvorstellungen in Frage stellen kann. Dieser Wechsel kann zunächst bereits während der Realisierungsphase eintreten[44]. Es ist aber auch denkbar, daß eine solche Änderung der Gemeinwohlkonzeption erst nach der Durchführung des sog. Enteignungsunternehmens deutlich wird[45].

13.3.1 Die Änderung der Planungskonzeption vor Ausführung des Enteignungsunternehmens

Innerhalb von Planungsprozessen kann nicht ausgeschlossen werden, daß das enteignete Gut zwar nicht mehr für den ursprünglichen Zweck benötigt wird, jedoch für ein anderes, ebenfalls dem Gemeinwohl dienendes Unternehmen erforderlich ist. Im Regierungsentwurf des Bundesbaugesetzes war ein solcher Zweckaustausch erfaßt und mit der Begründung für zulässig erachtet worden, daß die Enteignung rückschauend als gerechtfertigt und als durch das öffentliche Wohl gedeckt anzusehen sei[46]. In der Literatur wird ein solcher Austausch der Enteignungsunternehmen nicht generell zugelassen, ohne dabei jedoch die notwendigen

---

[39] Zu dieser grundrechtlichen Ausformung des Eigentumsschutzes oben in Abschn. B-4.2.1.

[40] Zur Transformationswirkung des Unsicherheitsmomentes vgl. oben Abschn. B-8.1.

[41] So auch *Schmidt-Aßmann* (Anm. 15) Rdnr. 3 a. E.

[42] Vgl. nur die Rechtmäßigkeitsfrage; dazu oben Abschn. C-10.

[43] Zu den Einzelheiten s. Abschn. B-7.1.3.

[44] Dazu nachstehend Abschn. 13.3.1.

[45] Dazu nachstehend Abschn. 13.3.2.

[46] Vgl. auch Amtl. Begr. zum Entwurf des BBauG — BTDs. III/336 — S. 93; s. auch § 43 Abs. 1 Ziff. 2 BLeistungsG (bejahend).

Konsequenzen im einzelnen zu bedenken, oder aber eine Einordnung in die Systematik der Eigentumsgarantie zu versuchen[47]. So wird darauf abgestellt, auch der Austausch der Enteignungszwecke beinhalte eine Aufgabe der ursprünglichen Zweckverwirklichung, wegen der enteignet worden sei[48], und führe damit zum Rückerwerbsrecht. Richtig ist, daß die Aufgabe der Realisierungsabsicht nach § 102 Abs. 1 Nr. 2 BBauG einen Rückerwerbstatbestand darstellt[49]. Dies ist jedoch nur eine Folge des verfassungsrechtlich allein maßgeblichen Realisierungserfordernisses, das naturgemäß mit Aufgabe der Absicht nicht mehr erfüllt werden kann. Die Realisierung eines neuen Projektes ist dagegen durchaus möglich[50]. Betrachtet man die Frage des Rückerwerbsrechtes in diesem Fall ausschließlich unter Gesichtspunkten der Zweckmäßigkeit und Verfahrensökonomie, so können sich naturgemäß Bedenken ergeben, da der Anspruch nicht zu einer dauerhaften Innehabung des Eigentumssubstrates führen wird, wenn eine erneute Enteignung droht. Aus der Abhängigkeit der Entschädigungshöhe vom Enteignungszweck können entgegen der Ansicht *Stummers*[51] keine speziell eigentumsrechtlichen Einwendungen gegen einen Ausschluß des Rückerwerbsrechtes geltend gemacht werden, da der Ausgleich für den Substanzverlust trotz seiner Einschränkbarkeit noch am Substrat und dessen Wert ausgerichtet bleibt[52]. Eine grundrechtsbezogene Betrachtungsweise muß von der mit der Rückgängigmachung der Enteignung erwerbbaren Rechtsstellung ausgehen und diese zu der erneut drohenden Enteignung in Beziehung setzen.

Durch die Enteignung ist dem Eigentümer die dem Eigentumsgrundrecht immanente Wertrealisierungschance[53] genommen worden. Dieses wirtschaftlich bedeutsame Element der Garantie, das auch entschädigungsrechtlich von Bedeutung ist[54], darf nicht unberücksichtigt bleiben, wenn es nicht zum Eintritt des die Enteignung in einem bestimmten Zeitpunkt legitimierenden Umstandes kommt[55]. Diese Überlegung wird

---

[47] Gegen einen Austausch etwa *Grünhut*, S. 166. Bejahend *Brüggemann*, S. 166 (gegen Wertausgleich).

[48] *Schütz / Frohberg*, § 102 Anm. II 2.

[49] Zur materiellen Aufhebungspflicht einer Planungsentscheidung s. *Blümel*, Gutachten I S. 18 ff. und *Ernst / Zinkhahn / Bielenberg*, Bundesbaugesetz § 2 Rdnr. 11 - 16, 26 sowie *Sieder / Zeitler*, Art. 38 Rdnr. 35.

[50] Vgl. noch § 77 S. 1 VwVfG, der eine Aufhebungspflicht nur bei endgültiger Aufgabe des Projektes normiert.

[51] S. 78 f.

[52] Die Art des Enteignungsunternehmens ist für die Höhe ohne Belang; zu den maßgeblichen Faktoren s. o. Abschn. B-4.1.

[53] Zu dieser Wertrealisierungsmöglichkeit *Badura*, Eigentum S. T-31 mit FN 108; zur Eigentumsgarantie als Gewährleistung der Vermögensdispositionsfreiheit *Dicke* in: I. v. Münch, Grundgesetz Art. 14 GG Rdnr. 10 u. 12.

[54] Zur Bedeutung für die Abwicklung der Entschädigung vgl. nachstehend Abschn. C-14.3.1.

[55] Zur Vorwegnahme im Wege der Prognose vgl. oben Abschn. B-5.3.3.

dadurch bestätigt, daß bereits im Moment der ursprünglichen Enteignungsmaßnahme zu prüfen ist, ob eine Enteignung *bereits* zulässig ist[56]. Von daher ist es nicht gerechtfertigt, wenn gesagt wird, daß die Enteignung rückschauend als gerechtfertigt anzusehen ist[57]. Dies trifft jedenfalls nicht für den Zeitpunkt der Enteignungsmaßnahme zu. Wenn auch eine Substanzerhaltung wegen der Anforderung des Eigentumssubstrates durch das gemeine Wohl nicht möglich ist, so darf doch die Wertrealisierung, vornehmlich also eine zwischenzeitlich eingetretene Werterhöhung, nicht durch eine schlichte Substitutionsbefugnis des Trägers öffentlicher Verwaltung, der die Enteignung bewirkte, unmöglich gemacht werden. Wird diese Wertrealisierungschance gewährleistet, so bestehen speziell aus dem Gesichtspunkt des Art. 14 GG keine Bedenken, ein Rückerwerbsrecht i. S. e. naturalen Wiederherstellung der ursprünglichen Rechtsstellung zu verneinen[58]. Um einen Mißbrauch auszuschließen, erscheint es jedoch aus rechtsstaatlichen Gründen erforderlich, verfahrensmäßig sicherzustellen, daß der betroffene Eigentümer seine Einwände gegen das nunmehr zur Enteignung führende Unternehmen geltend machen kann, da durch die Änderung der Finalitätsbestimmung eine Wiederherstellung der Substanzgarantie ausgeschlossen wird. Planungsrechtlich handelt es sich hier sicherlich um eine maßgebliche Änderung der Sachlage, die einer formlosen Substitution entgegensteht[59]. Im Ergebnis bedeutet dies eine Lösung, die als Ausschluß des Rückerwerbsrechtes unter gleichzeitiger verfahrensrechtlicher und wertmäßiger Sicherung der dem Eigentümer verbliebenen Rechtsposition einzuordnen ist.

13.3.2 Die Beendigung der Gemeinwohlfunktion des Enteignungsunternehmens

Wie bereits dargelegt wurde, umfaßt das Rückerwerbsrecht wegen der Erstreckung der Gemeinwohlklausel über den Enteignungsakt hinaus[60] nicht nur das Unterbleiben der Realisierung des Enteignungsunternehmens. Zu analysieren ist vielmehr auch die Bedeutung der ab dem Enteignungszeitpunkt eintretenden Änderungen der inhaltlichen Faktoren, die in das Gemeinwohl als legitimationsbegründenden Umstand eingehen. Es fragt sich deshalb, was dann gilt, wenn das Enteig-

---

[56] Zur Berechnung der Verwendungsfrist vgl. oben Abschn. B-7.2.4.

[57] Vgl. aber auch Angaben oben in Anm. 29.

[58] Diese Lösung ist auch wirtschaftlich sinnvoll, da eine Zerstörung von Werten vermieden wird; zur Problematik vgl. auch unten Abschn. C-14.2.

[59] Vgl. § 76 VwVfG; bedenklich deshalb die Regelung in § 136 Abs. 3 EBBergG. Unhaltbar ist der Versuch, die Zulässigkeit eines Austausches dem Grundsatz nach zu verneinen, eine Rückgängigmachung dann jedoch unter Hinweis auf eine erhebliche Änderung des Grundstückes abzulehnen; so aber *Schmidt-Aßmann* (Anm. 15) Rdnr. 24.

[60] Dazu oben in Abschn. B-5.3.

nungsunternehmen nicht mehr die dem Gemeinwohl dienenden Funktionen erfüllen kann[61]. So kann etwa die Bedeutung einer Straße derart sinken, daß eine Enteignung in einem späteren Zeitpunkt unzulässig wäre[62]. Für den ursprünglichen Eigentümer ergibt sich dann das Problem, ob er mit Erfolg die Wiedereinräumung seiner ursprünglichen Rechtsstellung verlangen kann.

Zunächst ist zu bedenken, daß in dem vorstehend angeführten Straßenbeispiel diese zunächst noch als öffentliche Sache existent ist, solange der Widmungsakt nicht beseitigt wurde[63]. Überwiegend wird angenommen, daß das private Recht eines Dritten keinen Anspruch auf die Aufhebung dieser öffentlich-rechtlichen Bindung geben kann[64]. Angesichts der Tatsache, daß sich ein solches Recht gleichsam als Kehrseite des vom Einzelnen nicht erzwingbaren Baus von Straßen als Teil öffentlicher Daseinsvorsorge darstellt[65], erscheint diese These im Grundsatz auch als gerechtfertigt. Das Oberverwaltungsgericht Lüneburg hat jedoch zutreffend hervorgehoben, daß die Rechtslage dann anders sein kann, wenn die straßenrechtlichen Voraussetzungen für eine Einziehung vorliegen *und* der Betroffene im Fall der Einziehung von der Belastung des Gemeingebrauchs loskäme[66]. Für diesen Fall ist immerhin denkbar, daß dem ehemaligen Eigentümer ein subjektives Recht aus Art. 14 GG auf Einziehung einer Straße und in der Folge damit auf Rückerwerb des Grundstücks zusteht.

Ein solcher Anspruch ist für einen begrenzten Sonderfall in den Straßengesetzen vorgesehen. Nach § 6 Abs. 2 BFStrG kann die Rückübertragung an den ursprünglichen Träger der Straßenbaulast stattfinden[67], wenn die öffentlich-rechtliche Eigenschaft der Sache endet. Diese Rechtsfolge ist eigentumsrechtlich orientiert, um den in diesem Fall vorausgegangenen entschädigungslosen Eigentumsübergang bei Wechsel der Straßenbaulast auszugleichen[68]. Die Aussagekraft dieser Vorschrift in bezug auf die verfassungsrechtliche Eigentumsgarantie ist wegen dieser Besonderheit der Tatbestandsvoraussetzungen als gering einzuschätzen[69].

---

[61] Gleichzustellen ist die Situation, die sich ergibt, wenn sich die Gemeinwohlvorstellung selbst geändert hat; zur Offenheit des Gemeinwohlbegriffes s. oben Abschn. B-5.1.1.

[62] s. auch die Stellungnahme der Bundesregierung in BVerfGE 38, 175 (178).

[63] Vgl. dazu etwa § 2 Abs. 4 BFStrG.

[64] *Wolff / Bachof*, Verwaltungsrecht I § 56 V c S. 492 sowie *Marschall*, § 2 Rdnr. 5.5.

[65] Zu der dann maßgeblichen grundrechtlichen Leistungsproblematik *Böckenförde*, NJW 1974, 1529 (1536 f.).

[66] U. v. 12. 9. 1963 DVBl. 1964, 153 f.

[67] So auch § 12 LStrGNw.; vgl. auch § 137 EBBergG.

[68] Zu den Einzelheiten *Marschall*, § 6 Rdnr. 3.1.

[69] *Marschall*, § 6 Rdnr. 3.3.

Hier liegt allenfalls der Schluß nahe, daß der Gesetzgeber für den Regelfall der Enteignung insoweit nicht von einer verfassungsrechtlichen Pflicht zur Wiedereinräumung der Rechtsstellung ausgegangen ist.

Vergleicht man die in den Straßengesetzen geregelte Konfliktsituation mit dem Regelfall der Enteignung, so ist zunächst festzustellen, daß bei der Enteignung ein entschädigungsloser Eigentumsverlust, der für den straßenrechtlichen Rückerwerb Voraussetzung ist, nicht stattgefunden hat[70]. Von daher ist es also nicht erforderlich, eine entschädigungslose Enteignung auszugleichen[71]. Entscheidend wird damit für diesen Fall die Frage, wie das eine enteignende Eigentumsentziehung rechtfertigende Moment der Dauer zu verstehen ist[72]. Es liegt auf der Hand, daß angesichts des Wandels der gesellschaftlichen Bedürfnisse einmal geschaffene staatliche Einrichtungen nicht unbegrenzte Zeit zur Verfügung stehen müssen oder können. Das Moment der „Dauer" innerhalb des Gemeinwohlerfordernisses kann deshalb nur so verstanden werden, daß im Zeitpunkt der Enteignung auf absehbare Zeit eine Aufrechterhaltung des Enteignungsunternehmens in seiner Funktion als Gemeinwohlmittler erforderlich ist und der Zweck sich nicht in einer nur vorübergehenden Nutzung erschöpft[73]. Dementsprechend hat auch das Bundesverfassungsgericht in einem orbiter dictum hervorgehoben, daß Art. 14 GG eine Rückgängigmachung der Enteignung nur dann verlangt, wenn die entzogene Sache nicht für die Realisierung des Unternehmens genutzt wird[74]. Diese Auffassung fügt sich auch in die freiheitssichernde und persönlichkeitsbezogene Funktion des Eigentumsgrundrechtes ein. Eine Einziehung wird regelmäßig erst nach Ablauf eines längeren Zeitraumes in Frage kommen, innerhalb dessen die persönlichkeitsbezogene Bindung des Einzelnen zum Eigentumssubstrat verlorengegangen ist. Eine Ausnahme ist allenfalls für den Fall denkbar, in dem die Entwicklung bereits nach relativ kurzer Zeit eintritt.

Danach muß davon ausgegangen werden, daß im Fall des Funktionsverlustes des Enteignungsunternehmens ein Rückerwerbsrecht nicht in Betracht kommt.

Zu Recht ist bereits im Zusammenhang mit der Rückerwerbsentscheidung des Bundesverfassungsgerichtes die Frage aufgeworfen worden, ob das Gericht in dem Ausschluß des Rückerwerbsrechtes bei einem entschädigten Eigentumseingriff eine Verletzung der Wesensgehaltsgaran-

---

[70] Vgl. § 10 Abs. 1 und 3 LStrGNW.

[71] Dazu oben in Anm. 68.

[72] s. auch § 4 Abs. 2 HessEnteigG: Erfordernis einer Mietverfügung.

[73] So ausdrücklich das BVerfG in der Deichordnungsentscheidung E 24, 367 (407).

[74] E 24, 367 (409); vgl. auch *Seufert*, Art. 12 ZAG Rdnr. 29 sowie *Büchs*, S. 117.

tie des Grundrechtes sehe[75] und in der Auslegung des Art. 14 GG nicht zu weit gehe, weil die Ebene der Verfassungsinterpretation verlassen werde[76]. Für den Regelfall des Rückerwerbsrechtes zeigt sich allerdings, daß dieser Einwand nicht zutrifft[77]. Für den Fall der Aufgabe des Unternehmens nach dessen Realisierung dagegen müßte ein solcher Vorwurf durchgreifen, da die eine Enteignung bestimmenden Elemente ein Rückerwerbsrecht in diesem Fall nicht begründen können. Eine Ausnahme ist allenfalls dann denkbar, wenn eine Aufgabe bereits nach relativ kurzer Zeit, die wesentlich unterhalb der vorausgesetzten Dauer liegt, eintritt[78]. Die Einräumung von Vorkaufsrechten oder ähnlichen Instituten ist mithin nicht zwingend erforderlich, um den grundrechtlichen Eigentumsschutz zu gewährleisten[79].

13.4 Die Rechtsnachfolge der am Enteignungsverfahren beteiligten Personen

13.4.1 Die Rechtsnachfolge auf seiten des ursprünglichen Eigentümers

Grundsätzlich ist der ursprüngliche Eigentümer zum Rückerwerb berechtigt. Wegen der Individualbezogenheit des Rückerwerbsrechtes steht eine Veräußerung des Restgrundstückes bei Teilenteignungen dem nicht entgegen[80]. Fraglich ist indessen, ob ein Einzelrechtsnachfolger diesen Anspruch geltend machen kann. Es läßt sich nicht feststellen, daß es sich bei dem Rückerwerbsrecht um ein höchstpersönliches Recht handelt, dessen Übertragbarkeit ausgeschlossen sein könnte[81]. Es ist vielmehr davon auszugehen, daß auch das Rückerwerbsrecht als Vermögensposition übertragen und damit von einem Rechtsnachfolger geltend gemacht werden kann[82].

13.4.2 Die Rechtsnachfolge auf seiten des aus der Enteignung Begünstigten

Zunächst ist klarzustellen, daß die Rechtsnachfolge auf seiten des aus der Enteignung Begünstigten für sich genommen noch keinen Rücker-

---

[75] s. *v. Mutius*, VerwArch 66 (1975), 283 (289 f.).

[76] s. auch oben in Abschn. A-1.1.

[77] s. bereits oben in Abschn. B-8.1.

[78] Dann kann davon ausgegangen werden, daß sich die personale Verbindung noch nicht verflüchtigt hat.

[79] Vgl. auch oben Anm. 67.

[80] So auch *Seufert*, Rdnr. 32.

[81] Vgl. nur § 1922 BGB; vgl. dazu nur *Keidel* in: Palandt, BGB § 1922 Anm. 3 b.

[82] Ebenso *Schmidt-Aßmann* (Anm. 15) Rdnr. 14 sowie *Brügelmann / Pohl*, § 102 Anm. II 2 a) bb).

werbstatbestand darstellt. Dies folgt daraus, daß allein die Realisierung des Unternehmens verfassungsrechtlich maßgeblich ist, nicht aber die Person des aus der Enteignung Begünstigten[83].

Während neuere Rückerwerbsregeln die Durchsetzung auch gegenüber dem Rechtsnachfolger zulassen[84] wird in der Literatur diese Durchsetzung ohne eine entsprechende gesetzliche Regelung durchweg ausgeschlossen[85]. Dabei wird entsprechend der Ausgangsthese von der Zweckbindung der enteigneten Sache[86] darauf abgestellt, daß diese Verpflichtung mit übertragen werden müsse, da sie nicht dinglich gegenüber jedermann wirke[87]. Der Begünstigte wird hier dann mit einer Schadensersatzpflicht belegt, die an die Stelle einer wegen Unmöglichkeit erlöschenden Wiederbeschaffungspflicht tritt[88]. Bedeutsam an diesen Stellungnahmen ist, daß die Verpflichtung selbst als übertragungsfähig anerkannt wird. Eine solche Übtragungsfähigkeit ist für verwaltungsrechtliche Pflichten dann anzunehmen, wenn sie nicht in erster Linie personenbezogen, also sach- oder erfolgsbezogen sind[89]. Entsprechendes muß für die allein in Frage kommende Verpflichtung gelten, die entschädigungslose, nach Rückabwicklungsgrundsätzen durchzuführende Eigentumsentziehung zu dulden, wenn das enteignete Gut nicht zur Realisierung des Gemeinwohlmittlers eingesetzt wird[90]. Diese Verpflichtung besteht bedingt bereits mit Vollzug der Enteignung[91]. Es versteht sich von selbst, daß diese Duldungspflicht nicht isoliert übertragen werden kann, da sie die Innehabung des Rechtes selbst voraussetzt[92].

Fraglich ist mithin allein, ob eine solche Pflicht automatisch mit dem Eigentum an der Sache im Wege der Rechtsnachfolge übergeht. Handelt es sich um eine dingliche Verpflichtung, so kann kein Zweifel an einem solchen Übergang bestehen, wenn eine Einzelrechtsnachfolge ein-

---

[83] Zur Einordnung der Rechtsstellung des Begünstigten s. Nachw. oben Abschn. 12 Anm. 69 und 70.

[84] Vgl. nur § 102 Abs. 1 BBauG; § 51 Abs. 1 lit. b BaulBeschG; § 136 Abs. 3 EBBergG.

[85] *Stummer*, S. 84; *Brüggemann*, S. 165 sowie *Kunze*, S. 115 jew. für die Einzelrechtsnachfolge. Für die ältere Literatur ist diese Folge unabweislich, sofern sie die enteignete Sache extra commercium stellte; vgl. oben in Abschn. B-6.1.

[86] Vgl. oben Abschn. B-6.2.

[87] s. dazu Angaben vorstehend in Anm. 85.

[88] Vgl. oben in Anm. 85. Unklar bleibt hier, warum einen Privaten ein privatrechtlicher Ersatzanspruch wegen Verletzung einer *öffentlich*-rechtlichen Verpflichtung treffen kann.

[89] Vgl. *Wolff / Bachof* (Anm. 64) § 42 IV d S. 316.

[90] Dies folgt bereits daraus, daß die gesetzlichen Regeln allein an die Sachinhaberschaft anknüpfen.

[91] *Schmidt-Aßmann* (Anm. 15) Rdnr. 14.

[92] Zur immanenten Beschränkung s. oben Abschn. B-6.3.

tritt[93]. Diese dinglichen Rechte bzw. Pflichten dürfen zunächst nicht schlechthin mit Verfügungsbeschränkungen gleichgesetzt werden, da diese bereits im öffentlichen Sachenrecht nicht schlechthin einer Übertragung des Gutes entgegenstehen[94]. Auch handelt es sich nicht um aus dem privaten Eigentumsrecht abgeleitete Verpflichtungen. Der Sache nach handelt es sich vielmehr um eine im Enteignungsakt als dem Verfügungsgeschäft liegende und damit originär hervorgebrachte Duldungspflicht des jeweiligen Eigentümers. Die Sachlage ist hier vergleichbar mit der Verantwortlichkeit für den ordnungsrechtlich einwandfreien Zustand einer Sache und der damit für diesen Bereich auftretenden Rechtsnachfolgeproblematik[95]: Ein Rechtsnachfolger wird im Rahmen einer Subjektbestimmung durch Sachbestimmung verpflichtet[96]. Eine solche Beziehung aber reicht für den Übergang von Pflichten aus, zumal gerade verwaltungsrechtliche Pflichten in zahlreichen Fällen sowohl sach- als auch personenbezogene Merkmale aufweisen[97]. Inhaltlich haben solche Normen, die die Rückgängigmachung auch gegenüber dem Rechtsnachfolger zulassen, deshalb nur klarstellende Funktion[98].

Geht die vorstehend dargelegte Duldungspflicht dergestalt bei einer Einzelrechtsnachfolge mit über, so folgt daraus, daß ein gutgläubiger Erwerb insoweit nicht möglich ist. Das Rückerwerbsrecht setzt sich also auch bei einer Veräußerung des Grundstückes durch[99]. Damit wird der Grundstücksverkehr zwar erheblich erschwert, soweit der Erwerb von dem Enteignungsbegünstigten in Rede steht. Diese Schwierigkeit, die aus der Anbindung des Erwerbsvorganges an das öffentliche Recht folgt, darf nicht unter Hinweis auf Erschwernisse im Wirtschaftsverkehr zur Ablehnung einer grundrechtlich gebotenen Konsequenz führen.

14. Die Abwicklung des Rückerwerbsrechtes

Rückt so der ursprüngliche Eigentümer durch die Beseitigung des Enteignungsaktes und die daraufhin entfallenden rechtlichen Wirkungen wieder in seine alte Rechtsstellung ein, so ist dennoch der mit dem Rückerwerbsrecht zu regelnde Lebenssachverhalt noch nicht erschöpft.

---

[93] Allg. dazu *Wolff / Bachof* (Anm. 64) § 42 IV d S. 317.

[94] Zur Verfügung über öffentliche Sachen vgl. *Forsthoff*, Verwaltungsrecht S. 380; s. auch *Layer*, S. 655.

[95] s. noch *Wolff / Bachof* (Anm. 64) § 40 c 2 S. 292.

[96] Vgl. dazu *Bartels*, S. 99 f. sowie *v. Mutius*, VerwArch 63 (1972), 87 (90).

[97] *Knöpfle* in: Fschr. f. Maunz S. 236 f. sowie *Bartels*, S. 88 ff.

[98] So auch die Begründung zum Referentenentwurf des EBBergG S. 211, der von einer Klarstellungsfunktion entsprechender gesetzlicher Regeln spricht. Zur nunmehr vorliegenden Fassung s. Angaben oben Abschn. B-3. mit Anm. 36.

[99] A. A. *Kunze*, S. 115.

Es fragt sich, ob der Widerruf des Enteignungsaktes bereits einen der materiellen Verfassungsmäßigkeit entsprechenden Zustand herstellen kann, wenn es etwa zu Veränderungen des Enteignungssubstrates[1] gekommen ist und so die Umkehr der Rechtswirkungen allein noch keine Wiederherstellung des vor der Enteignung bestehenden Zustandes ermöglicht. Weiter ist es auch erforderlich, die für die Rückabwicklung der Entschädigung maßgebenden Grundsätze aufzuzeigen, da einerseits für den Regelfall der Geldentschädigung[2] ein automatischer Rückerwerb nicht in Frage kommt, andererseits aber gerade die Ausgestaltung dieses Regelungskomplexes einen erheblichen Einfluß auf die Reichweite der Eigentumsgarantie hat[3].

14.1 Der Eigentumsschutz als maßgeblicher Grundsatz

Mit dem Hinweis auf einen Ausgleich der gezahlten Entschädigung darf allerdings noch nicht ohne jegliche Einschränkung der Weg in das Erstattungsrecht[4] als eröffnet angesehen werden. Dies gilt selbst dann, wenn man den Enteignungsakt als causa der Entschädigung versteht[5]. Bereits die Überlegungen zur Beseitigung des Enteignungsaktes haben gezeigt, daß hier Besonderheiten zu berücksichtigen sind[6]. Erstattungsrechtlich läßt sich mithin allenfalls ein nur sehr allgemeines Rechtsprinzip feststellen, wonach die Entschädigung im Rückerwerbsfall zurückzuzahlen ist. Angesichts der besonderen Risikolage, die eine auf Prognoseelementen beruhende Entscheidung beinhaltet, erscheint jedoch fraglich, ob hier die auf den Ausgleich gleichgeordneter Privatinteressen gerichtete bereicherungsrechtliche Ausgleichsnorm, deren allgemeiner Rechtsgedanke in das öffentliche Recht prinzipiell übernommen wird[7], eine auch dem Verfassungsrecht entsprechende Abwicklung ermöglichen. Für die Einzelausformung dieses allgemeinen verwaltungsrechtlich anerkannten Erstattungsprinzips können nur die Strukturmerkmale bestimmend sein, die die Eigentumsgarantie und die sich daraus ergebenden enteignungsrechtlichen Konsequenzen kennzeichnen[8].

Zunächst könnte man die Möglichkeit in Erwägung ziehen, die Rückabwicklung der geleisteten Entschädigung selbst als Entschädigung des

---

[1] Zur Veränderung des Rückerwerbssubstrates als Ausschlußgrund nach dem Vorbild gesetzlicher Regeln vgl. oben Abschn. C-13.2.

[2] Zu den Einzelheiten der Bemessung s. oben in Abschn. B-4.1.

[3] Zu den Auswirkungen einer Abwicklung über das Vorkaufsrecht vgl. Abschn. B-3.1.

[4] Vgl. auch bereits oben Abschn. C-9.1.

[5] Zur Bedeutung des Enteignungsaktes s. oben in Abschn. C-9.3.

[6] Vgl. Abschn. C-12.2.

[7] Vgl. oben in Abschn. C-9.1.

[8] Vgl. oben Abschn. B-5.

mit dem Rückerwerbsrecht Belasteten zu verstehen und sie deshalb Enteignungsgrundsätzen zu unterstellen. Ein solches Vorgehen ist indessen nicht möglich, da die Rückgängigmachung der Enteignung selbst keine Enteignung darstellt[9] und von daher die Angemessenheit des Entschädigungsinstrumentariums nicht gegeben ist. Damit scheiden die gesetzlichen Regeln aus, die bei der Rückabwicklung auf das Entschädigungsrecht verweisen[10] und auf diese Weise sowohl den Substanzverlust ausgleichen als auch das Folgekostenentschädigungsrecht[11] als maßgeblichen Faktor in die Rückabwicklung der Entschädigung einbeziehen.

Neueren gesetzlichen Regelungen läßt sich generell die Tendenz entnehmen, dem aus der Enteignung Begünstigten keinen Vorteil aus der fehlgeschlagenen Realisierung des Enteignungsunternehmens als Gemeinwohlmittler ziehen zu lassen[12]. Aufbauend auf den enteignungsrechtlichen Vorstellungen des Rückerwerbsrechtes legt das Bundesbaugesetz dementsprechend fest, daß die dem vom Rückerwerb betroffenen Eigentümer zu zahlende Entschädigung den bei der ersten Enteignung zugrundegelegten Verkehrswert des Grundstücks nicht übersteigen darf[13]. Derartige Regelungen[14] halten sich unzweifelhaft in diesem Punkt im Rahmen der verfassungsrechtlichen Eigentumsgarantie, die einen allein zu vermögensvermehrenden Wirkungen führenden Eingriff nicht zuläßt[15]. Indessen erscheint es nicht ausreichend, die Regelung allein an der Vermeidung eines ungerechtfertigten Vermögensvorteiles für den Begünstigten zu orientieren[16].

Hiermit wird nämlich die entscheidende Grundstruktur der Eigentumsgarantie und enteignungsrechtlichen Güterbeschaffung verdeckt, die eben darin zu sehen ist, Einbußen für den Betroffenen nur dann zuzulassen, wenn dadurch ein dem Gemeinwohl dienendes Unternehmen realisiert wird. Versteht man das Rückerwerbsrecht als ein Stück Eigentumsschutz, so darf allein dieser Grundsatz auch für die Rückabwicklung die entscheidenden Maßstäbe setzen. Aus der Bedeutung des Gemeinwohlvorbehaltes für die Eigentumsgarantie und ihrer Bedeutung für das

---

[9] Zum Inhalt der durch Enteignung erwerbbaren Rechte vgl. Abschn. B-6 sowie — zu den rückerwerbsrechtlichen Konsequenzen — Abschn. C-12.3.

[10] Vgl. etwa § 57 Abs. 4 LBeschG; dazu *Bauch / Schmidt*, § 57 Anm. 9.

[11] s. noch *Dittus / Zinkahn*, § 51 Anm. 12.

[12] Zu dieser Einschätzung *Schmidt-Aßmann* in: Ernst / Zinkahn / Bielenberg, Bundesbaugesetz § 103 Rdnr. 1. Zur Vermeidung ungerechtfertigter Vorteile für den früheren Eigentümer *Tittel*, WiR 1974, 345 (365); s. dazu hier nachstehend in Abschn. C-14.3.

[13] Zu dem enteignungsrechtlichen Ansatz des BBauG vgl. Amtl. Begr. BTDs. III/336 S. 93 sowie *Schrödter*, Erl. zu § 103 BBauG; s. auch noch *Stummer*, S. 92.

[14] Zu den landesrechtlichen Regelungen vgl. oben in Abschn. B-3.1.

[15] Zur besonderen Qualifizierung des Eingriffs vgl. oben Abschn. B-5.1.1.

[16] s. dazu auch noch *Brüggemann*, S. 148 f.

Rückerwerbsrecht folgt mithin als primär abzuleitender Grundsatz, daß der betroffene ursprüngliche Eigentümer zumindest über die reale Vorenthaltung seines Eigentumssubstrates während des Laufs der Verwendungsfrist hinaus keine weiteren Nachteile erleiden darf[17]. Der Rechtssatz von dem Ausschluß bestimmter Vorteile für den aus der Enteignung Begünstigten erscheint so als hieraus abgeleitete Konsequenz. Von daher dürfen sich auch eventuelle mit der Rückübertragung zu Lasten des Begünstigten entstehende Folgekosten nicht zum Nachteil des ehemaligen Eigentümers auswirken. Sie bleiben deshalb bei der Bemessung der zurückzugewährenden Entschädigung außer Ansatz[18]. Stellt man allein auf die Vermeidung eines Vorteils für den aus der Enteignung Begünstigten ab, so bleiben diese Umstände nicht generell unberücksichtigt, da sie nur entstandene Nachteile auf seiten des Begünstigten ausgleichen sollen. Die Orientierung an einem Vorteil des Begünstigten ist nicht geeignet, in allen Fällen die möglichen Nachteile für den Betroffenen zu vermeiden[19]. Der hier entwickelte Ansatz dagegen macht die eigentumsschützende Funktion mit einer restitutionsrechtlichen Betrachtung deutlich[20], die einer schlichten Verweisung in das Erstattungsrecht entgegensteht. Maßgeblich ist allein das Ziel, den ursprünglichen Eigentümer in weitestmöglichem Umfang wieder in seine ursprüngliche Position einzusetzen[21].

14.2 Zur Problematik rückerwerbsrechtlicher Restitutions- und Entschädigungspflichten

Stellt sich das Rückerwerbsrecht mit dem Widerruf des Enteignungsaktes als eine eigentumsschützende Institution dar[22], so darf für die Abwicklung nicht unberücksichtigt bleiben, daß die Umkehr der Rechtswirkungen nur dann den ursprünglichen Zustand wiederherstellt, wenn keine Veränderungen des Enteignungssubstrates eingetreten sind[23]. Es kann indessen die Fallgestaltung eintreten, daß es bereits bei Aufgabe des Unternehmens zu baulichen Maßnahmen gekommen ist, die einer kraft autonomer Bestimmung beabsichtigten Nutzung durch den jetzt wieder in seine Rechtsstellung eintretenden Eigentümer entgegenste-

---

[17] So der zutreffende Ansatz bei *Meyer*, S. 263.

[18] Vgl. § 103 S. 2 BBauG; vgl. auch *Schmidt-Aßmann* (Anm. 12) § 103 Rdnr. 2.

[19] Deshalb führt hier eine Anwendung der von *Forsthoff*, Verwaltungsrecht S. 364 ff. entwickelten Rechtsfigur der öffentlich-rechtlichen Vorteilsausgleichung nicht weiter. Die Maßgeblichkeit eines bestimmten Rechnungspostens läßt sich damit nicht begründen. Vgl. auch noch *Grünhut*, S. 168.

[20] s. auch oben Abschn. B-8.1.

[21] s. dazu auch *Schmidt-Aßmann* (Anm. 12) § 103 Rdnr. 1.

[22] Zu dieser Einordnung der Rückerwerbsposition *Scheuner*, Grundlagen S. 155.

[23] Dazu oben Abschn. C-13.2.

hen. Es fragt sich dann, ob der ursprüngliche Eigentümer mit der Geltendmachung des Anspruchs auf Widerruf des Enteignungsaktes auch mit Erfolg die Entfernung solcher Anlagen verlangen kann[24]. Hier kann es so sein, daß solche Veränderungen im Hinblick auf den eigentlichen Zweck der Enteignung vorgenommen worden sind oder aber nicht im Zusammenhang damit stehen[25]. Als Lösungsmöglichkeit ist an eine neben die Rückübertragungspflicht tretende Restitutionspflicht oder an eine Entschädigung des ursprünglichen Eigentümers zu denken[26], der nunmehr wieder Rechtsträger geworden ist. Beide Lösungswege sind hinsichtlich ihrer belastenden Wirkung auf den vom Rückerwerbsrecht Betroffenen zu unterscheiden. Deutlich wird dies an § 3 Abs. 2 EStHG, der die Herstellungspflicht durch die Zumutbarkeit für den Verpflichteten begrenzt. Der Berechtigte dagegen wird in vielen Fällen ein Interesse gerade an der naturalen Wiederherstellung des ursprünglichen Zustandes haben[27]. Ebensowenig wie bei der eigentlichen Rückerwerbsregelung kann hier dem Wortlaut der Eigentumsgewährleistung nach Art. 14 GG eine Lösung entnommen werden. Es fragt sich deshalb, inwieweit allgemeine Regeln hier eine positive Antwort geben. Dies ist um so mehr erforderlich, als dieser Komplex im Rahmen der rückerwerbsrechtlichen Literatur nur als Begrenzungsfaktor der zurückzuzahlenden Entschädigung gesehen wird[28], wobei auch hier der Sache nach eine Entschädigungspflicht indirekt angenommen wird, da ansonsten eine Anrechnung überhaupt nicht in Betracht kommen kann.

Unter Heranziehung allgemeiner restitutionsrechtlicher Grundsätze läßt sich unser Problem in den weiteren Kreis des Folgebeseitigungsrechtes einordnen, ohne daß jedoch hier stets ein rechtswidriges hoheitliches Handeln vorliegen muß, wenn die Realisierung des Gemeinwohlmittlers unterblieben ist[29]. An dieser Stelle wirken sich die Schwierigkeiten aus, die sich allgemein aus der restitutionsrechtlichen Erfassung von im Ursprung rechtmäßig veränderten Zuständen ergeben[30]. Die Bewältigung wird zudem dadurch erschwert, daß wir es nicht mit einem Dauerakt zu tun haben, dessen Wirkungen in Zeitabschnitte zerlegt werden können, wobei die in der Vergangenheit liegenden Wirkungen un-

---

[24] Das VG Darmstadt verneint einen solchen Anspruch für den Fall, daß eine Energieversorgungsleitung ihre Funktion verliert; vgl. U. v. 9. 11. 1973 ET 1974, 581.

[25] s. dazu bereits oben in Abschn. C-13.2.

[26] s. auch §§ 2 - 4 EStHG.

[27] Zum Vorrang der Naturalherstellung § 4 Abs. 1 EStHG mit KB S. 94 Ziff. 1 a. E.

[28] Damit wird der eigentumsverfassungsrechtliche Ansatz unterbewertet; vgl. *Stummer*, S. 93 ff.; *Brüggemann*, S. 148 ff. sowie *Kunze*, S. 106 ff.

[29] Zur Rechtmäßigkeitsfrage innerhalb des Enteignungsvorganges vgl. Abschn. C-10.

[30] Vgl. noch *Bender*, Rdnr. 246.

angetastet bleiben. So wird etwa im Fall der befristeten Obdachloseneinweisung die in der Vergangenheit liegende Wirkung des Verwaltungsaktes nicht berührt, wenn der Obdachlose nach Ablauf der Frist ausgewiesen wird[31]. Wird dagegen der Enteignungsakt beseitigt, so werden auch die Maßnahmen des Begünstigten betroffen, die während des Zeitraums der rechtmäßigen Innehabung getroffen worden sind, sobald diese zum Anlaß einer Beseitigungspflicht genommen werden oder aber die Rückzahlungspflicht des ursprünglichen Eigentümers mindern[32]. Diese Überlegungen sowie unsere Feststellungen zum Inhalt der durch Enteignungsakt erworbenen Rechtsstellung[33] zeigen, daß eine Anwendung bürgerlich-rechtlicher Vorschriften nicht ohne Vernachlässigung der maßgeblichen öffentlich-rechtlichen Kriterien möglich ist[34]. Bürgerlich-rechtliche Vorstellungen müssen demnach hier unbeachtet bleiben.

Der zur rechtlichen Gestaltung anstehende Lebenssachverhalt ist bereits in einer Reihe von Gesetze durchnormiert oder aber zumindest als rechtlich problematisch erkannt worden, wenn auch eine eindeutige Linie, insbesondere wegen der Lückenhaftigkeit, noch nicht in allen Punkten feststellbar ist. So sind nach § 144 S. 2 shLVerwG bei Aufhebung des Planfeststellungsbeschlusses dem Planungsträger die Wiederherstellung des früheren Zustandes oder andere geeignete Maßnahmen aufzulegen, soweit dies für das öffentliche Wohl oder zur Sicherheit der Benutzung der benachbarten Grundstücke gegen Gefahren oder Nachteile notwendig ist[35]. Eine ähnliche Regelung enthält das BFStrG, ohne jedoch eine Beschränkung auf den Nachbarn zu normieren[36]. Im Gegensatz zur Münchner Fassung von 1963 ist eine entsprechende Regelung auch in § 77 VwVfG aufgenommen worden, um einen Ausgleich bei sog. steckengebliebenen Verfahren zu schaffen. Eine ausdrückliche Beschränkung der Wiederherstellung auf die den Betroffenen zumutbaren Maßnahmen enthalten die aufgeführten Bestimmungen nicht[37]. Die Zumutbarkeit läßt sich jedoch als Ausdruck des jegliches staatliches Handeln begrenzenden Grundsatzes verstehen, das wegen seiner Grundlage im staatlichen Übermaßverbot auch ohne ausdrückliche Benennung eine einschränkende Wirkung entfaltet[38]. Für den Bereich des Städtebau-

[31] s. auch EStHG KB S. 90 f.

[32] Insoweit ist die Situation materiell von der abschnittsweisen Aufhebung von Dauerakten zu unterscheiden; vgl. bereits oben in Abschn. C-12.1.

[33] Vgl. oben Abschn. B-6.

[34] Die erforderliche Wertung der öffentlich-rechtlichen Faktoren wird insbesondere vom VG Darmstadt (Anm. 24) unterlassen; s. auch *Quecke / Bussmann*, S. 206.

[35] Vgl. die Beispiele bei *v. d. Groeben / Knack*, § 144 Rdnr. 3.

[36] § 18 d S. 2; dazu *Marschall*, § 17 Rdnr. 14.6.

[37] s. aber auch § 3 Abs. 2 EStHG.

[38] Vgl. etwa *Wolff / Bachof*, Verwaltungsrecht I § 54 II g S. 479.

förderungsgesetzes ist die Frage, welche Rechtsfolge bei vorzeitigem Abbruch von Sanierungsmaßnahmen gelten soll, ausdrücklich offengelassen worden[39]. Als enteignungsrechtliche Bestimmung ist hier § 4 Abs. 2 hessEnteigG von Interesse. Soweit ein Grundstück nur für einen vorübergehenden Zeitraum benötigt wird, ist eine an sich zulässige Mietverfügung nur dann möglich, wenn die Wiederherstellung des ursprünglichen Zustandes für den Verpflichteten zumutbar ist. Angesichts der Lehre von der Begründung rein privatrechtlicher Positionen im Enteignungsverfahren[40] läßt sich jedoch kein Schluß auf die Auffassung des hessischen Landesgesetzgebers über öffentlich-rechtlich begründete Restitutionspflichten im Enteignungsverfahren ziehen, da die Beseitigungspflicht bereits nach Zivilrecht nicht als schlechthin ausgeschlossen angesehen werden kann[41]. Im übrigen unterscheidet sich diese Fallkonstellation von den sog. steckengebliebenen Verfahren auch dadurch, daß der Gemeinwohlmittler durchgeführt und realisiert worden ist. Dieser Umstand kann ohnehin zu einer anderen rechtlichen Beurteilung führen[42]. Angesichts dieses Diskussionsstandes ist zu analysieren, inwieweit die gesetzlich normierten Beseitigungspflichten nur Anwendungsfälle bereits geltenden Rechtes darstellen.

Da die Veränderungen nicht von dem folgenbeseitigungsrechtlich verpflichteten Hoheitsträger vorgenommen worden sind, ist zu ermitteln, inwieweit sie ihm zugerechnet werden können. Ohne auf die Schwierigkeiten der Zurechnung generell eingehen zu wollen, kann im Ergebnis kein Zweifel daran bestehen, daß allein der die Enteignung vollziehende Hoheitsakt den Begünstigten überhaupt in die Lage setzte, Maßnahmen durchzuführen, die den ehemaligen Eigentümer nunmehr belasten. Ähnlich dem bei der Einweisung Obdachloser auftretenden Zuordnungsproblem kann sich der enteignende Träger öffentlicher Verwaltung hier dem Grundsatz nach nicht der Verantwortung entziehen[43]. Insofern erscheinen die Regelungen des steckengebliebenen Verfahrens nur als Ausdruck einer ohnehin bestehenden Rechtsauffassung über die Zurechnung derartiger negativer Folgen.

Schwieriger dagegen erscheint die Beantwortung der Frage, ob für die Durchsetzung des Wiederherstellungsverlangens, eines belastenden Eingriffs, eine dem Gesetzesvorbehalt genügende Grundlage erforderlich

---

[39] Das gilt jedenfalls für Planungsschäden; vgl. *Bielenberg*, Städtebauförderungsgesetz §§ 50, 51 Rdnr. 26 ff.

[40] Zu den Auswirkungen bes. VG Darmstadt (Anm. 24).

[41] Dies zeigt die Argumentation des VG Darmstadt (Anm. 24), wobei alle öffentlich-rechtlichen, insbesondere die verfassungsrechtlichen Besonderheiten unberücksichtigt bleiben.

[42] Zu den Einzelheiten bereits vorstehend Abschn. C-13.3.2.

[43] Vgl. dazu *Ossenbühl*, Staatshaftungsrecht S. 199 ff.

ist. Dies wird teilweise vertreten[44], während die wohl überwiegende Meinung heute nicht mehr von einem solchen Erfordernis ausgeht[45]. Zu Recht weisen *Wolff-Bachof* daraufhin, daß es sich für den Grundfall des Folgenbeseitigungsanspruchs um einen direkt aus der Befugnis zum Vollzug eines möglicherweise rechtswidrigen Verwaltungsaktes folgende Berechtigung handelt[46]. Ansonsten träte in der Tat die Situation ein, daß der rechtswidrig Begünstigte stärker geschützt ist als der rechtswidrig Belastete. Dies gilt erst recht für Prognoseelemente enthaltende Entscheidungen wie den Enteignungsakt. Die Besonderheit eines nicht auszuschließenden Ausbleibens des materiell maßgeblichen Umstandes bietet hier den entscheidenden Anknüpfungspunkt. Die Überlegung wird dadurch bestätigt, daß vereinzelt bereits eine anfängliche Sicherung des Zieles als notwendig angesehen wird[47]. Im Regelfall wird eine Wiederherstellung weder tatsächlich noch rechtlich unmöglich sein, so daß dem Zumutbarkeitskriterium als Einschränkungsfaktor eine erhebliche praktische Bedeutung zukommt[48]. Scheidet danach eine naturale Wiederherstellung aus, so bleiben dem ursprünglichen, jetzt wieder in seine Rechtsstellung einrückenden Eigentümer nur Entschädigungsansprüche[49]. Die bisherige, auf die Abwicklung der Entschädigung beschränkte Diskussion[50] darf jedoch nicht darüber hinwegtäuschen, daß von der Verpflichtung zu einer naturalen Wiederherstellung auszugehen ist. Eine Beschränkung auf die Entschädigung wäre nur dann gerechtfertigt, wenn bereits bei einer zulässigen typisierenden Betrachtung die Unzumutbarkeit allgemein und für alle Rückerwerbsfälle angenommen werden dürfte. Dagegen spricht jedoch bereits die Regelung der steckengebliebenen Vorhaben innerhalb des Planfeststellungsrechtes, da dort die rechtliche Interessenlage regelmäßig mit der hier zur Diskussion stehenden identisch ist. Naturgemäß läßt sich eine weitere Konkretisierung des Unzumutbarkeitsmerkmales nicht durchführen. Hier sei nur der Fall genannt, in dem ein für den Rest unerheblicher Teil eines Grundstücks enteignet und dann verändert worden ist. Hier kann der ursprüngliche Eigentümer kein Interesse an einer Wiederherstellung haben. Insofern kommt auch der Zumutbarkeit für den betroffenen ursprünglichen Eigentümer eine begrenzende Funktion zu[51]. Unzulässig erscheint mithin

---

[44] Vgl. *Bender*, Rdnr. 108 m. w. Nachw. sowie *Weyreuther*, Gutachten S. B-108.

[45] OVG Münster Bescheid v. 2. 8. 1954 AS 8, 812 (816); *Ossenbühl* (Anm. 43) S. 100; *Obermayer*, JuS 1963, 113.

[46] (Anm. 38) § 54 II g S. 479 m. w. Nachw. sowie bereits *Bachof*, Vornahmeklage S. 134 f.

[47] *Lerche*, S. 165.

[48] Dieses Kriterium ist selbst aber wieder im Licht der Begünstigungswirkung, i. e. der Dispositionsveranlassung zu sehen.

[49] Allg. dazu *Ossenbühl* (Anm. 43) S. 202.

[50] Vgl. vorstehend mit Anm. 28.

nur ein genereller Ausschluß eines Anspruchs auf Wiederherstellung des ursprünglichen Zustandes.

Allein für den Fall der Unzumutbarkeit erlangt deshalb eine entschädigungsbezogene Lösung Relevanz. Das aber hat zur Voraussetzung, daß die Entschädigungspflicht dem Grundsatz nach auch hier anzuerkennen ist. Unabhängig von der Existenz eines sog. Folgenersatz-[52] oder Folgenentschädigungsanspruches[53] im öffentlichen Recht ist anerkannt, daß die wesentlichen Ansprüche durch das Institut des enteignungsgleichen Eingriffs abgedeckt sind[54]. Dies gilt besonders für Veränderungen infolge einer ursprünglich rechtmäßigen Enteignungsentscheidung: Auch der ehemalige Eigentümer muß Einbußen hinnehmen, wenn er das Eigentumssubstrat nach Veränderungen nicht im ursprünglichen Zustand zurückerhält. Die Situation ist insoweit identisch mit den entschädigungsrechtlichen Folgen, die sich ergeben, wenn ein ursprünglich rechtmäßig eingewiesener Obdachloser den Wohnraum nicht rechtzeitig wieder zur Verfügung stellt[55].

14.3 Wertveränderungen des Rückerwerbssubstrates

Kommt eine naturale Wiederherstellung des ursprünglichen Zustandes im Einzelfall nicht in Betracht, so vollzieht sich der Ausgleich somit bei der Rückabwicklung der Entschädigung. Gerade für diese zweite Ebene kommt sicherlich dem Erstattungsprinzip eine besondere Bedeutung zu[56]. Hier ist auch an die Fallkonstellation zu denken, in der Werterhöhungen des Eigentumssubstrates eingetreten sind. Hinsichtlich der Modalitäten der Wertveränderungen kann unterschieden werden zwischen den auf Aufwendungen des Begünstigten beruhenden und sonstigen.

14.3.1 Wertveränderungen aufgrund von Verschiebungen des Wertgefüges

Aus der restitutionsrechtlichen Funktion des Rückerwerbsrechtes[57], die den Widerruf des Enteignungsaktes nicht als Enteignung qualifiziert[58], folgt, daß für die Rückabwicklung der Entschädigung, also die an

---

[51] s. dazu auch § 4 Abs. 1 S. 2 EStHG.

[52] Dazu *Weyreuther* (Anm. 44) S. B-135 ff.; krit. *Bender*, Rdnr. 182; s. auch noch *Haueisen*, DVBl. 1973, 739 (743).

[53] Dazu *Franke*, VerwArch 57 (1966), 357 ff.; abl. etwa *Weyreuther* (Anm. 44) S. B-31.

[54] So auch *Ossenbühl* (Anm. 43) S. 204.

[55] Zur Entschädigungspflicht *Bender*, Rdnr. 182 mit FN 262.

[56] s. bereits oben Abschn. B-9.1.

[57] Vgl. auch oben Abschn. B-8.1.

[58] Vgl. oben in Abschn. C-12.3.

den vom Rückerwerbsrecht betroffenen Eigentümer zu zahlende Geldsumme, nicht ohne weiteres auf Enteignungsgrundsätze zurückgegriffen werden kann[59]. Demgemäß spricht § 103 S. 5 BBauG[60] nur von einer „entsprechenden" Anwendung entschädigungsrechtlicher Grundsätze[61]. Wegen der verfassungsrechtlich vorgegebenen Funktion des Rückerwerbsrechtes, die Rechtsposition des ursprünglichen Eigentümers zu stärken und zu schützen, muß eine entsprechende Anwendung in erster Linie daran orientiert sein, Nachteile für den *ursprünglichen* Eigentümer zu vermeiden. Außerhalb dieses verfassungsrechtlichen Ansatzes liegt es, wenn die Regelung der Rückabwicklung insoweit allein daran ausgerichtet ist, Vorteile für den aus der Enteignung Begünstigten bei unterbliebener Realisierung des Unternehmens auszuschließen[62].

Die praktischen Auswirkungen dieser unterschiedlichen Ansatzpunkte zeigen sich sogleich an dem im Immobiliarbereich zugegebenermaßen seltenen Fall eines Wertverlustes des Eigentumssubstrates infolge marktwirtschaftlich bedingter Wertverschiebungen[63]. Eine am Entschädigungsgrundsatz ausgerichtete Betrachtung muß dazu führen, den Rückerwerbszeitpunkt als maßgeblich anzuerkennen und dementsprechend dem aus der Enteignung begünstigten Unternehmer nur den Betrag zuzuerkennen, der einer Entschädigung in diesem Zeitpunkt entspräche. Das bedeutete, daß der Rückerwerbsberechtigte insoweit begünstigt wäre. Eine andere Betrachtung könnte allerdings dann geboten sein, wenn man die Beantwortung der Frage an der Restitutionswirkung orientierte. Bei Zugrundelegung des dann maßgeblichen Status ex quo ante wäre der ursprüngliche Eigentümer und jetzige Rückerwerbsberechtigte so zu stellen, als ob die Enteignungsmaßnahme nicht stattgefunden hätte. Es ließe sich durchaus daraus folgern, daß das Eigentumssubstrat auch in den Händen des ursprünglich Berechtigten eine entsprechende Wertminderung erfahren hätte. Eine Wertminderung wäre dann bei der Rückabwicklung der Entschädigung zu seinen Lasten zu verrechnen[64]. Diese These ist nur vertretbar, wenn tatsächlich von einer solchen Situation typischerweise ausgegangen werden dürfte. Hier ist zu berücksichtigen, daß die Entschädigung nicht einen „vollen" Ausgleich im klassischen Sinne gewährleisten muß[65]. Ohne die Enteignungsmaßnahme hätte indessen für den Betroffenen die Möglichkeit bestanden, den auf dem

---

[59] Vgl. oben in Abschn. C-14.1.

[60] Dies gilt auch für die insoweit gleichlautenden landesrechtlichen Enteignungsnormen; zur Systematik vgl. oben Abschn. B-3.1.

[61] s. noch § 51 Abs. 6 BaulBeschG sowie § 57 Abs. 4 LBG.

[62] s. zu diesem Ansatz auch vorstehend in Abschn. C-14.1.

[63] Dazu auch *Schmidt-Aßmann* (Anm. 12) § 103 Rdnr. 3 f.

[64] So etwa *Stummer*, S. 94 f. mit dem unzutreffenden Hinweis, der Begünstigte habe dies nicht zu vertreten.

[65] s. dazu oben Abschn. B-4.1.

Markt realisierbaren Wert abzuschöpfen und damit bei rechtzeitiger Veräußerung einem für ihn spürbaren Wertverfall entgegenzuwirken. Wird dem Einzelnen die Chance zu diesem Verhalten generell durch den Entzug des Objektes unmöglich gemacht, so kann nicht gleichzeitig damit auch dieses unvermeidbare Risiko auf ihn abgewälzt werden. Eine solche Regelung wäre als übermäßig belastend anzusehen. Aus dieser Besonderheit der Situation des von einer Enteignung betroffenen Bürgers ist deshalb das Risiko einer solchen Wertveränderung dem durch die Enteignung Begünstigten aufzubürden[66]. Dieses Ergebnis läßt sich nicht ohne weiteres damit begründen, einen Vorteil für den aus der Enteignung Begünstigten zu vermeiden, da er — bezogen auf den Eigentumsübergang als Wertaustauschvorgang — nicht mehr als dasjenige erhielte, was ursprünglich für das Substrat hergegeben wurde. Maßgeblich ist hier allein die eigentumsbezogene Betrachtungsweise, die eine Überwälzung des Wertverfallrisikos auf den ehemaligen Eigentümer verbietet.

Ähnlich ist im Regelfall der Wertveränderung bei Grundstücken, nämlich den Werterhöhungen zu verfahren. Hier besteht insgesamt Einigkeit darüber, daß solche Entwicklungen nicht zu Lasten des ursprünglichen Eigentümers gehen können, mithin seine Rückzahlungspflicht nicht höher anzusetzen ist[67]. Von dem hier dargelegten Grundsatz aus versteht sich dieses Ergebnis von selbst. Aber auch unter Berücksichtigung des Bestrebens, ungerechtfertigte Vorteile für den Begünstigten zu vermeiden, kann nichts anderes gelten. Auf dieser Linie liegend geht das Bundesbaugesetz zutreffend von dem Verkehrswert im Moment der ersten Enteignung als einem die Entschädigung für den Rückerwerb der Höhe nach begrenzenden Faktor aus[68].

14.3.2 Aufwendungsbedingte Werterhöhungen unter besonderer Berücksichtigung von § 103 S. 3 BBauG und § 52 StBFG

Schwieriger ist eine Antwort auf die Frage, welche Bedeutung den auf Handlungen und Aufwendungen des Begünstigten zurückführbaren Werterhöhungen zukommt. Dieses Problem läßt sich allein mit der These, Vorteile für den Begünstigten zu vermeiden, nicht lösen[69]. Im einzelnen handelt es sich hier um solche Maßnahmen, die unmittelbar den Zustand und die Qualität des Eigentumssubstrates betreffen, ohne auf Änderungen des Wertgefüges zurückführbar zu sein. Als solche bilden sie regelmäßig die für Enteignungsentschädigungen maßgebliche Ge-

---

[66] Ebenso — ohne Begründung — *Schmidt-Aßmann* (Anm. 12) § 103 Rdnr. 3.

[67] Im Ergebnis ebenso *Stummer*, S. 94, der allerdings auf fehlende Aufwendungen abstellt. s. auch noch *Schmidt-Aßmann* (Anm. 12) § 103 Rdnr. 4.

[68] § 103 S. 4 1. HS BBauG.

[69] Vgl. auch oben Angaben in Anm. 12.

samtheit der wertbildenden Merkmale[70]. Vom Eigentumssubstrat her betrachtet kann diese werterhöhende Wirkung unabhängig davon eintreten, ob die Aufwendungen im Hinblick auf die Realisierung des Gemeinwohlmittlers oder in Abweichung von diesem Zweck getätigt worden sind. Nach dem Wortlaut von § 103 S. 3 BBauG führen alle Aufwendungen, soweit sie eine Werterhöhung bewirken, zur Anrechenbarkeit, da eine entsprechende Unterscheidung nicht ausdrücklich getroffen ist. Ein solches Verständnis dieser Bestimmung befindet sich durchaus im Einklang mit der These, nur Vorteile für den Begünstigten aus der Enteignung zu vermeiden, da hier allein ein Ausgleich bewirkt wird. Dennoch wird in der Literatur überwiegend angenommen, daß die zweite Gruppe der Aufwendungen nicht zu verrechnen ist, da dem die Zweckbindung der Enteignung entgegenstehe, während auf die Realisierung des Gemeinwohlmittlers ausgerichtete Aufwendungen generell verrechnungsfähig sein sollen[71]. Besonderheiten gelten für das Städtebauförderungsgesetz. In § 52 Abs. 6 Satz 2 StBfG ist ausdrücklich festgelegt, daß der rechtliche und tatsächliche Zustand im Moment der Rückgängigmachung der Enteignung maßgeblich sein soll.

Auf der Grundlage der hier erarbeiteten eigentumsschützenden Funktion des Rückerwerbsrechtes erscheint es fraglich, ob eine solche Unterscheidung verfassungsrechtlich zulässig sein kann. Sie hätte im Extremfall zur Folge, daß der ursprüngliche Eigentümer nicht nur die an ihn geleistete Entschädigung zurückzahlen, sondern auch weitere Zahlungen leisten muß. Ist seine Liquidität nicht in dem dazu erforderlichen Maße gegeben, so ist er nicht in der Lage, seinen grundrechtlichen Status überhaupt wieder herzustellen. Aber selbst dann, wenn dies der Fall ist, müßte er in beiden Fällen u. U. Aufwendungen erbringen, die nicht seiner autonomen Entscheidung zur Nutzung des Substrates entsprechen. Angesichts der individualrechtlichen und freiheitssichernden Kraft der Eigentumsgarantie, die die entscheidende Grundlage des Rückerwerbsrechtes bildet, können daher generell nur solche Aufwendungen berücksichtigt werden, die das Eigentumssubstrat speziell für den ehemaligen Eigentümer wertvoller machen. Eine objektive Betrachtung kann dieser verfassungsrechtlichen Funktion des Eigentumsgrundrechtes nicht gerecht werden. Müßten noch andere Aufwendungen ersetzt werden, so erlitte der ursprüngliche Eigentümer im Endergebnis einen Nachteil[72]. Dieser Nachteil ist zwar nicht nach objektiven wirtschaftlichen Kriterien gegeben. Diese sind jedoch angesichts der individuelle Freiheit sichernden Funktion der Eigentumsgarantie nicht entscheidend; sie führen im

---

[70] *Ernst / Zinkahn / Bielenberg*, § 93 Rdnr. 70 sowie § 95 Rdnr. 27.

[71] *Schmidt-Aßmann* (Anm. 12) § 103 Rdnr. 4; *Stummer*, S. 96 sowie *Brüggemann*, S. 149.

[72] So zutreffend und deshalb ablehnend *Meyer*, S. 269.

Gegenteil zu einer Einschränkung der substantiell verstandenen Eigentumsfreiheit. Wie bereits dargelegt wurde, sind solche Einschränkungen nur dann hinzunehmen, wenn es zu einer Realisierung des Enteignungsunternehmens und damit zu einer von der Verfassung geforderten Förderung des Gemeinwohls kommt[73]. Das aber ist dann nicht der Fall, wenn eine nur teilweise Realisierung des Enteignungsunternehmens gegeben ist und die Funktion als Gemeinwohlmittler somit nicht erfüllt wird. Dagegen könnte allein eingewandt werden, daß dem Begünstigten ein eingeschränkter Vertrauensschutz zukommt. Das ist indessen nicht der Fall[74].

Für den vom Rückerwerbsrecht Betroffenen ergeben sich damit naturgemäß erhebliche Belastungen, da die subjektive Verwertbarkeit jeweils nachzuweisen ist. Dies folgt jedoch daraus und scheint auch von daher berechtigt, daß seine Rechtsstellung an das Gemeinwohl angebunden ist[75]. Zur Ausformung dieses Grundsatzes kann insoweit auf die Vorstellungen zurückgegriffen werden, die im Zivilrecht zum Problem der sog. aufgedrängten Bereicherung entwickelt worden sind[76]. Dieses im Zivilrecht entwickelte Institut bestätigt zugleich die Angemessenheit des hier entwickelten Grundsatzes, da auch die Eingriffskondition eine Rechtsgüter schützende Funktion hat. Eine andere Lösung muß in vielen Fällen dazu führen, den Rechtsschutz angesichts vollendeter Tatsachen scheitern zu lassen, wenn auch nur ein Teil von Objekten innerhalb zukunftsgerichteter Projekte ausgeführt worden ist, das eigentliche Ziel indessen nicht ererieht wurde[77].

Damit ergeben sich allerdings erhebliche Bedenken aus Art. 14 GG gegen die Verfassungsmäßigkeit von § 103, der die vorstehend entwikkelte Einschränkung nicht in seinen Wortlaut aufgenommen hat. Auf der anderen Seite schließt seine Fassung jedoch diese Einschränkung nicht aus. Im Wege der verfassungskonformen Auslegung[78] kann er als auf die Aufwendungen beschränkt angesehen werden, die für den ursprünglichen Eigentümer nach dessen subjektiver Funktionsbestimmung konkret nutzbar sind.

---

[73] Vgl. oben Abschn. D-5.3.

[74] s. bereits oben Abschn. C-12.4.2; vgl. aber auch *Tittel*, WiR 1974, 345 (365). Etwas anderes muß auch dann gelten, wenn man von dem oben abgelehnten Grundsatz ausgeht, nur Vorteile für den aus der Enteignung Begünstigten ausschließen zu müssen.

[75] Vgl. bereits oben Abschn. B-6.3.

[76] Dazu aus der zivilrechtlichen Literatur *Esser*, Schuldrecht II S. 366 f. m. w. Nachw.; s. auch *Schmidt-Aßmann* (Anm. 12) § 103 Rdnr. 4, der diese Grundsätze auf nicht zweckgerichtete Aufwendungen anwenden will.

[77] Damit wären in der Tat vollendete Tatsachen zu Lasten der Eigentümer geschaffen, die einer Reaktion auf Planungsfehler entgegengehalten werden könnten; vgl. dazu zuletzt *Blümel*, DVBl. 1975, 695 (699).

[78] Dazu allg. *Spanner*, AöR 91 (1966), 503 ff.

Abschließend ist zu klären, welche Folgerungen sich für § 52 Abs. 4 und Absatz 6 Satz 2 StBFG ergeben[79]. Danach bemißt sich die dem vom Rückerwerbsverlangen betroffenen Eigentümer zu zahlende Entschädigung bzw. der Kaufpreis nach dem Wert des Grundstücks, der sich aufgrund des rechtlichen und tatsächlichen Zustandes im Zeitpunkt der Aufhebung der förmlichen Festlegung von Sanierungsgebieten ergibt[80]. Ein Rückgriff auf das ursprüngliche Wertgefüge ist so nicht unmöglich gemacht worden[81], doch gehen Werterhöhungen schlechthin zu Lasten des ursprünglichen Eigentümers. So kann es als das erklärte Ziel dieser Vorschrift angesehen werden, einen entsprechenden Wertzuwachs zugunsten des ehemaligen Eigentümers zu vermeiden[82]. Ob diese Regelung sinnvoll ist, erscheint fraglich, wenn dadurch ein Wertzuwachs auf seiten desjenigen hervorgerufen wird, der das Eigentum verliert. Bei der Frage, ob die Regelung in Übereinstimmung mit der Verfassung steht, sind insbesondere die Grundsätze zu berücksichtigen, die das Gesetz im Hinblick auf die Finanzierungsmodalitäten der Sanierung aufgestellt hat. Danach können Eigentümer von in Sanierungsgebieten liegenden Grundstücken zu Ausgleichbeträgen herangezogen werden, wobei diese auf die jeweiligen Werterhöhungen bezogen sind[83]. Da die Entschädigung für den Rückerwerb nur bei Aufhebung der Festlegung des Sanierungsgebietes vor der Durchführung Bedeutung hat[84], kann die Frage dahin präzisiert werden, ob Ausgleichsbeträge etwa auch bei teilweise durchgeführten Sanierungsmaßnahmen zu leisten sind. Für nicht sanierungsbedingte Erhöhungen muß eine Anrechenbarkeit bereits nach allgemeinen Grundsätzen verneint werden[85]. Auf den ersten Blick erscheint eine Berücksichtigung geboten, da der Ausgleichbetrag nach Abschluß der Sanierung fällig ist[86] und die Aufhebung vom Gesetz selbst als Abschlußtatbestand angesehen wird[87]. Eine solche Argumentation vermag jedoch nicht zu überzeugen, da die Aufgabe nach § 51 Abs. 2 StBFG einen Sondertatbestand darstellt[88]. Es läßt sich dem Städtebauförderungsgesetz selbst zunächst nur entnehmen, daß die Ausgleichs-

---

[79] s. dazu auch *Tittel*, WiR 1974, 345 (365).

[80] Die Rückerwerbsregelung ist erst während des Gesetzgebungsverfahrens in das Gesetz eingefügt worden; vgl. BTDs. VI/510 u. VI/2204.

[81] Zu dieser von der Regelung des BBauG abweichenden Konzeption auch *Schmidt-Aßmann* (Anm. 12) § 103 Rdnr. 5.

[82] *Bielenberg*, § 52 Rdnr. 5 sowie *Heitzer / Oestreicher*, Städtebauförderungsgesetz § 52 Anm. C.

[83] Vgl. § 41 Abs. 4 - 9 StBauFG.

[84] § 52 Abs. 1 S. 1 i. V. m. § 51 Abs. 2 StBauFG.

[85] Nach § 52 StBauFG ist dies nicht der Fall; vgl. *Gaentzsch*, S. 78; s. auch *Hein*, Erl. zu § 52.

[86] § 41 Abs. 6 StBauFG; zu den Einzelheiten *Dietrich / Fahrenholtz*, S. 153.

[87] Vgl. nur die Überschrift zum 7. Abschn. des Gesetzes.

[88] s. auch *Bielenberg* (Anm. 39) Vorbem. v. §§ 50 ff. Rdnr. 1.

zahlung an die tatsächliche Durchführung der Sanierung gebunden ist[89], dies dagegen nicht für Fehlplanungsfolgen gelten soll[90].

Der Rückerwerbsberechtigte befindet sich im Hinblick auf das Eigentumssubstrat in seiner grundrechtsschützenden Wirkung in einer dem allgemeinen Enteignungsrecht vergleichbaren Lage: Durch die Höhe der Entschädigung kann die Ausübung des Rückerwerbsrechtes unmöglich werden[91], da die Wertabschöpfung sich an dem objektiv zu bestimmenden Verkehrswert, nicht aber an individuell nutzbaren Vorteilen orientiert[92]. Damit soll nicht generell die Zulässigkeit einer Wertabschöpfung in Frage gestellt werden. Um einen Mißbrauch des Sanierungsinstrumentariums unmöglich zu machen, erscheint jedoch eine Einschränkung im Fall des Fehlschlagens von Sanierungsmaßnahmen geboten. Es muß demgemäß bei der jetzigen Fassung von § 52 StBFG davon ausgegangen werden, daß diese Bestimmung nicht in Übereinstimmung mit dem verfassungsrechtlichen Rückerwerbsgrundsatz steht[93].

14.4 Zur Rückabwicklung von Folgeentschädigungen

Ist bisher die Frage untersucht worden, welche Bedeutungen substanzbezogene Wertveränderungen bei der Rückabwicklung haben, so ist nunmehr zu klären, welche Rechtsfolgen hinsichtlich der nicht mit dinglichem Bezug bewirkten Nachteile gelten, die ebenfalls in die Bemessungen der nunmehr rückabzuwickelnden Entschädigung eingegangen sind[94]. Auch hier ist von dem Grundsatz auszugehen, Nachteile für den ursprünglichen Eigentümer zu vermeiden, die sich als Folge des Eingriffs ergeben. Das hat zur Folge, daß eine Zahlungsverpflichtung hinsichtlich solcher Entschädigungsfaktoren nicht in Frage kommt, die durch die Rückgabe des Eigentumssubstrates nicht beseitigt werden können[95]. An diesem Punkt erweist sich ebenfalls, daß erstattungsrechtliche Gesichtspunkte nur in sehr beschränktem Umfang herangezogen werden können, da sich diese Nachteile auch beim ursprünglichen Enteignungsvorgang nicht als Leistungen in einem verwaltungsrechtlichen Schuldverhältnis verstehen lassen. Diese Feststellung hat im wesentlichen zur Folge, daß solche Faktoren unberücksichtigt bleiben, die im Rahmen der ursprünglich ge-

---

[89] Vgl. dazu die Richtlinien bei *Bielenberg* (Anm. 39) Teil G Rdnr. 25.

[90] Vgl. auch *Bielenberg* (Anm. 39) §§ 50, 51 Rdnr. 26 ff.

[91] Das wird etwa auch von *Gehrmann*, S. 198 zutreffend hervorgehoben.

[92] s. dazu noch *Gaentzsch*, S. 107.

[93] Als Lösung hätte sich angeboten, nur individuell nutzbare Vermögensvorteile in Ansatz zu bringen, wie es hier für Planungsfehler innerhalb des Enteignungsverfahrens vorgeschlagen wird; vgl. vorstehend zu § 103 BBauG.

[94] Vgl. vorstehend Abschn. B-4.1.

[95] Vgl. *Büchs*, S. 117 sowie — zu den Konsequenzen — *Seufert*, Art. XII ZAG Rdnr. 36.

zahlten Entschädigung nur vorläufige, infolge des enteignenden Eingriffes entstandene Nachteile[96] auszugleichen bestimmt sind.

Problematisch erscheint in diesem Zusammenhang, ob der ursprüngliche Eigentümer im Hinblick auf die für einen dauernden Erwerbsverlust geleistete Entschädigung einen dem Vorenthaltungszeitraum entsprechenden Anteil einbehalten darf[97]. Der Sache nach handelt es sich hier um eine Entschädigung für eine rechtmäßige Belastung, da der auf der Prognose beruhende Eingriff selbst nicht bereits allein wegen des Zustandes als rechtswidrig angesehen werden darf[98]. Unter Berücksichtigung der Funktion der Entschädigung erscheint es angemessen, generell einen dem Vorenthaltungszeitraum entsprechenden Betrag von der Rückzahlung auszunehmen. Damit soll nicht gesagt werden, daß die Kapitalnutzung keinen Vermögenswert hat. Diese Frage stellt sich indessen für den gesamten Rückabwicklungskomplex, der in diesem Punkt sicherlich einer weitreichenden Regelungskompetenz des Gesetzgebers unterliegt, soweit die hier herausgestellten Grundsätze gewahrt bleiben. Eine diesen Grundsätzen entsprechende Regelung ist nunmehr in § 103 Satz 3 BBauG aufgenommen worden[99]. Danach ist die Entschädigung insgesamt nur insoweit zurückzugewähren, als die Nachteile aufgrund der Rückgewähr entfallen.

15. Das Rückerwerbsrecht bei besonderen Formen hoheitlicher Güterbeschaffung

In unseren bisherigen Untersuchungen sind wir von dem klassischen Fall der zwangsweisen Güterbeschaffung zur Durchführung von Gemeinwohlmittlern ausgegangen. Es ist indessen durchaus möglich, daß der Staat als Träger des Enteignungsrechtes auf Zwangsmaßnahmen verzichten kann. Dies kann einmal dann der Fall sein, wenn es zu einer einverständlichen Überlassung des Substrates kommt[1]. Außerdem kann der Staat sich auch die grundsätzliche Veräußerungsbereitschaft des Eigentümers zunutze machen, indem er ihm zustehende Vorkaufsrechte ausübt[2]. Zwar fehlt in beiden Fällen die Ausübung staatlichen Zwanges. Auf der anderen Seite findet die Güterumschichtung nur im Hinblick auf ein bestimmtes Ziel statt, das an sich auch im Enteignungsverfahren erreichbar gewesen wäre. Im Ergebnis verliert der Betroffene ebenfalls

---

[96] Hier handelt es sich um Betriebsverlegungskosten, Entschädigungen für Anlaufverluste u. ä.

[97] So zutreffend *Stummer*, S. 93; a. A. *Seufert*, Art. XII ZAG Rdnr. 37.

[98] Zur Rechtmäßigkeitsproblematik s. oben Abschn. C-10.

[99] Vgl. auch amtl. Begr. zur Novellierung des BBauG BTDs. VII/2496 S. 79 Nr. 67.

[1] Vgl. nachstehend Abschn. C-15.1.

[2] Vgl. nachstehend Abschn. C-15.2.

sein Eigentum. Im Hinblick auf das Ziel erlangt wie bei der Enteignung das Unsicherheitsmoment[3] Bedeutung.

15.1 Die vertragliche Überlassung von Rechten zur Durchführung des Gemeinwohlmittlers

Im Rahmen der vertraglichen Überlassung von Eigentumsrechten zur Durchführung eines Unternehmens, zu dessen Realisierung eine Enteignung rechtlich möglich wäre, ist zu unterscheiden zwischen solchen Vereinbarungen, die bereits vor Eröffnung des eigentlichen Enteignungsverfahrens getroffen werden und solchen nach Eröffnung des Verfahrens. Der Versuch des freihändigen Erwerbes stellt selbst wiederum eine Zulässigkeitsvoraussetzung für den zwangsweisen Vollzug der Rechtsübertragung dar[4].

15.1.1 Der Enteignungsvertrag

Hinsichtlich des Rückerwerbsrechtes bieten die sog. Enteignungsverträge keine besonderen Probleme. Als Enteignungsverträge werden diejenigen Vereinbarungen bezeichnet, die nach förmlicher Eröffnung des Enteignungsverfahrens zwischen den Verfahrensbeteiligten über den Gegenstand der Enteignung bzw. die Entschädigung geschlossen werden[5]. Diese Einigung ist als Bestandteil des Verfahrens dem öffentlichen Recht zuzuordnen[6]. Wegen der Nähe zur klassischen administrativen Enteignung bestehen keine Bedenken, die öffentlich-rechtlichen Rückerwerbsregeln dem Grundsatz nach auch hier anzuwenden[7]. Ist ein Privater begünstigt, so ändert dies nichts an dem Charakter der Rechtsbeziehungen, wobei allerdings eine Übertragung des Eigentums durch eine Beseitigung des Übertragungsaktes selbst nicht in Betracht kommt[8]. Hier ist der das Enteignungsverfahren betreibende Träger öffentlicher Verwaltung als verpflichtet anzusehen, die Rückgabepflicht des Enteignungsbegünstigten auszusprechen[9].

---

[3] Dazu oben Abschn. B-5.1.2.

[4] Vgl. BVerwG U. v. 18. 8. 1964 in NJW 1964, 1440; BGH U. v. 27. 2. 1967 in VKBl. 62, 572; *Schulke* in BayVBl. 1963, 170; *Meyer / Thiel / Frohberg*, § 2 Anm. 4.

[5] Vgl. § 16 PrEnteigG; *Kröner*, S. 27 ff.; *Zinkahn / Bielenberg / Ernst*, § 93 Rdnr. 5.

[6] Vgl. §§ 110 und 111 BBauG; dazu *Zinkahn / Ernst / Bielenberg*, § 110 Rdnr. 8.

[7] So bereits *Zinkahn / Dittus*, Baulandbeschaffungsgesetz § 51 Anm. 13; *Schmidt-Aßmann* in: Zinkahn / Bielenberg / Ernst, Bundesbaugesetz § 102 Rdnr. 3 sowie *Kröner*, S. 28; vgl. aber auch *Grünhut*, S. 163.

[8] Dazu oben Abschn. C-12.2.

[9] So zutreffend der BayVGH U. v. 1. 3. 1972 BayVBl. 1972, 413 (414).

15.1.2 Der privatrechtliche Überlassungsvertrag

Anders stellt sich die Problematik indessen dann dar, wenn ein Enteignungsvertrag im vorgenannten Sinn nicht besteht. Hierbei ist zu beachten, daß ein Enteignungsvertrag nicht schon dann vorliegt, wenn eine Vereinbarung unter dem Druck drohender Enteignung, aber vor förmlicher Eröffnung des Verfahrens zustandekommt[10]. Derartige Verträge gehören mithin dem Privatrecht an und folgen den dort geltenden Rechtssätzen. Es erscheint allerdings zweifelhaft, ob damit das Rückerwerbsrecht stets besonders vertraglich vereinbart sein muß, wie teilweise angenommen wird[11].

Gerade für den Bereich des Zivilrechtes müßte dies überraschen, gibt es doch hier eine Reihe von Instituten, die dem Zweckfortfall Rechnung tragen wollen, um einen angemessenen Interessenausgleich zu erreichen. Es bestehen keine Bedenken, auf derartige Verträge die in anderem Zusammenhang bereits erörterten causa-data-non-secuta-Regeln[12] anzuwenden. Dementsprechend hat das BayObLG in einem ähnlich gelagerten Fall entschieden, daß solche Vereinbarungen ihrem Sinngehalt nach den Gemeinwohlvorbehalt und die Realisierung des Gemeinwohlmittlers nicht nur als unbeachtliches Motiv, sondern als vertragliche Zweckbestimmungen enthalten[13]. Angesichts der bürgerlich-rechtlichen Auslegungstechniken, die nicht unbedingt eine ausdrückliche Vereinbarung verlangen[14], kann auch hier darauf verzichtet werden. Damit steht fest, daß der Eigentumsgarantie im Rahmen der freiwilligen Überlassung des Substrates Rechnung getragen werden kann und eine Mißbrauchsgefahr dieser Übertragungsmodalität im wesentlichen nicht zu befürchten ist.

15.2 Das gesetzliche Vorkaufsrecht

Ebenso wie das eigentliche Enteignungsverfahren und die vorstehend angesprochenen Verträge ermöglicht auch das gesetzliche Vorkaufsrecht, das in einer Reihe von Gesetzen enthalten ist[15], die Übertragung von Eigentum auf die öffentliche Hand[16]. Vergleicht man es mit dem Enteignungsverfahren, so läßt sich von diesem Ergebnis her eine funktionale

---

[10] So die einhellige Meinung; vgl. BGH U. v. 19. 2. 1963 Der Betrieb 1964, 67 sowie *Schmidt-Aßmann* (Anm. 7) § 102 Rdnr. 3 jeweils m. w. Nachw.

[11] So *Schmidt-Aßmann* (Anm. 7) § 102 Rdnr. 3 unter Berufung auf *Dittus / Zinkahn,* Baulandbeschaffungsgesetz § 51 Anm. 14.

[12] Zu den Einzelheiten s. Abschn. C-9.1.

[13] U. v. 5. 7. 1973 BayVBl. 1973, 498 (499).

[14] Vgl. §§ 133, 157 BGB.

[15] §§ 24 ff. BBauG. Diese Vorschriften sollen hier im wesentlichen behandelt werden, da ihr Regelungs- und Geltungsbereich sehr weit und von großer praktischer Bedeutung ist.

[16] Zur Übertragung auf Private vgl. § 27 BBauG.

Gleichsetzung der beiden Institute feststellen[17]. Wenn auch diese funktionale Gleichwertigkeit heute nicht generell in Frage gestellt wird, so hat doch die Einführung des zivilrechtlichen Institutes dazu geführt, daß der öffentlich-rechtliche Charakter des Erwerbsvorganges oft verneint wird[18]. Trotz Anerkennung der funktionalen Identität der Institute Enteignung und Vorkaufsrecht, werden sie gemeinhin hinsichtlich ihrer individualrechtlichen Auswirkungen unterschieden. Da das Vorkaufsrecht entsprechend seiner zivilrechtlichen Konzeption[19] an die Veräußerungsbereitschaft des Eigentümers anknüpft, der Erwerbswillige noch kein volles bürgerlich-rechtliches Eigentum erworben hat, wird diese Art der Güterbeschaffung als das gegenüber der Enteignung weniger einschneidende Mittel angesehen[20]. Die darin liegende Gefahr einer partiellen Umwälzung der Eigentumsordnung ohne Durchführung von Enteignungsmaßnahmen im technischen Sinn ist heute erkannt[21]. Besondere Bedeutung erlangt dieses Problem, dem hier nicht weiter nachzugehen ist, bei der in der Novelle zum Bundesbaugesetz vorgesehenen Erweiterung gesetzlicher Vorkaufsrechte der Gemeinden[22].

Die funktionale Überschneidung mit dem Enteignungsinstitut zeigt sich nicht zuletzt auch an den Rechtmäßigkeitsvoraussetzungen der Ausübung des Vorkaufsrechtes, die an die Rechtmäßigkeitserfordernisse der Enteignung angelehnt sind[23] und die Ausübung allein aus fiskalischen Erwägungen regelmäßig nicht zulassen[24]. Auch hier sind bestimmte Unternehmen erforderlich, die in der Zukunft zu realisieren sind[25]. Die Belastung mit einem Vorkaufsrecht ist innerhalb der grundrechtlichen Eigentumssystematik als Ausdruck der Sozialbindung des Grundrechtes zu sehen[26]. Angesichts der Parallelität der Rechts- und Eingriffsstrukturen darf der Frage der Rückgängigmachung der durch die Ausübung eingetretenen Rechtsänderung nicht aus dem Weg gegangen werden.

---

[17] So *Huber*, Wirtschaftsverwaltungsrecht II S. 70.

[18] Zu den Einzelheiten der Rechtsnatur des Vorkaufsrechtes vgl. *Blümel*, Gutachten II S. 22 f. sowie die Übersicht über die Rspr. bei *Heitzer / Oestreicher*, § 24 Anm. 6.

[19] Vgl. §§ 504 ff. BGB.

[20] s. etwa *Ebert*, S. 9.

[21] Vgl. die reprivatisierungsrechtlichen Regeln des BBauG in § 25 Abs. 5 sowie *Opfermann*, S. 250.

[22] Zur Problematik der Novellierung des BBauG vgl. insoweit Ausschußbericht — BTDs. 7/4793 S. 14 ff., 76 ff.

[23] s. den Wortlaut von § 24 Abs. 2 BBauG: Das Vorkaufsrecht darf ausgeübt werden, wenn das Wohl der Allgemeinheit dies rechtfertigt.

[24] *Heitzer / Oestreicher*, § 24 Anm. 2 b; s. aber auch RdErl. des Bad. Innenmin. v. 26. 5. 1950 (MinBl. S. 108).

[25] Dazu *Zinkahn / Bielenberg / Ernst*, § 24 Rdnr. 2.

[26] So die einhellige Meinung; vgl. *Schütz / Frohberg*, § 24 Anm. 1; *Zinkahn / Bielenberg / Ernst*, § 24 Rdnr. 61; BGH U. v. 21. 11. 1961 E 36, 155 (159).

Dazu erweist es sich als erforderlich, ebenso wie bei der Enteignung, zunächst einmal die Situation der am Verkaufsvorgang bei Ausübung des Rechtes beteiligten Personen zu verdeutlichen. Die Bewältigung der rückerwerbsrechtlichen Problematik auf der Grundlage unserer bisherigen Überlegungen hängt entscheidend davon ab, ob und in welchem Umfang die Beteiligten gerade den Schutz des Art. 14 GG für sich in Anspruch nehmen können.

15.2.1 Zur herkömmlichen Einordnung der Ausübung des Vorkaufsrechtes

Die dogmatische Erfassung der mit Ausübung des Vorkaufsrechtes eintretenden Situation wird dadurch erschwert, daß in diesem Moment nicht nur — wie bei der klassischen Enteignung — die rechtlichen Interessen eines Privaten tangiert werden, sondern auch die eines Dritten, nämlich des potentiellen Erwerbers, der durch die Ausübung am Vollrechtserwerb gehindert wird. Die auf seiten des Verkäufers eigentumsrechtlich relevanten Elemente, die durch die Maßnahme berührt werden, sind einmal der Verfügungswille und zum anderen die Wertrealisierung. Während die Wertrealisierung nicht beeinträchtigt wird — der Verkäufer erhält den mit dem Dritterwerber vereinbarten Kaufpreis[27] — wird der Verfügungswille eingeschränkt, da der Verkäufer nicht an denjenigen übertragen darf, dem er sein Eigentum überlassen wollte[28]. Auf seiten des Dritterwerbers wird der Erwerbswille durch die Ausübung des Vorkaufsrechtes insgesamt negiert, die mit Abschluß des Kaufvertrages eingetretene Wertrealisierungschance wird ihm genommen[29]. Bei einer rechtlichen Bewertung der Faktoren ist dementsprechend zu unterscheiden.

Wie bereits oben aufgezeigt, wird das Vorkaufsrecht in bezug auf den veräußerungsbereiten Eigentümer als Ausdruck der Sozialbindung gewertet[30]. Dabei darf nicht übersehen werden, daß bereits in der Belastung mit dem Vorkaufsrecht eine Beeinträchtigung der Eigentumsposition liegt. Dies folgt aus der mit dem Vorkaufsrecht verbundenen Einschränkung der Verkehrsfähigkeit des Gutes, die einen sicheren Schluß auf ein endgültiges Behaltendürfen nicht erlaubt[31]. Entscheidend

---

[27] Vgl. § 505 Abs. 2 BGB.

[28] Zur Verfügungsmöglichkeit vgl. auch *Dicke* in: I. v. Münch, Grundgesetz Art. 14 Rdnr. 10.

[29] Offen bleiben soll an dieser Stelle, ob tatsächlich immer die Erzielung eines Mehrwertes für die Kaufentscheidung maßgeblich ist, wie etwa *Meister*, DVBl. 1967, 262 (266) meint. Mit dieser Fragestellung kann nicht ausgeschlossen werden, daß die personale Bedeutung des Eigentums als tatsächliche Nutzungsmöglichkeit unterbewertet wird.

[30] s. vorstehend mit Anm. 26.

für die Ablehnung von Enteignungswirkungen im Moment der Ausübung des Rechtes wird der Umstand, daß der Wille des Eigentümers wegen seiner grundsätzlichen Veräußerungsbereitschaft nicht schlechthin negiert wird[32]. Das Eigentum wird erst dann genommen, wenn es ohnehin für den Betroffenen die ihm eigenen Funktionen verlieren soll. Durch diese Einordnung soll die eigentumsgrundrechtliche Relevanz des Bestimmungswillens nicht schlechthin geleugnet werden[33]. Die Einschränkung hält sich aber noch im Rahmen der Sozialbindung des grundrechtlich geschützten Eigentums.

Größere Schwierigkeiten bereitet die Erfassung der Rechtsposition des betroffenen Dritterwerbers. Eine Enteignung gegenüber dem Erwerbswilligen wird überwiegend verneint[34]. Hierbei wird entweder seiner Rechtsposition als einer reinen Erwerbschance die Enteignungsfähigkeit abgesprochen[35] oder aber dem vertraglich bestehenden Auflassungsanspruch der Schutz des Art. 14 GG versagt[36]. Diese Argumentation ist zunächst sicherlich Ausdruck eines herkömmlichen Verständnisses der Eigentumsgarantie, die nur Erworbenes schützen soll[37]. Entscheidend wird damit die Frage nach den Bestimmungskriterien dieses ‚Erworbenen'. Bemerkenswert ist die Orientierung am Zivilrecht, die den Erwerber aus dem Grundrechtsschutz herausdrängt. Erreicht wird dies durch die Konstruktion eines bedingten Vertrages, der die Übertragungspflicht unter den Vorbehalt der Ausübung des Vorkaufsrechtes stellt[38]. Naturgemäß wird der Verkäufer sich gegen eventuelle Schadensersatzansprüche, die sich bei Ausübung des Vorkaufsrechtes aus einer unbedingten Übertragungsverpflichtung ergeben mögen, absichern wollen. Dieses zivilrechtlich legitime Schutzbedürfnis ergibt sich aber allein aus der kraft öffentlichen Rechtes bestehenden Belastung und kann sich dort nicht schutzmindernd auswirken. Bemerkenswert ist weiterhin, daß eine Ausklammerung derartiger Ansprüche aus dem Schutzbereich der Eigentumsgarantie verfassungspolitisch einen Rückschritt darstellt[39].

---

[31] Vgl. bereits *Noll*, JW 1924, 1900 (1900 f.); zu Recht weist *Blümel*, Gutachten II S. 26 darauf hin, daß der zu zahlende Preis kein Äquivalent für diese Belastung liefert.

[32] OVG Münster U. v. 18. 9. 1952 NJW 1952, 1431.

[33] Eine freie Eigentumsordnung muß dann beeinträchtigt sein, wenn der Güteraustausch nicht mehr privat-autonom durchgeführt werden kann.

[34] a. A. *Meister*, DVBl. 1967, 262 (266).

[35] So der BGH U. v. 27. 4. 1960 E 32, 225 (227).

[36] Dazu OVG Münster (Anm. 32); RG U. v. 17. 10. 1923 E 107, 261 (270).

[37] *Maunz* in: Maunz / Dürig / Herzog, Grundgesetz Art. 14 Rdnr. 32 m. w. Nachw.

[38] Vgl. die Argumentation des BGH (Anm. 35).

[39] Mit der grundlegenden Untersuchung von *M. Wolff* in Festg. für W. Kahl, 1923 wurde die Erweiterung der durch die Eigentumsgarantie geschützten Position auf schuldrechtliche Ansprüche eingeleitet.

Die im Hinblick auf Art. 14 GG verengende Betrachtung der vorstehend angeführten Rechtspositionen als ‚bloßer Erwerbschancen'[40] ist im wesentlichen bedingt durch eine Unterbewertung des personalen, spezifisch grundrechtlichen Elementes der Eigentumsgarantie einerseits und einer Überbetonung des Wertmomentes andererseits[41]. Es bleibt zu hoffen, daß mit der oben in dieser Untersuchung abgelehnten These einer umfassenden Wertgarantie[42] das personale Moment einer bestimmten Art der Freiheitssicherung durch Grundrechte deutlich wird. Eine schlechthin am Wert orientierte Betrachtungsweise muß dazu führen, den Grundrechtsschutz aus Art. 14 GG für alle Rechte zu verneinen, deren Wert nur mit Schwierigkeiten innerhalb des Wirtschaftsgefüges festzustellen ist. Sehr zu Recht hat *Kloepfer* darauf hingewiesen, daß gerade in den Bereichen, in denen eine wirtschaftliche Relevanz besteht, eine wertmäßige Kompensation aber nur schwer möglich ist, besondere Obhut bei staatlichen Eingriffen geboten ist[43]. In diesem Zusammenhang ist jedenfalls die Feststellung möglich, daß bei einer schwierigen Erfassung des wirtschaftlichen Wertes nicht auch der personale Wert, der entscheidend für die Grundrechtsposition ist, entfallen muß. Fehlt der Sache ein konkret bestimmbarer Wert so kann dies allenfalls die Folge haben, daß insoweit die Entschädigung auf Null sinkt.

Die Angemessenheit einer eigentumsbezogenen Betrachtung solcher auf den Vollrechtserwerb bezogen als bloße Erwerbschancen zu bewertender Positionen zeigt sich daran, daß das Bundesbaugesetz dem selbst in bestimmten Fällen Rechnung trägt und sie grundsätzlich in den Schutz des Art. 14 GG einbezieht[44]. Bestätigt wird diese Auffassung durch die Einordnung des Vorkaufsrechtes als ‚Belastung' des Erwerbsrechtes[45], da eine Belastung notwendig eine bestehende Rechtsposition voraussetzt. Eine eigentumsähnliche Behandlung erfährt der Erwerber auch dadurch, daß die Ausübung aus in seiner Person liegenden Gründen dann ausscheidet, wenn er selbst den mit der Ausübung herbeizuführenden Erfolg realisieren will[46]. Durch eine Beeinflussung

---

[40] s. auch noch *Wolff / Bachof*, Verwaltungsrecht I § 61 I e S. 536.

[41] Zum Erfordernis der Trennung s. *Kloepfer*, S. 41, zum personalen Moment der Eigentumsgarantie allg. noch *Hesse*, S. 180. Fragwürdig ist deshalb die Unterscheidung von *Wittig* in: Fschr. f. G. Müller S. 590, der von einerseits ‚persönlichkeitsbezogenen' und damit zukunftsgerichteten Grundrechten und andererseits objektbezogenen Rechten ausgeht. Diese Differenzierung ist aufgegriffen worden im Beschl. des BVerfG v. 16. 3. 1971 E 30, 292 (334 f.).

[42] Vgl. oben Abschn. B-4.1.

[43] S. 41.

[44] Vgl. § 28 S. 1 BBauG.

[45] Dazu *Blümel*, Gutachten II S. 34.

[46] Vgl. *Grauvogel*, § 26 Anm. 7; *Zinkahn / Bielenberg / Ernst*, § 24 Rdnr. 29 sowie Ausschußbericht zur Novellierung des BBauG (Anm. 22) S. 77.

des Wertes darf nicht generell die Eigentumsqualität in Frage gestellt werden, da der Staat es dann in der Hand hätte, mittelbar den Schutzumfang der Eigentumsgarantie zu bestimmen und dadurch individualrechtliche Positionen zu beeinträchtigen.

Die Fragwürdigkeit einer Betrachtung, die entstehendes bürgerlichrechtliches Volleigentum vom Eigentumsschutzanspruch ausnimmt, zeigt sich an der Behandlung von Anwartschaften. Wenn auch das Bundesverfassungsgericht zu dieser Frage noch keine endgültige Stellung bezogen hat, so liegt es doch nach seiner Entscheidung vom 12. 1. 1967 nahe, daß es grundsätzlich einer Anwartschaft, also einem im Entstehen begriffenen bürgerlich-rechtlichen Volleigentums[47], den Schutz des Art. 14 GG in seiner individualrechtlichen Ausprägung zukommen lassen will[48]. In diesem Zusammenhang ist darauf hinzuweisen, daß der Eigentumsschutz öffentlich-rechtlicher Anwartschaften[49] andersartige Probleme aufwirft, die nicht auf bürgerlich-rechtliche Anwartschaften übertragen werden können. Dort sollen sie eine nach herkömmlichem Verständnis bestehende grundsätzliche Abänderungsbefugnis ausschließen[50]. Insofern hält sich eine an der Aufbringung persönlicher Leistungen orientierte Betrachtungsweise durchaus innerhalb des klassischen Bestandsschutzdenkens. Die privatrechtliche Anwartschaft dagegen kann bereits dann entstehen, wenn bestimmte Teilabschnitte einer Verfügung vorliegen, ohne daß irgendwelche Vermögensaufwendungen erbracht worden sind[51]. Angesichts des Schutzes von schuldrechtlichen Ansprüchen durch die Eigentumsgarantie läßt sich ein verfassungsrechtlich erheblicher Unterschied zwischen Forderungsrechten und Anwartschaften nicht dartun.

Wenn auch überwiegend dem Erwerbswilligen der Schutz durch Art. 14 GG versagt wird, so soll ihm doch nicht ein Grundrechtsschutz schlechthin verschlossen bleiben. Dieser Schutz wird teilweise — soweit es sich um mit der Berufsausübung im Zusammenhang stehende ver-

---

[47] Zur bürgerlich-rechtlichen Konstruktion des Anwartschaftsrechtes s. *Palandt / Heinrichs*, Einf. v. § 158 Anm. 3.

[48] E 21, 102 (105); bejahend etwa *Hamann*, Art. 14 Anm. B 1 b.

[49] Vgl. dazu *Dürig* in: Fschr. f. Apelt S. 13 (29 u. passim); *Scheuner*, DöV 1971, 505 (511); zur rechtspolitischen Problematik vgl. die Beiträge in *Posser / Wassermann* (Hrsg.), Freiheit in der sozialen Demokratie, Arbeitsgemeinschaft: Soziale Sicherung als neue Form freiheitsverbürgenden Eigentums.

[50] Deutlich wird dies an der Fragestellung, inwieweit sozialversicherungsrechtliche Leistungen auf einem echten Versicherungsprinzip beruhen. Ist das der Fall, so ist bereits von daher nach klassischem Eigentumsverständnis der Bestand zu schützen. s. dazu noch *Rohwer-Kahlmann*, Sozialgerichtsbarkeit 1975, 161 (164 ff.).

[51] Dies folgt daraus, daß es sich um einen sachenrechtlichen Tatbestand handelt, dessen Wirkungen unabhängig von Vermögensaufwendungen eintreten. Vgl. Angabe in Anm. 47.

mögensbezogene Sachverhalte handelt — dem Art. 12 GG zugewiesen[52], der verfassungsrechtlich garantierten Vertragsfreiheit[53] oder dem Auffanggrundrecht aus Art. 2 GG[54]. Damit steht jedenfalls fest, daß die Ausübung des Vorkaufsrechtes gegenüber dem Dritterwerber grundrechtlich relevant ist. Am interessantesten ist wohl der Versuch *Wittigs*[55]. Auch er ist im Grundsatz dem klassischen Eigentumsverständnis verhaftet und orientiert sich am Bestandsschutz[56]. Von daher stellt er die These auf, daß sich der grundrechtliche Eigentumsschutz bei Erstrekkung auf die Person des Erwerbswilligen nicht in der Gegenwart auf etwas in der Vergangenheit Erworbenes beziehe, sondern in der Gegenwart Handlungen garantiere, deren Wirkungen in der Zukunft liegen[57]. Bei der Bestimmung des Erwerbsrechtes in der von *Wittig* vorgeschlagenen Art und Weise besteht die Gefahr, daß wiederum der Vermögenswert die allein maßgebliche Relevanz erlangt. Dies ist für ihn nicht zu vermeiden, da die begriffliche Konkretisierung auf dem Boden des bisherigen Verständnisses entwickelt wird. Diese Konzeption einer Trennung von Handlung und Erfolg ist deshalb abzulehnen, weil der bereits eingetretene Erfolg — die *Erlangung* des Erwerbsrechtes — unberücksichtigt bleibt. Über die in diesem Stadium bereits bestehende Verbindung zum vermögensrechtlichen Bereich kommt *Wittig* letztlich auch nicht hinweg, wenn er die Konkretisierung des Schutzbereiches von Art. 2 GG unter Heranziehung des Art. 14 GG vornehmen will[58].

15.2.2 Die Effektuierung von Art. 14 GG für erwerbsrechtliche Rechtsstellungen

Angesichts der vorstehend aufgezeigten Problematik ist zu fragen, ob nicht die grundrechtliche Eigentumsgarantie doch für die Rechtsstellung des Erwerbswilligen genutzt werden kann. Zunächst ist dem denkbaren Einwand entgegenzutreten, der Wortlaut des Art. 14 GG stehe einem solchen Verständnis entgegen. Für die Grundrechtsinterpretation er-

---

[52] Zum Zusammenhang von Art. 12 und 14 GG als Grundlage individueller ökonomischer Existenz s. *Denninger*, S. 137; speziell zur Bedeutung von Art. 12 GG als Erwerbssicherungsnorm vgl. BVerfG Beschl. v. 16. 3. 1971 E 30, 292 (334).

[53] Dazu *Dürig* in Maunz / Dürig / Herzog, Grundgesetz Art. 2 Abs. 1 Rdnr. 53. Bei der nachfolgenden Erörterung ist zu beachten, daß es sich bei dem Grundsatz der Vertragsfreiheit nicht um einen Verfassungsrechtssatz handelt.

[54] So insbesondere *Wittig*, NJW 1967, 2185 (2188).

[55] NJW 1967, 2185 (2188).

[56] NJW 1967, 2185 (2186).

[57] Wie Anm. 56. Auch hier muß Klarheit darüber bestehen, daß es sich nicht eigentlich um einen Verfassungsrechtssatz handelt. Es wird hier vielmehr eine These angeführt, die selbst wieder aus dem klassischen Eigentumsverständnis abgeleitet und von daher in ihrem Wert zu relativieren ist.

[58] NJW 1967, 2185 (2187 f.).

geben sich hier regelmäßig methodische Schwierigkeiten[59], die in den sprachlich weitmaschigen Formulierungen begründet sind[60]. Ein beredtes Zeugnis dafür geben die Erweiterung der Eigentumsgarantie auf schuldrechtliche Ansprüche unter der Weimarer Reichsverfassung[61], die Diskussion um den Eigentumsschutz öffentlich-rechtlicher Vermögenspositionen[62] sowie die These von der Wandelbarkeit des Eigentumsbegriffes aufgrund gesellschaftlicher Entwicklungen[63] ab. Für den Eigentumsschutz erwerbsrechtlicher Rechtsstellungen bedeutet das, daß dem schlichten Satz ‚Das Eigentum wird gewährleistet' keine Antwort im Sinn einer Wortinterpretation auf die Frage entnommen werden kann, ob Erwerbsrechte den Schutz des Art. 14 GG genießen[64].

Entsprechendes muß bei einer entstehungsgeschichtlichen Betrachtung gelten[65]. Dem könnte allenfalls entgegengehalten werden, daß der im Parlamentarischen Rat eingebrachte Antrag, wonach jedermann Eigentum erwerben und darüber verfügen könne, nicht in die Verfassung aufgenommen worden ist[66]. Angesichts der festen Verankerung der Verfügungsfreiheit innerhalb der Eigentumsgarantie[67] liegt die Annahme näher, daß der Parlamentarische Rat von der Überflüssigkeit einer solchen Normierung ausging[68]. Da der Satz bei einer davon abweichenden Auffassung eine ganz erhebliche Tragweite gehabt hätte, wäre er sicher diskutiert worden[69]. Deshalb läßt sich jedenfalls nicht feststellen, daß die Entstehungsgeschichte einer Inkorporierung der Erwerbsfreiheit in Art. 14 GG entgegensteht[70].

---

[59] Vgl. auch die Diskussion um den normativen Gehalt von Grundrechten in der Weimarer Zeit, als ihnen teilweise nur Programmcharakter zuerkannt wurde; zu den Einzelheiten *Anschütz*, Verfassung S. 452 sowie *C. Schmitt*, Freiheitsrechte und institutionelle Garantien in der Reichsverfassung, 1931.

[60] Zu diesem Befund *Böckenförde*, NJW 1974, 1529 (1529 f.) m. w. Nachw. auch zu den Konsequenzen dieser Sachlage.

[61] Vgl. oben Anm. 39.

[62] s. Angaben vorstehend in Anm. 49.

[63] Dazu noch *Hesse*, S. 181 f.

[64] So zutreffend *Blümel*, Gutachten II S. 33.

[65] Vgl. auch Art. 111 WRV, der es jedem deutschen Staatsbürger gestattete in jedem Bundesland Grunderwerb zu begründen. Zum Eigentumserwerb s. noch Art. 109 Abs. 1 BayVerf., Art. 45 Abs. 1 HessVerf. und Art. 60 Abs. 1 S. 2 HessVerf.

[66] So der Antrag der Deutschen Partei (DP) vom 19. 11. 1948 in Parl. Rat 11.48-298.

[67] BVerfG Beschl. v. 19. 6. 1969 E 26, 215 (222).

[68] So etwa *Kloepfer*, S. 45 und *Blümel*, Gutachten II S. 33; vgl. auch *v. Mangoldt*, Parl. Rat., Ausschuß für Grundsatzfragen S. 27.

[69] Dies wird zu Recht etwa von *Blümel* hervorgehoben (Anm. 68).

[70] So die vorgenannten Autoren (Anm. 68); vgl. aber auch *Wittig*, NJW 1967, 2185 (2186), der eher der Gegenansicht zuzuneigen scheint.

Soweit die Erwerbsfreiheit in Beziehung zur Eigentumsgarantie gesetzt wird, ist auffällig, daß Art. 14 GG hinsichtlich seiner Doppelfunktion als Grundrecht der Eigentumsfreiheit und Garantie als Rechtsinstitut[71] in seiner Reichweite inhaltlich divergiert. So wird der untrennbare Zusammenhang zwischen Innehabung und Verfügung einerseits und Erwerb andererseits als Bestandteil der Einrichtungsgarantie anerkannt, ohne diesem Umstand Bedeutung hinsichtlich der subjektiv-rechtlichen Rechtsstellung beizumessen[72]. Es müßte den Rahmen dieser Untersuchung sprengen, wollte man den Versuch unternehmen, die hier anklingende institutionelle Grundrechtstheorie auf ihren Gehalt zu untersuchen oder ihre Implikationen und Folgerungen darzustellen[73]. Es soll hier indessen davon ausgegangen werden, daß Grundrechte zwei Bedeutungsschichten haben können, nämlich die als subjektives Recht des Menschen und als Elemente einer objektiven Wertordnung[74]. Eine solche Auffassung verbietet jedenfalls ein Verständnis der Grundrechte als nicht primär staatsgerichtete Abwehrrechte. Wer bereit ist, der Einrichtungsgarantie die Erwerbsfreiheit zuzuordnen, hat darzulegen, warum dieses Moment nicht Teil der individuellen Rechtsstellung ist[75].

Eine Begründung darf nicht bereits darin gesehen werden, eine solche Rechtsposition sei nicht hinreichend konkret, indem die Möglichkeit einer auf Verletzung des Erwerbsrechtes gestützten Verfassungsbeschwerde nur als ausnahmsweise gegeben angesehen wird[76]. Dieser Einwand schlägt jedenfalls solange nicht durch, wie jemand eine konkrete Beziehung zur Sache — wenn auch nicht in dinglicher Form — hergestellt hat, was bei dem Erwerbswilligen im Moment der Ausübung des Vorkaufsrechtes der Fall ist. Insgesamt handelt es sich hier auch nicht um die Besonderheit des Eigentumsgrundrechtes. Auch andere Grundrechte entfalten ihre Wirkung erst dann für den Einzelnen, wenn er sie aktuell ausüben will[77].

Der wohl konsequenteste Versuch, Erwerbsrechte in Art. 14 GG zu verorten, findet sich bei *Kloepfer*[78]. Für ihn ist entscheidend, daß dem

---

[71] Diese Doppelfunktion ist allg. anerkannt; vgl. *Dürig* in: Maunz / Dürig / Herzog, Grundgesetz Art. 14 Rdnr. 3 ff.

[72] So ausdrücklich *Wittig*, NJW 1967, 2185 (2186) m. w. Nachw.; s. noch *Herzog* in: Ev. Staatslexikon S. 378.

[73] Dazu *Böckenförde*, NJW 1974, 1529 (1532).

[74] Vgl. *Hesse*, S. 118, 124 ff.

[75] Angedeutet ist dieser maßgebliche grundrechts-theoretische Ansatz bei *Kloepfer*, S. 44 insb. FN 165.

[76] Dazu *Wittig*, NJW 1967, 2185 (2187), der die Möglichkeit einer Verfassungsbeschwerde bei Verletzung einer Einrichtungsgarantie erörtert.

[77] Zur Bedeutung der Aktualisierung für ein rechtlich konstituiertes Staatsgefüge vgl. *Hesse*, S. 122 f.

Eigentumsgrundrecht die Verfügungsfreiheit immanent ist und ihr notwendig die Erwerbsfreiheit korrespondieren muß[79]. Die ‚entsprechungsrechtliche' Konzeption[80] zeichnet sich zunächst dadurch aus, daß sie gleichsam derivativ, also nicht aus der Person des Erwerbswilligen selbst, sondern aus der des Veräußerers begründet wird. Darin liegt eine Schwäche der These, die die grundrechtliche Stellung des Erwerbers in ihrer verfassungsrechtlichen, auf Freiheitssicherung ausgerichteten Eigenwertigkeit unberücksichtigt läßt. In ihrer praktischen Bedeutung wirkt sich dies aber kaum aus, da der Eigentumsübergang eine interpersonale Beziehung ist, die die Verfügungsbereitschaft voraussetzt[81]. Eine Auflösung der angedeuteten institutionellen Problematik wird damit indessen nicht erreicht.

Geht man von dem unumstrittenen Gehalt des Art. 14 GG als Einrichtungsgarantie aus, so stellt sich die Frage, ob dem nicht ein subjektives Abwehrrecht entsprechen muß. Auf die in der institutionellen Betrachtung liegenden Gefahren ist bereits hingewiesen worden[82]. Diese Erkenntnis führt zu der Forderung, die Erscheinung der Einrichtungsgarantie nicht in einen schlechthin unüberbrückbaren Gegensatz zu subjektiven Rechten zu bringen[83]. Darin liegt notwendig die Gefahr einer Einschränkung der individuellen Freiheit. Betrachtet man die Rechtsprechung des Bundesverfassungsgerichtes zum institutionellen Gehalt der Pressefreiheit, so ist dort eine Tendenz erkennbar, die umgekehrt subektiv-rechtliche Positionen von Individuen anreichert[84]. Die grundrechtstheoretische Bedeutung dieser These ist darin zu sehen — und in-

---

[78] S. 46 ff.; vgl. *Dürig* in ZgStW 109 (1953), 344, der die auf Eigentumserwerb gerichteten Rechtsgeschäfte — Miete, Kauf und Pacht — unter den Schutz des Art. 14 GG stellen will; offen bleibt die Frage des Erwerbsrechtes im Beschl. des BVerfG v. 16. 3. 1971 E 30, 292 (334 f.).

[79] Vgl. dazu auch *Kloepfer*, S. 40.

[80] *Kloepfer*, S. 41. Ansatzpunkte dafür finden sich bereits bei *Wittig*, NJW 1967, 2185 (2186).

[81] Bedeutung erlangt die Frage bei einem generellen Ausschluß des Erwerbsrechtes für bestimmte Personengruppen oder bestimmte Sachen; vgl. z. B. §§ 1, 3, 12 1. StrahlenschutzVO v. 15. 10. 1965 (BGBl. I S. 1654), die Regelungen hinsichtlich bestimmter Substrate enthält, sowie § 3 JugendschutzG v. 27. 7. 1957 (BGBl. I S. 1058), wonach eine Regelung in bezug auf bestimmte Personengruppen getroffen ist.

[82] s. vorstehende Ausführungen mit Anm. 73.

[83] In diesem Sinn *Lerche*, S. 238 f.

[84] Vgl. Teilurteil des BVerfG v. 5. 8. 1966 E 20, 162 (176), das aus der Einrichtungsgarantie der ‚freien Presse' bestimmte Rechtsfolgen für die Rechtsstellung der Presseangehörigen herleitet. Einen ähnlichen Weg ist das Gericht in seiner Entscheidung v. 29. 5. 1973 zum Vorschaltgesetz für ein Niedersächsisches Gesamthochschulgesetz v. 26. 10. 1971 (Nds. Gesetz- und Verordnungsblatt S. 317) gegangen. Aus dem Grundsatz der Wissenschaftsfreiheit des Art. 5 Abs. 3 S. 1 GG werden bestimmte grundrechtliche Gewährleistungen für die in der Hochschule tätigen Wissenschaftler abgeleitet; vgl. E 35, 79 ff. (LS 1 und bes. LS 3).

sofern liegt sie stringent innerhalb der institutionellen Lehre —, daß die subjektive Rechtsstellung um der institutionellen Freiheit willen gegeben ist[85]. Eine solche Auffassung mag für einzelne Garantien gelten, deren verfassungspolitische Bedeutung in einer besonders intensiven Wirkung auf das Gesamtstaatsgefüge liegt[86] und deshalb Einzelausformungen gebietet, die nicht primär am Eigenwert der persönlichen Freiheit des Einzelmenschen ausgerichtet werden[87]. Sieht man die menschliche Freiheit in ihrem eigenständigen Wert[88] für die Einzelpersönlichkeit, so darf eine dem Einzelindividuum grundsätzlich zuordnungsbare Rechtsposition in ihrer grundrechtlichen Wirkung nicht auf den Bereich der Einrichtungsgarantie beschränkt bleiben. Die prinzipielle Angemessenheit einer solchen Auffassung ergibt sich auch aus dem Versuch, die hier in Rede stehende Rechtsposition dem Schutzbereich anderer Grundrechte zuzuordnen[89]. Das Eigentumserwerbsrecht muß mithin als eigenständiger Faktor dem Eigentumsfreiheitsrecht zugeordnet werden.

15.2.3 Folgerungen für ein Rückerwerbsrecht des Dritterwerbers

Auf der Grundlage der vorstehend angeführten Überlegungen kann nunmehr geklärt werden, welche Bedeutung der eigentumsrechtlichen Rückerwerbskonzeption im Hinblick auf gesetzliche Vorkaufsrechte zukommt. Folgt man der hier vertretenen Auffassung, daß auch die Position des Dritterwerbers unter den Grundrechtsschutz des Art. 14 GG fällt, so können keine grundsätzlichen Bedenken bestehen, diesem unter denselben Voraussetzungen wie dem Eigentümer bei einem enteignenden Eingriff ein Rückerwerbsrecht einzuräumen. Hinsichtlich der Struktur der Eingriffsgrundlage ergeben sich keine Besonderheiten[90]. So bejaht etwa auch *Blümel* die Anwendbarkeit der Rückerwerbsgrundsätze, wenn eine dem Ziel des Vorkaufsrechtes entsprechende Verwendung

---

[85] Dazu allg. *Böckenförde*, NJW 1974, 1529 (1533).

[86] Zu den unterschiedlichen Bedeutungsschichten der Einrichtungsgarantie vgl. *v. Mangoldt / Klein*, Vorbem. A VI 8. c) S. 85: Garantie gesellschaftlicher Sachverhalte.

[87] Die Schwierigkeit der angebotenen Differenzierung in ihrer praktischen Ausführbarkeit ist nicht zu übersehen. Sie erscheint indessen möglich und auch erforderlich, um die notwendigen Unterscheidungen zu erklären.

[88] Dies ist die Grundlage einer liberalen Grundrechtstradition, die indessen nicht den Weg zur Berücksichtigung der sozialstaatlichen Komponente versperren muß; vgl. auch *Böckenförde*, NJW 1974, 1529 (1537).

[89] Dies wird besonders deutlich an dem Versuch *Wittigs*, NJW 1967, 2185 (2187 f.).

[90] Man darf sich an dieser Stelle nicht auf die zivilrechtlich denkbare Konstruktion zurückziehen, wonach sich der Verkäufer naturgemäß von einem durch die Unmöglichkeit der Eigentumsübertragung eintretenden Schadensersatzanspruch entlasten will; vgl. dazu bereits vorstehend m. w. Nachw. in Anm. 34 ff.

des Enteignungsgutes unterblieben ist[91]. Im Unterschied zu dem hier vorgeschlagenen Ansatz kommt er zu diesem Ergebnis jedoch durch eine Bewertung der insgesamt in diesem Eingriff liegenden Belastungsintensität. Danach kommt die *Summe* der jeweils dem Verkäufer und Käufer zugemuteten Belastung der Eingriffsschwere einer Enteignung nahe[92]. Diese Feststellung ist sicherlich zutreffend und hat auch zur Erkenntnis der in der Einräumung von Vorkaufsrechten liegenden Gefahren geführt[93]. Auf diese Weise wird der institutionelle Gehalt der Eigentumsgarantie rechtlich subjektiviert[94] und ein dem hier entwickelten Lösungsgang ähnlicher Ansatz eingeführt[95]. Diese „Zusammenschau" der Wirkungen ist indessen nicht notwendig, da die Beeinträchtigung des Eigentumsrechtes des Erwerbswilligen unabhängig von der Belastung Dritter gegeben ist. Eine andere Betrachtung muß die verfassungsrechtlich eigenständige Bedeutung der Rechtsstellung wiederum gefährden. Es wird auch keine Antwort auf die Frage gegeben, warum gerade diese Addition der Belastungen zu einem individualrechtlichen Anspruch führen kann.

Aus der verfassungsrechtlichen Einbindung der Position des Käufers ergibt sich auch, daß es nicht zutreffend ist, wenn der BGH in seinem Urteil vom 7. 3. 1975[96] zu dem Ergebnis gelangt, daß es auf die durch Ausübung des Vorkaufsrechtes erworbene Rechtsstellung der Gemeinde keinen Einfluß habe, wenn 2 Jahre nach Eintritt in den Kaufvertrag an die Realisierung des Objektes nicht zu denken ist, zu dessen Durchführung das Eigentum erworben wurde[97]. Diese Situation ist planerisch dadurch gekennzeichnet, daß im Laufe der Zeit die erforderliche zeitliche Konkretisierung der Planung entfallen ist und damit die Funktion des Planes als Aktionsmodell nicht mehr erfüllt wird[98], so dem verfassungsrechtlichen Gemeinwohlerfordernis nicht mehr Genüge getan werden kann[99]. Bei einer solchen Sachgestaltung kommt nicht einmal die Verlängerung einer Verwendungsfrist in Betracht, falls eine solche bei Ausübung des Vorkaufsrechtes vorgesehen worden ist, da die Ausfüh-

---

[91] Gutachten II S. 37 (Zusammenfassung).

[92] Gutachten II S. 34 ff.

[93] s. dazu oben einleitend in Abschn. C-15.2.

[94] s. Nachweise in Anm. 84.

[95] Vgl. vorstehend Abschn. C-15.2.2.

[96] DVBl. 1975, 487 f.

[97] DVBl. 1975, 487 (488). Gegen dieses Urteil des BGH ist ein Verfassungsbeschwerdeverfahren — 1 BvR 163/75 — anhängig, in das das bereits mehrfach zitierte Gutachten II von *Blümel* durch die Beschwerdeführer eingeführt ist.

[98] Zur Zeit-Ziel-Vorstellung innerhalb zukunftsgerichteter Entscheidungen s. bereits oben Abschn. B-5.2.1.

[99] Zur verfassungsrechtlichen Bedeutung der Zeit-Ziel-Vorstellung innerhalb des Gemeinwohlerfordernisses vgl. oben auch in Abschn. B-7.2.4.

rung des Unternehmens zeitlich nicht hinreichend präzisiert ist[100]. Die Unzumutbarkeit der Verzögerung erscheint dagegen als nachrangiges Problem, da der Rechtsverlust bereits eingetreten ist und zudem die planerisch erforderliche Konkretheit der Zeit-Ziel-Vorstellung fehlt[101, 102].

Diesen verfassungsrechtlichen Anforderungen genügt im Prinzip die rückerwerbsrechtliche Konzeption des novellierten Bundesbaugesetzes[103]. Bei den Ausschußberatungen ist in § 26 Abs. 3 und Abs. 4 eine Rückgängigmachung der mit der Ausübung des Vorkaufsrechtes eingetretenen Wirkungen vorgesehen worden, um so den Grundsätzen der Rückerwerbsentscheidung des Bundesverfassungsgerichtes zu entsprechen[104]. Auch der Gesetzgeber hat damit die eigentumsrechtliche Schutzwürdigkeit des Käufers als Erwerbswilligem anerkannt[105]. Es muß hier allerdings darauf hingewiesen werden, daß entgegen der im Gesetzgebungsverfahren zum Ausdruck gekommenen Ansicht mit dieser Veräußerungspflicht nur teilweise ein restitutionsrechtlicher, auf die Wiederherstellung des Substanzschutzes gerichteter Ansatz verfolgt wird[106]. Dies ist etwa der Fall bei § 26 Abs. 4 BBauG, der dann eingreift, wenn der Zweck der Ausübung des Vorkaufsrechtes entfallen ist, während § 26 Abs. 1 eine Veräußerungspflicht der Gemeinde bei Beibehaltung des ursprünglichen Zweckes vorsieht[107]. Auch § 27 Abs. 3 BBauG verfolgt diese planerische Konzeption ohne restitutionsrechtlichen Ansatz[108]. Soweit die Veräußerungspflicht nicht restitutionsrechtlich orientiert ist, sollen damit sozialpolitische Vorstellungen der Umverteilung von Grund

---

[100] Diese Voraussetzungen gelten auch für die Verlängerung von enteignungsrechtlichen Verwendungsfristen; zu den Einzelheiten vgl. oben Abschn. B-7.2.5.

[101] a. A. insoweit *Blümel*, Gutachten II S. 36, der neben der ‚Verflüchtigung' der Planungsrealisierung diesen Gesichtspunkt ins Feld führt, obschon der Eingriff an sich abgeschlossen ist.

[102] Die wohl für die Entscheidung des BGH maßgebliche Weichenstellung geschieht an der Stelle, wenn das Gericht die These vertritt, die Gemeinwohlklausel habe nur für den Eingriffsakt selbst Bedeutung; vgl. DVBl. 1975, 487 (488). s. dazu hier Abschn. B-5.3.

[103] Zur bisherigen Rechtslage vgl. oben Abschn. B-3.1; zur Novellierung des BBauG vgl. *Schmidt-Aßmann*, NJW 1976, 1913 ff., zum Vorkaufsrecht bes. S. 1917.

[104] BTDs. 7/4793 S. 33 (Nr. 22) und S. 16 (Nr. 10).

[105] Keine Aussage findet sich in den Materialien, ob der Gesetzgeber davon ausging, daß gegenüber dem Erwerbswilligen eine echte Enteignung vorliege; s. dazu auch hier vorstehend in Abschn. C-15.2.1.

[106] Nur dieser Gesichtspunkt ist Gegenstand der vorliegenden Untersuchung; vgl. oben Abschn. A-1.4.

[107] Die ursprüngliche, vor der Maßnahme bestehende Rechtslage bleibt so zunächst also unberücksichtigt.

[108] Deutlich wird daran, daß ein echter Enteignungstatbestand gegenüber dem Belasteten nicht vorliegt; s. dazu auch oben Abschn. B-6.3 und Abschn. C-12.3.

und Boden realisiert werden[109]. Inwieweit derartige „transitorische Enteignungen“ möglich sind, kann hier nicht weiter verfolgt werden[110].

Fraglich ist allerdings, ob die Modalitäten des Rückerwerbsrechtes dem verfassungsrechtlich gebotenen Schutz der Substanzgarantie genügen können. So entsteht der Rückerwerbsanspruch nach § 26 Abs. 4 nur dann, wenn das Grundstück nicht für andere Zwecke verwendet wird, die die Ausübung des Verkaufsrechtes ebenfalls rechtfertigen würden. Auf diese Weise wird eine formlose Substitution eingeführt, die unzulässigerweise den Rechtsschutz des Betroffenen einschränkt[111]. Weitere Probleme ergeben sich hinsichtlich des Kreises der Berechtigten, der wesentlich durch soziale Gesichtspunkte bestimmt ist[112]. Hier erfordert eine Erhaltung des substantiellen Eigentumsschutzes eindeutig die Bevorzugung des durch die Ausübung des Vorkaufsrechtes Betroffenen, ohne daß es auf sein sonstiges Eigentum an Grund und Boden ankommen könnte[113]. Es soll hier nicht die Konzeption des gemeindlichen Vorkaufsrechtes nach der Novelle des Bundesbaugesetzes in Frage gestellt werden, obschon die hier erarbeiteten Feststellungen und Ergebnisse zur substantiellen Eigentumsgarantie Bedenken gegen dieses Modell hervorrufen müssen[114]. Es darf jedenfals nicht so sein, daß ein Planungsfehler[115] für eine sozial-politisch motivierte Umgestaltung eingesetzt wird[116].

Fragwürdig erscheint in diesem Zusammenhang die Verweisung auf die gemeindliche Veräußerungspflicht in § 89 Abs. 5 BBauG[117]. Danach kann die Gemeinde Grundstücke[118] auch anderen Personen anbieten, wenn dies zur Erreichung der mit Bebauungsplan und Sozialplan verfolgten Ziele und Zwecke erforderlich ist. Dem an sich nach § 89 Abs. 2 Satz 2 BBauG Berechtigten müssen dann nur im Rahmen der „Möglich-

---

[109] Vgl. auch § 89 Abs. 2 BBauG zum Kreis der Begünstigten bei Erfüllung der Veräußerungspflicht.

[110] s. auch *Opfermann*, S. 247 und 250.

[111] s. dazu auch oben Abschn. B-10.1.

[112] Vgl. § 26 Abs. 3 S. 2 und § 89 Abs. 3 BBauG.

[113] Vgl. auch Ausschußbericht BTDs. 7/4793 S. 42.

[114] Die rückerwerbsrechtliche Konzeption dieser Untersuchung geht von einem zunächst verfassungsrechtlich unbedenklichen Zwecksetzungsprogramm innerhalb des Gemeinwohlerfordernisses aus. Die Problematik des Vorkaufsrechtes aber liegt gerade in der Frage nach der Zulässigkeit des Zweckes.

[115] Zu der materiell-rechtlich erforderlichen Gleichstellung nachträglicher Änderungen s. oben in Abschn. C-15.2.1.

[116] Zu der insoweit fragwürdigen Lösung des StBauFG vgl. oben in Abschn. C-14.3.2.

[117] Darauf verweist § 26 Abs. 4 i. V. m. § 26 Abs. 3 BBauG für das Vorkaufsrecht.

[118] Im Einzelfall können auch Rechte begründet werden; vgl. § 89 Abs. 3 BBauG.

keiten" Rechte bzw. Grundstückseigentum eingeräumt werden. Zunächst überrascht der Hinweis auf die „Ziele und Zwecke", da § 26 Abs. 4 BBauG gerade voraussetzt, daß entsprechende bauplanungsrechtliche Zwecke entfallen sind. Zum anderen gilt aber auch hier, daß einmal in einem förmlichen Verfahren gesetzte Zwecke nicht zu Lasten des Betroffenen formlos substituiert werden dürfen[119] und der Substanzschutz sich gegenüber Zielverfehlungen durchsetzen muß[120]. Dieser Verpflichtung darf die Gemeinde sich nicht entziehen, indem sie Grundstücke nicht den durch die Ausübung des Vorkaufsrechtes Betroffenen anbietet.

Auf den ersten Blick erscheint es so, als ob auch dem Verkäufer Rechte gegen den das Vorkaufsrecht ausübenden Träger öffentlicher Verwaltung zustehen können, da sein Eigentum tangiert wurde[121]. In seiner Person wurde jedoch nicht der Wille schlechthin negiert, da seine Veräußerungsbereitschaft bestand. Das hat zur Folge, daß das mittels Ausübung des Vorkaufsrechtes erworbene Eigentum an den ursprünglichen Käufer auf dessen Antrag hin zu übereignen ist[122], wobei hinsichtlich eventueller Wertveränderungen, die an anderer Stelle bereits entwickelten Grundsätze Anwendung finden[123]. Diese Lösung ist außerhalb bestehender gesetzlicher Regeln nicht nur de lege ferenda zu erwägen, wie vereinzelt angenommen worden ist[124]. Sie ergibt sich vielmehr aus der Eigentumsgarantie und der daraus folgenden Schutzpflicht des Staates. Mit den Reprivatisierungsnormen ist sie auch hinreichend genau dogmatisch für alle Geltungsbereiche vorgezeichnet[125]. Eine Rückübertragung an den ursprünglichen Verkäufer kann allenfalls in Ausnahmefällen in Betracht kommen, wenn dieser tatsächlich darauf angewiesen ist, vertragliche Ansprüche durch die Übertragung von sich auf den Erwerber zu realisieren[126].

---

[119] Vgl. dazu oben Abschn. C-13.3.1.

[120] Zum Rang der Substanzgarantie Abschn. B-4.2.2.

[121] Vgl. vorstehend in Abschn. C-15.2.1.

[122] So auch *Blümel*, Gutachten II S. 35 f.

[123] Vgl. oben Abschn. C-14.3.

[124] So aber *Brüggemann*, S. 146, der den grundrechtlich orientierten restitutionsrechtlichen Ansatzpunkt und die planerischen Besonderheiten nicht genügend berücksichtigt.

[125] Hierbei ist zu beachten, daß diese Reprivatisierungsnormen selbst nicht durchgängig auf die Wiederherstellung der ursprünglichen Rechtslage gerichtet sind. Daraus ergeben sich jedoch keine besonderen Probleme für die Ausrichtung an diesen gesetzlichen Vorschriften.

[126] Zu diesem Sonderfall auch *Brüggemann*, S. 152, der von daher den Grundsatz in Frage stellen will.

TEIL D

Schlußbetrachtung

Die Rechtsstellung des enteigneten Bogeneigentümers zeigt, daß sich selbst bei einem Vollrechtsentzug innerhalb des Güterbeschaffungsvorganges der Eigentumsschutz noch nicht ‚erledigt' hat. Insgesamt stellt sich das Rückerwerbsrecht als Teilaspekt des größeren Problemfeldes ‚Rechtsschutz in der Planung' dar, wobei dann, wenn es bereits zu Enteignungsmaßnahmen kommt, das Stadium der Durchführungsplanung angesprochen ist. Zu Recht hat deshalb *Schmidt-Aßmann* darauf hingewiesen, daß mit der Entwicklung weiterer Institute zu rechnen ist, die die Wirkungen von Eingriffen bei fehlgeschlagenen bodenordnenden und planerischen Maßnahmen rückgängig machen[1]. Gleichzeitig stellt sich jedoch die Frage, welche präventiven Sicherungen für das Durchführungsstadium bei aktueller Inanspruchnahme von Sachgütern denkbar und verfassungsrechtlich geboten sind. Restitution und präventiver Schutz stehen deshalb nicht in einem echten Widerspruch, sondern ergänzen sich zum Nutzen einer Erhaltung des materiellen Grundrechtsstatus. Hierbei gilt es, die jeweilige Sachstruktur der Maßnahme zu erkennen, um diese in Beziehung zu normativen Bindungen zu setzen, die die Prinzipien materieller Rechtsstaatlichkeit wahren. In Anbetracht der Tatsache, daß bestehende Rückerwerbsregeln selbst kein eigenständiges und homogenes Institut zu begründen vermögen, ergeben sich für die Rechtsstellung des enteigneten Grundeigentümers die nachstehend zusammengefaßten Konsequenzen.

16. Zusammenfassende Thesen

(1) Die Rechtsstellung des enteigneten Grundeigentümers ist gekennzeichnet durch eine *substantielle Rechtseinbuße* im Schutzbereich des Art. 14 GG. Die Schwere des Eingriffs wird dadurch verdeutlicht, daß die Enteignung nicht nur vorläufige, sondern auf Dauer gerichtete Rechtswirkungen hervorbringt. Auf diese Weise wird das Grundrecht als freiheitssichernder Vorgang in der Zeit tangiert und außerdem die zeitlich-funktionale Indeterminiertheit eingeschränkt.

Da das Grundgesetz keine eigenständige Wertgarantie in Art. 14 GG enthält, das Eigentumsgrundrecht vielmehr nur eine wertvermittelnde

[1] In: Ernst / Zinkahn / Bielenberg, Bundesbaugesetz § 102 Rdnr. 3.

Funktion hat und eine substantielle Art personaler Freiheitssicherung in den Vordergrund stellt, führt die Entschädigungspflicht nach Art. 14 Abs. 3 Satz 2 GG nicht zu einer normativ gleichwertigen Substitution. Die Entschädigung kann mithin im Grundsatz ein Rückerwerbsrecht nicht ausschließen.

(2) Der für die Rechtmäßigkeit der Enteignung und das Rückerwerbsrecht maßgebliche Umstand ist das *Gemeinwohl* (Art. 14 Abs. 3 Saz 1 GG), nicht dagegen das konkrete Unternehmen, der Gemeinwohlmittler.

— Diese Finalitätsbestimmung beinhaltet kraft ihrer Sachstruktur eine *Prognosebefugnis,* die es erlaubt, den Enteignungsakt bereits vor der realen Ausführung des Unternehmens endgültig zu erlassen.

— Die in der Enteignungsentscheidung enthaltenen *Prognoseelemente* bringen ihrerseits ein Moment der Unsicherheit über die zukünftige Realisierung des Enteignungsunternehmens (Gemeinwohlmittler) und die Erreichung des damit verfolgten Zieles in die Entscheidung.

— Die für die Anwendungspraxis maßgebliche, verfassungsrechtlich gebotene *sachliche und zeitliche Konkretisierung* kann mit Hilfe des verwaltungswissenschaftlichen Zweck- und Konditionalprogrammes erreicht werden.

Da die Enteignungsmaßnahme nicht nur in einen Kausalverlauf eingreifen und auch nicht nur influenzierende Bedeutung haben soll, muß die Gemeinwohlklausel *Bedeutung über den Eingriffsakt hinaus* haben. Aus der Bedeutung der Substanzgarantie des Eigentums und der Sachstruktur der Gemeinwohlklausel ergibt sich der Rückerwerbsgrundsatz bei Störungen der Finalitätsbestimmung.

(3) Aus der inhaltlichen Anbindung des Enteignungsaktes an das Gemeinwohlerfordernis folgt eine *immanente inhaltliche Beschränkung der im Enteignungsverfahren erwerbbaren Rechtspositionen,* da die Begünstigung des Trägers des Enteignungsunternehmens nicht weitergehen kann als eine rechtmäßige Belastung des Betroffenen. Diese Begrenzung erfordert jedoch keine planungswidrige positive Verpflichtung zur Realisierung des außerhalb der Enteignung festgelegten Zieles.

Die Rechte sind insoweit inhaltlich begrenzt, als der frühere Eigentümer die Wiederherstellung seiner Rechtsposition verlangen kann.

(4) Aus der Entscheidungsstruktur der Prognoseelemente enthaltenden enteignungsrechtlichen Finalitätsbestimmung ergibt sich das Erfordernis einer *Einschränkung der zeitlichen Geltungskraft,* um das als Belastung zu wertende Unsicherheitsmoment zu mindern.

— Die Grundlage der derart zu bestimmenden Verwendungsfrist bildet die *planerische,* in die Enteignung eingehende *Zeit-Ziel-Vorstellung.*

— Als zeitlicher Begrenzungsposten kommt nur die *Durchführung* selbst in Betracht.

— Zur Vermeidung dysfunktionaler und damit planerisch sachwidriger Folgen ist zur Wahrung des Variabilitätsmomentes eine *Verlängerungsmöglichkeit* vorzusehen.

Wegen der grundsätzlichen Verlängerungsmöglichkeit bei fortbestehender konkreter Realisierungsabsicht handelt es sich bei Verwendungsfristen um Mittel präventiven Eigentumsschutzes.

(5) Der Wiederherstellungsanspruch wird durch das allgemeine Verwaltungsrecht ausgeformt und dogmatisch als Anspruch auf Widerruf des enteignenden Verwaltungsaktes konturiert, soweit eine abgeschlossene Entscheidung vorliegt.

— Als Transformationsfaktor zum Wiederherstellungsanspruch wirkt sich das das Unsicherheitsmoment in der Prognoseentscheidung über das Institut der Erforderlichkeit aus.
— Es ist unbeachtlich, ob die Gründe für ein Auseinanderfallen von tatsächlicher Entwicklung und rechtlichem Gemeinwohlerfordernis bereits im Moment der Enteignung angelegt waren oder erst später eingetreten sind.

(6) Die eigentumsschützende Funktion des Rückerwerbsrechtes schränkt dessen *Ausschlußgründe* ein bzw. modifiziert diese.

— Der Rückerwerb darf nicht unter Hinweis auf eine Rechtsnachfolge auf seiten des Begünstigten oder eine erhebliche Änderung des Grundstücks abgelehnt werden.
— Eine formlose Substitution der enteignungsrechtlichen Finalitätsbestimmung ist unzulässig.
— Dagegen existiert kein Rückerwerbsrecht für den Regelfall einer Aufgabe des Enteignungsunternehmens, nachdem es seine Gemeinwohlfunktion erfüllt hat.

(7) Der *Rückabwicklung* ist der Eigentumsschutz als maßgeblicher Faktor zugrundezulegen, um einen nachträglichen Ausgleich des Unsicherheitsrisikos zu gewährleisten. Ein besonderer Vertrauensschutz zum Vorteil des aus der Enteignung Begünstigten ist nicht anzuerkennen, da er bereits weitgehend durch die Erhaltung der Planungsflexibilität geschützt ist. Daraus folgt:

— Den Begünstigten trifft bei Ausübung des Rückerwerbsrechtes eine Beseitigungspflicht hinsichtlich störender Anlagen.
— Bei der Rückabwicklung der Entschädigung ist das Wertgefüge im Zeitpunkt der Rückgängigmachung unbeachtlich, soweit es sich zum Nachteil des Rückerwerbsberechtigten auswirkt.
— Nicht substanzbezogene Entschädigungselemente sind nur soweit zurückzugewähren, als ihre Ausgleichswirkung mit dem Rückerwerb hinfällig wird.
— Werterhöhende Aufwendungen wirken sich nur insoweit aus, als sie für den Rückerwerbsberechtigten nach dessen autonomer Entscheidung nutzbar sind.

(8) Auch bei einer *vertraglichen Überlassung* im Hinblick auf ein mittels Enteignung zu realisierendes Unternehmen besteht ein Rückerwerbsrecht. Dasselbe Recht steht aus Art. 14 GG demjenigen zu, in dessen Erwerbsrecht durch die *Ausübung gesetzlicher Vorkaufsrechte* eingegriffen worden ist.

Literaturverzeichnis

Die Zitierweise ist jeweils in Klammern angegeben, soweit sie von einer aus sich heraus verständlichen Kurzfassung des Titels abweicht.

Anschütz: Die Verfassung des Deutschen Reiches vom 11. August 1919. Kommentar, 4. Aufl. Berlin 1933

Bachof: Die verwaltungsrechtliche Klage auf Vornahme einer Amtshandlung, Tübingen 1951

— Der maßgebende Zeitpunkt für die gerichtliche Beurteilung von Verwaltungsakten, JZ 1954, 416

— Anm. z. Urt. des BVerwG v. 5. 8. 1965, JZ 1966, 140

— Verfassungsrecht, Verwaltungsrecht, Verfahrensrecht in der Rechtsprechung des Bundesverwaltungsgerichts, Band II, Tübingen 1967

— Stichwort ‚Verwaltung' in: Ev. Staatslexikon (Hrsg. Kunst, Herzog, Schneemelcher) 2. Aufl. Stuttgart und Berlin 1975

Badura: Entschädigung nach Enteignungsgrundsätzen anhand ausgewählter Entscheidungen des Bundesgerichtshofes, Stuttgart 1971

— Eigentum im Verfassungsrecht der Gegenwart (Eigentum) in: Verhandlungen des 49. Deutschen Juristentages, Bd. II 2. Teilband S. T 1, München 1972

— Der Eigentumsschutz des eingerichteten und ausgeübten Gewerbebetriebes, AöR 98 (1973), 153

— Die soziale Schlüsselstellung des Eigentums, BayVBl. 1973, 1

— Das Prinzip der sozialen Grundrechte und seine Verwirklichung im Recht der Bundesrepublik Deutschland, Der Staat 14 (1975), 17

Bartels: Öffentlich-rechtliche dingliche Rechte und dingliche öffentliche Lasten, Berlin 1970

Battis: Das Städtebauförderungsgesetz, JuS 1972, 106

Bauch / Schmidt: Landbeschaffungsgesetz und Schutzbereichsgesetz, Kommentar, Stuttgart 1957

Bauernfeind: Städtebauförderungsgesetz, Textausgabe mit einer Einführung, Köln und Berlin 1971

Baur: Lehrbuch des Sachenrechts, 8. Aufl., München 1975

Becker: Straßengesetz für Rheinland-Pfalz, Kommentar, Mainz 1963

Beenken: Zur Überprüfbarkeit der Bauleitpläne nach dem BBauG (Überprüfung), Bonn 1967

Bender: Staatshaftungsrecht, 2. Aufl., Karlsruhe 1974

Bettermann: Zur Lehre vom Folgenbeseitigungsanspruch, DöV 1955, 528

— Die Rechtsweggarantie des Art. 19 Abs. 4 GG in der Rechtsprechung des Bundesverfassungsgerichts, AöR 96 (1971), 528

Bettermann: Über die Wiederaufnahme abgeschlossener Verwaltungsverfahren in: Fschr. f. H. J. Wolff S. 465, München 1973

Bielenberg: Verfassungsrechtliche Eigentumsgarantie und Sozialbindung im Städtebau, dargestellt an der Sanierung (Stadt- und Dorferneuerung) nach dem Städtebauförderungsgesetz, DVBl. 1971, 441

— Empfehlen sich weitere bodenrechtliche Vorschriften im städtebaulichen Bereich? (Gutachten) in: Verhandlungen zum 49. Deutschen Juristentag Bd. I Teil B S. B-1, München 1972

— Städtebauförderungsgesetz, Kommentar, Loseblatt Stand 1. 10. 1972, München 1973

— Ist die Bemessung der Enteignungsentschädigung nach dem Verkehrswert im Bundesbaugesetz verfassungswidrig?, DVBl. 1974, 113

— Einige planungsrechtliche Grundprobleme der Novelle zum Bundesbaugesetz, DöV 1975, 289

Bierling: Juristische Principienlehre, Bd. I, 1894, Neudruck 1961

Blümel: Raumplanung, vollendete Tatsachen und Rechtsschutz in: Festgabe f. Ernst Forsthoff zum 65. Geburtstag (Fschr. I) S. 133, München 1967

— Die Bauplanfeststellung, Zweiter Teil: Die Planfeststellung im geltenden Recht (Planfeststellung II), Heidelberg 1969 (maschinenschriftlich)

— ‚Demokratisierung der Planung' oder rechtsstaatliche Planung in: Fschr f. Ernst Forsthoff zum 70. Geburtstag (Fschr. II), S. 9, 2. Aufl. München 1974

— Art. Planung III (Planungsrecht) in: Ev. Staatslexikon (Hrsg. Kunst u. a.) Sp. 1832, 2. Aufl. Stuttgart Berlin 1975

— Maschinenschriftliches Gutachten v. 9. 3. 1974 (Gutachten I), Speyer / Bielefeld

— Rechtsgutachten im Verfassungsbeschwerdeverfahren — 1 BvR 163/75 — (Gutachten II) v. 1. 8. 1975, Speyer / Bielefeld

— Planung und Verwaltungsgerichtsbarkeit, DVBl. 1975, 695

Böckenförde, E. W.: Entstehung und Wandel des Rechtsstaatsbegriffes in: Fschr. f. A. Arndt S. 53, Frankfurt 1969

— Grundrechtstheorie und Grundrechtsinterpretation, NJW 1974, 1529

— Die Methoden der Verfassungsinterpretation — Bestandsaufnahme und Kritik, NJW 1976, 2089

Böhm: Das Hessische Straßengesetz, Kommentar, 2. Aufl. Wiesbaden 1971

Böhret: Grundriß der Planungspraxis (Planungspraxis), Opladen 1975

Breuer: Direkte und indirekte Rezeption technischer Regeln durch die Rechtsordnung, AöR 101 (1976), 46

— Die Bodennutzung im Konflikt zwischen Städtebau und Eigentumsgarantie, München 1976

— Legislative und administrative Prognoseentscheidungen, Der Staat 16 (1977), 21

Brinkmann (Hrsg.): Grundrechts-Kommentar zum Grundgesetz, Loseblatt, Bonn 1967 ff.

Brügelmann u. a.: Bundesbaugesetz, Kommentar, Loseblattausgabe, Stuttgart 1969

Brüggemann: Die nachträgliche Zweckverfehlung im verwaltungsrechtlichen Schuldverhältnis (Zweckverfehlung), Diss. Hamburg 1969

Büchs: Grunderwerb und Entschädigung beim Straßenbau, Stuttgart u. a. 1967

Bühler: Der Einfluß des Steuerrechts auf die Begriffsbildung des öffentlichen Rechts, in: VVDStRL 3 (1927), 102

Bullinger: Die behördliche Genehmigung privater Rechtsgeschäfte und ihre Versagung, DöV 1957, 761

— Die Enteignung zugunsten Privater, Der Staat 1 (1962), 449

Canaris: Die Feststellung von Lücken im Gesetz, Berlin 1964

Conradi: Bodenrecht im Wandel, Vorgänge 12 (1974), 45

Dahm, G.: Deutsches Recht, 2. Aufl., Stuttgart 1965

Denninger: Staatsrecht 1, Reinbek bei Hamburg 1973

Dicke: Die verfassungsrechtliche Problematik des Hamburger Deichordnungsgesetzes, DöV 1969, 554

Dieterich / Fahrenholtz: Städtebauförderungsgesetz für die Praxis, Stuttgart 1972

Dittus / Zinkahn: Baulandbeschaffungsgesetz, Kommentar, München 1954

Dittus: Die Enteignungsentschädigung nach heutigem Recht, NJW 1965, 2179

Doehring: Die Wirkung des Zeitablaufs auf den Bestand völkerrechtlicher Regeln, in: Jahrbuch der Max-Planck-Gesellschaft zur Förderung der Wissenschaften S. 69, München 1964

Dürig: Das Eigentum als Menschenrecht, ZgStW 109 (1953), 326

— Zurück zum klassischen Enteignungsbegriff! JZ 1954, 4

— Der Grundrechtssatz von der Menschenwürde, AöR 81 (1956), 145

— Der Staat und die vermögenswerten öffentlich-rechtlichen Berechtigungen seiner Bürger, in: Fschr. f. W. Apelt zum 80. Geburtstag S. 13, München 1958

Ebert, A.: Das Vorkaufsrecht der öffentlichen Hand in den Aufbaugesetzen der Länder, Diss. Freiburg 1956

Eger: Das Gesetz über die Enteignung von Grundeigentum v. 11. 6. 1874, Kommentar (Bd. I und II), 3. Aufl. Breslau 1911

Egerer: Der Plangewährleistungsanspruch, Baden-Baden 1971

Engelken: Abschöpfung planungsbedingter Bodenwertsteigerungen: Ziele und Konsequenzen der vorliegenden Vorschläge, DöV 1974, 685

Engisch: Einführung in das juristische Denken, 5. Aufl. Stuttgart u. a., 1971

Ernst / Zinkahn / Bielenberg: Bundesbaugesetz, Kommentar, Loseblatt, München 1969 ff.

Erichsen: Rechtsfragen öffentlich-rechtlicher Folgenbeseitigung (Anm. zum U. d. BVerwG v. 25. 8. 71), VerwArch 63 (1972), 217

Erichsen / Hoffmann-Becking: Der praktische Fall: Das Handelskammerrundschreiben, JuS 1971, 144

Erman u. a. (Hrsg.): Handkommentar zum Bürgerlichen Gesetzbuch Bd. I, 6. Aufl., Münster 1975

Esser: Vorverständnis und Methodenwahl, Frankfurt 1972

— Schuldrecht, Besonderer Teil (Schuldrecht II), 4. Aufl., Karlsruhe 1971

Evers: Die Zeit — eine Dimension des Sozialrechts in: Rechtsschutz im Sozialrecht. Beiträge zum ersten Jahrzehnt der Rechtsprechung des Bundessozialgerichtes S. 63, Köln u. a. 1965

— Über die Zeit als Schranke des Eigentums, in: Mélanges Marcel Bridel S. 193, Lausanne 1968

Fehl: Anm. zu BVerfGE 37, 132, NJW 1974, 1939

Flach / Maihofer / Scheel: Die Freiburger Thesen der Liberalen, Reinbek b. Hamburg 1972

Fleiner: Institution des Deutschen Verwaltungsrechtes (Institutionen), 8. Aufl. 1928 / Neudruck Aalen 1960

Forsthoff: Verfassungsrechtliche Bemerkungen zum Bausperrenurteil des Bundesgerichtshofs, DöV 1955, 193

— Begriff und Wesen des sozialen Rechtsstaates in: Forsthoff (Hrsg.), Rechtsstaatlichkeit und Sozialstaatlichkeit S. 165, Darmstadt 1968

— Zur Lage des verfassungsrechtlichen Eigentumsschutzes, in: Festg. f. T. Maunz S. 89, München 1971

— Lehrbuch des Verwaltungsrechts. 1. Band: Allgemeiner Teil, 10. Aufl., München 1973

Forsthoff / Blümel: Raumordnungsrecht und Fachplanungsrecht, Frankfurt 1970

Franke: Der Folgenentschädigungsanspruch, VerwArch 57 (1966), 357

Friauf: Steuergesetzgebung und Eigentumsgarantie in: Jur. Analysen 1970 (Heft 4 — Steuerrecht), S. 298

— Unternehmenseigentum und Wirtschaftsverfassung, DöV 1976, 624

Friesecke: Bundeswasserstraßengesetz, Kommentar, Köln u. a. 1971

Gaentzsch: Gesetz über städtebauliche Sanierungs- und Entwicklungsmaßnahmen in den Gemeinden (Städtebauförderungsgesetz), Kommentar, 2. Aufl. Siegburg 1972

Gallwas: Faktische Beeinträchtigungen im Bereich der Grundrechte, Berlin 1970

Gehrmann: Anm. z. Urt. d. BGH v. 19. 12. 1966, EPlaR V BGH 12/66 (II) S. 20

— Städtebauförderungsgesetz, Einführung und Kommentar, Gütersloh 1971

Gelzer: Der Umfang des Entschädigungsanspruches aus Enteignung und enteignungsgleichem Eingriff, München 1969

— Bauplanungsrecht, 2. Aufl., Köln 1972

Gerber: Die Grundsätze eines allgemeinen Teils des öffentlichen Rechts in der jüngsten Rechtsprechung des preußischen Oberverwaltungsgerichtes, VerwArch 36 (1931), 1

Gerstenmaier, K.-A.: Die Sozialstaatsklausel des Grundgesetzes als Prüfungsmaßstab im Normenkontrollverfahren, Berlin 1975

Giacometti: Allgemeine Lehren des rechtsstaatlichen Verwaltungsrechts, 1. Band, Zürich 1960 *v. Gierke:* Deutsches Privatrecht, Band II, Leipzig 1905

Giese / Heyland: Rechtliche Grenzen, Nachprüfbarkeit und Widerruflichkeit von Enteignungsverordnungen des preußischen Staatsministeriums, FischersZ 64 (1930), 225

Göldner: Verfassungsprinzip und Privatrechtsnorm in der verfassungskonformen Auslegung und Rechtsfortbildung, Berlin 1969

Götz: Allgemeines Polizei- und Ordnungsrecht, 3. Aufl., Göttingen 1974

Grabitz: Der Grundsatz der Verhältnismäßigkeit in der Rechtsprechung des Bundesverfassungsgerichts, AöR 98 (1973), 568

— Vertrauensschutz als Freiheitsschutz, DVBl. 1973, 675

Grainer: Wiederbelebung des klassischen Enteignungsbegriffes, DöV 1954, 583

v. d. Groeben / Knack: Allgemeines Verwaltungsgesetz für das Land Schleswig-Holstein, Loseblatt, Köln u. a. 1968

Gronefeld: Preisgabe und Ersaz des enteignungsrechtlichen Finalitätsmerkmales, Berlin 1972

Grünhut: Das Enteignungsrecht, Wien 1873

Grunsky: Grundlagen des Verfahrensrechtes, 2. Aufl. Bielefeld 1974

Haas: Eigentum und Enteignung, MDR 1951, 650

— System der öffentlich-rechtlichen Entschädigungspflichten, Karlsruhe 1955

Häberle: ‚Gemeinwohljudikatur' und Bundesverfassungsgericht, AöR 95 (1970), 86

— Die Abhörentscheidung des Bundesverfassungsgerichtes vom 15. 12. 1970, JZ 1971, 145

Häberlin: Die Lehre von der Zwangsenteignung oder Expropriation historisch-dogmatisch erörtert, AcP XXIX (1856), 1 ff. und 147 ff.

Hagen: Technologie und Recht, ZRP 1974, 286

Hallier: Zweckverwirklichung und Notwendigkeit als Wesensbestandteile des Enteignungsbegriffs, Münster 1931

Haman: Enteignung von Grundstücken zugunsten größerer industrieller Vorhaben, BB 1957, 1258

Haman / Lenz: Das Grundgesetz für die Bundesrepublik Deutschland v. 23. 5. 1949, 3. Aufl., Berlin u. a. 1970

Hangartner: Widerruf und Änderung von Verwaltungsakten aus nachträglich eingetretenen Gründen, Diss. St. Gallen 1959

Hardt: Die allgemeinen Verwaltungsgrundsätze, DöV 1971, 685

Harnischfeger: Planung in der sozialstaatlichen Demokratie, Neuwied u. Berlin 1969

Hartwich: Sozialstaatspostulat und gesellschaftlicher status quo, Köln u. Opladen 1970

Haueisen: Folgenbeseitigung und Amtshaftung, DVBl. 1973, 739

— Verwaltungsakte mit Dauerwirkungen, NJW 1958, 1065

Haustein (Hrsg.): Die Eisenbahnen im deutschen öffentlichen Recht, Frankfurt 1960

Hein: Städtebauförderungsgesetz, Kommentar, Göttingen 1971

Henrich / Kerber (Hrsg.): Eigentum u. Bodenrecht (Materialien), München 1972

Heitzer / Oestreicher: Bundesbaugesetz und Städtebauförderungsgesetz, Kommentar, 5. Aufl. Berlin, New York 1973

Herzog: Stichwort „Eigentum" in: Evangelisches Staatslexikon Sp. 375, Stuttgart, Berlin 1966

— Allgemeine Staatslehre, Frankfurt 1971

Hesse: Der Rechtsstaat im Verfassungssystem des Grundgesetzes (1962), in: Forsthoff, Rechtsstaatlichkeit und Sozialstaatlichkeit S. 557, Darmstadt 1968

— Grundzüge des Verfassungsrechtes der Bundesrepublik Deutschland, Lehrbuch, 8. Aufl. Karlsruhe 1975

v. Heynitz: Abschöpfung von Bodenwertsteigerungen und Eigentumsgarantie, DVBl. 1975, 474

v. Hippel, Ernst: Untersuchungen zum Problem des fehlerhaften Staatsaktes, Berlin 1924

Hoffmann-Becking: Folgenbeseitigung bei rechtswidrigen hoheitlichen Tathandlungen?, JuS 1972, 509

Hoppe: Nachbarklage — Plangewährleistungsanspruch — Planbefolgungsanspruch, DVBl. 1969, 246

— Rechtsschutz bei der Planung von Straßen und anderen Verkehrsanlagen, München 1972

— Zur Struktur von Normen des Planungsrechts, DVBl. 1974, 641

Huber, Ernst Rudolf: Wirtschaftsverwaltungsrecht. Bd. II, 2. Aufl., Tübingen 1954

Huber, Hans: Das Gemeinwohl als Voraussetzung der Enteignung, ZschR 1965, 39

Hubmann: Das Persönlichkeitsrecht, 2. Aufl., Köln 1967

Husserl, Gerhart: Recht und Zeit, Frankfurt 1955

Hußlar: Anm. z. U. d. BVerwG v. 15. 3. 1967, EPlaR V BVerwG 3. 67 S. 5

Imboden: Die Tragweite der verfassungsrechtlichen Garantie des Privateigentums, SJZ 1944, 269 u. 292

— Der Plan als verwaltungsrechtliches Institut, in: VVDStRL 18 (1960), S. 113

Ipsen, Hans Peter: Widerruf gültiger Verwaltungsakte, Hamburg 1932

— Enteignung und Sozialisierung, in: VVDStRL 10 (1952), S. 74

— Rechtsfragen der Wirtschaftsplanung, in: Kaiser (Hrsg.), Planung II S. 63, Baden-Baden 1966

Ipsen, Jörn: Richterrecht und Verfassung, Berlin 1975

Janssen: Der Anspruch auf Entschädigung bei Aufopferung und Enteignung, Stuttgart 1961

Jellinek, Walter: Verwaltungsrecht, 3. Aufl. Berlin 1931

— Anm. z. U. d. HambOVG vom 14. 10. 1950, DVBl. 1951, 283

Jesch: Anm. z. U. d. BayVGH v. 17. 3 1961, DöV 1962, 428

— Gesetz und Verwaltung, 2. Aufl., Tübingen 1968

Joachim: Die enteignungs- u. energierechtliche Problematik für Versorgungsleitungen, NJW 1969, 2175

Kaiser: Der Plan als Institut des Rechtsstaates und der Marktwirtschaft, in: Kaiser (Hrsg.), Planung II S. 11, Baden-Baden 1966

Kimminich: Die verfassungsrechtliche Beurteilung des Gesetzes über den Kündigungsschutz für Mietverhältnisse über Wohnraum, Düsseldorf 1973

— Entschädigung des Erwerbers eines von Hochspannungsleitungen überzogenen Grundstücks, NJW 1973, 1479

— Anm. z. Beschl. d. BVerfG v. 12. 11. 1974, DöV 1975, 314

Kirchhof, Paul: Verwalten und Zeit. Schriften zum Wirtschaftsverfassungs- und Wirtschaftsverwaltungsrecht Heft 8, Hamburg 1975

Klein, Friedrich: Zum Problem der materiellen Rechtskraft von Steuerverwaltungsakten, insbes. Steuerbescheiden, VerwArch 45 (1940), 49

Klein, Hans H.: Die Grundrechte im demokratischen Staat, Stuttgart 1972

Kloepfer: Grundrechte als Entstehenssicherung und Bestandsschutz, München 1970

— Das Geeignetheitsgebot bei wirtschaftslenkenden Steuerungsgesetzen, NJW 1971, 1585

Knöpfle: Die Nachfolge in verwaltungsrechtliche Rechts- und Pflichtenstellung, in: Festgabe für Theodor Maunz S. 225, München 1971

Knoll: Empfiehlt es sich, die verschiedenen Pflichten des Staates zur Entschädigungsleistung aus der Wahrnehmung von Hoheitsrechten nach Grund, Inhalt und Geltendmachung neu zu regeln?, Gutachten zum 41. Deutschen Juristentag in: Verhandlungen Bd. I, I. Halbband S. 85, Tübingen 1955

— Eingriffe in das Eigentum im Zuge der Umgestaltung gesellschaftlicher Verhältnisse, AöR 81 (1956), 157

Kodal / Gudat: Handbuch des Straßenbaurechts, 2. Aufl., München 1964

v. Köhler: Die Zeit als Faktor des Verwaltungsrechtes, VerwArch 50 (1959), 213

Koffka: Kommentar zum Gesetz über die Enteignung von Grundeigentum v. 11. Juni 1874, 2. Aufl., Berlin 1913

Konow: Anliegerentschädigung beim U-Bahnbau, BB 1967, 103

Krause: Die Willenserklärungen des Bürgers im Bereich des öffentlichen Rechts, VerwArch 61 (1970), 297

— Willensmängel bei mitwirkungsbedürftigen Verwaltungsakten und öffentlich-rechtlichen Verträgen, JuS 1972, 425

Krebs: Vorbehalt des Gesetzes und Grundrechte, Berlin 1975

Kriele: Plangewährleistungsansprüche?, DöV 1967, 531

Krimphove: Zur Reform des Enteignungsrechts, ZRP 1972, 136

Kröner: Die Eigentumsgarantie in der Rechtsprechung des Bundesgerichtshofes, 2. Aufl. Köln u. a. 1969

Krüger: Allgemeine Staatslehre, 2. Aufl. Stuttgart u. a. 1966

Kunze: Der Anspruch des Enteigneten auf Rückübertragung bei nachträglichem Fortfall des Enteignungszweckes (Rückenteignung), Diss. Frankfurt 1976

Kutscher: Die Enteignung, Stuttgart u. Berlin 1938

Laband: Die rechtliche Natur des Rectrates und der Expropriation, AcP 52 (1869), 151

Lange: Die Zuweisung von öffentlich-rechtlichen Streitigkeiten aus landesrechtlichen Enteignungen an die Zivilgerichte, BayVBl. 1973, 32

Lange: Stichwort ‚Partizipation' in: Ev. Staatslexikon (Hrsg. Kunst, Herzog und Schneemelcher), 2. Aufl. Stuttgart u. Berlin 1975

Larenz: Allgemeiner Teil des deutschen Bürgerlichen Rechts, München 1970

— Methodenlehre der Rechtswissenschaft, 3. Aufl., Berlin u. a. 1975

Lassar: Der Erstattungsanspruch im Verwaltungs- und Finanzrecht, Berlin 1921

Layer: Principien des Enteignungsrechtes, Leipzig 1902

Lehmann-Grube: Der Rückforderungsanspruch im Sozialrecht, Stuttgart 1962

Lehmann / Hübner: Allgemeiner Teil des Bürgerlichen Gesetzbuches, 16. Aufl., Berlin 1966

Leisner: Gefährdungshaftung im öffentlichen Recht?, in: VVDStRL 20 (1963), 185

— Sozialbindung des Eigentums, Berlin 1972

— Grundeigentum und Versorgungsleitungen, Berlin 1973

— Sozialbindung des Eigentums nach privatem und öffentlichem Recht, NJW 1975, 233

— Der Eigentümer als Organ der Wirtschaftsverfassung, DöV 1975, 73

Lent / Jauerning: Zivilprozeßrecht. Lehrbuch, 17. Aufl. München 1974

Lerche: Übermaß und Verfassungsrecht, Köln u. a. 1961

Lorenz: Der Rechtsschutz des Bürgers und die Rechtsweggarantie, München 1973

Lücke: Amerikanische Enteignungsrechtsprechung und deutsche Parallelen, VerwArch 67 (1976), 48

Luhmann: Lob der Routine (1964), in: Luhmann, Politische Planung S. 113, Opladen 1971

— Grundrechte als Institution, Berlin 1965

— Öffentlich-rechtliche Entschädigung rechtspolitisch betrachtet (Entschädigung), Berlin 1965

— Recht und Automation in der öffentlichen Verwaltung, Berlin 1966

— Zweckbegriff und Systemrationalität, Tübingen 1968

— Die Knappheit der Zeit und die Vordringlichkeit des Befristeten (1968), in: Luhmann, Politische Planung S. 143, Opladen 1971

— Legitimation durch Verfahren, Neuwied 1969

v. Mangoldt / Klein: Das Bonner Grundgesetz, Kommentar, 2. Aufl. Berlin u. Frankfurt 1966

v. Mangoldt, Hans: Folgenbeseitigung und Störungsbeseitigung, DVBl. 1974, 825

Marschall: Bundesfernstraßengesetz, Kommentar, 3. Aufl. Köln u. a. 1971

Martens, Wolfgang: Öffentlich-rechtliche Probleme des negatorischen Rechtsschutzes gegen Immissionen, in: Fschr. f. Fr. Schack S. 85, Hamburg 1966

Matheis: Erforderlichkeit der Enteignung für Energieversorgungsleitungen, NJW 1963, 1804

Maunz: Deutsches Staatsrecht, 20. Aufl., München 1975

— Bodenrecht vor den Schranken des Grundgesetzes, DöV 1975, 1

Maunz / Dürig / Herzog: Grundgesetz, Kommentar, Loseblatt, München 1973

Maunz / Sigloch / Schmidt-Bleibtreu / Klein: Bundesverfassungsgerichtsgesetz, Kommentar, Loseblatt, München 1972

Maurer: Rechtsschutz gegen Rechtsnormen, in: Fschr. f. Eduard Kern S. 275, Tübingen 1968

— Wiederaufgreifen unanfechtbar abgeschlossener Verwaltungsverfahren, JuS 1976, 25

Mayer, Otto: Deutsches Verwaltungsrecht, Bd. II, 2. Aufl., München u. Leipzig 1917

Meier-Branecke: Die Anwendbarkeit privatrechtlicher Normen im Verwaltungsrecht, AöR 11 (1926), 230

Meier-Hayoz: Der Richter als Gesetzgeber, Zürich 1951

Meister: Zur Rechtsnatur der Ausübung des gemeindlichen Vorkaufsrechtes, DVBl. 1967, 262

Menger / Erichsen: Höchstrichterliche Rechtsprechung zum Verwaltungsrecht, VerwArch 58 (1967), 278

Meyer, Georg: Das Recht der Expropriation (Enteignungsrecht), Leipzig 1868

Meyer / Stich / Tittel: Bundesbaurecht, Kommentar, Köln u. a. 1966

Meyer / Thiel / Frohberg: Enteignung von Grundeigentum, Kommentar, 5. Aufl. Berlin 1959

Meyer, Hans / *Borgs-Maciejewski:* Verwaltungsverfahrensgesetz, Frankfurt 1976

v. Münch, Ingo (Hrsg.): Grundgesetz, Kommentar, Bd. I, Frankfurt/Main 1974

Müller, Peter H.: Die Eigentumsgarantie und die Enteignung, Zürich 1966

v. Mutius: Anm. zu BVerfGE 38, 175, VerwArch 66 (1975), 283

Noll: Rechtswidrige Vorkaufsrechte an Grundstücken, JW 1924, 1900

Noll, Peter: Gesetzgebungslehre, Reinbek bei Hamburg 1973

Obermayer: Zur Rechtsstellung des Nachbarn im Baurecht und zum Folgenbeseitigungsanspruch, JuS 1963, 110

Oldiges: Grundlagen eines Plangewährleistungsrechtes, Bad Homburg v. d. H. u. a. 1970

Opfermann: Die Enteignungsentschädigung nach dem Grundgesetz, Berlin 1974

Ossenbühl: Die maßgebliche Sach- und Rechtslage für die gerichtliche Beurteilung von Ermessensentscheidungen, JZ 1970, 348

Ossenbühl: Welche normativen Anforderungen stellt der Verfassungsgrundsatz des demokratischen Rechtsstaates an die planende staatliche Tätigkeit, dargestellt am Beispiel der Entwicklungsplanung? (Gutachten), in: Verhandlungen des 50. Deutschen Juristentages Band I (Gutachten) Teil B S. B-1, München 1974

— Vom unbestimmten Gesetzesbegriff zur letztverbindlichen Verwaltungsentscheidung, DVBl. 1974, 309

— Die Plangewährleistung, JuS 1975, 454

— Staatshaftungsrecht, München 1976

Ott: Bodenrecht, in: Recht im sozialen Rechtsstaat (Hrsg. M. Rehbinder), S. 129, Opladen 1973

Palandt: Bürgerliches Gesetzbuch, Kommentar (Bearb. v. Bassenge u. a.), 35. Aufl. München 1976

Papier: Die Beeinträchtigung der Eigentums- und Berufsfreiheit, Der Staat 11 (1972), 483

— Verfassungsschutz sozialrechtlicher Rentenansprüche, -anwartschaften und ‚erwerbsberechtigungen', VSSR 73, 33

— Eigentumsgarantie und Geldentwertung, AöR 98 (1973), 528

— Immissionen durch Betriebe der öffentlichen Hand, NJW 1974, 1797

— Die rechtlichen Grenzen der gemeindlichen Bauleitplanung, DVBl. 1975, 461

— Unternehmen und Unternehmer in der verfassungsrechtlichen Ordnung der Wirtschaft, in: VVDStRL 35 (1976), 55 ff., Berlin 1976

Pawlowski: Substanz- oder Funktionseigentum?, AcP 165 (1965), 395

Pernthaler: Der Wandel des Eigentumsbegriffes im technischen Zeitalter, in: 100 Jahre Verfassungsgerichtsbarkeit, 50 Jahre Verfassungsgerichtshof in Österreich S. 143, Graz 1968

Pestalozza: ‚Formenmißbrauch' des Staates, München 1973

Podlech: Gehalt und Funktionen des allgemeinen verfassungsrechtlichen Gleichheitssatzes, Berlin 1971

Posser / Wassermann (Hrsg.): Freiheit in der sozialen Demokratie, Karlsruhe 1975

Prokop: Anm. z. U. d. BGH v. 25. 11. 1974, NWJ 1975, 874

Püttner: Unternehmen und Unternehmer in der verfassungsrechtlichen Ordnung der Wirtschaft, DöV 1976, 483

Quecke / Bussmann: Reichsenteignungsrecht, Die Gesetze des Reiches über die Enteignung von Grundeigentum, 2. Aufl. Berlin 1939

Rabeler: Anm. z. U. d. BVerwG v. 15. 3. 1967, EPlaR V BVerwG 3. 67, S. 7

Raiser, Ludwig: Zur Eigentumsgarantie des Grundgesetzes, AöR 78 (1952 / 53), 118

Ramm: Der Wandel der Grundrechte und der freiheitlich soziale Rechtsstaat, JZ 1972, 137

Redeker: Zum neuen Entwurf des Verwaltungsverfahrensgesetzes, DVBl. 1973, 744

Redeker / v. Oertzen: Verwaltungsgerichtsordnung, Kommentar, 2. Aufl., Stuttgart u. a. 1964

Reeb: Grundfälle zum Bereicherungsrecht, JuS 1973, 366

Renck: Verwaltungsakt und Feststellungsklage, JuS 1970, 113

Richter: Die Rechtsprechung des Bundesverfassungsgerichtes zum Eigentumsbegriff des Art. 14 des Grundgesetzes, Diss. Hamburg 1971

Riegel: Abschied von der Sonderopfertheorie, BayVBl. 1973, 403

Rietdorf / Heise / Böckenförde / Strehlau: Ordnungs- und Polizeirecht in Nordrhein-Westfalen, Kommentar, 2. Aufl. Stuttgart u. a. 1972

Rittstieg: Eigentum als Verfassungsproblem, Darmstadt 1975

Rösslein: Der Folgenbeseitigungsanspruch, Berlin 1968

v. Rohland: Zur Theorie und Praxis des Deutschen Enteignungsrechtes, Leipzig 1875

Rohwer-Kahlmann: Zum Eigentumsschutz sozialrechtlicher Positionen, Die Sozialgerichtsbarkeit 1975, 161

Rosenberg / Schwab: Zivilprozeßrecht, 11. Aufl., München 1974

Rüfner: Die Berücksichtigung der Interessen der Allgemeinheit bei der Bemessung der Enteignungsentschädigung, in: Fschr. f. Scheuner S. 511, Berlin 1973

Rupp, Hans Heinrich: Anm. z. Entscheidung des BVerfG v. 15. 12. 1970 (Abhörentscheidung — BVerfGE 30, 1 ff.), NJW 1971, 275

— Grundfragen der heutigen Verwaltungsrechtslehre, Tübingen 1965

— Vom Wandel der Grundrechte, AöR 101 (1976), 161

Schack: Empfiehlt es sich, die verschiedenen Pflichten des Staates zur Entschädigungsleistung aus der Wahrnehmung von Hoheitsrechten nach Grund, Inhalt und Geltendmachung gesetzlich neu zu regeln? (Gutachten), in: Verhandlungen des 41. Deutschen Juristentages Bd. I S. 1, Tübingen 1955

— Enteignung ‚nur zum Wohl der Allgemeinheit', BB 1961, 74

— Generelle Eigentumsentziehung als Enteignung, NJW 1954, 577

— Öffentlich-rechtliche Entschädigung und Schadensersatz, BB 1959, 1259

— Enteignung öffentlicher Wege zugunsten von Versorgungsunternehmen, NJW 1964, 1905

— Enteignung öffentlicher Wege zugunsten Privater, DVBl. 1965, 588

Scheerbarth: Gedanken zum Musterentwurf eines Verwaltungsverfahrensgesetzes, DVBl. 1966, 780

Schelcher: Die Rechtswirkungen der Enteignung nach gemeinem und sächsischem Recht, Freiburg 1893

— Das Sächsische Enteignungsgesetz v. 2. 4. 1862, 2. Aufl., Leipzig 1930

— Art. 153 WRV — Die Rechte und Pflichten aus dem Eigentum, in: Nipperdey (Hrsg.), Die Grundrechte und Grundpflichten der Reichsverfassung Bd. III S. 196 (Eigentum), Berlin 1930

Schenke: Gewährleistung bei Änderung staatlicher Wirtschaftsplanung, AöR 101 (1976), 337

Scheuner: Grundlagen und Art der Enteignungsentschädigung, in: Reinhardt / Scheuner, Verfassungsschutz des Eigentums S. 63 ff., Tübingen 1954

Scheuner: Die neuere Entwicklung des Rechtsstaates in Deutschland, in: 100 Jahre deutsches Rechtsleben. Fschr. zum hundertjährigen Bestehen des Deutschen Juristentages 1860 - 1960 Bd. II S. 229, Karlsruhe 1960

— Amtshaftung und enteignungsgleicher Eingriff, JuS 1961, 243

— Die Funktion der Grundrechte im Sozialstaat, DöV 1971, 505

Schick: Untergesetzliche Rechtssätze als Enteignungsnormen, DVBl. 1962, 774

Schiedermair: Der enteignungsrechtliche Rückgewähranspruch nach bayerischem Recht, in: Fschr. f. G. Küchenhoff 2. Halbbd. S. 663, Berlin 1972

Schmidt, Hans J.: Zum Umfang der Enteignungsvorwirkungen, DVBl. 1971, 451

Schmidt, Lutz: Unmittelbare Privatrechtsgestaltung durch Verwaltungsakt, Diss. Bielefeld 1975

Schmidt, Rudolf: Das neue Landbeschaffungsgesetz, DVBl. 1957, 154

Schmidt, Walter: Der verwaltungsrechtliche Beseitigungsanspruch, JuS 1969, 166

— Die Programmierung von Verwaltungsentscheidungen, AöR 96 (1971), 321

— Abschied vom ‚unbestimmten Rechtsbegriff'. Zweck-Mittel-Entscheidungen der Verwaltung und der Verwaltungsrechtsschutz, NJW 1975, 1753

Schmidt-Aßmann: Grundfragen des Städtebaurechts (Städtebaurecht), Göttingen 1972

— Zur Dogmengeschichte und jüngeren Entwicklung der Enteignungsentschädigung, in: Fschr. f. W. Weber S. 589, Berlin 1974

— Planung unter dem Grundgesetz, DöV 1974, 541

— Die enteignungsrechtliche Folgeentschädigung, NJW 1974, 1265

— Die Novelle zum Bundesbaugesetz, NJW 1976, 1691

Schmitt, Carl: Die Auflösung des Enteignungsbegriffes, JW 1929, 496

— Freiheitsrechte und institutionelle Garantien in der Reichsverfassung, Berlin 1931

— Verfassungsrechtliche Aufsätze aus den Jahren 1924 - 1954, Berlin 1958

Schröder: Die richterliche Kontrolle des Planungsermessens, DöV 1975, 308

Schrödter: Bundesbaugesetz, Kommentar, 3. Aufl., München 1973

Schütz / Frohberg: Kommentar zum Bundesbaugesetz, 3. Aufl., Neuwied u. Berlin 1970

Schulke: Abwendung der Enteignung (Zwangsbelastung) durch Angebot eines Gestattungsvertrages?, BayVBl. 1963, 170

Schwabe: Verlust der verwaltungsprozessualen Klagefristen?, JuS 1970, 382

Seetzen: Wirtschaftslenkende Steuern und Berufsfreiheit, NJW 1974, 1222

— Der Prognosespielraum des Gesetzgebers, NJW 1975, 429

Sendler: Die Konkretisierung der Eigentumsverfassung durch Richterspruch, DöV 1971, 16

Seufert: Bayerisches Enteignungsrecht. Kommentar zum Zwangsabtretungsgesetz v. 17. 11. 1837 und zum Gesetz über die Enteignung aus Gründen des Gemeinwohls v. 1. 8. 1933 (Enteignungsrecht), Berlin 1957

Sieder / Zeitler: Bayerisches Straßen- und Wegegesetz, 2. Aufl., München 1972

Siegmund-Schultze: Behördliches Ermessen zum Erlaß eines Zweitbescheides und Art. 19 Abs. 4 GG, DVBl. 1970, 256

v. Simson: Planänderung als Rechtsproblem in: Kaiser / Coing (Hrsg.), Planung I S. 405, Baden-Baden 1965

de Smith: Constitutional and administrative law, London 1971

Söfker: Fragen der verfassungsrechtlichen Eigentumsgarantie bei der Erhebung von Ausgleichsbeträgen für städtebaulich bedingte Wertsteigerungen, DVBl. 1975, 467

Spanner: Die verfassungskonforme Auslegung in der Rechtsprechung des Bundesverfassungsgerichtes, AöR 91 (1966), 503

Stein, Erwin: Zur Wandlung des Eigentumsbegriffes, in: Fschr. f. G. Müller S. 503, Tübingen 1970

v. Stein, Lorenz: Die Verwaltungslehre. Siebenter Theil, Stuttgart 1868/Neudruck Aalen 1962

Steiner: Bindungswirkung und Bestandskraft der fingierten Bodenverkehrsgenehmigung, DVBl. 1970, 34

— Öffentliche Verwaltung durch Private. Allgemeine Lehren, Hamburg 1975

Stengel: Die Grundstücksenteignung zugunsten privater Wirtschaftsunternehmen, Diss. Heidelberg 1967

Stödter: Öffentlich-rechtliche Entschädigung, Hamburg 1933

Stummer: Die öffentliche Zweckbindung der enteigneten Sache (Zweckbindung), Diss. München 1967

Tautscher: Der Wandel im Eigentumsrecht, in: Fschr. f. Wilburg S. 205, Graz 1965

Thiel: Das Expropriations-Recht und das Expropriations-Verfahren, Berlin 1866

Tittel: Der Schutz des Bodeneigentums im Städtebauförderungsgesetz, WiR 1974, 345

Ule: Verwaltungsprozeßrecht, 6. Aufl. München 1975

Ule / Rasch: Allgemeines Polizei- und Ordnungsrecht, Köln u. a. 1965

Vogel: Gefahrenabwehr. Allgemeines Polizeirecht (Ordnungsrecht) des Bundes und der Länder, I. Bd.: Organisationsrecht, Polizeiliches Handeln, Rechtsschutz, Ausgleichsansprüche, Köln u. a. 1975

Wallerath: Das System der öffentlich-rechtlichen Erstattungsansprüche, DöV 1972, 221

Weber, Eckart: Der Erstattungsanspruch, Berlin 1970

Weber, Hermann: Anm. zur Entscheidung des VGH München v. 1. 3. 1972, JuS 1973, 190 Nr. 12

— Anm. zur Entscheidung des BVerfG v. 17. 11. 1974, JuS 1975, 116 Nr. 1

Weber, Max: Rechtssoziologie, Neuwied 1967

Weber, Werner: Eigentum und Enteignung, in: Neumann / Nipperdey / Scheuner (Hrsg.), Die Grundrechte. Bd. II S. 331, 2. Aufl. Berlin 1968

Weimar: ‚Zufalls'-Schädigungen durch die öffentliche Hand, DöV 1963, 607

Welzel: Das Deutsche Strafrecht, 11. Aufl. Berlin 1969

Wenger: Unternehmung und Unternehmer in der verfassungsrechtlichen Ordnung der Wirtschaft, DöV 1976, 437

Werner: ‚Verwaltungsrecht als konkretisiertes Verfassungsrecht', DVBl. 1959, 527

Wertenbruch: Zum privatrechtsgestaltenden Verwaltungsakt, in: Gdschr. f. R. Schmidt S. 89, Berlin 1966

— Eigentum aus verfassungsrechtlicher Sicht in: Henrich / Kerber (Hrsg.), Materialien S. 49 (s. ebenda)

Westermann, Harry: Sachenrecht, Lehrbuch, 5. Aufl., Karlsruhe 1966

Weyreuther: Empfiehlt es sich, die Folgen rechtswidrigen hoheitlichen Verwaltungshandels gesetzlich zu regeln (Folgenbeseitigung, Folgenentschädigung (Gutachten), in: Verhandlungen des 47. Deutschen Juristentages, Bd. I S. B-1, München 1968

— Der rechtliche Zusammenhang von Erschließung, Erschließungssicherung und Erschließungsbeitrag, DVBl. 1970, 3

— Probleme der Rechtsprechung zum Enteignungsverfahren, DVBl. 1972, 93

Wipfelder: Die grundrechtliche Eigentumsgarantie im sozialen Wandel, in: Fschr. f. G. Küchenhoff S. 747, Berlin 1972

Wittig: Der Erwerb von Eigentum und das Grundgesetz, NJW 1967, 2185

— Bundesverfassungsgericht und Grundrechtssystematik, in: Fschr. f. G. Müller S. 575, Tübingen 1970

Wolff, Hans-Julius: Verwaltungsrecht II, 3. Aufl., München 1970

— Verwaltungsrecht III, 3. Aufl., München 1973

Wolff / Bachof: Verwaltungsrecht I, 9. Aufl., München 1974

Wolff, Martin: Reichsverfassung und Eigentum, in: Festgabe für f. W. Kahl S. 3, Tübingen 1923

Zacher: Soziale Gleichheit, AöR 93 (1968), 341

Ziegler: Ablösung der Rechtsprechung des BGH über die planungsrechtlichen dauernden Bauverbote als Vorwirkung der Enteignung durch die Entschädigungsregelung des BBauG?, DVBl. 1973, 93

— Unvollziehbarer Bebauungsplan und Grundeigentum, DöV 1974, 473

Zweifel: Zeitablauf als Untergangsgrund öffentlich-rechtlicher Ansprüche, Basel 1960

FSC
www.fsc.org
MIX
Papier | Fördert gute Waldnutzung
FSC® C083411

Kolibri 360 GmbH
Ferdinand-Jühlke-Straße 7
99095 Erfurt, Deutschland
produktsicherheit@kolibri360.de

Druck:
CPI Druckdienstleistungen GmbH
im Auftrag der
Kolibri 360 GmbH
Ferdinand-Jühlke-Str. 7
99095 Erfurt